日本一周 歩いて16年

早川吉夫
Yoshio Hayakawa

1992-2008

一茎書房

日本一周歩いて16年ルート図

（○数字は各年目数）

はじめに

この私の旅は、平成四年四月二十九日に、ほんの散歩のつもりで自宅から歩き出したのが始まりでした。当時、私はクルマ社会の波にどっぷりと漬かって反省の日々を過ごしていましたが、その後チャンスを見つけては信越線沿いの国道を西に向かって歩いているうちに、次第に自信がついてきて歩くのが楽しみになり、日本海の見える地点をめざして歩くようになりました。この年の秋に、とうとう日本海の荒波の見える上越市（直江津）の海岸に到達しました。

この時、来年は日本海沿岸を北上して、青森県の竜飛岬まで挑戦してみようと遠く海原を眺めながら決意し、翌年から2年間少しずつ歩き継いで、平成六年の秋に竜飛岬に辿り着きました。

日本地図を広げて、北陸から山陰を時間をかけて歩き続ければ、日本本州、さらには九州、北海道と足を延ばして、日本縦断も夢ではないと思いながら、今度は西に向かって歩きました。七年目に下関市に到着し、引き続き八年目に九州の大隅半島の佐多岬まで到着しました。北海道は白神岬から歩き始めて、九年目の平成十二年九月四日、海の彼方に樺太が望める日本本土最北端の地、宗谷岬に立つことができました。これでようやく日本縦断達成の夢を実現することができました。

これより二年前の平成十年に、私は勤めを定年退職していましたので次の旅の目標を考えていました。平成十三年はちょうど東海道四百年の年で、各地で記念行事が計画され、私は東京の日本橋をスタートして東海道を歩き、そのまま日本の太平洋側を歩き続けて日本縦断と合わせれば、いつかは日本一周が達成できるのではないかとの夢を描きました。

その後、順調に紀伊半島、四国、山陽および九州、北海道、東北の東側を踏破し、平成二十年三月九日に北関東の群馬の自宅に無事到着して、十六年に及んだ日本一周の旅の終止符を打つことができました。

本書では、三百七十九日の見聞と体験などを一日一日旅した順番に記してあります。歩き旅の目線でどこから読んでも構いませんから、日本一周の旅気分をごゆっくりとお楽しみください。

なお、旅の終盤には平成の大合併があり、市町村名がかなり変わりましたが、本文中の地名は、本書ではほとんどそのまま旧名を用いていますので、予めご承知おき下さい。

〈目 次〉

はじめに …… 1
第一年目　平成四年四月二十九日～〇…… 7
第二年目　平成五年四月二十九日～〇…… 19
第三年目　平成六年四月二十九日～〇…… 37
第四年目　平成七年四月二十九日～〇…… 55
第五年目　平成八年四月二十九日～〇…… 71
第六年目　平成九年四月二十九日～〇…♡…♤…… 85

第七年目　平成十年四月二十九日〜　○…♡…♤……101
第八年目　平成十一年四月二十九日〜　◎…♡…♤…☆……135
第九年目　平成十二年四月二十九日〜　◎…♡……163
第十年目　平成十三年四月二十九日〜　◎……179
第十一年目　平成十四年四月二十九日〜　◎…♡…☆……209
第十二年目　平成十五年四月二十九日〜　♧…◇…◎……237
第十三年目　平成十六年四月二十九日〜　◎…◇…♡…◎……275
第十四年目　平成十七年四月二十九日〜　◇…♡…◎…♤…◎……321

第十五年目　平成十八年四月二十九日～　♡…♤…… 367
第十六年目　平成十九年四月二十九日～　◎…♡…♤…◎…… 387
データ・年表（1～5）…… 449
あとがき…… 457

【記号説明】
◎…本州太平洋側　♤…九州　☆…その他
○…本州日本海側　◇…四国
♧…紀伊半島　♡…北海道

第一年目

（平成四年四月二十九日～平成五年四月二十八日）

・旅回数　７回

・旅番号　第１回～第７回

・歩日数　10日

・ルート　○上信越＝自宅（群馬県）～碓氷峠～軽井沢（長野県）～長野善光寺～野尻湖～妙高高原（新潟県）～直江津海岸

・距　離　二〇六・〇㎞

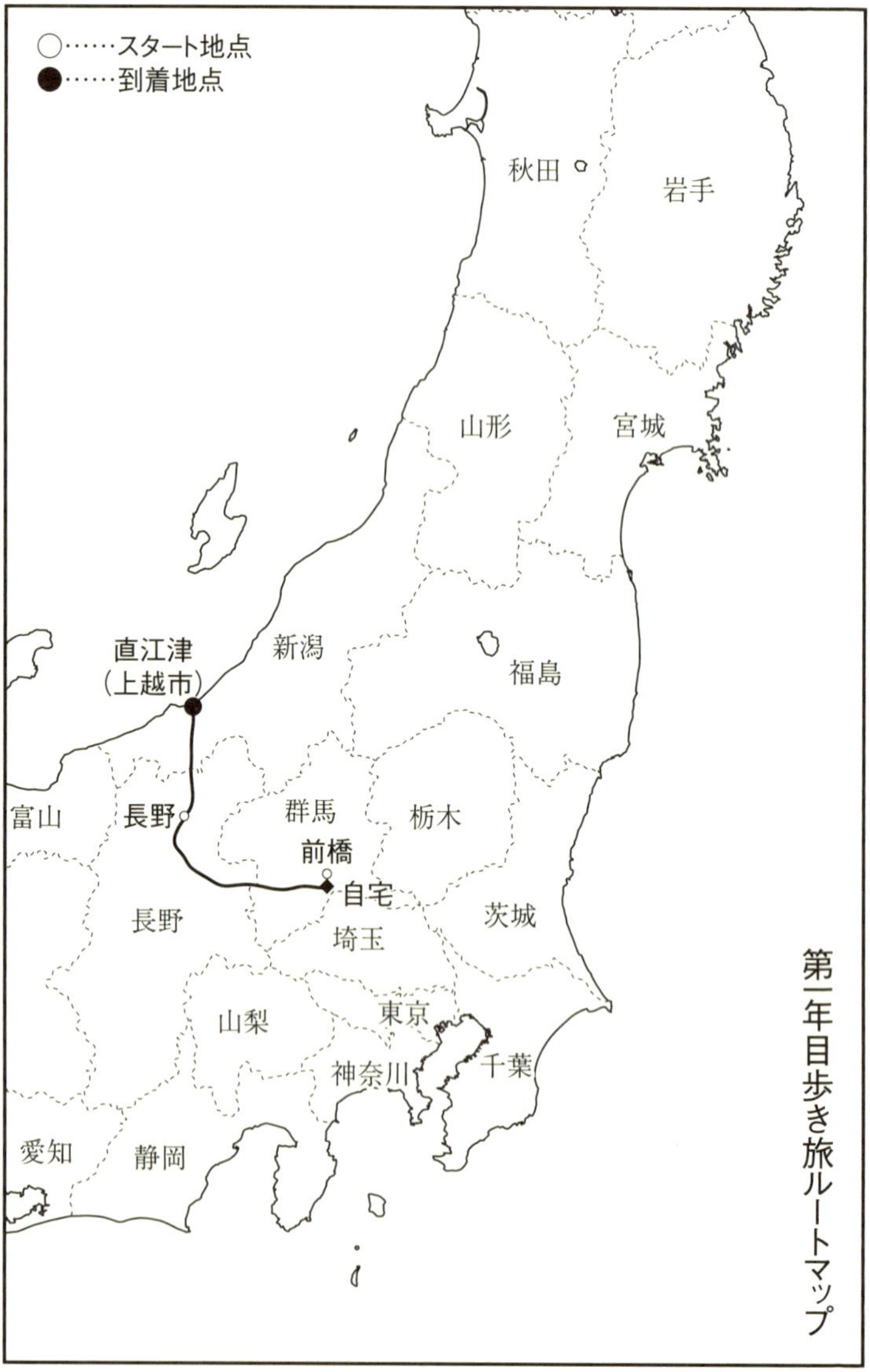

第一年目歩き旅ルートマップ

第1回　平成四年四月二十九日（水）　一日間

関東・自宅（群馬県）～安中駅

板井団地は玉村町の西端にあり、そのすぐ西は高崎市である。団地の中の自宅を何とはなしに手ぶらで、朝八時十分に西に向かって歩き出した。天気は晴。風はいく分強い。平坦な道を歩くと周辺の新緑が眩しく目に飛び込んでくる。しばらくすると井野川の土手に出た。土手上から見るカモが連れ添って泳ぐ風景がなんとものどかである。アスファルトのサイクリングロードを行くと、左手に化学会社の新工場が広い麦畑の中に現れた。

高崎の市街地を通り、君が代橋を渡り、欄干から首を出して下を流れる烏川を見下ろすと、人の片腕ほどの鯉が二尾ゆったりと泳いでいる姿が見えた。橋を渡れば下豊岡地区である。中仙道の旧道にあったラーメン屋で昼食をすまし、途中にある妻の実家に挨拶をしてからさらに西に向かった。時計は十二時を回っていた。

午後一時三十分、国道十八号線道端に、安中市指定の寒念仏橋供養塔を発見、享和二年（一八〇二）板鼻宿木嶋七郎左衛門が安全を祈って石橋を作ったと記されていた。この先のレストランにてアイスコーヒーを飲んで休憩した。この付近、山吹やハナミズキの花が盛んに咲き誇っていた。板鼻の宿を通ると、庭で老婆が背を曲げて草をけずる姿を見かけたが、いつまでもその姿が脳裏から消えなかったのはなぜだろう。

そこからさほど歩かぬうちに、二時五十分、信越線安中駅に到着した。ゆっくり歩いたためか疲労感はなかった。久しく歩く機会はなかったが、それにしてはこんな遠方まで足腰が痛まず歩けたことに対して、なんだか自信がもてたことは間違いない。今日は春の好天に恵まれて、多忙な日頃の疲れを忘れるほど、心地好いウォーキングを味わうことができた。この後、迎えに来てくれた妻の車で自宅に戻りほっと一息ついた。

（十七・五㎞）

第2回　平成四年五月三日（日）　一日間

関東・安中駅～横川駅

連休につき、前回に続く歩き旅をしようと思い、高崎駅から信越線で安中駅に来た。天気は晴。八時十五分に駅前をスタートして国道十八号線を西に向かった。旅の計画は特別にはないが今回はカメラを持参して写真でも途中で撮ってみようと思った。安中の町の緩い坂を上り、中仙道の面影が少々残る杉並木の下を通った。原市に入ると旧道があり、古い屋敷や二階建ての蔵が道路に面して残っていた。学校の校庭では子どもたちが野球の練習に夢中であった。道端に止めた車の窓から、わが子の練習ぶりをのぞく母親の姿も見られて微笑ましかった。郷原という所で旧道は国道と合流した。旧道は国道に比べ車もほとんど通らず、山中に一人いるような静けさであった。この合流点に妙義山への道案内と常夜燈が残されていた。

十一時五十分に西松井田駅に着いた。小休止してから林道に入ったが、上信越道の工事中につき道の見通しが悪く、五料の茶釜石を見てから道に迷った。国道端に碓氷神社があり、急な石段を上ると木々に囲まれた神社の境内に出た。人はだれもいない。神社の庭を見ると隅の方でなにやら動くものがいる。二匹の猿が戯れているのだった。こちらは一人、近づかれたら困るので慌ててその場を去ることにした。工事中の道路の上に渡してある仮橋を渡って、午後二時三十分に横川駅に到着した。今日はここまでとし、次回は碓氷峠越えを予定する。この後、駅前で釜めしを買って高崎まで電車で戻った。

（十八・二㎞）

第3回　平成四年五月四日（月）　一日間

上信越・横川駅〜信濃追分（長野県）

信越線に乗り横川駅のホームに下りた。改札口でキップが見つからない。駅員に申し出て高崎－横川間の代金四百七十円を再び支払って改札口を出た。

八時三十五分に駅を出発した。時々小雨が降り、ビニールのカッパを着たり脱いだりしながら歩いた。午前中は碓氷峠越えになる。新緑の曲がりくねった上り坂を一歩一歩進む。今は国道のバイパスができていて、この旧道を通る車をほとんど見かけない。ましてや歩いて上り下りする人は滅多にいないので、緑の木々に覆われた坂道は静まり返っている。午後一時ちょうどに峠に辿り着いた。普通は峠を越えると下り坂になるのだが、ここはほとんど平坦に近い道で一時三十分に軽井沢駅前に出た。駅近くの食堂でビールを飲みカレーの大盛りを注文した。再び国道十八号の旧道を西に向かった。中軽井沢駅前を通り、四時五分に信濃追分駅に着いた。この後、同駅にて信越線の上り列車を待った。
（二十三・三㎞）

第4回　平成四年九月十二日～　二日間
信越・信濃追分～坂城

①九月十二日（土）　信濃追分～大屋

夏も去り初秋に入った。今日は信越線で碓氷峠を越え軽井沢を過ぎて、前回の旅の到着駅の信濃追分駅に下りた。この駅は信越線で最も高い所にある。海抜は九五五ｍあるという。空は快晴で、涼しくて下界に比べもう秋の気配がする。

八時三十分に駅から歩き出した。駅から北方一㎞ほどの所に国道十八号線が東西に走っている。二十分ほど別荘の散在する林の中の道を歩いてから、国道を横切って中仙道追分宿の旧道に入った。堀辰雄記念館、旧本陣土屋家、骨董屋、泉洞寺等宿場の面影が残る道を進むと追分宿の分岐に来た。ここは北国街道と中仙道の分岐点になっていて、昔は交通の要衝であった。「さらしなは右　みよしのは左にて　花と月とを　追分の宿」との石碑が建っている。私は国道十八号線から右の道に入り、三ッ石を通る近道をして小諸をめざした。ちょうど浅間山の南面の裾野を歩いていることになる。

藤塚という地では、小川を流れる水がきれいで、野菜に水をやる人があちこちに見られた。また、くるみの木が多いのにも気づいた。正午を過ぎて旧小諸高校跡のある十八号線十字路に出た。この付近の小さな空き地に座して昼食をとった。

この夏、心に決めたことが二つある。一つはこの旅を続けて日本海に出ること。二つ目は歩いている時はアルコール類は決して飲まぬこと。これらは旅の目標と安全のための自分のルールである。旅を続けている間はずっと守っていきたいと思った。四時過ぎに海野宿を通ったが、夕日のさす宿場跡は人通りも少なく静かなたたずまいであった。ここは北国街道の宿駅として江戸の初期に開設された所で、佐渡金山の輸送、参勤交代、善光寺参りなどでにぎわった宿である。

四時五十五分、大屋駅前に到着し、駅前のビジネスホテルに宿泊することにした。この日、日本人の毛利衛さん乗船の宇宙船「エンデバー」の打ち上げに成功したとのニュースをホテルで知った。生ビールとトンカツ定食で夕食をすませた。この日の宿泊客は、奥の部屋の背中に入れ墨のある男性と私と二人だけらしい。

(二十六・〇㎞)

②九月十三日(日) 大屋~坂城

六時に朝食、八時にホテルを出発した。国道を通らず狭い道を西に向かい、上田の町に入った。九時過ぎに千曲川の流れを左にして上田橋に着いた。この橋を渡り、今度は右手に瀬を見た。この辺りから川も道も西向きから、右に向きを変えて北に向かう。上田には昔、真田親子が徳川の大軍の攻撃を退けた名城上田城跡がある。川岸を歩き続けると町は次第に河川敷から遠ざかっていった。

途中から小雨が時々パラつく。左右の足裏にマメができた。靴を脱ぎカットバンを当てて手当てをしておいた。正午直前に上田から八㎞ほど下った所に架かる鼠橋に着いた。坂城駅での帰りの電車の予定時間が迫ってきた。大望橋という木造の橋を渡って土手伝いに駅へ急ぐ。キップを購入する時間もなく、駅手前で電車がホームに入って来た。駅員から証明用紙を素早く受け取り信越線上り電車に乗った。一時二十分であった。電車はゆっくり高崎方面へと進む。

（十八・五㎞）

第5回　平成四年十月十日～　二日間

信越・牟礼～坂城

①十月十日（土）　牟礼～長野善光寺

今朝は急いで家を出た。今回は、坂城―牟礼間をこれまでとは逆向きに北から南に向かって歩くことにした。信越線に乗り、途中長野駅で乗り継いで牟礼駅に着いたのは十時五分、すぐ歩き出し県道長野荒瀬原線を行く。国土地理院の五万分の一の地図によるとこの線が北国街道とある。

途中雨がポツリときた。坂あり。道端にはすべり止め用塩カルがボックスに用意されている。旅の先は何が待ち構えているか、どんな所を通るのか予想がつかないから、いつも不安がつきまとう。牟礼村四ッ屋を過ぎる頃、食べ頃のりんごのなっている畑を左右両側に見た。三本松のうどん屋前に、一茶が江戸へ旅立つ時、父親がここで見送ったと書いてあった。なるほど、十字路付近に三本の松があった。ここではうどんは食べずに、角の店でりんごを一個求めてかじりながら歩いた。陽光という品種だそうである。

この辺りを円霞郷（桃花の里）というらしい。桃やりんご畑から見下ろす長野の平野は見晴らしが素晴らしい。午後一時に田中という所を右折して、北国街道から分かれて、善光寺に向かった。途中にそば屋があったので、ようやく信州そばの昼食にした。三時十分に、長野市内に入り善光寺に到着した。本堂で旅の安全を祈り、そのあと門前の旅館に入った。（十六・五㎞）

この旅館は江戸時代の本陣だということであるが、建物は大正十二年建築の洋風木造三階建てである。西郷、板垣、乃木、渋沢、後藤、尾崎等の著名人が宿泊したようである。

②十月十一日（日）　長野善光寺〜坂城

空は快晴。八時三十分に旅館を出て、県庁前から国道百十七号線を南に向かい坂城駅をめざした。一時間ほどで十八号線に合流した後、丹波島橋を渡って犀川を越えた。橋上からは右手にアルプスの山の白い峰々が輝いて見えて美しかった。

右の旧道に入り川中島の町並みを通って、しばらく行くと篠ノ井駅に出た。駅前の店で名物のおやきを売る店があったので、八種類を一つずつ買ってリュックに入れた。駅中に入り、そばを食べて昼食とした。宝昌寺の門前には「生かされて生きる命を大切に」の張り紙があった。さらに南に向かい、国道に合流し、今度は千曲川に架かる篠ノ井橋を渡って屋代駅に至った。この辺りも上信越道の工事中で歩く道がややこしい。駅には更埴市民ギャラリーが併設されていて、しばらくここで休憩の時間をとった。

千曲川を右手に見つつ、左手の峰に挟まれた僅かの平地に信越線と国道十八号線が走る。三時二十分に戸倉駅に着いた。ここは大勢の観光客で賑わう温泉町である。川の向かい側には戸倉・上山田温泉の町並みが連なっている。日は西に大部傾き、さらに歩いて四時四十五分にようやく坂城駅に到着した。

（二十六・七㎞）

第6回　平成四年十一月一日（日）　一日間

信越・牟礼～妙高高原駅（新潟県）

前回の時と同様に、信越線で牟礼駅に十時十分に到着し下車すると、そこは山中の駅の感あり。すぐ国道十八号線に出て歩き出した。日が当たって木々の紅葉が鮮明になり、美しい景色を見せていた。来る車中でC・W・ニコル氏の『森を愛さぬ日本人』の一文を読んだ。氏は黒姫に住み、黒姫を愛し、森を守るために活動しているという。黒姫山はこの先にある野尻湖から七、八㎞西方にある。

朝、家を出る時は晴れていたが、ここではどんよりと曇っている。坂のある山道なり。正午前に信濃町に入った。小雨になり手が冷えるので手袋をはめた。黒姫山は見えない。国道脇に小林一茶の旧居（土蔵）を見つけた。この辺りを柏原という。お堂前にておにぎりの昼食をすませてから、一茶の墓にお参りし、俳楷堂と一茶記念館を訪ねた。野尻湖畔に立った時は雨はやんでいた。吐く息が白く肌寒さを感じた。湖畔にあったそば屋で手打ちそばを味わった。下り坂から信越線のガードをくぐり、関川の橋を渡ると妙高高原町で、ここで長野県から新潟県に入った。

庭で樹木の雪吊りの作業をしていた人に声を掛けると、あと二週間もすると雪になるという。この辺は豪雪地帯なのである。冬は三ｍくらいの積雪になるというのでびっくりした。今朝は冬支度で出て来て正解だと思った。五時八分に妙高高原駅にようやく到着した。大部遠方まで来たような気がする。これから帰ると、自宅到着はかなり遅くなりそうである。

（二十一・八㎞）

第7回　平成四年十一月三日～　二日間

信越・妙高高原駅～直江津海岸

①十一月三日（火）　妙高高原駅～新井市内

今朝自宅を出る時、車に霜が降りていた。だいぶ冷えていたが、空は抜けるように晴れていた。前回同様信越線を利用し、十時三十七分、妙高高原駅にて下車した。列車は山歩き・山登りの客で込み合っていた。

駅前を十時四十一分に出発した。もう晩秋である。スキーウェアの下にセーターを着込む。北国街道（国道十八号）に出て真っすぐ北に進んだ。橋上で通りすがりの自転車の子どもが大声で「こんにちは」と挨拶してくれた。思わずこちらも大声で返事をする。うれしくなってしまう。国道端でカニを売る店が目につくようになった。日本海がすぐそこに近づいてきたように感じられた。妙高村から中郷村に入り、旧道に右折すると車はほとんどなく、静かな村の道となった。午後になり、市屋という地区でお祭りに出合った。この辺は冬になると雪が四ｍにもなるという。二本木駅に着いた時はすでに二時になっていた。ここでおにぎりの昼食をとった。

ここから新井駅に着くのに一時間半ほどかかった。市街地は市内講とかで歩行者天国になっており、夜店も出るほど人で賑わっていた。予定していた二軒の旅館は満員で、三軒目でようやく予約がとれた。町中のおもちゃ屋の裏手にある小さな旅人宿で、宿のおやじさんが出迎えてくれた。到着は四時三十分。今日は好天に恵まれた。

（二十・五km）

②十一月四日（水）　新井市内～直江津海岸

昨夜からの小雨がまだ降り続いている。傘をさして八時三十分に宿を出発した。市街地を通り旧十八号線をひたすら日本海方面に向け北上した。上越大通りに至ると歩道には雁木《がんぎ》（雪避けのアーケード）があり、傘をささずに歩くことができた。正午前に高田駅に着きここで小休止。土橋という地に来ると、遠方から船の「ボーッ」という汽笛が聞こえた。北陸自動車道をくぐり、春日山駅前を通過する頃には雨も止んだ。左手三、四kmの位置に有名な春日山城跡がある。城は山城で上杉謙信を支えた不落の名城である。

二時十九分、国道八号線を横断し直進すると、私は直江津海岸の崖の上に立っていた。曇り空がたれ下がる目の前には荒れ狂って濁った日本海が広がっていた。しばらく怒濤を聞きながら海を眺めていると、何とかここまで辿り着いたという感慨が沸いてきて、歩き旅に少し自信を持った。

（十七・〇km）

ここで私は、来年からこの日本海に沿って北に向かい、青森県の竜飛崎まで歩こうと決心したのである。この後、近くの海岸通りわきに建っていた小さな食堂で遅い昼食をとり、直江津駅から特急あさまに乗車して高崎に向かった。

第二年目

（平成五年四月二十九日〜平成六年四月二十八日）

・旅回数　6回
・旅番号　第8回〜第13回
・旅日数　13日
・ルート　◯信越・東北（西側）＝直江津海岸（新潟県）〜柏崎〜寺泊〜新潟〜村上〜温海（山形県）〜酒田〜象潟（秋田県）〜仁賀保（主に国道八、七号線他）
・距　離　三二七・八㎞

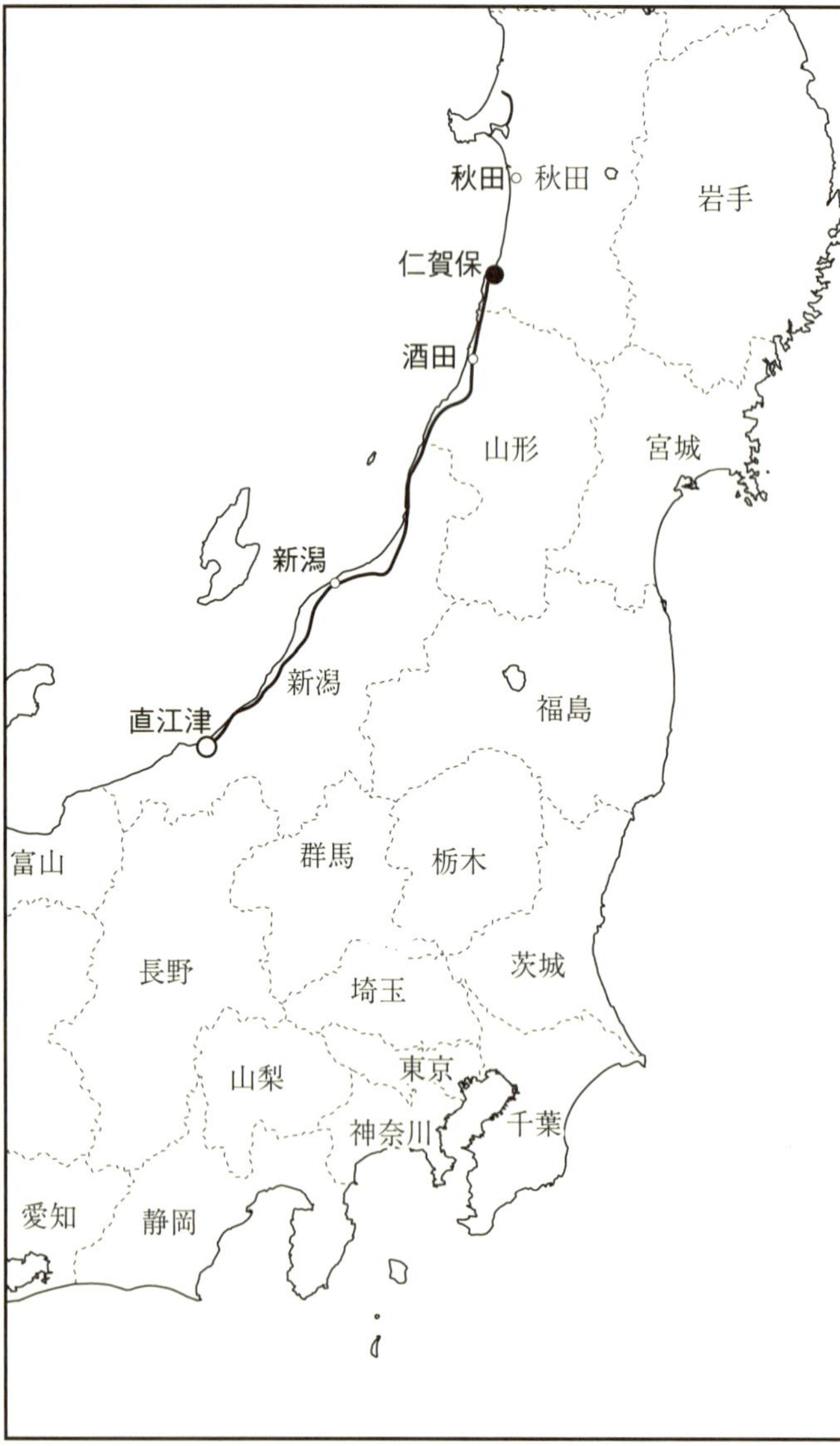

第二年目歩き旅ルートマップ

第8回　平成五年五月二日〜　三日間

信越・直江津海岸〜寺泊

①五月二日（日）直江津海岸（新潟県）〜青海川駅

昨夜、特急あさまにて直江津駅に到着して、すぐ市内のホテルに直行し宿泊。朝二階の和食堂で食事。旅立ち前のこのひとときがいい。食器を手際良く洗う音がいい。活動開始、一日の始まりである。七時五十五分にホテルをスタートし北に向かった。

日本海を左に見て、海岸沿いの旧道を北東に進んだ。風が強く雨もパラパラやってきた。佐渡へ渡る汽船乗り場の待合室で雨具に着替えて再び出発した。乗り場は人でごった返していた。途中から傘もさして歩いた。通りがかりのおじさんが車の窓を開けて「乗らないかね」と声をかけてくれた。ありがたいが、わけを話して丁寧にお断りした。大潟町犀潟に来て休憩した。この道は人家がとぎれることなく、ずっと続いている長い街道である。鵜の浜温泉の旅館の建物が見えてきた。雁子浜のバス停でしばらく雨宿りをした。荒れた海が人家と松林の間から時々見え隠れする。十二時になったので上下浜の食堂にて昼食をとった。

いつの間にか柿崎を過ぎて国道八号線に合流した。米山のトンネルを過ぎると柏崎であるが、トンネルを避けて山側の道に迂回して進んだ。青海川大橋を渡ると崖の下方に駅が見えた。柏崎駅近くにホテルを予約してあるのだが、そこまでは無理と見て近道の崖を下って五時四十分に青海川駅に着いた。この駅はホームのすぐ下が海である。このような駅は生まれて初めてである。柏崎に出るために屋根のないホームで一人次の電車を待つことにした。両足のかかとの裏に痛みを覚えた。靴を脱ぐと足裏にマメができていた。

（三十一・〇㎞）

②五月三日（月）青海川駅～椎谷

朝から雨である。国道八号線に出て、これからずっと日本海の沿岸にできるだけ近い道路を選んで北上することにした。歩いて旅する人は一人も見当たらない。海水浴で有名な鯨波から左折して柏崎市街を通らずに地方道を行く。柏崎の港は木材ばかりであった。十二時に鯖石川を渡ると松波という集落に出た。昼食をとろうとするが、連休中で開店している店を探すのが大変であった。やっと見つけたレストランは老夫婦と孫一人、若夫婦はどこへ行ったのだろうか。ここで一時間も休憩した。午後二時近くに柏崎刈羽原子力発電所に近づいた。この辺りは国道三五二号線となり、海岸から離れるように発電所を右に迂回する道になっている。途中の道沿いに東京電力サービスホールという施設があり、休憩を兼ねて中を見学した。大湊という地で再び海岸線に出た。変化のない海岸線がずっと北に延びていた。

この道路にバスが通っているかどうかを確認したうえで、あと四㎞ほど先の椎谷まで歩くことにした。バスがなければ先程の東電ホールで止めにして、近くの刈羽駅から電車で柏崎に戻る予定であった。しかしすでに雨は止んでいたので元気を出して歩いた。四時五十分に椎谷のバス停前に到着した。

（二一・二㎞）

③五月四日（火）椎谷～寺泊

二連泊した柏崎のホテルを出てバスに乗り、椎谷で下車して八時七分に歩き出した。天気良好、左に日本海、右手に山が迫る。車の流れがなくなると波の音、ウグイスの声が耳に心地よく、一人旅のうれしさを心に感じてしまう。そこにトラックのサングラスをかけたお兄さんがホーンを鳴らし手を上げてくれたので、なおさら心がほぐれてきた。まもなく帆立観音堂、石地海水浴場を過ぎた。勝美マリーナにはボートが多数停泊中、この付近、釣よし、ボート遊びよし、海草採りもよし、五月の風が耳を撫でてさらに心地よし。

十一時頃出雲崎町に入った。水田では家族で田植えの最中であった。田の中に土で丸く囲ったその中心辺りから泡が出ている場所がある。聞くと「石油井戸の跡で今でもガスが出ている。」とのことであった。ここの街道筋には間口のさほど広くない民家がぎっしりと立ち並んでいる。その中にとれたての魚類を焼いて、その店先で売る浜焼き屋が何軒かあった。土間を掘って炭火の周りで串刺しのいかを焼く店があったので立ち寄って、焼きたてを一本、休憩しながら食べたが、これは新鮮でうまかった。この旧道の昼時は人通りも少なく静かであった。ここは良寛さんの生誕地で、良寛堂や記念館などがあるほか芭蕉園には「おくのほそ道」で有名な「荒海や佐渡に横たう天の川」の句碑も建つ。海岸に立つと緑色の羊羹のような日本海の向こうにうっすらと佐渡島が横たわっているのが眺められた。

この辺りから道は国道四〇二号線となって、海を眺めながらひたすら北に向かって歩いたが、日は西に刻々と傾いて行く。この海岸線を「日本海夕日ライン」とかいうのだそうである。四時半頃寺泊の町中に入った。道の両サイドには魚類を商う店や食堂（魚のアメ横といわれている）、旅館等がびっしりと並び、買い物客や観光客でごったがえしていて活気があった。五時ちょうどに道沿いにある旅館に到着した。この宿で、私の家族（妻、娘、義母）と合流して、明日は買い物をする予定になっている。

（二十四・四㎞）

第9回　平成五年六月十二日～　二日間

信越・寺泊～新潟駅

①六月十二日（土）寺泊～角田浜

朝七時七分発の上越新幹線ときにて高崎から長岡に出て、越後のバスにゆられて約一時間で寺泊に到着した。途中、上越のトンネルを抜けると快晴で周囲の緑がまぶしかった。長岡駅には「慶祝皇太子殿下・雅子さま　ご成婚」の垂れ幕が下がっていた。バスが郊外に出ると、この辺りはすでに田植えがすんでいて、水田が緑色に光り、真夏を思わせる光景が広がっていた。群馬ではようやく麦刈りが始まる時節である。

九時三十五分に寺泊を発った。一時間も経たぬうちに信濃川の分水路にかかる野積橋を渡ったが、橋のすぐ下には日本海が広がっていた。左手に砂浜が北に向かって延びていて、夏には海水浴客で賑わうが今は静かである。右手には弥彦山の裾が迫っている。バスの待合所で左足親指にカットバンを貼った。痛みが少々気になった。風景のよい田ノ浦海岸にて昼食にした。家族連れや若いグループがバーベキューをしたり、砂遊び、昼寝そして波静かな海辺で泳いだりしてそれぞれ楽しんでいる風景を眺めるのはなんとも楽しい。

しばらく歩いて角田浜に近づくも、前方に岩山が立ちはだかり、トンネルを二つくぐった。トンネル内部は、車があると反響して耳に騒音となって地下水力発電所のタービンのごとくに聞こえたが、車がなくなると自分の声だけがいやに響きわたった。ここを出ると角田山の崖が海に迫る変化に富んだ景色となり、道路がこの海沿いを貫いて走っている。ここから先が越後七浦シーサイドラインとなり、観光道路になっている。

角田岬の下を貫いて通るトンネルを抜けると民宿が並ぶ通りに出た。予約してある宿を探して行くと、張り紙があり、今日は休業で別の宿に行くようにとの指示が書かれていた。観光案内所で尋ねてみると三、四軒隣にその宿があり四時三十分にそこに着いた。今日の客は私一人だけだという。ここは主に夏の海水浴客のための季節旅館のようである。


（二十・五㎞）

②六月十三日（日）角田浜〜新潟駅

朝からどんよりと曇っている。七時五十五分に角田浜を出発して、飛砂防備のための松林の間を通る四〇二号線を北に向かった。ここでカッコウの声を耳にした。傾斜した畑が続き変化のない景色が連続している。建物やバス停などの目印になるようなものがないと、地図の中でいま自分がどこにいるのかその位置を知ることが難しい。畑は、たばこ、スイカ、ウリなどの栽培が多い。やがて新潟市に入り、新川にかかる往来橋を渡った。十二時に新潟大学前を通る頃、雨が降り始めた。途中右折して一一六号線に入り、道沿いのレストランで雨宿りを兼ねて昼食をとった。信濃川の分水路にかかる有明大橋を渡る頃に雨は上がった。市街地から信濃川の土手伝いを歩き、万代橋を渡って新潟駅に四時四十二分に到着した。帰りの新幹線の車中で、宿のおばさんが作ってくれた弁当を広げて食べた。

（二十七・五㎞）

第10回　平成五年九月十一日〜　二日間

信越・新潟駅〜村上駅

①九月十一日㈯　新潟駅〜紫雲寺町稲荷岡

旅の出発前は、途中なにが起こるか予想もできないので、多少の不安感がある。だから様々な準備を念入りにして家を出る。

高崎から新幹線に乗り新潟駅に着いて、八時四十八分に駅前から歩き出した。はじめは阿賀野川に架かる泰平橋をめざし東に向かった。今日の予定コースには昼食のできる店もなかろうと予想して、途中のコンビニでおにぎり三個を購入した。市街地から郊外に出ると歩道は狭くなった。家の出入り口は車を通すために、各家とも歩道に傾斜を付けているので、歩くのが大変苦になる。その数をトータルすればある程度の山登りをしたのと同じくらいの上り下りをしたことになるのである。老人や障害のある人には特にきついだろうと思う。

途中で歩道はなくなってしまったが、市街地の十字路だけは再び歩道が付けられている。正午に近づく頃になると太陽が真上に来て暑い。屋根付きのバス停があったので、ベンチに腰掛けてランチタイムとした。三十分後に再び東に向かい、新潟臨海鉄道の下をくぐると新発田市に入り、道は国道七号線に合流した。しばらく歩いて国道を離れ、聖篭町・紫雲寺町方面をめざした。諏訪山の広場にて地図を広げながら休憩した。この時、足裏にカットバンを五枚ほど貼ってマメの予防をしておいた。

今度は背に太陽光を受けながら加治川を渡り、紫雲寺前を四時半に通過した。この辺りの民家の建物は豪華な造りの家屋が多い。バス停を探しつつ歩くと、ちょうど五時に稲荷岡の停留所に到着。そこで新発田駅行きの次のバスを待った。今夜の宿は新発田駅近くのビジネスホテルである。

（二十八・六㎞）

②九月十二日（日）紫雲寺町稲荷岡～村上駅

新発田駅前から中条行きのバスに乗り、昨日乗車したバス停で下車、この稲荷岡を八時七分に村上に向けてスタートした。落堀川を渡ると中条町である。この街道は日本海沿岸から三、四㎞ほど離れて海岸に平行して走っている。ほぼ真っすぐに北の方向に延びていて、沿道にへばりつくように人家が並んでいる。この付近はブドウの栽培が盛んで、タノレッドという種類を直売する店が多い。道は静かだが、突然驚かされるのはスズメ追いのドカンという音である。コシヒカリの産地でその収穫を前にして一層激しく聞こえる。途中、ブドウ畑の直売所のおばあさんから、タノブラックという品種を値引きして分けてもらったが、二十粒ほどを歩きながら味わった。自転車に乗った地元の中学生が「おはようございます。」と元気な声で挨拶してくれた。それ以外は虫の声が聞こえるほど静かであった。

胎内川を渡って橋上から川下を見ると、遠方に日本海の水平線が僅かに見えた。正午前に乙宝寺に立ち寄り参拝してから、近くの観光物産館で休憩した。

しばらくして、荒川の土手に辿り着いた。この土手上にて昼食にした。川風が涼しい。今朝ホテルのおばさんが作ってくれた三つの焼きおにぎりは、大きすぎて二つしか食べられなかった。三十分あまりしてまた出発だ。道は旭橋を渡る手前で海岸沿いを左手から来た国道三四五号線と合流した。ここから上林村に入るとすぐ左手に、「ようこそ温泉と紺碧の海　日本海へ」と書いてある看板が歓迎してくれた。

岩船の町並みを通り、石川にかかる明神橋を渡ると岩船神社があって、道は二手に分かれる。左が瀬波温泉経由の村上への三四五号線、右は地方道で村上への近道である。今日は村上駅から特急いなほで群馬に帰らなければならない。時間的に右の道を選んで駅へ急いだ。五時二十四分発の電車に間に合うことができた。左足裏にはマメができ、両足首に頭に響くような激痛と全身の疲労感を覚えつつ、汗びっしょりのまま電車に乗車し帰路に着いた。

（二十九・〇㎞）

第11回　平成五年十月九日～　二日間

信越・村上駅～温海温泉駅

①十月九日（土）村上駅～今川駅

台風二十号の影響による昨日の雨が嘘のように今朝はよく晴れ上がった。高崎から乗車した新幹線ときの自由席は満席で、立ったまま新潟に向かう。新潟の平野はすでに稲刈りがすんでいた。新潟からは白新線・羽越線の特急いなほに乗り換えた。客は少なく、車窓から見える風景は、刈り残った稲穂以外は水のたまった土色の田園が広がって見えるだけであった。村上駅には九時二十七分に着いたが、こちらも好天気だった。

駅前を九時半にスタートした。今回は買ってから初めての靴を履いてきたが、サイズは二十六・五cmで今までのより少し大きいのを選んだ。三十分ほど歩いたが何ともない。ちょうどよさそうである。私は今までずっと自分の足のサイズは二十五・五cmとばかり思い込んでいて、こうして長距離を歩いてみると、午後になると足が膨脹して窮屈になったり、靴の先が親指に当たり過ぎて爪の根元が死んで数日後にその爪が剝げてしまったりしたことがあった。その反省の上に立って、今回靴を代えてみたのである。

三面川の瀬波橋を渡ると、橋上から魚影が見えた。ここは鮭の産地で有名かと思ったが、ボラだそうである。ここからしばらくは羽越線と平行して、日本海沿いを北上する国道三四五号線とのお付き合いが始まった。左手前方の海上に粟島がはっきりと横たわって見えた。佐渡島は青空の下にうっすらと遠方に離れて見えた。粟島の方が距離がより近くなったのであろう。

旧道に入ると地元のおばさんたちの東北弁の会話が聞こえてきた。次第にローカル色が強くなってきたことを感じた。海は空よりも青く、波は雲よりも白い。海の色、海の匂い、波の音、空の青さを味わう。一時過ぎに越後早川という駅に辿り着いた。ここで昼食にした。待合室で村上の高校に通う男子生徒に会ったが、卓球の練習に行くところだという。だが、十一時の電車に乗り遅れて次の電車を待っているのだとのこと。次の上り電車は二時二十四分でまだ一時間余りもある。

二十分ほど歩くと、泳いでいる魚が見えるほどきれいな川が海に注ぎ、その川縁には早川という集落もあった。二時二十分、馬下《うまおろし》という地に来ると、海岸に突き出した岬状の岩山が多くなり、これらを貫くトンネルも多くなった。この岩を日本海の荒波が浸蝕して、さまざまな浸蝕地形を形成していて、海岸の風景が変化に富んで素晴らしい。瀬波温泉から温海温泉までを日本海パークラインといって、観光客が多く集まる所である。さらに、その間にある山北町最南端の鳥越山から中央部にある狐崎までの十一㎞ほどは、特に国の名勝・天然記念物に指定されていて「笹川流れ」といわれてよく知られている。夕日が日本海に下がり始めた。四時四十分にこの笹川流れの中間にある今川駅に到着した。駅では車で来た私の家族が待っていてくれた。今夜はこの先の温海温泉の旅館に家族で宿泊する予定である。

（二十三・五㎞）

②十月十日（日）温海温泉駅（山形県）～今川駅

温海温泉は海岸から東に三㎞ほど温海川を遡る。そこは周囲を山々に囲まれた清流に沿った落ちついた山形県の温泉地である。あつみ温泉駅まで車で出て、ここを八時三十分に出発し、国道七号線を今回は逆行して南に向かって、昨日到着した今川駅をめざした。右手にはずっと先まで紺青色の日本海が広がる。少し行くとふるさと物産館があり、近くには道の駅もあった。十一時少し前に鼠ケ関に着いた。ここは『おくのほそ道』にも登場し、また、勧進帳の念珠関祉や義経ゆかりの地としても知られている。ここからすぐ県境となり新潟県山北町に入った。正午近くになり道路沿いにあるそば店に入った。

午後、大川を渡る橋上から川をのぞくと、川を溯上している鮭を発見。岸には産卵しやすいように作った竹や木の枝の人口産卵場が設けられていた。府屋を通り勝木まで来ると三叉路になり、七号線は左の山中の道になる。そのまま右の海岸沿いを進んだが、ここから国道三四五号線になった。

寝屋を通り寒川へ向かう途中、赤い大きなリュックを背負ったがっちりした若者が、前方から歩いて来る。会社を辞めて鹿児島の佐多岬から歩いて来たという。これはすごい。北海道の宗谷岬をめざしているとのこと。つまり、今日本縦断中で、十一月に達成できる予定という。すごい人に今日は行き会ったものである。互いに激励しあった。

狐崎を通り笹川流れに入った。五時十五分に昨日と同じ今川駅に到着した。駅に電灯がともり、辺り一帯は暗くなり始めた。今日は、ここから前回同様に村上、新潟を経由して群馬に帰る。

（二十八・七㎞）

今回初めて使用の靴で、中敷きを入れて歩いてみたが、左右の踵にマメができてしまった。踵のマメは大変痛い。次回からはもっと工夫して歩いてみたい。

第12回　平成五年十一月十三日～　二日間

東北西・温海温泉駅～酒田駅

①十一月十三日（土）温海温泉駅～加茂港

何回か利用している上越新幹線ときから白新・羽越線いなほに乗り継いで、あつみ温泉駅に十時五十分に到着した。十一時ちょうどに北に向かって国道七号線を海岸線に沿って進んだ。十二時半に海の見える五十川《いらがわ》駅で昼食をとった。無人駅で、時刻表を見るとしばらく列車は来ないので、駅内は客もなく静かである。今日の日本海はどんよりと灰色に曇っていて海を眺めて過ごす気も起こらない。駅を出てからすぐに温海町から鶴岡市に入った。市とはいっても、この道沿いは海と山ばかりである。波渡崎灯台を過ぎると、［鬼かけ橋］の遺跡碑があったが何のことやら、勉強不足を感じた。三時を過ぎて由良港を通過した。ここから七号線は右折して鶴岡市に向かうが、こちらはそのまま海沿いを進んだ。日が次第に西に傾いてきた。加茂港はまだ遠い。右手の岸壁伝いの道をひたすら歩くが途中にはなにもない。加茂港に近づくと、町中の路地を子どもたちが「火の用心」と声を出して巡回している。近頃珍しい光景を見て感心してしまった。五時ちょうどに加茂のT字路のバス停に到着した。

（二十二・六㎞）

すっかり日が暮れて暗くなっていた。それに雨も降ってきた。ここに旅館があればいいのだが、どうもなさそうである。すっかり心細くなってきた。バス停の時刻表を覗いてみると鶴岡行きの最終バスがありそうである。だいぶ待ってからようやくバスがやって来てほっとした。今夜は鶴岡駅前のホテルに宿泊する。

②十一月十四日（日）加茂港〜酒田駅

朝、鶴岡駅前から湯野浜温泉行のバスに乗り加茂港で下車した。夕べからの雨がまだ降っていた。八時三十分に傘をさし出発した。海伝いに進むと間もなく湯野浜温泉街に入った。雨は降り続くが、鉛色の海は波がなく音も聞こえないほどの静けさであった。激しい雨になったので、近くの小屋の屋根下を借りて完全雨対策をして再び歩き出した。黄色のゴアテックスのカッパ上下は大変具合がよい。中は蒸れず、黄色で目立つので交通事故にも遭いにくいし、大雨でも、車の水跳ねにも安心して歩ける。

酒田市に入ったが、雨止まず。赤川を渡る手前の松林のある路上で、自転車に乗った老人に会った。今はこの近くに住んでいるが、以前は東京の宮内庁に勤務していたとのことである。「近くだから寄っていけ、なんなら一晩泊まっていってもよい」といわれたが、折角だけれど予定があるからとお断りした。確か名を松平さんといっていた。

十里塚という所で雨が止み始めた。最上川が近づいてきた。その手前の宮野浦の食堂にて昼食にする。一時を回っていた。二時四十分に最上川に架かる河口に最も近い出羽大橋を渡ると、橋上から鴨と白鳥の大群が川面に集結しているのが見られた。ここで冬を越すのであろうか。橋を渡るとそこは山居町で酒田の市街地となり、土蔵造りの倉庫群が並んでいた。町中を通って三時二十分に酒田駅に到着した。

ここから特急いなほに乗車し、新潟にて新幹線ときに乗り継ぎ、高崎に午後七時四十七分に到着する。

（二十一・七㎞）

第13回　平成六年四月九日〜　二日間

東北西・酒田〜仁賀保

①平成六年四月九日（土）仁賀保駅（秋田県）〜小砂川

今回の旅では、山形県酒田市と秋田県仁賀保駅間を二日間で歩く計画である。昨夜は職場の歓送迎会があってほとんど寝る間もなく、高崎駅から午前一時九分発快速ムーンライトに乗車した。車内はみな男ばかり、どこへ行くのだろうか。長岡駅で十五分停車、人の話し声、飲み物をすする音が聞こえてきた。シートはリクライニングで、前に足を乗せる台もついているので眠るには楽である。しかし暖房が効きすぎて尻の下からホカホカし過ぎるし、照明は点灯したままなので車内は明るすぎてなかなか眠れない。

新潟で白々と夜が明けてきた。ここから座席は自由席となり、登山姿のグループやハイキングに出かける老夫婦、傘を持つ普通の人などが乗り込んで来た。今度は電車は逆向きに北へ走り出した。雨は降らないが空はどんよりと曇り、田は乾いていて殺風景である。

この列車は村上どまりで、乗り換えて酒田に向かった。車内はビデオを撮る若者、三脚・カメラを抱えて遠出する人、遠征に行く高校生たちなどのほか、山形の方言丸出しのおじさん・おばさん方で賑やかになった。鶴岡駅で停車中、白い雪がちらついてきて、寒くなった。右側の窓に白い山並みが見えてきた。月山か。八時三十六分に酒田駅に到着した。

駅前で暖かいそばの朝食をとり、さらに電車に乗った。天気は、ようやく晴れ間が見えてきて日が顔を出した。吹浦に来ると駅正面に鳥海山が白い雪に覆われて姿を現した。秋田県に入ってしばらくしてから、目的地の仁賀保駅に着いたのは十時四十二分であった。

十時五十分に駅前をスタートした。天気は晴。酒田宿泊の予定につき、今日は南に向かう逆行のルートをとった。車は秋田ナンバーの車ばかりである。桜はまだ堅い蕾の状態で、この寒風下では開花はまだまだ先になるだろう。右手の日本海に沿う国道七号線を南に向かった。十二時を過ぎたので金浦《このうら》町の食堂で昼食をとった。北風が強く寒い。象潟《きさがた》の町中を通過すると右手の海が風で波打っていた。西中野沢あたりでは雪が一時舞ってきた。四時三十三分に小砂川駅に着いた。（二十・六㎞）

ここから電車で酒田駅に行き、駅前のホテルに宿泊した。寝不足と疲労で室外に出るのが面倒で、昼食のために買ってあったおにぎり三個と沸かしたお茶を夕食代わりにした。部屋にこのホテル内にあるレストランのメニューが置いてあった。はたはた塩焼き、きんき・のどぐろの姿焼き、鴨煮込み、ひらめ・まぐろの山かけ、もずく・わかめの酢のもの、それに名物しょっつる鍋など。

②四月十日（日）酒田駅（山形県）～小砂川（秋田県）

朝八時、酒田駅前を今日は小砂川をめざしてスタートした。くねくねした旧七号線は庄内平野を北に向かって走る。民家は黒釉の屋根に二、三段の雪止めのある大きな家が多い。左手には日本海があるのだが、小高い丘陵と松林に遮られて見えないし、波の音も聞こえてこない。右手前方には上部を白く化粧した鳥海山が首を出していた。

十時に日向川に至った。ここには鮭の採捕場がある。橋を渡って山形県最北の県境の町、遊佐町に入った。道は一直線で単調である。十二時過ぎに遊佐町の中心部から流れてくる月光川の橋を渡ると、右手からの三四五号線に合流し、吹浦《ふくら》の町並みに入ってまもなく、左手海岸沿いの七号線と合流した。吹浦駅の西側にあるドライブインに来て昼食をとった。吹浦は『おくのほそ道』にも「あつみ山や吹浦かけて　夕すゞみ」の句がある。十六羅漢さまを拝顔して、再び日本海の荒波を目にしたり、耳にしたりの旅を続けた。

北へ歩き続けると有耶無耶の関址があるはずであるがウヤムヤのうちに県境を越えて秋田県に入っていた。三崎公園遊歩道を歩くと、そこから遠く海上に飛島が横たわって見えた。三時四十四分に小砂川駅に辿り着いた時は、日高く、風穏やかで海が光っていた。　　（二十八・五㎞）

帰りは小砂川駅から四時八分の電車で酒田に出て特急いなほに乗り換え、新潟駅で新幹線あさひに乗り継いで午後八時三十三分に高崎駅に到着する。

第三年目

（平成六年四月二十九日〜平成七年四月二十八日）

・旅回数　6回
・旅番号　第14回〜第19回
・旅日数　15日
・ルート　○東北（西側）・信越＝仁賀保（秋田県）〜秋田〜能代〜深浦（青森県）〜鯵ケ沢〜十三湖〜小泊〜竜飛崎（主に国道七、一〇一号線）
○信越＝直江津駅（新潟県）〜青海駅（主に国道八号線）
・距　離　三五〇・四㎞

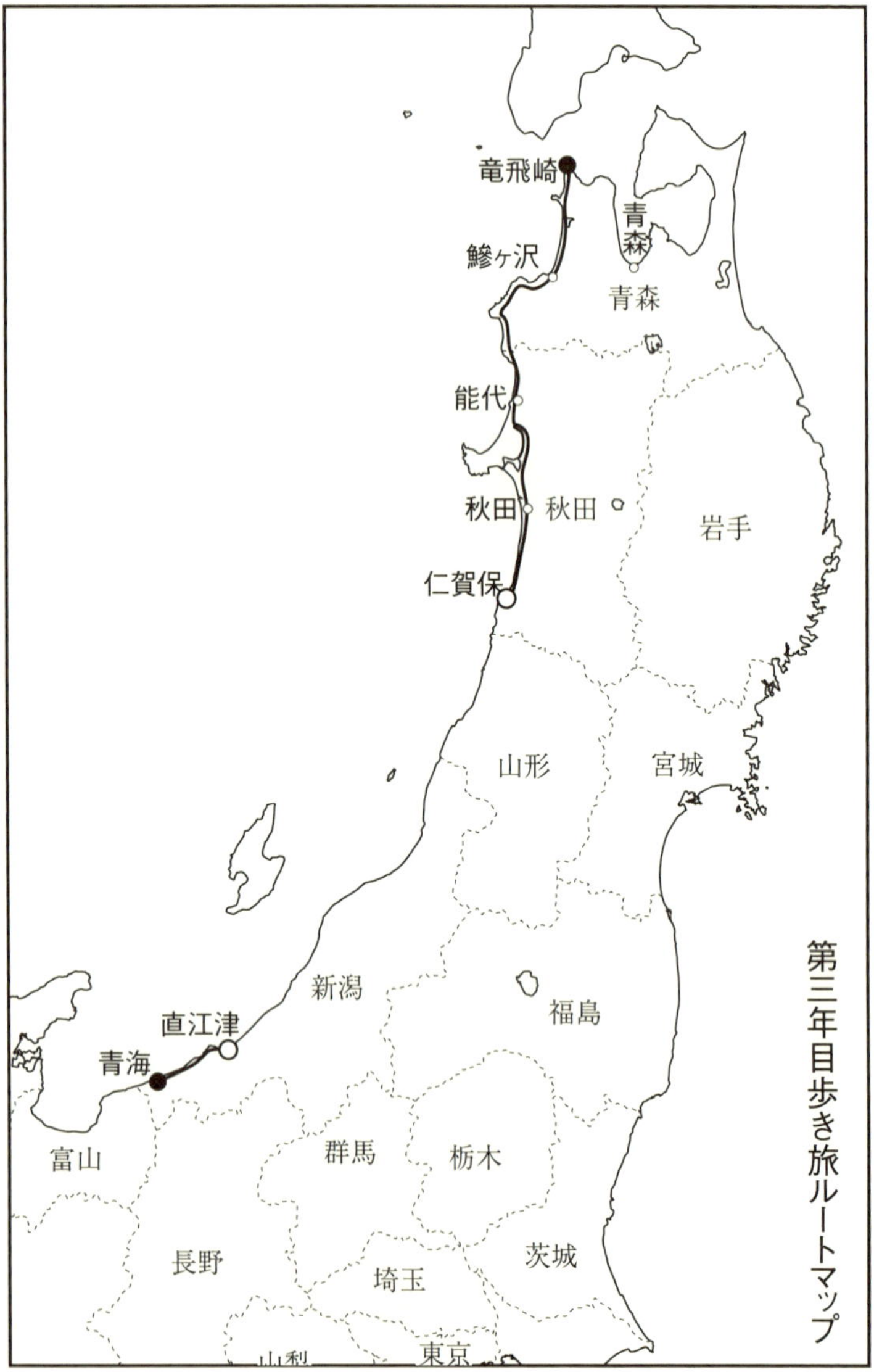

第三年目歩き旅ルートマップ

第14回　平成六年五月三日〜　三日間

東北西・仁賀保駅〜秋田駅

①五月三日（火）仁賀保駅（秋田県）〜本荘

前回と同じ夜行の快速ムーンライトで高崎を発ち、村上、酒田で乗り換えて、仁賀保駅に到着した。米どころ庄内平野は、田に水を引き田植えが始まったばかりであった。鳥海山は雪が解け始めて地肌がまだらになっている。今日は雨も降らずひとまず安心した。十時四十五分、駅前の国道七号線を前回に引き続き、北に向かって海岸に平行して歩いた。途中から海岸際の砂地の中の道に入り西目町出土という地で、のどかな日本海を眺めながら昼食におにぎりを二個食べた。

上高屋入口に来ると、右手に土手があって、その土手が中を囲むように円形になっていた。土手を上って、眺めてみると、この円形の土手に囲まれた中にひっそりと家々が、まるで輪中地域のように集落を作っていた。不思議なものを見てしまったような気持ちになった。あれは何だったのだろうか。中高屋橋を渡り海士剝《あまはぎ》を通過すると、再び右からの七号線に合流し、四時に子吉川にかかる本荘大橋の袂に出た。ここの角にあった小店にてコーヒーを飲んで休憩した。店内では小型の石油ストーブを使用していた。

（十六・〇㎞）

今夜は本荘市内のホテルに宿泊の予定である。

②五月四日（水）本荘～内道川

タクシーで本荘大橋まで行き、八時四十五分にスタートして橋を渡った。朝からウォーキング日和になっていた。今日も海岸沿いの七号線を北に向かう。二時間ほど歩くと深沢という所に至り、「夕日の見える日露友好公園」というのがあって、その中に露国遭難慰霊碑が建っていた。先を急ぐと、前方に松ケ崎小学校が見えてきた。校庭遊園地にて松風に吹かれながらおにぎりの昼食をとった。美しく手入れされた庭を眺めながら、水道の冷えた水をいただいた。

この海岸線には海に突き出た半島や岬というものがなく、ただただ北に海岸線が延びているだけである。岩城町に入り、二古《ふたご》という信号所の近くのゲームセンター・ドライブイン前で休憩した。この先の内道川の集落を右折して坂を上って行くと、最後の坂は疲れて大変だったが、三時十五分にやっとのことで本日の宿泊地秋田厚生年金休暇センターに到着した。ここは緩い斜面の中腹にあり、部屋の窓からは歩いて来た海岸が見下ろせた。その先には日本海が大きく広がっていた。（二十・〇㎞）

③五月五日（木）内道川～秋田駅

朝から雨である。八時二十分に、宿を出て坂を下り、国道に出るとすぐ道川駅があった。ここで上着だけカッパを着て行くも大降りになってきたので、近くのガソリンスタンドの屋根下で、カッパのズボンも着用した。その後は、鼻歌を歌いながらの雨中ウォーキングとなり、九時五十五分に秋田市に入った。四十分ほど歩いて下浜駅に到着し、ここで休憩中に小雨となった。

桂根というあたりで、平行する羽越線とともに海岸線から離れて内陸に入り、秋田駅方面に向かって歩くと、間もなく内浜田に出た。正午を過ぎていたので、近くの食堂で昼食をとることにした。食事後外に出ると、雨は上がっていた。雄物川に架かる秋田大橋を渡り、市街地を通って三時二十三分に秋田駅に到着した。

（二十二・一㎞）

帰りの特急いなほは秋田発が五時四十分なので、夕食の時間には早いけれども、駅前の食堂に入った。しょっつる鍋にきりたんぽ、はたはた焼きなどを注文した。はたはたの卵は歯ごたえがあって口の中でぱちぱちという食感があった。いい気分で店を出て、秋田駅から予定通りの列車に乗車し、新潟で新幹線あさひに乗り継いで高崎に向かった。

第15回　平成六年七月九日～　二日間

東北西・秋田駅～八郎潟駅～能代駅

①七月九日（土）能代駅～八郎潟駅

今回の旅は、秋田駅－能代駅間を、北の能代から南に向かって二日間で秋田まで歩く予定で、七月八日（金）夜十時頃家を出た。高崎駅発午後十時五十三分青森行の寝台特急鳥海に乗車した。ベッドは二段で枕、毛布、浴衣が用意されていた。乗車時にキップのチェックがあり、その時乗務員からタオル、歯ブラシ、くしの入った洗面セットを受けとった。あとは朝まで眠るだけである。

朝になると水田は緑一色で、前回までに歩いた見覚えのある道や海岸線の風景が車窓から眺められた。列車は秋田県内に入っていた。海は穏やかだが薄墨を流したように重い色だった。ベッドにあぐらをかいて、ゆっくりとおにぎりの朝食をとった。列車が東能代駅のホームに着いたのは七時十一分、隣のホームで一両だけの五能線に乗り換えた。七時二十二分にすぐ次の能代駅で下車した。ずいぶんと遠くまで来たものである。奥羽本線は秋田から東能代を経由して青森へ行くが、市の中心にある能代駅は通らない。

七時三十分、能代駅前から南に向かってスタートした。天気は曇。この辺りは能代平野のど真ん中である。正午前に国道七号線を右折し、八郎潟を埋め立ててできた大潟村に向かった。そこには広大な農地が広がっていた。東部承水路の西側の土手を歩いた。行けども行けどもこの土手は続く。晴天の下、土手の上から見下ろすと、この広大な田園にほとんど人の姿や車が見られない。ヨシキリの鳴く声ばかりが辺りに響いた。

いつも三時をまわると疲れを感じるとともに、気力が弱ってきたり、身体全体がだるくなってくる。土手を二十㎞ほどは歩いただろうか、ずっと右から西日がさしっぱなしで暑い。五時三十五分にようやく水路を渡る大潟橋が見えてきた。橋を渡ると八郎潟町で、今夜の宿に着いたのは六時二十分であった。

（三十五・〇㎞）

宿泊する部屋は西側で、西日が強く当たるためか蒸し風呂のように暑かった。

②七月十日（日）八郎潟町～秋田駅

八郎潟町の宿を八時十分に出発した。曇っていたが朝から蒸し暑い。間もなく国道七号線に合流し、右手の奥羽本線に平行して歩道上をとぼとぼと歩いた。国道を右に入って旧道を行くと大久保駅前に出た。駅は旅人にとっては砂漠の中にあるオアシスのような所である。屋根があり、ベンチがあり、トイレや水場もあるし、それに電話や自動販売機、さらには売店もあって本当にありがたいと思う。
道はいつのまにか国道に合流し、秋田市に入っていた。十二時過ぎに古い茅葺き屋根のそば店があったので、ここで昼食をとることにした。中は太い柱と梁で支えられたしっかりした日本建築の建物だった。大ざるそばを頼むと、そばと薬味が平べったい杉の木の箱に入って運ばれてきた。
秋田駅までは十五km以上はありそうに思われた。帰りの列車の予定もあるので、市街地内の道を急いで歩いた。五時十分に秋田市駅入口に到着した。（二十九・〇km）
帰りは前回とまったく同じ列車で、秋田駅を発車し、十時四十六分に高崎駅に着く予定である。

第16回　平成六年八月十二日～　四日間

東北西・能代駅～鰺ヶ沢駅

①八月十二日（金）能代駅～秋田・青森県境

今回は家族旅行を兼ねて、八月十一日の早朝に車で自宅をスタートした。館林から東北自動車道で秋田に向かい、秋田市内では、前回歩き残した約一kmを車から下車して十五分間歩いた。再び車に乗って能代に向かい、この日は能代のホテルで一泊した。

翌十二日、朝七時四十三分に能代駅前をスタートした。朝から予想外の猛暑である。雨がしばらく降っていないらしく、ホテル内でも節水の協力の呼びかけがあったほどである。道路もまた熱風とアスファルトの照り返しで猛烈に暑い。米代川を渡り、国道一〇一号線を五能線と平行して北に向かった。やがて峰浜村に入り、ポンポコ山公園にて休憩した。十一時十五分に八森入口に来た。

左手は日本海、しだいに右手の山が足元まで迫るほどになり、五能線、国道、旧道の走る平地が狭くなってくる。三時十五分に八森町滝の間の先にある松林の木陰にて休憩をとった。天気は晴。猛暑を通り越して炎暑とでもいうのか、火がつきそうな感じである。この辺から傘をさして日除けとした。途中、事故のバイクを引き上げているお巡りさんの話によると、「今年は特別暑いです。事故のないように気をつけて」といわれた。

日は西の海に傾きかけ、すぐ下の岩礁に打ち寄せる波が白く光る。岩館駅を過ぎて一時間、五時十五分にハタハタの里秋田県から青森県に入った。県境にはバスも駅もないので、妻の迎えの車を待った。今夜はこの先の十二湖入口にある旅館に宿泊する。

（三十・〇km）

②八月十三日（土）秋田・青森県境～深浦港（青森県）

早起きをして朝食前に一歩きしようと、車で県境までもどり、五時十五分に北に向かって歩き出した。Tシャツ、短パンの服装でリュックなしにつき大変身が軽い。東側には山が迫っていて、日がまだ出ないため涼しい。この奥に連なる山々が白神山地である。車もほとんどなく、海沿いの道をひたすら歩いた。七時四十分にむつ黒崎駅に着いた。約十二kmほど歩いたと思う。この後宿に戻って朝食をいただいた。

九時十八分、再び黒崎駅から歩き出した。約一時間後に、宿泊した宿のある十二湖入口に到着した。

ここから右に入って行くと、十二の池が散在する十二湖に行けるが、残念ながら見物している時間がない。

正午前に岩崎村の中心地の岩崎地区を通過したが、雲なく炎暑となった。山科地区の沢辺生活改善センターの松の木陰で昼食をとった。この辺は艫作《へなし》崎から右に回り込む日本海に突き出た小さな半島になっていて、向こう側に深浦港がある。二時半に艫作駅前に着き、ここから少し海辺に下って黄金崎に出た。ここには、知る人ぞ知る海際の温泉があり、黄金崎不老不死温泉という。せっかくだから長生きしようと入浴し一休みした。

すでに深浦町に入っている。左の日本海に傾く夕日を浴びながら一〇一号線を深浦に向かい、円覚寺前を通って、左に湾曲した深浦湾に近づいた。

ここは江戸時代には北石船（北前船）の停泊港として賑わった所である。ようやく五時五十五分に深浦港近くの旅館に到着した。

（三十三・〇km）

③八月十四日（日）深浦～鰺ケ沢町赤石

今朝も散歩がてら、五時三十分に宿を出発し、五所川原方面に向かって国道を歩いた。今明日は深浦の夏祭りで、港は漁船でいっぱいであった。追良瀬川の少し手前に滝があったのでそこまでにして引き返した。一時間半余り散歩したことになる。

朝食後、車で滝まで来て九時から再び歩き始めた。空青し。そして、海もまたさらに青し。一〇一号線は五能線とともに、海を左手に見下ろす位置を走る。暑くなったので、海を見下ろす景色のよい所で休憩した。風合瀬《かそせ》の海水浴場を過ぎて、北の海に突き出た大戸瀬崎の手前に来ると、広い岩（岩礁）がテラス状に海ぎわに突き出た千畳敷に到着した。観光客も大勢来ていて賑やかである。岩の上に腰を下ろし昼食をとった。その後少し歩いて、「熊撃ち一代資料館」と書いた看板がある個人の家の前を通った。熊捕り名人の藤井長太郎さんに会った。奥さんらしき人が熊の皮をなめしているところだった。

四時五分、空晴れ渡り、西日が大変強い。長時間歩いていると、足のふくらはぎに強烈な太陽光線が照射し続けて、その部分が真っ赤に火傷状態になりつつあった。買いたての冷えたウーロン茶で冷やしてもあまり効果がない。その先のドライブインに寄って、さらに水で冷やし続けた。この辺から鰺ケ沢町に入った。今日はかなり疲れた。町の中央部まではまだ八㎞ほどある。夕日を背後に浴びながらなんとか前進した。六時四十分に赤石という所まで来て振り向くと、遠く水平線に沈んで行く夕日が見えた。しばらくの間、近くの手すりにつかまって赤い夕日を眺めていた。日が沈むとすぐ薄暗くなる。町中までの残りの五㎞ほどは明朝歩くことにして今日はこれにて止めることにした。

（三十五・〇㎞）

鰺ケ沢は夏祭り中で、町のあちこちに灯籠が飾られていた。

④八月十五日（月）鰺ケ沢町赤石～鰺ケ沢駅

朝から時々大雨が降る。昨日とは大違いの天気になった。赤石まで車で出て、五時十五分にそこから昨日の残りのコースを歩き出した。海岸沿いの国道を歩いて六時二十五分に鰺ケ沢駅に到着した。

鰺ケ沢は津軽半島の西側のつけ根にある港町で、古くから北前船による西国との交易で栄えた町である。

（四・八㎞）

この後、車で山形県に移動し、肘折温泉に投宿してから群馬に帰る予定である。

第17回　平成六年九月十日～　二日間

東北西・鰺ケ沢駅～磯松三叉路

①九月十日（土）鰺ケ沢駅～木造町筒木坂北口

前々回の旅（第15回①）と同じく、歩く前日の九月九日、高崎から青森行寝台特急鳥海に乗車して東北に向かった。B寝台は1ボックスに二段ベッドが向かい合わせになっていて、四人寝られるようになっている。私は下のベッドで、他の三つはすでにカーテンが閉まり静まりかえっていた。遠慮しつつ持参の缶ビールを飲み干して、レールの音を聞きながらベッドに横になった。

翌朝、目が覚めると列車は秋田辺りを走っていた。ベッド上で、用意してきたおにぎりを食べて朝食とした。八時四十一分に途中の弘前で下車し、駅のかけそばを食べてから五能線に乗り換えて、鰺ケ沢駅に到着したのは十時三十八分であった。乗車してから約半日かかったことになる。駅からそのまま国道一〇一号線を東に向かって二時間弱歩き、国道を左折して木造町に入り、広域農道を北に向かって竜飛崎方面をめざした。人の姿は見えず、薄日のさすスイカ畑があちこちに見られたが、すでに収穫の時期は終わっていて残されたスイカが転がっているだけであった。広域農道から一本東側を走る県道に出ると人家が多くなり、いくつかの集落を過ぎた。菰槌《こもづち》という所で、道路からブロックの塀を乗り越えた車が、庭の中で仰向けになっている所を通りかかった。すでに当事者は救急車で運ばれた後らしかったが、よく見ると全然塀が破損していないのが不思議であった。

今夜は五所川原まで戻って宿泊する予定になっているので、戻るバスがあるのかどうかが心配になってきた。歩いて来た県道にはバス停があったように思うが、筒木坂《どうぎさか》辺りまで来ると県道には見つからない。脇道から集落に入るとそこにいくつかのバス停があり、時刻表を見て一安心した。四時五十分、筒木坂北口バス停に到着。ここで今日の旅を終わりにして五所川原行バスを待っていると小雨が降ってきた。ここから十㎞ほど東方には、太宰治の生家のある金木町がある。　（二十一・二㎞）

②九月十一日（日）木造町筒木坂〜十三湖北磯松三叉路

天気は曇。台風が関東に接近中とのニュースあり。バスに乗り五所川原を出発。七時三十二分に筒木坂北口バス停から小泊方面に、北に向かって歩き出した。車力村八幡宮にて休憩した。九時四十五分、車力村豊富という所では幼稚園の運動会が行われていた。家族総出とはいえ人数が少なくて、ちょっぴりさみしい気がした。

深沢の集落を過ぎて、稲穂が実る田んぼの向こうに十三湖が見えてきたとたんに、雨がポツポツやってきた。栗山を過ぎると松林で、周囲が暗くなって、風雨強くなり電線がうなった。十二時に人家の集まる十三湖畔の中心地に着き、ここの食堂にて昼食をとった。十三湖は岩木山の麓などからの水が岩木川となって集まった所で、すぐ北には［十三湖大橋］があって、その橋下からそのすぐ西にある日本海に流れ出している。橋の袂には「十三の砂山」の石碑が建っていた。

湖の北端にある中島を右手に見つつ急ぎ足で三十分北に直進すると、午後二時、国道三三九号線が合流する磯松の三叉路に出た。

（二十一・二km）

急いで中島入口まで戻り五所川原行のバスに乗った。四時に五所川原駅に着いてから五能線弘前行を待っていたところ、台風の影響で本日は運休だという連絡があった。さあ困った。どうしても明日の仕事に間に合うように帰らなければならない。他の移動手段をいろいろ考えた。弘前発の寝台特急鳥海の発車は六時十分である。いちかばちか、タクシーに飛び乗った。途中いらいらしたが、幸いにも弘前駅に五時三十分に到着し、なんとか間に合ってほっとした。高崎駅には翌十二日（月）の朝四時三十四分に到着した。

第18回　平成六年十月八日～　二日間

東北西・十三湖北・磯松三叉路～竜飛崎

①十月八日（土）十三湖北・磯松三叉路（青森県）～小泊村七つ滝
前日の十月七日高崎から午後十時二分の新幹線あさひにて新潟に出て、そこから信越線の最終電車に乗り換えて新津駅に着いたのは夜の十一時五十一分である。ここで八日一時二十八分発の寝台特急日本海一号を待った。［日本海］は大阪～青森～海峡線～函館間を走る寝台特急で、関西と東北、北海道を結ぶ比較的に乗り換えが少ない便利な列車である。乗車まで約一時間半もあるので待合室で仮

眠をとった。今回は妻も同行しているので寝過ぎることもなく過ごすことができた。

　予定通りに列車が到着し、予約の車両に乗り込む。ベッドの前で荷物を下ろしていると車掌さんが来て「キップを拝見」ということになった。すると「このキップでは乗れませんよ」といわれ、びっくりしてよく見ると、七日の日付になっている。今はすでに八日になっていたのである。これは予約の際に高崎での乗車が七日で、そのまま新津での乗車も七日で予約してしまったという、大きなこちらのミスであったことに気がついた。困ったことになった。

　しばらくして、車掌さんのご配慮で空いたベッドに案内してくれた。助かった。車掌さんに大感謝である。

　七時頃秋田を過ぎた。朝食はおにぎりとインスタント卵スープ。窓から稲刈りがすんで土の露出した田んぼが後方にとんで行くのが見えた。列車は八時三十分に青森駅に到着した。午前中はレンタカーで金木町まで走って、斜陽館に寄り、太宰治の資料などを見学してから十三湖まで足を伸ばした。ここはしじみが有名で、湖畔でしじみラーメンをすすった。これは大変おいしかった。

　十一時四十分に磯松の三叉路から、日本海を左に見て海べりの三三九号線（竜泊ライン）を小泊に向かって歩き出した。潮風が涼しく爽快である。十二時半、静かな波の音を聞きながら脇元集落を通った。折戸から右折すると新道なのだが不通になっていたので、さらに先へ進んで旧道の山道をくねくねと上った。二時に漁港のある小泊に入った。今夜はここに宿を予約してあるが、まだ時間があるのでこの先の道を進んだ。空青く静かな山道、両側のすすきの穂が歓迎してくれる。高さ一〇〇mたらずの三角山を右から左に迂回して海に出た。ここは津軽半島の先端の西側になる。海ぎわの道を北に向かうと小さなキャンプ場や温泉があるが、さらに進んで、四時三十二分に崖から落ちる滝のある七つ滝に着いた。

（十八・五㎞）

小泊港は平地が僅かしかなく、そこに民家が軒を並べて建っている小さな漁村である。背後に山が迫っているが、そこに今夜の旅館があるので、車を下において階段の道を上って玄関で受付をすませた。夕食はさすがに新鮮な海のものばかりであった。

②十月九日（日）小泊村七つ滝～竜飛崎

朝の小泊港は、波静かで天気は晴朗。竜飛崎が津軽海峡に黒々と突き出し横たわって見えた。次々と漁船が漁を終えて港に戻って来る。小泊漁港前で沖漬けのいかを購入し、自宅宛に送った。

八時二十三分に七つ滝を出発した。海も空も青い。そして涼しい。緩やかに海岸線を上ると坂本台という展望台があり、海峡の先に北海道の南端がよく見えた。多数の漁船が出漁している様子も見えた。ここから先は断崖で、右に折れて山道に入った。人も車も見かけない。まったく何の音も聞こえない。鳥や虫の声さえ聞こえない。耳を澄して聞くと、微かに沢の音と葉の落ちる音が聞こえた。こんな所があるのかと思えるほど静かな山の中であった。ここからリュックに熊よけの鈴をつけて歩いた。

眺瞰台に着いたが、ここは津軽半島の真ん中で、右に津軽海峡、左に日本海が見下ろせて、その先には北海道や下北半島が見えるその眺望は素晴らしかった。ここから少しずつ下り、半島の先端の竜飛崎に近づいていく。発電用大風車が四基、丘の上に現れた。青函トンネル慰霊碑のある広場にておにぎりの昼食をとった。

岬の下に竜飛の漁港があり、民家が国道に寄り添うように並んでいた。この上と下をつなぐ階段も国道になっていて、これは大変珍しい道である。午後二時に、階段を降りて下の国道のどん詰まりに到着した。ここには「龍飛」と書いてある木の標柱と太宰治の石碑が建っていた。（十五・三㎞）

この日はここの上にある竜飛崎温泉に宿泊した。

翌朝の十日、食事前に丘の上の吉田松陰碑を見に出た。近くにいたおばさんにカメラのシャッターを押してもらう。その人の息子の嫁さんが、私の町の出身の人だと聞いてびっくりしてしまった。この日の午前中に車で青森に戻り、特急たざわで秋田に出てから、特急いなほ、新幹線あさひと乗り継いで高崎に午後十一時近くに到着した。

帰りの車中で、次は直江津から日本海側の山陰を通って九州まで歩いてみたいと思った。

第19回　平成七年四月二十二日～　二日間

信越・直江津駅～青海駅

①四月二十二日（土）直江津駅（新潟県）～能生駅

今回から日本海側を西に向かって歩き、関門トンネルを通って九州の最南端をめざすことにした。

今朝は、高崎駅から七時七分発上越新幹線ときに乗車し、長岡で特急雷鳥に乗り換えて九時四分に直江津駅に到着した。外は小雨が降っていた。

九時十五分にカッパを着用し傘をさして、西に向かって歩き出したが途中で雨は止んだ。海辺の道端に浪除地蔵尊が立っていたので、これからの旅の安全を祈願した。通って来た旧道が国道八号線に合流した。右に日本海、左には山が連なる。谷浜駅付近にはカニを売る店や日本酒の蔵元などがある。この辺りから［久比岐自転車歩行者道］が国道に平行して、糸魚川までの三十五・五㎞にわたって延びているが、途中にはトンネルも多い。通行する人をほとんど見かけない。国道に平行して北陸本線が走っているはずであるが、ほとんどトンネルの中である。吉浦に来るとそこに滝あり。その駐車場にて昼食をとった。

鳥ケ首岬を過ぎると上越市から名立町に入った。南の遠方に見えるのは立山の山並みか、白く輝く。名立川を渡り、能生《のう》町に入った。筒石で小休止。相変わらず国道が下に見え、その先に海が広がる風景があった。西の海上が明るくなってきて、能生小泊の道の駅で休憩した。能生の町並みに入ったが、能生の駅はさらに山側に一㎞ほど緩い坂道を歩かねばならなかった。五時三十五分にようやくのことで駅に辿り着いた。

（二十八・三㎞）

これから電車で糸魚川駅に行き、今夜はこの駅前のビジネスホテルに宿泊する。

②四月二十三日（日）能生駅〜青海駅

天気予報では寒冷前線通過に伴い天気は大荒れとのこと。朝、電車で能生駅まで出て、八時二十五分にスタートした。能生川を渡って再び自・歩専用道を西に向かって歩き、鬼舞《きぶ》の神社にて一休み。時折雨がパラついた。

糸魚川市に入ると、風雨強くなり傘の骨が折れそうになった。傘はたたんでカッパだけに頼って下を向いて前進した。中宿という地に来ると、海辺に広い立派な駐輪場・休憩所があり、安心して風雨を避けて休むことができた。早川橋の袂に来ると専用道はここで終わりとなったので、国道脇のレストハウスにて少し早い昼食をとった。

午後一時頃、糸魚川の市街地を通り過ぎ姫川に来て、強い風が吹く中、やっとのことで橋を渡りきった。川を渡れば青海町である。寺地という所で、雨は上がったが、風はまだ吹いていた。二時五十分、青海川の手前にある青海駅に着いた。この先には、難所で知られる親不知・子不知が待っている。次の駅までは五㎞ほどはある。帰りの電車の関係で、今日はここで打ち切ることにした。

（二十一・〇㎞）

青海駅前の食堂に入ると、男女四人の老人が電気もつけずにビールを囲んで世間話をしていた。

「いつまで店が続けられるかね〜」と女主人がいっていたのが耳に残った。

ここから次の電車で糸魚川に出て、特急北越に乗り換え、長岡から新幹線あさひで高崎に向かうが、到着は午後七時二分の予定である。

第四年目

（平成七年四月二十九日〜平成八年四月二十八日）

・旅回数　6回

・旅番号　第20回〜第25回

・旅日数　13日

・ルート　○北陸＝青海駅（新潟県）〜黒部（富山県）〜富山〜高岡〜金沢（石川県）〜福井（福井県）〜敦賀〜三方駅（主に国道八号線）

・距　離　二九六・二㎞

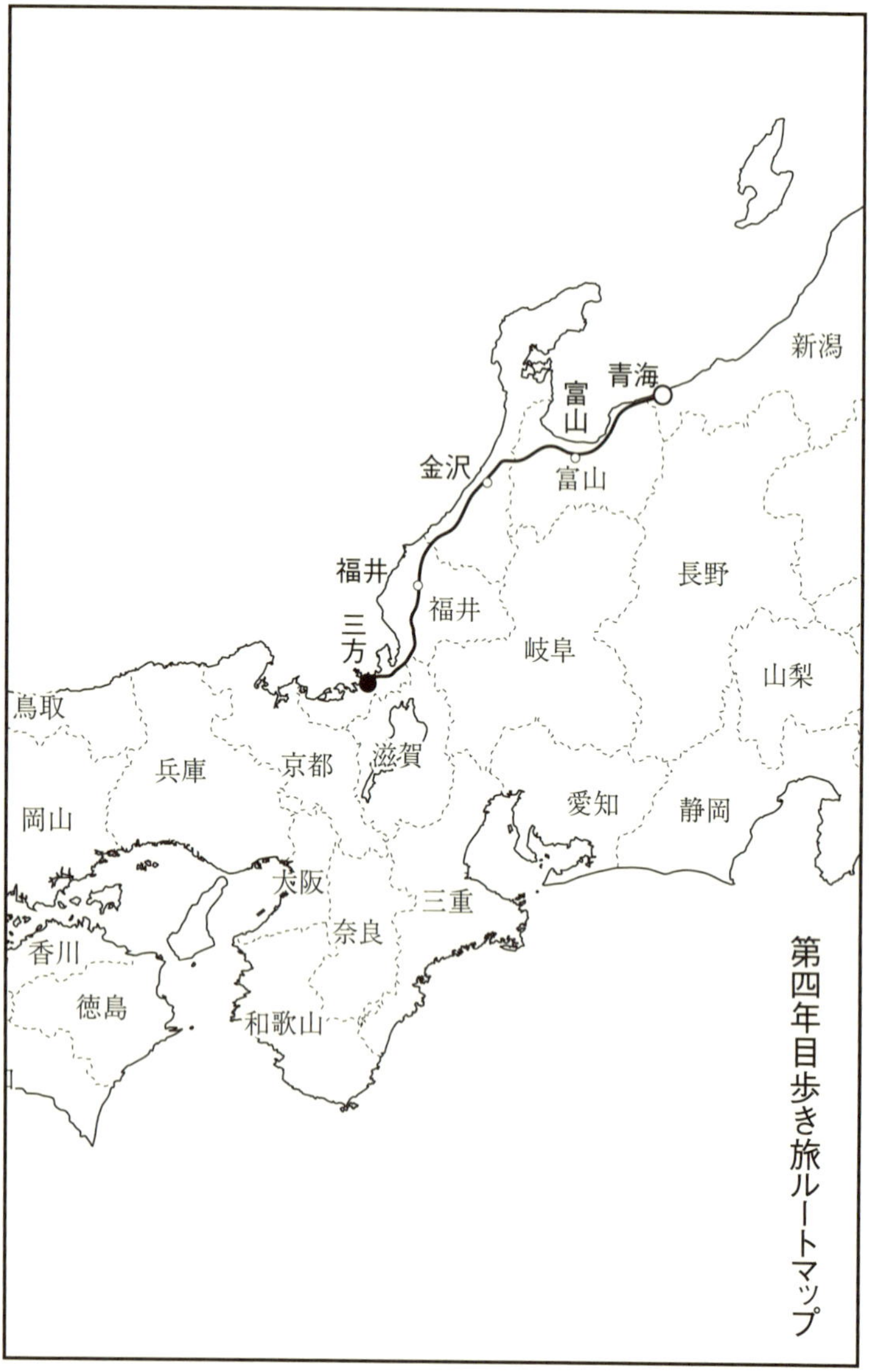

第四年目歩き旅ルートマップ

第20回　平成七年五月三日～　三日間
北陸・青海駅～富山駅

①五月三日（水）青海駅（新潟県）～泊駅（富山県）

前回の旅と同様に上越新幹線ときに乗り、長岡で特急雷鳥に乗り換えて糸魚川に出て、九時五十七分に青海駅に着いた。車窓から見る新潟は、水田に溢れるほどの水が入り田植えの真っ最中だった。

十時に駅を出発し青海の家並みに挟まれた狭い道から国道八号線に出た。空は曇っているが海上はガスっていて視界が悪い。道路脇に立つ標識を見ると［連続雨量一二〇ミリで青海―市振間は通行止］になると書いてある。雨になると心配である。いよいよ子不知高架橋に来た。道路の先もガス、右側歩道から下をのぞくと、うっすらと断崖絶壁が見え、下方で岩を打つ波がしぶきを上げていて、目が回りそうであった。鬼ケ鼻の洞門に来ると中は暗く、その上、歩道がないので車とすれすれになり危険極まりない。歩くのに命懸けである。駒返トンネルは平成五年完成の新しいトンネルであるが、車が来ると轟音となってトンネル内部に響きわたるので頭が狂うくらいに恐ろしくなる。駒返しは、木曽義仲が都へ攻め上る時に進退極まって馬を返したというほどの難所であったと言われている。このトンネルを出た時は本当にほっとした。

ここを出ると親不知の駅がある。北陸本線のみならず北陸自動車道も国道八号線もそして旧道もみなトンネルから狭い地表に顔を出していて、ここに集中して立体的に交差している。特に高速道は親不知海岸高架橋となって海上に迫り出して走っていて、その下は完全に日本海である。国道を進むとピアパークがあり、ここで昼食をとり休憩した。風が強く、それに寒いので長居は無用と早めに歩き出した。

まもなく長さ七〇〇mほどの天険トンネルを通過した。この辺りが親不知で、外に出た時には、再びホッとしてわが身の無事を喜んだ。小雨の中、市振の静かな旧道の家並みを通り過ぎた。市振といえば、芭蕉の「一家に遊女もねたり萩と月」の句を思い出した。

雨止むも風強し。境川橋を渡ると富山県である。川が県境になっていて、橋上から川の上流方向に白馬などの山並みが残雪を被って白く見えた。境の集落を通るとあちこちに連休で帰省した人達の車があふれていた。国道は車の往来が多くなってきたので、越中宮崎駅付近から線路の向こう側に見える旧道に入った。この頃雨は上がった。四時五十五分に泊の手前で大阪発札幌行の寝台特急トワイライトエクスプレスの深緑色の車体が、風を切って走り抜けて行った。その後しばらく歩いて五時四十五分に泊駅に到着した。長い一日に思われた。（二十四・五㎞）

この後すぐ電車で黒部駅に出て、市内のホテルに宿泊した。部屋でびしょ濡れのくつを新聞紙などで乾燥させた。

②五月四日（木）泊駅~滑川市西加積駅（地鉄）

朝、タクシーでホテルから黒部駅へ向かう途中、運転手氏が「昨日越中宮崎駅付近でお宅が歩いてる姿を見たよ」と話してくれた。ただの歩き人を目に留めてくれたと思うとうれしくなるものだ。電車で泊駅に出て七時五十三分にスタートした。すぐに国道八号線に出て小川を渡ると入善町で、ここは名水の里といわれている。黒部大橋を渡って黒部市に入った。橋からは河原を流れる清らかな黒部川を見ることができた。

午後に入って市街地を過ぎた所で一人の旅人に会った。疲れを休めているところらしかったが、話しかけると「四月に九州の佐多岬を出発して、六月には北海道の宗谷岬に着きたい」と言う。神奈川県の人で名は梶山さんという。一日四十㎞くらい歩くという。すごい。お互いに激励の挨拶を交わして別れた。

布施川を渡って魚津市に入った。土手から立山の雪渓がよく見えた。市街地に入りカマボコ館で休憩した。次に早月川を渡って滑川市に入った。滑川の中心市街地は富山湾辺にあるが、国道は海岸から三、四㎞ほど離れている。すでに歩き始めて八時間は過ぎていて足の疲労感がつのり、思うように体が動かない。五時三十分に、富山地方鉄道（地鉄）の小さな無人の西加積駅の前に着いた。今夜の宿は魚津駅近くのホテルにつき、地鉄に乗り魚津駅に向かった。

（三十二・五㎞）

③五月五日（金）西加積駅（地鉄）〜富山駅

早起きをして窓から見下ろすと、魚津市街の家並みの瓦屋根の先に日本海が見えた。朝食を早めにすませて地鉄に乗り、西加積駅に出て、六時二十二分に同駅を出発することができた。外は風があって涼しい。

富山湾には北アルプスなどからいくつもの川が流れ込んでおり、歩き始めてすぐに市川を渡って富山市に入った。国道八号線は盛土の高架道になり高速道路の歩道を歩いているようである。続いて白岩川を渡った。ここからの南東に連なって見える立山の白い山並みの景色も美しい。次の川は常願寺川で、橋の名は雄峰大橋という。町中の新ビル群を仰ぎながら汗を拭いつつ歩くと、十時十五分に今回の旅の目的地富山駅に到着した。

（十五・二km）

駅前のレストランで、一人生ビールで乾杯した。この後、特急かがやきで長岡に出て新幹線あさひに乗り換え高崎に向かった。高崎着は午後二時十六分になる。

第21回　平成七年六月二十四日～　二日間

北陸・富山駅～倶利伽羅駅

①六月二十四日（土）富山駅～高岡駅

高崎駅から前回と同様、列車に乗り、富山に出た。途中長岡付近では稲が青々と育っていた。富山駅到着は十時二十分で、十時二十五分にはスタートすることができた。

市内を流れる神通川を渡ってから、左手に富山大学を見て真っすぐ西に向かって高岡をめざした。呉羽駅近くでおにぎりの昼食を食べたが、僅か二十数分間だけで再び歩き出す。北陸の空は重ったるくどんよりと曇っていた。左右の足裏に靴擦れができつつあったので、マメになる前にカットバンを何枚か貼って早めの手当てをした。この辺の民家は樹木に囲まれた広い庭に大屋根が特徴のようである。庄川にかかる高岡大橋を渡ると高岡市である。庄川の源流は白川郷のさらに奥で、流れ下って河口の新湊市で富山湾に注いでいる。高岡市は以前仕事で視察に来た所で、歩いていると見覚えのある道に出た。四時十分、駅前通りを直進して高岡駅に到着した。

今日はこの駅前のビジネスホテルに一泊する。

（十九・八㎞）

②六月二十五日（日）高岡駅〜倶利伽羅駅（石川県）

晴。日が出て朝から暑いが風があるので爽やかである。七時三十分に高岡駅前をスタートし西に向かった。ほどなく八号線に合流した。高岡市から福岡町に入る頃から、この国道は北陸本線と再び寄り添うように並行して走る。カンカン照りとなり暑くなってきた。小矢部市に入ると、ミニショップの奥さんがタオルを渡してくれて水道を使えといってくれた。暑い最中で本当にうれしかった。石動《いするぎ》駅に着いたが、暑さのためか水分不足からか足が重い。駅で求めたビン入り牛乳がうまかった。隣の店でかけそばを食べた。

途中で、昔からの民家が一軒一軒距離を置いた位置に建っている集落を見かけた。家が密集していない。多くは立派な門構えの奥に大きな母屋があり、それらが防風林で囲まれている。この辺りには今でもこのような散居集落が多く残っている。歩き始めるとすぐに上り坂となった。ウグイスかあるいはホオジロか、時々木々の間に姿を見せる。倶利伽羅トンネルに入った。トンネル内で県境を越えて石川県に入った。歩道はない。十五分ほどで外に出られて、二時二十分に倶利伽羅駅に辿り着いた。駅は無人の駅で、今日は暑い暑い一日であった。

（二十三・二㎞）

これから電車で高岡に出て特急北越に乗り、長岡から前回同様新幹線で高崎に向かう。

第22回　平成七年七月二十五日〜　二日間

北陸・倶利伽羅駅〜小松駅

①七月二十五日（火）倶利伽羅駅〜金沢駅

今回は夫婦の北陸旅行も兼ねていたので車で自宅を出発した。朝四時五分に家を出て長岡、小矢部と高速道路を走り、五箇山を見物してから十二時前に倶利伽羅駅に着いた。

天気は晴。カンカン照りの猛暑だったので、首に濡れタオルを巻いて十二時に駅前を出発し、国道八号線を西に金沢をめざして歩いた。右手に津幡駅が見えたが出入り口はなく、そのまま駅を通過した。金沢市に入ると、月影町という時代劇を思わせる名の町に来てレストランに飛び込んだ。そこはオアシスのようで、おしぼりと冷たい水が出て、ピラフとアイスコーヒーを注文した。ここでタオルを水に浸して首に掛け出発したが、すでに時計は午後二時五十分になっていた。

途中北陸自動車道をくぐって金沢の市街地に入ると、国道を直進すれば金沢城跡に近づくが、右折して金沢駅方向に進んだ。この辺りで右足のふくらはぎが痙攣を起こして痛んだ。五時十分、日はまだ高いが金沢駅に到着した。今日はこの駅近くの施設に宿泊する。

（十八・三㎞）

②七月二十六日（水）金沢駅〜小松駅

快晴。朝から暑い。八時に金沢駅前を出発した。犀川を渡りビルの谷間の市街地を南西に向かうが、高いビルがなくなると日当たりがよくなり、日除けに傘をさして歩いた。十一時少し前に松任駅に着いた。待合室は何と涼しいことか。昨日と同様にタオルを濡らして顔を拭くとこれが最高にいい気持ちで、目が覚めるようだった。駅前に［朝顔につるべとられてもらい水］の加賀の千代女の句碑あり。また井戸もあった。

直射日光と道路表面からの照り返しとで顔などが焼きつくように暑い。下を向いてただただ前に歩くばかりである。そのうちにふらふらしてくるし、意識もぼうっとしてくる。これはいけないと思い、盛土の国道下を横切る道のコンクリート壁に背をもたれて座ると、冷えた壁に触れて涼しく感じた。おまけにここは風がよく通る。手取川を渡ると気がつかぬうちに四時になっていた。寺井町の食堂で遅い食事をとった。のろのろと歩いたので大部時間が過ぎてしまった。後は直線の国道を歩き続けて五時四十分に小松駅になんとか辿り着いた。（二十九・三㎞）

今日は山代温泉の宿泊施設に宿泊である。宿舎にて家族から電話連絡あり。私の友人の家族のご不幸の知らせであった。予定を取りやめて、明朝妻と車で自宅に帰ることにした。

第23回　平成七年九月十五日〜　二日間

北陸・小松駅〜福井駅

①九月十五日（金）小松駅（石川県）〜芦原温泉駅（福井県）

前日の雨も上がって外は涼しい。高崎発〇時三十分寝台特急北陸に乗り込んだ。乗車したと思ったら、車掌さんからキップの日付が違いますといわれ、また昨年と同じミスをしたかと一瞬びっくりしたが、別にどこもミスはない。これは車掌さんの見間違いだったのでホッとした。金沢で普通電車に乗り換えて、七時二十二分に小松駅で下車した。

七時三十八分に小松駅前をスタートした。国道へは出ずにくねくねした古い道を南下した。左手にはK製作所の工場、右手先には小松空港が見えた。ここには民間機の発着のみならず航空自衛隊の基地も併置されているので軍用機の発着訓練も行われていた。近くの神社の祭礼か、笛や太鼓の音があちこちから聞こえてきた。子どもたちの行列も見えた。各戸の入口には祭りちょうちんや幕が下げられていて祭りの雰囲気が漂う。

十時に北陸本線の線路を越えて加賀市に入り、動橋《いぶりばし》駅前に来たのでここで一休みした。この辺り、ずっと北陸本線と隣り合わせの道で、加賀温泉駅、大聖寺高校前を通り、大聖寺駅に着いた。暑さと疲労と睡眠不足で足がもたもたしてきたので駅前の食堂で昼食をとった。ここから山代温泉、山中温泉、片山津温泉、粟津温泉などの加賀温泉郷はさほど遠くない位置にある。

駅前から線路を離れた所を歩いていると、町中で方向感覚が狂ってしまい、目標外の大聖寺城跡前に出てしまった。方向を変えて国道に出る道を探して進んだ。日が傾き始めて、だらだら坂を気合いを入れて上り詰めると、そこが牛ノ谷峠でその先は福井県である。そこでは車の音に混じって蝉の声が聞こえた。峠からの見晴らしはあまりよくない。ここを下って金津町の牛ノ谷集落に入った。ここで国道八号線を右折し線路沿いの道を行くと、シートの上で干した粟を打つ老人たちの姿を見た。また、田の方は稲刈りの最中であった。ようやく六時になって芦原温泉駅に到着した。ここから西に五

kmの所に芦原温泉がある。また、さらに西六kmの位置に東尋坊が日本海と対峙している。今夜はここの温泉旅館に一泊する。

（三十三・七km）

②九月十六日（土）芦原温泉駅～福井駅

曇っていて涼しい。芦原温泉駅を八時三十分に出発した。坂井町に入ると下関の一里塚と石団子旧跡があった。五本に来ると、小川の水が清らかで、民家の家構えがみな立派なのに感心させられた。特に屋根などの装飾が重厚で歴史の重みが感じられた。この辺りの道を北陸街道というらしい。春江町に入ると右手には福井空港があって、グライダーの発着練習が繰り返し行われていた。春江駅の近くの食堂で昼食にした。おとなしそうなおばあちゃんがニシンそばを作ってくれた。店を出てすぐに福井市に入った。時折小雨がパラついてきたので傘をさす。足の裏が疲れてきて痛み出した。三時に市の中心地にある福井駅に到着した。

（十八・五km）

今夜は市内の宿泊施設に宿泊し、明日は妻と東尋坊と越前海岸を見物してから、特急雷鳥と新潟からの新幹線あさひで群馬に帰る予定である。

第24回　平成七年十月二十八日～　二日間

北陸・福井駅～敦賀市杉津

①十月二十八日（土）　敦賀市杉津～武生駅

今回は逆向きの敦賀から武生、福井の順で歩く日程を組んだ。初日は敦賀の杉津《すいず》から武生まで北に向かって歩くことにした。前回と同様に高崎から寝台特急北陸、金沢から特急雷鳥に乗り継いで敦賀駅には朝の八時三十三分に到着した。観光シーズンで雷鳥は満席であった。駅からタクシーで敦賀湾岸を杉津まで走った。

九時二十分に杉津をスタートした。左手湾岸には有料道路があるが、真っすぐ国道八号線の山道をだらだらと上って行くと左に敦賀湾が広がり、その先の対岸には敦賀原子力発電所の建物が一部見えた。途中みかん狩り園がいくつもあり、お揃いの法被姿の老人たちが入園受付け所で声をかけている。好天気の下、みかん狩り日和であった。河野村に入る頃からトンネルが連続して口を開けていた。今回から、事故防止のために帽子前面と両腕に反射テープを貼って安全を期し、歩くことにした。これは予想以上に効果があった。トンネル内でライトを点灯した車が二十ｍも先から道路中央部に避けてくれるのである。

大良という所で正午になったので、道路脇の空き地に腰を下ろして昼食にした。今朝、敦賀駅で買ったあなごすしの包みをほどいて食す。昼時で車も通らない。福井の山間の地で一人の旅人が弁当を広げ、青い空を見上げた。静かな一時である。歩き始めるとまたトンネルがいくつかあった。具谷という地区は二十〜三十戸ほどの小さな集落で、各家の屋根は本瓦葺きで、蔵の庇上の飾り瓦が立派であった。人影はないがどこからか人の声が聞こえてくる。二時に、長さ千m余りの武生トンネルを抜けて武生市に入った。後は下り道を真っすぐ進んで武生駅前に出て、四時十五分に駅に到着した。

（二十二・三㎞）

この夜は、予約してある武生駅近くのシティホテルに宿泊した。

②十月二十九日（日）武生駅〜福井駅

八時にホテルを出発した。市中の日野川沿いの道を北に歩いて一時間足らずで鯖江市に入った。すぐ右手の田んぼの中に、ＵＦＯのような薄茶色の暗い姿の円形ドーム型建物が現れた。サンドーム福井という。九時半に鯖江駅に着いた。駅周辺は最近整備したらしく落ち着いた美しさを見せている。市内はどことなくゆったりしていて気持ちのよい町であった。また、寺が多いのも特徴である。

途中から雨が静かに降り出したので傘をさした。いつしか気づかぬうちに福井市に入り、福井鉄道福武線と隣り合わせの道を北に進んでいた。九頭竜川の支流の足羽川を渡って右折すると正面に福井駅が見えた。駅には四時三十分に到着した。

（二十・六㎞）

帰りは特急雷鳥、金沢で特急かがやき、長岡で新幹線あさひと乗り継いで高崎に向かう。

第25回　平成七年十一月二十五日～　二日間

北陸・敦賀市杉津～三方駅

①十一月二十五日（土）敦賀市杉津～敦賀市関

今回も前回と同様、高崎から同じ列車を乗り継いで武生まで来た。武生駅からレンタカーで前回歩いたコースを走って杉津に着いた。途中の山道の路肩には雪が少々残っていた。九時二十五分に歩き始めたが、やがて大雨となり大急ぎでカッパを上下とも着用して対応した。右手には敦賀湾が広がり、この湾岸の国道八号線は敦賀から琵琶湖の東側を通って京都に通じている。赤崎という所まで来ると雨も止み、ドライブイン跡でカッパを脱いだ。正午に鞠山トンネルを抜けてまもなく敦賀市街に入った。市街地は奥深い敦賀湾の南岸にあり、昔から要港として長い歴史を刻み栄えてきた港町である。

国道沿いに大きな朱の鳥居が建っているのが気比神宮で、航海安全を守る神様が、祀られている。私も旅の安全を祈って参拝した。境内には芭蕉の像と句碑が建っている。［月清し遊行のもてる砂の上］、「おくのほそ道」にはこの句とともに［名月や北国日和定なき］の句のほか、敦賀、福井、永平寺など、この辺りの記事の記載が多い。

駅近くのレストランで昼食をすませ、再び歩き出した。この地から西への道は国道二十七号線になる。市内から真っすぐ西に行くと旗護山にぶつかった。この道は新しい道で山を貫くトンネルができていて真っすぐに進むことができる。だが、トンネル入り口に接近すると自転車と歩行者は通行止めだと書いてある。入口直前でお払い箱では本当にがっかりである。トンネルを通らぬ別の道は、山を左に迂回して旧道の山道しかない。空が今にも降りそうな雲行きと回り道の上り坂で気力喪失である。坂の先には峠があるはずであるが、途中の関という集落で止めにして、最も近い栗野駅（小浜線）まで歩いて三時三十五分に今日の歩き旅を終わりにした。この道はだいぶ遠回りになっている。なんだか腑に落ちない道であった。

（二十一・五㎞）

今夜は琵琶湖の北端にある木之本町（滋賀県）の旅館に宿泊する。粟野駅から敦賀駅に出て、そこから妻の運転するレンタカーで国道八号線塩津街道を通って行くと湖北の木之本に出る。ここは国道八、三〇三、三六五号線、北陸自動車道、北陸本線などが通っている町で、昔ながらの宿場の面影をよく残している。また、近くには秀吉と勝家が戦った賤ケ岳の古戦場もある。

②十一月二十六日（日）敦賀市関〜三方駅

朝、木之本の町並みから車で敦賀市に出て関の集落に着き、九時にスタートした。坂を上り詰めると関峠で、これより美浜町となり下り道となった。旧道であるから車は通らず、人の姿も見ない狭い道である。敦賀半島の西側に出て若狭湾に対面した。手袋もキルティングの上着もここで脱ぎ、金山という所で昼食をとった。

若狭湾岸の平地を歩いているためか、小高い山や木々に遮られて、前面に見えるはずの五つの湖、三方五湖が目に入ってこない。一時四十分に小浜線三方駅に到着した。小浜線は敦賀から西に東舞鶴

まで走っている。駅に着くと人々の会話が京ことばのように柔らかく聞こえてきた。（十六・八㎞）
レンタカーで武生に戻った後、特急雷鳥とかがやきに乗り、長岡で新幹線に乗り換えて高崎に着いたのは午後九時二十九分であった。

第五年目

（平成八年四月二十九日～平成九年四月二十八日）

・旅回数　4回
・旅番号　第26回～第29回
・旅日数　10日
・ルート　◯山陰＝三方駅（福井県）～小浜～高浜～舞鶴（京都府）～宮津～久美浜～城崎（兵庫県）～香住～浜坂～鳥取（鳥取県）～鳥取市湖山駅（主に国道二七号線、一七八号線他）
・距　離　二四一・九㎞

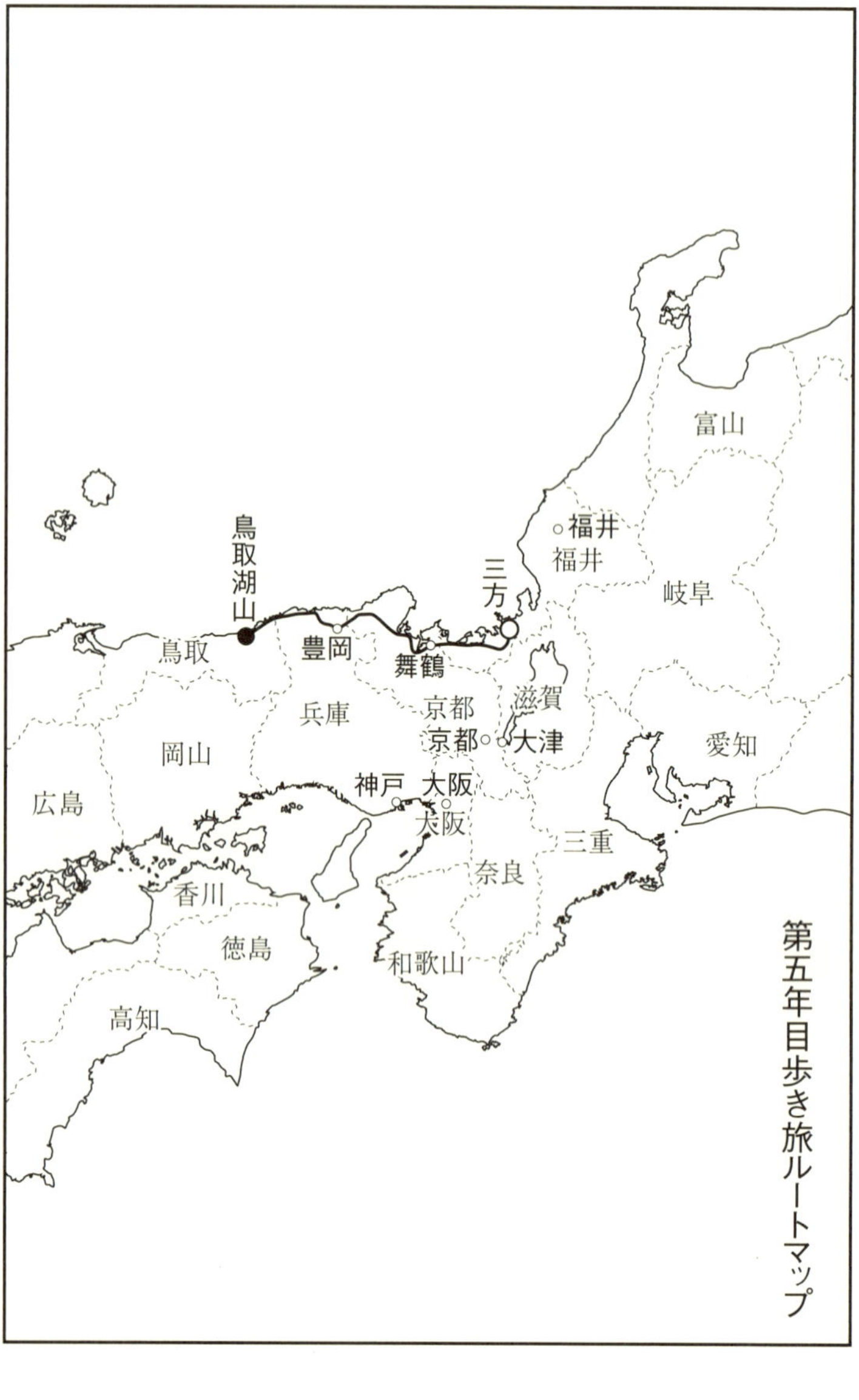

第五年目歩き旅ルートマップ

第26回　平成八年五月三日〜　三日間

北陸・三方駅〜西舞鶴

①五月三日（金）三方駅（福井県）〜小浜駅

午前一時三十四分高崎発急行能登で福井へ、特急雷鳥で敦賀へ、そして急行わかさで九時四十四分に三方駅に着いた。今回は連休三日間で若狭湾岸を歩き、舞鶴まで歩を進めてみようと思う。来る時の列車内、特に急行能登は乗車した途端、デッキや通路に立つ人、横になる人で込み合っていた。指定席は取ってあったが夜中にトイレに行くのにも寝ている人を跨いだりして、進まなければならず大変であった。夜が明ける頃になると車窓から新緑や桜の花が、また田植えが終わった水田や遠くに白い山の連なりが見えたりした。その頃から少しずつ車内が空いてきた。福井駅で駅弁の越前かにめしを買い求めて車内で朝食をとった。

三方駅を十時にスタートし、若狭湾から離れて国道二十七号線を南に下った。天気は晴。日射しが強く風もないので暑い。なるべく狭い脇道（旧道など）を歩くと人家が日陰を作ってくれるので涼しい。倉見という所は古い日本建築の家が多い。瓦屋根にはほとんど雪止め用の瓦が使われていて、この辺りは雪が多いことを思わせた。

正午過ぎに倉見峠を越えて上中町に入った。ここから道は西に向かう。ゴルフ場入口の案内板裏の草原で昼食にした。今朝敦賀駅で買ったあなごすしは大変うまかった。再び歩き始めると、周囲の山の中腹は山桜が満開であった。また、田には水が入って田植え直前といった風景が広がっている。汗をかいてきた頃、上中駅に着いた。旧道が近くにある時はなるべくそちらを歩くようにしている。三時半頃小浜市に入った。空は曇ってきた。市街地までは、まだ八㎞はある。道は小浜線と隣り合わせである。海は北に、山は南にあって、足は西に進む。五時十七分に小浜駅に到着した。

（二十六・二㎞）

小浜港は漁港であるとともに古来大陸文化の上陸地で、また都へ通じる文化の拠点になっていた。市内には優れた文化財を有する寺院が多数存在する。今夜はこの小浜に泊まる。

②五月四日（土）小浜駅〜舞鶴市松尾寺駅（京都府）

曇。八時三十分に小浜駅をスタートした。海沿いを歩くと、サイクリングする人、歩く人、魚を釣る人、キャンプの家族連れ、トライブに来ている人など様々に海辺で楽しんでいた。夕方から雨になりそうなので旅を急いだ。海際には水田があり、あちこちで田植え中であった。この水田の畦の下は海である。こういう風景が、海なし県の上州人には不思議でならない。

加斗駅に着くと、待合室の中にヘアーサロンがあり、五人ほど人が待っていた。どうやらここはキップ売り場と兼ねて営業中であるらしい。大飯町に入ると右手の海に突き出た大島半島に一㎞ほどの長い橋が通じている。青戸の大橋というが、これを渡って半島の先端に行けば大飯原子力発電所がある。この橋の袂にあった食堂で昼食をとった。

新緑の小高い山の麓を二両編成の電車が通る。その下の水田で若者が一人、機械で田植えをしている風景が印象的であった。この道は国道二十七号線であるが丹後街道ともいわれる。途中、高浜駅前を過ぎ、天然記念物になっている杉森神社を通って、青葉トンネルに入った。このトンネルを抜ければ京都府舞鶴市である。福井県はかなり細長い県であった。ここを下ってまもなくすると松尾寺駅である。駅に五時二十分に到着した。駅は木造の無人駅で、電車に乗る時は乗車してから車内でキップを購入する。駅名の松尾寺はこの近くにあって西国二十九番札所になっている。今夜はこの駅から電車で高浜まで戻って旅館に宿泊する。

（三十・八㎞）

③五月五日（日）松尾寺駅～西舞鶴駅

昨夜からの雨が、今朝は霧雨模様である。八時前に旅館を出て電車で松尾寺駅に来た。電車を降りると少し寒いくらいであった。八時三十分に駅前をスタートして舞鶴港をめざして国道を西に向かった。アーケードのある駅前通りを通って東舞鶴駅に着いた。舞鶴市は北にある舞鶴湾を抱え込むように東西に長く広がる港湾都市である。舞鶴港は東港と西港に分かれていて、西港は戦前は軍港で、東港は江戸時代は舞鶴城の城下町であった。それぞれに西、東の駅がある。

国道を通らずに近道をして上り坂をだらだらと行くと、峠を抜ける白鳥峠トンネルがあった。ここから下り坂になった。足の裏がやたらと痛む。市街地に入りやっとの思いで十一時四十五分に西舞鶴駅に到着した。

（十三・五㎞）

この後普通電車で敦賀に出て、後は特急雷鳥、かがやき、新幹線あさひと乗り継いで高崎駅に九時三十四分に到着した。

第27回　平成八年七月二十八日〜　二日間

山陰・西舞鶴駅〜網野駅

①七月二十八日（日）西舞鶴駅〜宮津市内

今回は前回に引き続き京都府の日本海側、西舞鶴から天の橋立で有名な宮津を経て、丹後半島を横断し網野町まで二日間の旅を予定している。往路は東京品川発の高速バスを利用した。前日の二十七日午後六時過ぎに自宅を出て、品川のバスターミナルに集合した。ターミナルの待合室は冷房が効いているし、売店、トイレ、それにシャワーの設備もある。待つ間、遠距離バスが次々に発車していく。午後十時十五分発の東舞鶴行シルフィード号に乗車した。座席指定でほぼ満席の二十三人の老若男女が乗車した。車内にはトイレ、電話、イヤホーンの設備があり、お茶やコーヒー、膝掛け、スリッパなどのサービスがあった。後はリクライニングシートに眠るだけである。

高速自動車道を走ったらしいが、どこを通ったかうとうとしていたのでよく分からない。とにかく夜が明けて、七時二十五分に西舞鶴駅前に到着した。駅で、着替え、洗面、朝食などをすませてから、八時十五分に宮津に向けて歩き出した。妻は別行動の旅を楽しむ予定である。西舞鶴市街の十字路で国道二十七号線は南へ、一七五号線は西へと分かれるが、西の道を選んで進んだ。日は後方から照るので非常に暑い。山道となり念仏峠と滝尻峠を越えて、由良川にかかる大川橋を渡った。ここから始まる一七八号線を由良川の左岸に沿って北に向かい、宮津市に入った。河口から若狭湾に出るとすぐの海が由良浜で海水浴場になっている。砂浜はカラフルな水着とパラソルで賑わっていた。あまりの暑さに歩くとふらふらになりそうなので、松林の陰で時々休んだ。

この辺りの海は栗田湾《くんだ》といい、湾岸を北近畿タンゴ鉄道と国道が平行して走っている。栗田トンネルを抜けると、今度は宮津湾が目の前に現れた。この湾の先には日本三景の一つとして有名な天の橋立が海を跨いでいる。その背後には丹後半島が控えている。宮津湾の隅に宮津港があり、この周辺に宮津の市街地がある。町中の大手川にかかるちょっと変わった湊橋に腰掛けて休憩した後、午後五時三十分に近くにある老舗の旅館に到着した。

（二十七・一㎞）

②七月二十九日（月）宮津市内～網野駅

八時三十分、快晴。宮津の旅館を出発した。朝から暑い。天の橋立に通じる湾岸を通らず、三年前に開通したバイパスを通って近道をした。この道は、須津峠を長さ一・一㎞の宮津トンネルが貫いていて、中は両サイドに歩道のある歩行者にとって、安心できる新しいトンネルであった。ここを下って須津という湾岸の集落に出た。一七八号線はここから右に分かれて丹後半島をぐるっと巡って伊根を通り網野に出るが、私は山中の道を直進して、半島を横断し網野に出ようと思った。

とにかく北近畿タンゴ鉄道宮津線に沿って歩けば網野に出る。丹後山田駅が野田川駅に駅名が変わっていた。ここは野田川町で、近くを野田川が流れていて、この川を渡り北に進んだ。大宮町に入って三重の分岐に来ると古い神社があり、大木の木陰にて休憩していると涼しい風があって、昼寝がしたくなるほどいい気持ちであった。谷内という所でバイパスができていたが、旧道を選んで歩くと織機の音が聞こえてきた。さすがに丹後ちりめんの故郷であると思った。小川のせせらぎが柔らかく耳に入り気持ちよい。蝉の声もよく響いている。しかし、この後一時的に雷雨になった。

丹後大宮駅には隣接して軽食堂があり、ここで昼食をとった。夕方になって、日は西から強く当たって猛暑になったが、上り坂になるとさらに暑さが増して汗びっしょりになってしまう。山間の網野町に入って駅手前で、右手からの丹後半島を巡ってきた国道に合流して、六時二十三分にようやく網野駅に到着した。モダンな建物だが無人である。

（二十八・〇㎞）

今日は宮津線で豊岡に出て、山陰本線に乗り換え福知山で下車し、来た時と同じ午後十時十分発高速バスシルフィード号で東京に向かう。浜松町・品川に着くのは翌朝の六時三十分の予定である。

第28回　平成八年八月二十三日～　三日間

山陰・城崎駅～鳥取湯山

①八月二十三日（金）城崎駅（兵庫県）～今子浦・香住

今回は他の用事で岡山に来る機会があったので、その帰りに城崎から鳥取まで歩いてみることにした。前回の到着地網野から城崎の間はまた後日挑戦しようと思う。昨日二十二日は岡山から山陽新幹線で姫路に来て、姫路から播但線と山陰本線を走る特急はまかぜに乗り、日本海側の城崎で下車した。温泉情緒たっぷりの城崎温泉に宿泊した。

この旅館を八時五十分にスタートした。外は薄曇りであったが大変蒸し暑い。海岸に沿う道を行かずに山道を選んだ。しばらく緩い坂を行くと志賀直哉の『城の崎にて』に出てくる桑の木（二代目）が他の木々とともに立っていた。小川がからころと流れ、谷間から蝉の声が響いてきた。車はめったに通らず、山道は静寂そのものだった。坂を上り鋳物師戻《いもじもじ》峠のトンネルを抜けると竹野町の下り道となり、竹野駅に着いた。大変な暑さである。首のタオルを水に浸し、マスカットのドリンクをぐいぐい飲んだ。国民休暇村入口を右に見て一山越えると海に出た。切浜海岸である。この辺から西が山陰海岸国立公園になっている。海水浴場は真夏だというのに、ほとんど人がいないのは寂しい。しかし、それだけに海は青くきれいだった。道は入り組んだ海岸を、時々山を貫くトンネルを抜けながらくねくねと西に進んだ。途中、十二時を過ぎた頃軽食堂があったので食事をとった。

この浜須井から先は地図の上では有料道路になっているが、行ってみると昨年の六月から県に移管されて無料となり、料金所はレストランになっていた。くねくねした海岸の大小の入江には小さな漁港や漁村が集落を作っているが、ここでもあまり人の姿を見かけなかった。香住町に入って佐津駅辺りで左手山中からの国道一七八号線に合流した。峠をいくつも越えていたところ、辺りは薄暗くなりやがて雨となった。香住の駅まで歩く予定だったが変更して、四時二十五分にその四㎞ほど手前の今子浦で今日の旅をやめた。今夜の宿はここから少し山を登った所にある町営の国民宿舎である。

（二十三・三㎞）

②八月二十四日（土）今子浦・香住～浜坂町諸寄

夕べからの雨は上がったが、浜風があって海は波立ち涼しい。八時三十二分に今子浦を発った。一時間ほど海辺を歩いて香住の町中に入った。役場前を通ると連続テレビ小説「ふたりっ子」のロケ地になっているという垂れ幕が三階の屋上から下がっていた。その後、二つの一㎞ほどのトンネルに入った。トンネル内は暗く歩道もないので油断は禁物である。衣服につけた反射テープはかなり効果があるように思う。わが靴の音のみ大きく響いた。山を下ると手入れのよい杉林があった。いずれの木も真っすぐ天に向かって伸びていて気持ちがよい。

山間の道を海に向かうと高い鉄橋が道路の上を横切っている。その橋の上を鉄道が走っているのだが、近づくにつれて首を上げあごを前に出して見なければならぬほどで、橋がかなり高いことが分かる。高さはおよそ四十二mあり、上を走る列車が強風で転落したこともあるという。この橋が有名な余部《あまるべ》の鉄橋である。橋下で昼食をとる自転車旅行中の大学生に会った。千葉の人で北海道、東北を回り日本海側をここまで来たという。下関に出てから、大阪の実家に寄って千葉に戻るとのことで、かなりの長旅である。この後、途中のコンビニで買ったおにぎりを、海を眺めながら食べた。

ここからまた上り坂となり桃観トンネルを抜けて浜坂町に入った。少し下ると久谷八幡神社があった。あまりの涼しさにここでしばらく休憩した。ここはざんざか踊りで有名だそうである。山を下るとまた海に出るがそこに浜坂の町並みと駅があった。この町では、温泉が沸き出し、旅館だけでなく一般家庭にも給湯されているという。ここからもう一つ小さな山を越えて、四時五十分に諸寄の漁協前に着いた。ここも海水浴場できれいな海なのだが、真夏なのに人は誰もいない。（二十五・四㎞）

今夜は、歩いて来た道の途中にあった国民宿舎まで戻って、宿泊する。

③八月二十五日（日）浜坂町諸寄～福部村中湯山（鳥取県）

山陰の海沿い歩きはまだまだ続くが、今日は鳥取県に入り鳥取砂丘を過ぎて鳥取市をめざす。八時三十分に諸寄漁協前をスタートした。海岸線をくねくねと、アップ・ダウンを繰り返しながら西に向かった。その度に海岸は近くなったり遠くなったり、海面が近づいたり高く離れたりして変化に富んだ風景が目の前に現れてくる。透き通るようなきれいな海だから余計に風景が美しく見えるのであろう。

兵庫県の最西端の浜坂町居組の漁港に至った。自転車の若者が「こんにちは」と挨拶をして追い越して行く。これからくねくねした道の山越えである。山陰本線は長いトンネルを二箇所抜けるが、国道一七八号線にはトンネルはない。この山道を陸上《くがみ》七坂という。峠を境に鳥取県に入った。この峠には展望台があって、そこからは浦富《うらどめ》海岸の東浜を見下ろす素晴らしい風景が見られた。西浜で国道を左折すると岩美駅に出るバイパスが近道で、駅前の食堂で昼食にした。注文したカレーライスには生卵がついてきた。カレーに卵をかけて食べたことはないので、代わりに目玉焼きにしてもらった。

少し歩くと、京都から発している国道九号線に合流した。これからはこの九号線とのお付き合いとなる。この辺りから足の裏に痛みを感じるようになった。しばらく歩いて新九号線との分岐まで来たけれど足の痛みがひどいので、四時十八分、ここ福部村中湯山で今回の歩きを止めることにして、鳥取の砂丘は次回の旅にお預けとすることにした。

（二十四・〇㎞）

この後、車でこの先の鳥取駅に出て、午後七時四十六分発寝台特急出雲に乗車し東京に向かった。東京には翌朝の六時二十七分に到着した。

第29回　平成八年十月二十六日～　二日間

山陰・網野駅～鳥取・湖山駅

①十月二十六日（土）網野駅（京都府）～城崎駅（兵庫県）

今回の旅は前回都合で飛ばしてある網野－城崎間と福部・湯山－鳥取間を歩くのが目的である。初日は網野から歩くことにした。

前日の夜、午後九時十五分発寝台特急出雲に乗車して、翌朝の五時二十一分に福知山に着く予定が、二十四分遅れて着いた。列車は満席であった。下車前に洗面などをすます。結婚式に出席するため和田山まで行くというおじさんは、車掌からの遅れた詫びの言葉が一言もないのに不満そうであった。まだ外は薄暗いし小雨が降っている。福知山で北近畿タンゴ鉄道に乗り換えた。乗客は少ない。この線はこの三月に電化になったばかりである。宮津で乗り換えて網野駅に八時十分に着いた。

駅はアルミ色の屋根に丸窓つきのモダンな設計である。朝食をすませて八時三十分にスタートした。雨は小降りとなったが冷風が強く吹きつける。この町は明石と同じ東経一三五度の子午線が通っているようで、途中の草むらに子午線塔というのが建っていた。しばらく行くと湖のような久美浜湾のある久美浜町に入った。沿道では柿、梨、サツマイモ等農家直販の小店がいくつも見られた。一時過ぎに久美浜港の中央にある食堂にて昼食をとった。この辺りは古い町並みが宿場町のように長く続いていた。

ここから国道一七八号線は左折して内陸の山中を通って香住に至るが、こちらは直進していくつかの峠を越えて城崎温泉をめざした。最初の峠まで必死になって上った。山道は誰も通らない。二時五十分に三原峠に着いた。

ここを越えると兵庫県になる。次の飯谷峠は冷風あるも雨は上がり、一時間後にはこの峠を越して城崎町に入った。

ここを下って楽々浦に出る頃は、うす暗くなってきた。今日は鳥取駅前のホテルを予約してあるので急がねばならない。ようやく円山川を渡る城崎大橋まで来た。城崎駅に着いたのは四時五十三分であった。

ここから山陰本線に乗り、浜坂で乗り継いで鳥取駅には七時四十二分に到着した。

（三十一・八km）

②十月二十七日（日）福部村中湯山（鳥取県）～鳥取市湖山駅

いろいろ考えた末、鳥取駅から山陰本線ですぐ次の駅の福部駅に出て、そこから中湯山まで三kmを歩くという方法を取ることにした。鳥取駅を朝六時五十九分の電車に乗った、七時十五分に福部駅をスタートすることができた。

空は晴れて涼しく爽やかであった。中湯山の国道九号線と新バイパスの分岐点に着き、右の国道を砂丘方面に歩き始めた。少し上りになるが三十分ほどで砂丘入口に立った。海は砂丘の向こう側にあるらしく、その手前の砂丘が盛り上がっていて見えなかった。

ここから少し歩いて、鳥取市内の市街地に入り、千代川を渡った。川面には鴨の群れが戯れていた。

十時二十五分に湖山池のすぐ近くにある湖山駅に到着した。（十一・八km）
さて、帰りはここから鳥取駅に出て、鳥取から十一時四十分発特急スーパーはくとで智頭経由京都行に乗り、新幹線ひかりに乗り換えて東京に向かう予定である。

第六年目

（平成九年四月二十九日～平成十年四月二十八日）

・旅回数　6回
・旅番号　第30回～第35回
・旅日数　14日
・ルート　◯山陰＝湖山駅（鳥取県）～倉吉～米子～安来（島根県）～玉造～出雲～大田～江津～浜田～益田～須佐駅（山口県）
・距離　三二二・〇㎞

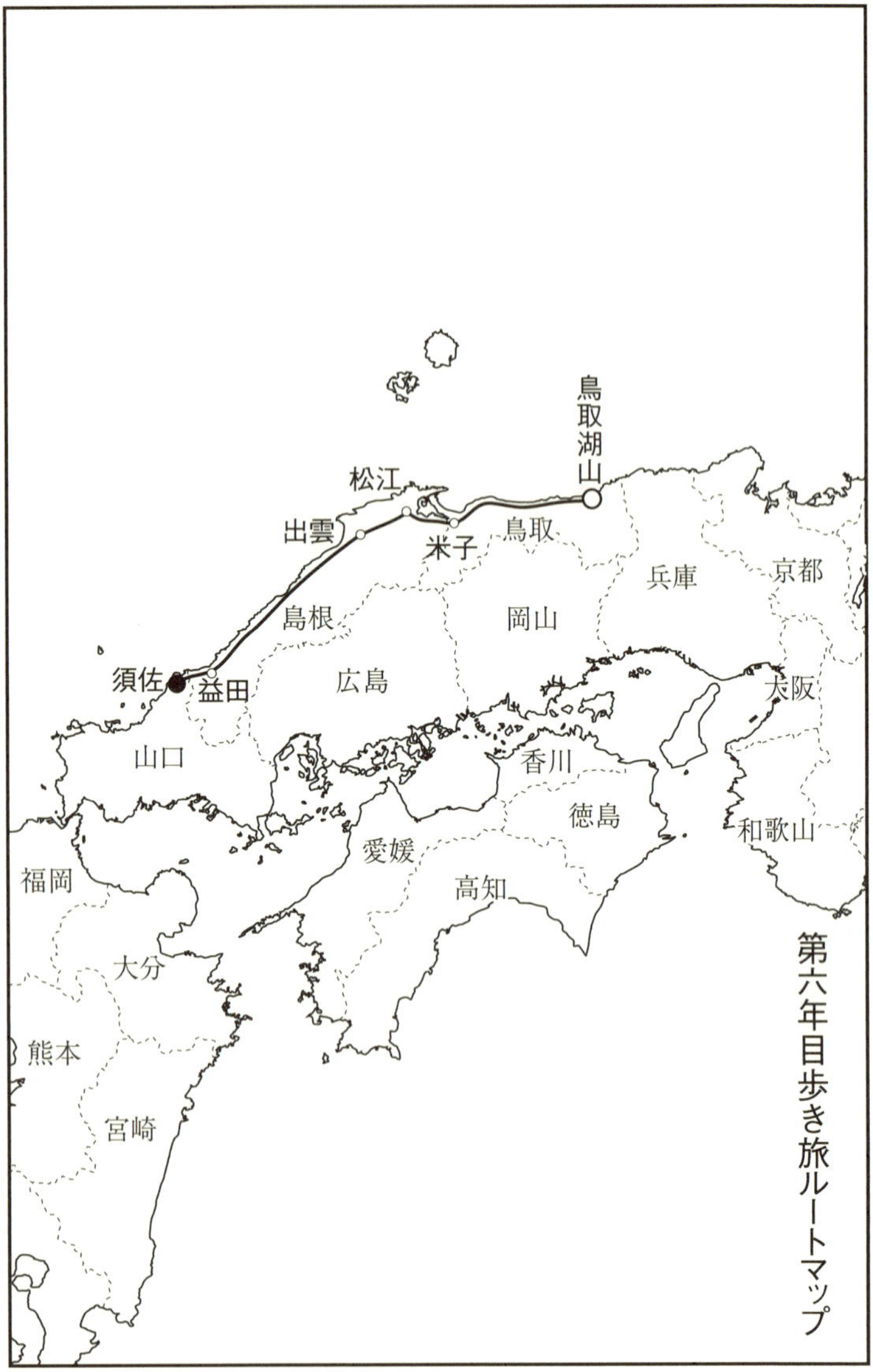

第六年目歩き旅ルートマップ

第30回　平成九年六月十四日〜　二日間

山陰・湖山駅〜倉吉駅

①六月十四日（土）湖山駅（鳥取県）〜羽合温泉

台風六号は小笠原方面にそれたらしいのでほっとした。今回は鳥取─倉吉間を一日半で歩こうと、前日の夕方自宅を出発して、東京の品川から午後八時三十分発高速バス鳥取行キャメル号に乗車した。妻も同行した。朝方、車内で持参の弁当を食べた。六時四十分に鳥取駅に到着したので約十時間バスに乗っていたことになる。鳥取駅から八分ほど電車に乗って湖山駅まで移動した。

七時三十五分にこの駅前をスタートし、湖山池の北側を通って右手の日本海沿いの国道を西に進んだ。二時間で白兎海岸に着いた。浜辺の小公園には石原和三郎の「いなばの白兎」の歌碑が青い海を背景に建っていた。それにしても朝から暑い。気高町まで来たが、この辺りの砂浜のある海は青く透明で実にきれいである。青谷町に入り、ちょっとした半島を横切った。国道は遠回りになるので細い道の近道をして山を越えようと思った。私の前をかごを背負ったおばあさんが上って行く。道が不安になって来たので聞いてみると青谷の国道に出られるという。安心して峠の祠の下の階段で、ウグイスの声を聞きながら、おにぎりの昼食をとった。山の風を受けて大変涼しい。下に中学校が見え、その先には日本海の大海原が広がっていた。

午後、海辺の国道を西に向かうと、小さな入江にある漁港を通り過ぎてから泊駅に着いた。疲れが出たのか気力が減退してだるく感じる。しかし、一歩でも前へ出なければ目的地は近づかない。小さな岬を横切るごとに坂をアップ・ダウンしなければならない。夕方羽合町に入った。［鳥取藩台場跡（橋津）］というのが海辺にあったが幕末に造られたものだろうか。ここから道は内陸（南）に向かい、少し歩くと国道は右折（西へ）するが、今日の宿は、羽合町の東郷池畔にある羽合温泉なのでさらに南に直進した。田植えの終わった水田を渡って来る夕方の風は涼しい。池畔に近づくと家々から夕食の支度をするまな板の音が聞こえた。六時五十分になってやっとのことで宿に到着した。

（三十六・〇㎞）

②六月十五日（日）羽合温泉〜倉吉駅

今日の午後は、鳥取空港から飛行機で羽田に飛んで群馬に帰る予定である。九時三十七分に宿を出発し、南西五㎞の方向に位置する倉吉駅に向かって水田に囲まれた道をのんびりと歩いた。妻も一緒である。スーパーの前で買い物に来た若いおばさんに会った。これから子どもを剣道に連れて行く所だという。この付近にはホタルがたくさんいて昨夜子どもと見に来たのだそうである。道端の堀を覗いて見た所、カワニナがたくさん群れていた。山陰本線に沿う道を行き、峠を越えて倉吉市に入ると、すぐ右に女子短大が見えてきた。十一時五十五分に倉吉駅に到着した。

（五・七㎞）

この後二時間余りを倉吉市内で見物と食事をして過ごした。市街は天神川に沿ってS字状に長く続いている町で、市役所は駅から四㎞離れている。市内は打吹城の城下町として、また蔵の町としてよく知られている。一方、デザインがユニークできれいなトイレが町中に多数設置されていて、あたかも道の駅のようで安心できる気持ちのよい町だった。
倉吉駅から電車に乗り、鳥取駅からジャンボタクシーで空港に向かった。その後六時五十分発の飛行機に乗り込んで、羽田空港に八時十分に到着した。

第31回　平成九年七月二十六日～　三日間

山陰・倉吉駅～安来市荒島駅

①七月二十六日（土）倉吉駅～赤碕駅

今回も山陰の美しい日本海沿岸を歩くために、前日の二十五日の夕刻に自宅を出て東京に出発。浜松町で午後八時四十五分発の高速バスに乗車し鳥取駅に向かった。翌朝六時五十分に同駅に到着し、電車に乗って倉吉駅に八時二十三分に到着した。外は小雨が降っていた。台風九号が近畿に接近中らしいので心配である。

八時四十分に倉吉駅前をスタートし、赤碕町をめざして歩き出した。雨が次第に激しくなり小さな材木小屋でカッパを着用し、背中のリュックにはビニールを被せて防水の対応をした。まずは海岸付近を走る国道九号線に出ようと、山陰本線沿いの道を西に向かった。雨の中で遠方の景色はなにも見えなかった。

正午を過ぎてから、屋根つきのバス停があったので、そこで持参のおにぎりを食べた。雨とともに風が強くなってきた。右手の海側から横なぐりの雨が吹きつけてくるので、傘をしっかり横向きに持って身体を隠すようにして歩いた。東伯町で国道に合流してから道の駅ポート赤碕に着き、ようやく雨が避けられてホッとした。それから三時四十四分に赤碕駅に到着した。（二十二・一㎞）

この後、予約してある旅館を探した。駅前の旅館に着いたが、今日はみなキャンセルで客はいないという。大雨の中を私が来たのでびっくりして慌てている様子であった。早速部屋で着替えて用意してくれた風呂に入り旅の疲れを洗い去ったが、台風は四国に上陸したとのニュースが入った。今晩こちらに来襲するかも知れない。次第に風雨が激しくなり、庭の植木が音を立てて揺れている。台風のど真ん中にいるような激しい風であった。途中、二、三回停電があったので、自分の懐中電灯を近くに置いた。夜中に起きて地図を出して、この地域の地形を調べてみたが、洪水や崖崩れなどの災害の心配はなさそうなので、いつの間にか寝てしまった。

②七月二十七日（日）赤碕駅～伯耆大山駅

今朝は、少々風はあるが雨は止んでいた。台風は日本海にでも抜けたのだろうか。八時三十八分に赤碕駅をスタートした。海岸沿いの国道から海を背に逆方向を見るが、大山の偉容は見えず、上方は雲に隠れてその裾野しか見えない。途中大きな町もなく、ただひたすら西に向かって歩くのみであった。十二時半に御来屋《みくりや》駅に着いた。無人駅で、客はホームに旅行者らしき人が一人見えただけであった。

午後一時半、名和駅近くに食堂があり、ここに寄って昼食を頼んだ。店は込んでいて順番待ちで手間取った。大山町に入ってから淀江町を通り米子市に入ったが、六時十分に伯耆大山駅に着いた。宿

泊は美保湾岸沿いにある皆生《かいけ》温泉の宿泊施設である。（二十九・八㎞）

③七月二十八日（月）伯耆大山駅〜安来市荒島駅（島根県）

朝から大雨にて、タクシーで伯耆大山駅に出た。九時に同駅前をスタートし国道九号線をさらに西に向かった。米子市街の中心部を通ると十字路があり、右は皆生温泉、直進は境港市に通じているが、左折して九号線を松江、宍道湖方面をめざして歩いた。一時間余りで市役所前に来た時は雨は小降りになっていた。市内の小山を越え川を渡る頃、右手に米子城跡の石垣が見えてきた。その時、またた雨が盛んに降り出した。道路右手先には宍道湖東隣の中海があり、その先端には米子港がある。この道をちょっと進むと町中に島根・鳥取の県境があった。米子平野の町中に県境があり、珍しいので県境が敷地内にある喫茶店に寄ってみた。「この家には、両県の住所があります」と女性店主がいう。税金や選挙などはどうなるのかは聞きそびれた。

国道は中海の南岸を山陰本線とほぼ平行して西に走っている。午後一時過ぎに安来駅に着いた。周辺には食堂らしき店は見当たらない。あっても定休日につき、さらに西に歩き続けたところ、二時に伯田川、吉田川を渡ってやっとラーメン店を見つけた。台風が熱帯低気圧に変わったとはいうものの、雨はまだ盛んに降り続いていた。三時二十五分に荒島駅に到着した。（十九・四㎞）

この後、四分後に松江行の電車が入って来たので、慌ててこれにとび乗った。当初は米子から寝台特急出雲二号に乗車する予定であったが、変更して松江から乗車することにした。松江駅でしじみの弁当、お茶、ビール、菓子、新聞などを買い込み乗車した。午後五時四十分に発車して東京に翌朝の六時二十七分に到着した。

第32回　平成九年八月二十四日〜　二日間

山陰・荒島駅〜湖陵町江南駅

①八月二十四日（日）荒島駅（島根県）〜玉造温泉

今回は八月二十三日に私の長男の結婚式が岡山県内で行われるため、その前日に新幹線で岡山に来て一泊し、式当日もう一泊した。二十六日に帰る予定なのだが、帰りは新婦の車を我々が乗って帰ることになった。そこで、二十四、二十五日の二日間を使って山陰の島根県安来から出雲までを歩いてから車で群馬に帰ることにした。

この日は岡山市内を車で出発して、岡山、米子各自動車道を走り、安来市荒島駅前に十時半に到着し、十時三十五分にここをスタートした。まだまだ九号線を西に歩かねばならない。天気は快晴で、真夏であるからもちろん大変暑い。東出雲町に入り、お宮の木の下のベンチで汗を拭った。この時、そよ風の一瞬の幸せを味わった。気温は三十一度もあった。途中からバイパスを通り松江市に入った。バイパスは車ばかりでこりごりである。正午を過ぎ三時になっても食欲がない。飲み物ばかり飲んで過ごした。

宍道湖と中海は数本の東西を流れる川でつながっていて、松江市の市街地はこの川の北側と南側に分かれている。バイパスはその南市街地のさらに南縁を走っている。市街地の西はずれで国道と合流し玉湯町に入った。右手の目の前に宍道湖が現れた。玉造温泉駅を過ぎて、右手の湖岸が少し湖に突き出た所に本日宿泊予定の県営国民宿舎が見えてきた。ここには五時五十六分に到着した。

（二十二・六㎞）

②八月二十五日（月）玉湯町玉造温泉～湖陵町江南駅

八時三分に宿舎を出発し今日も九号線を西に向かった。天気は曇。国道は車が多い。しばらくは宍道湖を右に眺めながら、山陰本線に寄り添うように道を進んだ。宍道町の町中を過ぎるとともに湖が遠ざかって行く。斐川町に入って、まだ時間は早いがレストランに寄って昼食をとった。暑いのでそうめんとコーヒーフロートを注文した。

直江駅手前には神社があったので木陰で休憩した。あまりの暑さに、朝から道端の自販機のドリンク類を何本飲んだろうか。

宍道湖に流れ込んでいる斐伊川の神立橋を渡ると出雲市である。山陰本線出雲市駅に立ち寄ったが、営業はしていなかった。さらに線路に沿った道を進むと、出雲大社口駅という立派な建築の駅があったが、現在、駅としては使用されていないようであった。

しかし、この建物の北、線路の向こう側には真っすぐ北に向かう出雲大社への道があった。六時十二分に江南駅に辿り着いた。

（三十二・七㎞）

今夜はこの駅のすぐ北にある神西湖畔の国民宿舎に宿泊する。そこから二㎞ほど西には日本海が広がっている。明日はまず出雲大社で参拝をすませて、島根ワイナリーに寄ってから米子、中国、阪神、東名、中央、上信越の各高速自動車道を通って自宅に帰る予定である。

第33回　平成九年九月十三日〜　三日間

山陰・湖陵町江南駅〜浅利駅

①九月十三日（土）　湖陵町江南駅〜大田市駅

思えば私の旅も群馬から離れてずいぶんと遠くに来たものだ。山陰の島根まで来てしまった。今回は出雲から江津までを歩くことにしている。前日の夕方電車で東京に出て、浜松町から午後八時三十分発米子行の高速バスに乗車した。翌朝六時四十分に米子駅前に到着した。駅待合室にて妻と駅弁の朝食をとった。ここから山陰本線で西に向かい、出雲を経由して江南駅に九時十五分に到着した。

天気は晴。江南駅を九時三十分にスタートした。国道に出ようと海岸をめざし、すすきの穂波に出迎えられながら歩いた。二時間余りで九号線と合流した。もう右手は海である。小田駅付近は稲刈りが始まった。多伎町にある休憩所で昼食をとった。ここにはシンボルタワーときれいに整備されたトイレがあるだけであったが、水が使えるのは大変うれしい。早速首のタオルを冷えた水で濡らした。海からの風が涼しい。途中自販機の前でタオルを落としてしまった。気づかずに歩き始めたら店の犬が吠えるので、振り向くと落ちているタオルが見えた。それを拾って戻ると犬は吠えるのを止めていた。きっと落としたのを犬が教えてくれたのに違いない。賢い犬である。

午後一時少し前に口田儀という地を通ると、手引ヶ浦台場公園というのがあった。石を積んで砲台を築きその上に複製の大砲が、海に向かって据え付けられて展示されていた。幕末の攘夷運動の資料なのであろう。南方の三瓶山は曇っていて見えず。

一時十五分に田儀川を渡って大田《おおだ》市に入った。川には鯉が悠々と泳いでいた。この辺りから国道は海から離れて里山に入り、仙山峠で休憩した。近くの棚田では稲刈りを待つばかりであった。四時四十八分に大田市駅に到着した。今夜は駅近くの小さなホテルに宿泊する。

（二十三・六㎞）

②九月十四日（日）大田市駅〜温泉津《ゆのつ》温泉

曇。台風が接近中とか聞く。駅前を八時二十二分にスタートした。この辺りは、ハマナスの自生西限地であるとのことである。また、海岸の岩礁に「静ヶ窟」という大洞窟があるが、『古事記』に出てくる名で、この辺りは神話伝説が伝えられている歴史ある土地のようである。十時に五十猛《いそたけ》駅近くのトンネル前にて休憩した。

正午になり仁万駅にて昼食をとった。ここを出発するや否や雨が降り出した。世界最大の一年計大砂時計のある仁摩町サンドミュージアム前でカッパを着用した。馬路《まじ》に来て、いくつものトンネルを抜けて湯里川を渡るとここは山の中、すでに温泉津町に入っていた。三時三十五分に小雨の中、国道から少し脇道に入って温泉津《ゆのつ》温泉駅に到着した。

（二十二・七㎞）

今夜宿泊する温泉津温泉は国道から一、二㎞入った湾岸にある涌出千三百年の歴史あるひなびた温泉場で、温泉津湾は八㎞ほど東に位置する岩見銀山の積み出し港として、北前船の出入りした入江だった所である。

③九月十五日（月）温泉津温泉駅～江津市浅利駅

台風十九号は停滞していてあまり動きがないらしいが、接近中であるのは確かである。朝七時五十分に温泉駅をスタートした。雨は止んでいた。途中から国道を右に外れて海岸に近いくねくねした生活道路を歩くと民家の屋根がぐっと近づいてきた。この地方の屋根はレンガ色をしているのが特徴である。僅かな平地にびっしりと家が並んでいる。それに古い家が多い。階段を上った所が黒松駅で駅は江津《ごうつ》市に入る。再び雨になり浅利駅に急いだ。十一時十五分に大雨の中を駅に到着した。

（十二・五㎞）

帰りは、十二時三十八分発の電車で出雲に出て、ここから岡山までスーパーやくもに乗った。台風接近下にもかかわらず、新幹線のぞみは東京に向かって走った。

第34回　平成九年十一月二十二日～　三日間

山陰・江津市浅利駅～石見空港

①十一月二十二日（土）江津市浅利駅～浜田駅

晩秋の島根路を歩くために、前日の夕刻自宅を出発し東京駅に出た。午後六時四十一分発寝台特急出雲一号浜田行に乗車した。夕食と朝食用に駅弁二食とビールその他を買い込んだ。朝六時になると電気が点灯し放送が入った。倉吉である。外はまだ暗いが人家の屋根が微かに冷たく光って見えた。

外は雨のようであった。もう車内販売が回ってきた。出雲駅では列車は五号車以降は、切り離されて一～四号車だけとなり、客もまばらになって車内は静かになった。このまま江津まで乗り、一駅戻って浅利駅に九時四十五分に到着した。雨は上がっていた。

今日は島根県を通る国道九号線を、西に向かい浜田市まで歩く予定である。九時五十五分に浅利駅前をスタートする。時々、突然シャワーのように急に雨が降って来る。江の川はバイパスを通って渡った。このバイパスは高架になっていて、歩道際は一般にはパイプの柵でできているが、ここはレンガ色の瓦が乗った長い塀のように作られている。高さは人の脇腹くらいであろうか。十二時少し前に九号線に戻るために右折したが、その十字路に地場産センターがあり、中にあるレストランにて昼食をとった。外に出ると海側からの風が強く吹きつけてきた。道路からグランドの先に瓦屋根の木造の昔なつかしい校舎が目に入って来た。自分の中学時代を思い出した。途中から下校中の女子中学生が浜田市内まで道案内をしてくれた。ピアノのレッスンに行く途中とのことであった。五時に浜田駅に到着した。今日の宿泊はこの駅前のビジネスホテルである。

（二十五・五㎞）

②十一月二十三日（日）浜田駅～益田市石見津田駅

浜田は浜田城の城下町として栄えたが、幕末に大村益次郎の率いる長州勢の攻撃に敗れて落城し、浜田藩の終わりをつげた。海岸はリアス式で変化に富んでいて山海の風景が美しい所である。

七時四十分に浜田駅前をスタートし九号線を益田市をめざして歩いた。道は山中を通るので緩いアップ・ダウンが繰り返された。この辺りの海岸の風景は、また素晴らしい。正午前に海際にある道の駅にて昼食をとった。三時過ぎに岡見という所で、海岸を離れて小さな山を迂回する道になった。夕暮れ時の山里は、あたかも正月のように静かであった。やがて三隅町から益田市に入った。この時間では益田駅までは無理なので石見津田駅をめざした。人家も少なく道も暗くなってきて心細い。駅への道を通る人に尋ねながら、五時四十二分になってようやく津田駅に到着した。（三十四・五㎞）

次の電車を三十分ほど待って益田駅に向かい、夕食を外のすし店ですませてから駅前の旅館に入った。

③十一月二十四日（月）益田市石見津田駅〜益田市石見空港（島根県）

益田の旅館ではおばあさんが朝食を部屋まで運んでくれて、おまけに昼の弁当までお茶付きでサービスしてくれた。早朝の出発にもかかわらず大変ありがたい応対であった。

七時一分の電車で津田駅に戻り、七時十五分にスタートし、海を眺めながら里山を歩いた。天気は快晴。日は山の陰でまだ出て来ない。国道を避けて起伏のある田舎道を上ったり下ったりした。益田市内を流れる益田川の月見橋を渡って土手沿いを行くと国道に出た。今度は高津川の高津大橋を渡って、また土手を歩いた。途中、荷物を持ったおばさんが空港に向かって歩いていた。話を聞くと、あわびを航空便で東京に送るためだとのことであった。十時三十七分に、日本海に近い山の中にある石見空港に到着した。（十一・七㎞）

益田は、雪舟が招かれて住職として過ごした寺や記念館などがあり、また津和野への入口にもなっている所である。海水浴場になる砂浜や変化に富んだ美しい海岸も魅力的である。今回は時間がないので後日ゆっくり回ってみたいと思いながら空港に入った。十一時三十分発の飛行機で東京に向かい、十二時五十分に羽田空港に着く予定である。

第35回　平成九年十二月二十七日（土）一日間
山陰・須佐（山口県）～岩見空港

今回は萩をメインとした二泊三日の旅行のうち、最終日の一日を須佐から石見空港まで歩くという計画である。二十五日に羽田から岩見空港まで飛んで、翌二十六日は萩市内の観光をしてまわった。

今朝は、萩駅から二つ目の須佐駅まで電車でやって来た。もう暮れである。吐く息が白い。両手に手袋をするほど冷えている。八時五十五分に前回とは逆向きに須佐から北東の空港に向かってスタートした。この道は国道一九一号線で下関から長門、萩を通り、益田を経て広島県の山中に至っている。田万川町に入って峠を下ると江崎港に出た。田万川を渡ると、この十月オープンしたばかりの道の駅の前に出た。ここで早めの昼食をとった。

その後、田万川トンネルに入った。ここではトンネルの中に県境があって、山口県から島根県側に入って下り坂になった。飯浦駅近くの人形トンネルも通った。地形図によると、この辺りの［峠］を「たお」と読ませるようである。トンネル内は安全のために腕に反射テープをつけた。近くに山陰本線戸田小浜駅があり休憩。この駅の隣には［柿本人麿生誕地］の石碑がひっそりと建っていた。海岸線に沿う道路から右折して石見空港に向かい、四時十五分に空港に到着した。

（二十三・二㎞）

帰りは午後五時五十五分の飛行機で東京に向かい、夜七時十五分に羽田に到着した。

第七年目

（平成十年四月二十九日～平成十一年四月二十八日）

・旅回数　6回
・旅番号　第36回～第41回
・旅日数　32日
・ルート　○山陰＝須佐駅（山口県）～越ヶ浜～長門～豊浦～下関
♡北海道＝白神岬～知内～上磯～大沼～八雲～長万部～豊浦～留寿都～中山峠～定山渓～札幌～美唄～滝川～深川
♤九州＝下関～八幡（福岡県）～福岡～二日市～久留米～玉名（熊本県）～熊本～八代
・距　離　八〇〇・〇㎞

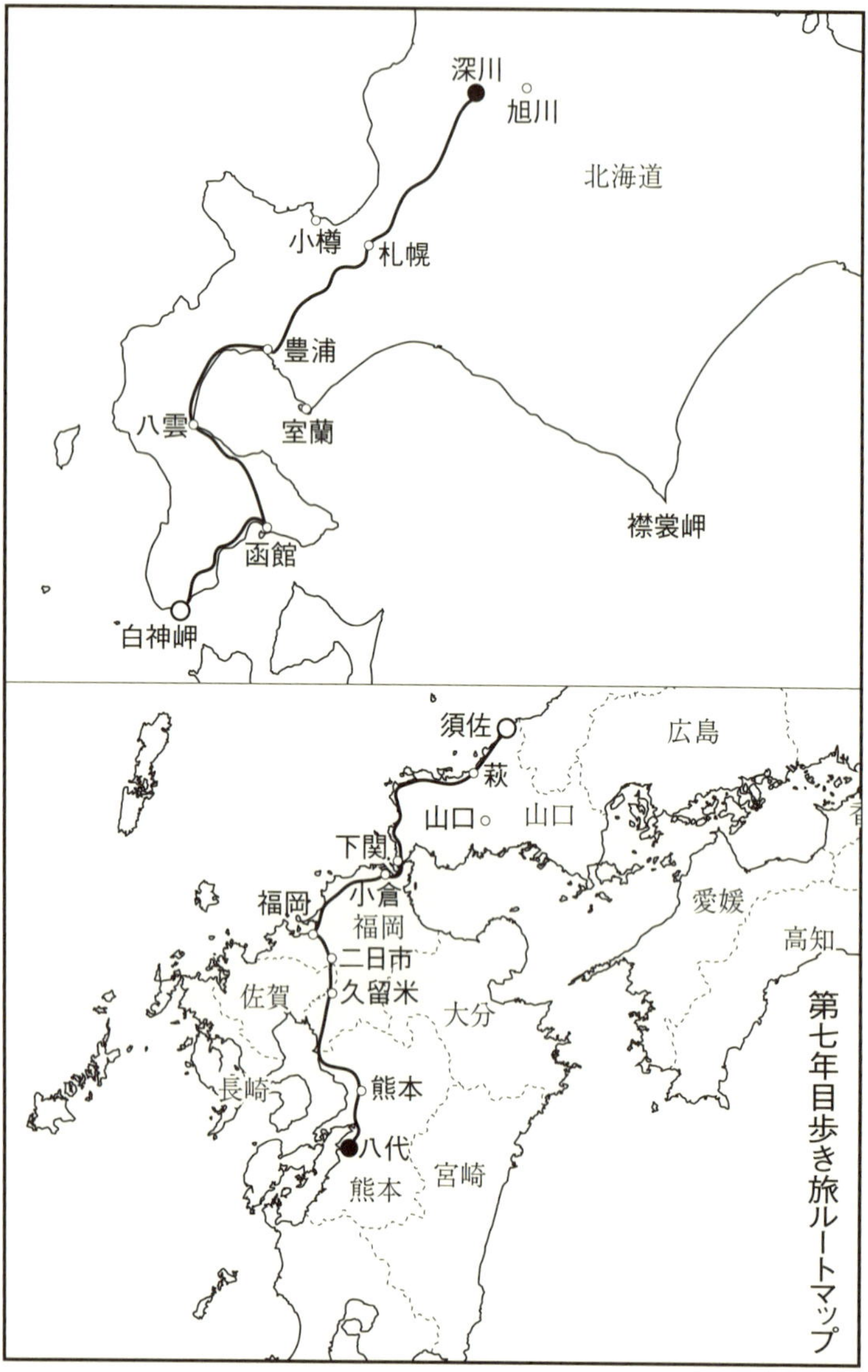

第七年目歩き旅ルートマップ

第36回　平成十年五月十一日～　五日間

山陽・須佐駅～下関駅

①五月十一日（月）越ヶ浜（山口県）～須佐駅

今年初の、また定年退職後初めての旅であるが、本州西端の山口県須佐から下関まで国道一九一号線を歩き続ける計画である。

前日の十日に高速バスで東京・浜松町を午後六時五十分に出発した。座席はほぼ満員となったが、岩国、徳山、防府等でだいぶ下車して行った。目的地である萩バスセンターには翌朝の七時十分に到着した。ここから越ヶ浜駅までは定期バスに乗って移動したが、窓外は小雨が降っていた。越ヶ浜を八時三十分にスタートし、海沿いを北東に向かい須佐をめざした。途中からカッパを着用したが、阿武町に入ると雨も小止みになって、途中の道の駅で、とれたての刺身の定食を昼食に注文した。

奈古駅を過ぎてサエガ峠を越すと、標高三十九ｍとの表示があった。木与駅の先で山陰本線はトンネルに入るが、国道は波が左手に打ち寄せる崖の下を通った。三時を過ぎて宇田郷駅前に出た。この先では道が左右に分かれる。地図を見ると左へ行けば旧道となりくねくねした山道で、右は国道で緩やかなカーブの道になるが、長短四つのトンネルがあり、最長は一・五㎞ほどである。私は右の道を選んで歩いた。山を下ると須佐湾が見えて来て、五時三十三分に須佐駅に着いた。（二十九・六㎞）

②五月十二日（火）越ヶ浜〜長門市駅

海面に激しく打ちつけるほどの大雨になった。風も強くなり、この先の道中が不安である。靴は乾かず重いまま宿を出発した。

須佐から電車で越ヶ浜に出て、ここから九時十五分に歩き出した。途中で、あれほど降っていた雨が嘘のように止んでしまった。一時間ほどで萩市内に入り雁島橋を渡った。市内は前回見物してあるので道を急ぎ、仙崎・長門をめざし往環を歩いて進んだ。

萩の市街地は、北の一方は海、他の二方は川に囲まれた島のような所で、いわば三角洲の上にある町である。橋本川に架かる玉江橋を渡ると九号線は山の中の道となった。雨が再び降り出した。軽食堂があったので少し早めの昼食にした。

八㎞ほどの坂道を上って鎖峠に至った。ここは雨の中でかなりこたえた。ここから三隅町に入り、いくつかのトンネルを通って山を下ると三隅川に出た。雨は降ったり止んだりを繰り返す。バス停のベンチで濡れた靴下を交換した。また、左足親指の根元にマメができたのでカットバンを貼り手当てをした。湯免温泉入口に来ると、また大降りになったけれども、川向かいの右手の山の新緑がなんとも美しいので立ち止まって眺めた。中村という小さな集落から左折して、私の地図にはない新しいバイパスを行くと、右手からの国道と合流し、仙崎港が右手に見えてきた。そのまま歩き続けて六時十五分に長門市駅南口に到着した。

（二十九・二㎞）

今夜は長門から六㎞ほど西の海岸にある黄波戸《きわど》温泉に宿泊する。当初の計画ではこの温泉まで歩く予定であった。今日は一日雨の中をよく歩いたと思う。

③五月十三日（水）長門市駅〜豊北町滝部駅

山口県は北側、西側、南側の三方が海に囲まれている。今日はこの北側から西側の海に出るコースを歩く予定である。国道一九一号線は初め西向きに、続いて南向きにずっと海岸線を進むが、途中から山中を通る近道のコースもある。私はこの近道コースを選んだ。

日が久し振りに顔を出した朝であった。黄波戸漁港では夫婦で魚の処理をしている姿が見られた。旅館前から長門市駅行の定期バスが出ていて助かった。深川湾の海辺をバスは駅に向かう。八時三十分に同駅前をスタートして国道を右手の湾を見ながら西に向かって歩いてから一時間半ほど坂を上り、椎の木峠を越えて日置町に入る。小さい町なのですぐ通り抜けて、隣町の油谷町に入った。この辺りは、地図では石原峠、椎の木峠、黄波戸峠の［峠］を「だお」とルビをつけて読ませているのを発見した。大江という土地に来て、そこで左に旧道があったけれども敢えて右の国道を行くと、油谷湾に出た。午後一時過ぎに通りがかりのホテル内のレストランで昼食をとった。

午後、豊北町に入り、まもなく国道を左折して海岸から離れ、粟野川沿いをさかのぼる山中の一本道を上って行った。途中小学生が私に挨拶して家に帰って行く。人家もほとんど見かけなくなった。市之瀬では崖から多量の水が湧出していた。

五時前に粟野峠に出て、ここを下ると四十分くらいで滝部の集落がある十字路に出た。交差した道は、海岸の特牛《こっとい》から来て、山口まで延びている国道四三五号線であった。滝部は山の中である。少し歩いて五時四十五分に滝部駅に着いた。

（三十三・五㎞）

山陰本線はずっと海岸線付近を走っているが、ここだけは海岸から六㎞以上離れた山中を通っている。わざわざ滝部に寄り道するように迂回して走っている。海岸線が険しいからかも知れない。

今夜の宿は響灘に面した津波敷温泉である。宿に電話すると、直接滝部駅まで車で迎えに来てくれた。津波敷温泉は旅館が一軒しかない所で、魚類は目の前の海でとれるという。因みに夕食にはアワビ、ウニ（箱で出る）、カニの刺身、生のさざえ、刺身の盛り合わせ、ふぐの天ぷら、その他で、びっくりするほどの御馳走であった。

④五月十四日（木）豊北町滝部駅～川棚温泉駅

朝食はゆっくりの八時半。さざえのつぼ焼きが出た。食事後、主人が昨日と同じ滝部駅まで車で送ってくれた。九時十分に駅をスタートし山陰本線に沿う豊北の山道を一気に下った。長門二見駅まで四㎞の距離を二十分で歩いてしまった。下の海岸に出ると、右手の海岸を通って来た国道一九一号線に合流してさらにこの海岸線を南に進むと、近くの波打ち際に、夫婦岩がしめ縄でしっかりと結ばれているのを見て、伊勢の二見浦を思い出した。この付近の地名も二見という。

やがて宇賀本郷駅に来たが、海岸道路に日陰がなく大変暑い。その上、この駅には水道の設備がないので参った。右足の中指辺りにマメができたらしい。早めの手当てが大切なので靴を脱いでカットバンを貼った。海は波穏やかで静まり返っている。鳥井ヶ峠を越えて湯玉を過ぎると、ここにレストランがあり昼食をとった。この店の外の壁面（表、横）すべてが看板になっていて、派手な文字が斜めに書かれている。「うどん名物手打　焼肉　いけす料理　つぼ焼　さざえ　ラーメン　北浦海産物直売」などの文字が並んでいた。
いつのまにか豊浦町に入っていた。手持ちの地図で調べると、あの夫婦岩付近に町の境界があったようである。小串という所には人家が集まり、駅が国道の向こう側に見えるのだがこちらには駅の入口がない。かなり遠回りして線路の向こう側の道路に出ないと駅には行けない。しばらく歩いて三時十三分に川棚温泉駅に到着した。（十八・四km）
ここから二km東に入った所に川棚温泉街があった。今夜はそこの旅館に宿泊した。夜になって蚊の飛ぶ音がして眠れず、フロントに連絡すると蚊とり器を持って来てくれたので助かった。この川棚は、昔は沼だった所を埋めてできたとどこかに書いてあったので、蚊の一件もうなずけた。

⑤五月十五日（金）川棚温泉駅〜下関駅（山口県）

七時半に朝食、七時五十五分に旅館を出発、宿の主人がマイクロバスで川棚温泉駅まで送ってくれて、八時三分に同駅前をスタートした。いよいよ今回の旅の最終日。本州最西端の都市下関をめざし国道一九一号を南下した。ずっと隣同士だった山陰本線も終点に近づいた。九時半に梅ヶ峠駅に着き休憩した。この駅名の［峠］は「とう」と読むようである。ここから下関市に入った。朝は涼しかったが、晴れているので日が上るにしたがい暑くなった。途中吉見、福江、安岡の各駅で海を目の前にして小休止。十二時を過ぎたので綾羅木という所で食堂に入り昼食をとった。

市街地に近づくと、団地、学校、病院が目につくようになり、国道端には車関係の営業所や修理工場が争うように立ち並び始める。市内に入ると起伏のある地形となり、五日間の疲れなのか足が思うように動いてくれない。買い物に行く途中なのか、後ろから来たこの近所のおばさんに上り坂で追い越されてしまった。市街地を通って三時五十分に本州の最西端の下関駅に到着した。これで本州の北の竜飛岬から西の下関までの縦断が達成できた。これから北海道と九州の縦断ができれば日本本土縦断の達成になる。

（二十四・四㎞）

この下関には国道一九一号、九号、二号、中国自動車道、そして山陰本線、山陽本線、山陽新幹線などが入って来ている。それに下関駅付近には下関港や関門海峡があって、船の出入りも盛んで、交通の要衝になっている所である。今夜は駅のホテルに宿泊する。部屋に入ると、冷蔵庫も湯沸かしの器具もない。疲れて外出も面倒になり、ベッドに横になると、そのまま夕食も食べずに朝まで眠りこけてしまった。翌朝電車で新下関駅に出た。ここから新幹線で東京に向かうことにしている。群馬の自宅には午後六時頃到着の予定である。

第37回　平成十年六月十五日～　五日間

北海道・白神岬～八雲駅

①六月十五日（月）白神岬（北海道）～知内温泉入口

本州の縦断を達成したので、あとは北海道と九州を縦断すれば日本本土縦断の達成になる。およそ三年くらいでこの目標を達成したいと考えている。この間、夏は九州は暑いので、北海道を歩くことにした。今年は道最南端の白神岬から旭川辺りまで行ければ良しとしたい。あまり細かい計画は立てていない。

今回は歩く日数を五日と設定し、白神岬から、大沼畔を通って長万部の手前の八雲まで歩く予定である。妻が同行してレンタカーでサポートしてくれることになった。それに今回から携帯電話を購入したので、持参して連絡に使用することにした。

自宅出発は前日の午後三時前で、電車で大宮に出て、五時十六分発寝台特急北斗星一号に乗り込み、六号車のB個室に入った。隣にはロビー、ソファ、テレビ、シャワー、自販機などの設備があった。朝四時十分頃ドアをノックする音で目を覚ました。車掌さんがあと八分くらいで函館に到着するという。あわてて支度を整えた。函館は雨だったが寒くはない。下車して駅前市場の食堂でホタテ、ウニ、イクラの入った朝市丼を朝食とした。時間が早いので、駅前ホテルのロビーでしばらく休憩した。

八時にレンタカーを借用し、雨中を八十㎞ほど西にある白神岬に向かった。岬に着くと目の前に［北海道最南端］、［白神岬］の石碑が建っていたが他にはなにもない。強い風雨で、車のドアを開けると、ドアと一緒に人間も飛ばされるかと思うほどであった。手摺の外の断崖下は波が白いしぶきをあげて荒れ狂っていた。十時に国道二二八号線を函館方面に向かってスタートした。傘はさしてはいられないのでたたんで手に持った。頼りになるのは上下のフード付きカッパである。次第に岬をはなれるにしたがって風が弱まってきたので助かった。

午後一時に道の駅ふくしまについた。ここには隣接して横綱千代の山・千代の富士記念館がある。もと両横綱は、ここ福島町が生誕地なのであった。この福島から国道は海岸を離れて北の山中に入った。途中千軒という地名の所を通る。家は千軒どころではなく、数十軒といったところであろうか。

さらに七㎞ほど歩くと、五時十四分に国道脇に［知内温泉］という看板があるその入口に着いた。宿泊予定の温泉はここから森の中の脇道に入って一㎞くらい先にある。（二十七・〇㎞）

この温泉は八百年の歴史がある古い温泉にもかかわらず、建物は新しくモダンでホテル様式をとっていて、若者に喜ばれそうなホテルである。周囲は木々に囲まれていて自然が溢れている。猿や鹿あるいは熊も出そうな森の中である。

②六月十六日（火）知内温泉入口〜上磯町三ッ石

朝、六時前に温泉に入った。少々茶色に濁っていて伊香保の湯を思い出した。湯温は熱い。七時に朝食。鮭がうまかった。外は快晴につき紫外線よけクリームを顔面に塗ってから、八時に国道脇の知内温泉入口をスタートした。小さな集落から国道は知内川の右岸を通るが、左岸にも道があったのでこちらを歩いたところ、車はほとんどなく、ウグイスやカッコウの声が聞こえ、川のせせらぎも耳に入ってくる。川の向こう側の国道近くには知内駅がある。ここは津軽海峡の海底トンネルを走って来た列車が、この付近で地表に出て初めて停車する駅で、その先で再びいくつかのトンネルに入っていく。

知内川は大千軒岳の麓を源流として、東に向かって流れ来て津軽海峡に注いでいた。河口近くまで来て対岸の元町の集落が見える頃、道は左に折れて海岸沿いを北に向かった。十二時を過ぎた所で建有川を渡り木古内町に入った。一㎞ほど歩くとようやく温泉、宿泊兼業のレストランがあり、そこでウニとじ丼セットを注文して海を眺めながら昼食をとった。亀川という所に来ると、［咸臨丸　ここに眠る」と書いた看板を見つけた。ここで明治初年の函館戦争を思い出した。しかし、他にはなにもない。五時十五分に迎えの車が来た。ここは上磯町に入っていて三ッ石という地名の所で、ここで今日の歩き旅を終わりにした。ここから四㎞先の右手が函館湾になる。　　（三十三・四㎞）

今夜はここから湾をぐるっと右回りに半周して函館山の麓のペンションに宿泊した。夕食は食堂に集まっての食事で、隣席は中年の埼玉の夫妻であった。群馬のわが町にも、ゴルフによく来るという。

③六月十七日（水）上磯町三ッ石～小沼分岐

妻の車で昨日の三ッ石まで移動し、八時五十五分にスタートした。空は曇っていて風が冷たい。右の海と対岸の函館山を見ながら函館湾岸の国道をひたすら前進した。十㎞ほど歩いて上磯駅の手前にあるセメント工場のベルトコンベヤーの真下に来て、上磯駅付近のそば屋に寄り昼食をとった。一時過ぎに国道二二八号線を左折して一路北に向かうことにした。

大沼・小沼をめざして長い直線の道を歩いた。二時半、途中で「北海道水田発祥の地」の石碑が建っているのを見た。この後、今にも降り出しそうな空模様になってきた。七飯町に入ってまもなく、函館から小樽経由札幌に通じる幹線道路である国道五号線に合流した。これから上り坂になるが、この道も立派な道路である。四十分も上ると目の前に大沼トンネルの入口が口を開けていた。トンネルを出ると前方には小沼・大沼が木々の間に横たわって見えた。道は左右に分かれ、道々は小沼の東側を通り、国道は西側を通っている。五時十七分、今日はこの分岐点で歩き旅を止めることにした。

（三十・四㎞）

宿泊は大沼と小沼の中間にある大沼公園近くの森の中に建つペンションである。中に入ると壁や階段、床などすべてが素晴らしく、まるで中世貴族の別荘を思わせる建物であった。

④六月十八日（木）七飯町小沼分岐〜本石倉駅

窓が明るい。晴天のようだ。時折、すぐ隣をＪＲの列車がゴトゴトと通り過ぎる音が聞こえてきた。日焼け止めクリームを塗って出発だ。八時三十分に小沼分岐をスタートし、沼の西側の国道五号線を進んだ。右手の樹林の先に小沼が光る。小沼の向こうにとんがった山頂を天に向けた駒ヶ岳が横たわっている姿が見えてきた。山頂が朝日に照らされてうす赤く染まっていた。

途中の脇道入口には［熊出没中　注意］の立札が立っていた。やはり熊が出るのだ。一瞬緊張が全身に走った。十時に森町との境界に来た。赤井川という地で蜜蜂屋さんに会ったが、「これで今年の仕事は終わりだ」と話していた。駒ヶ岳がだんだん近づいてくるとともに、山容が変わってきているのが分かる。好天の中、尖った赤紫色の山頂が天に突き出している勇姿は感動的であった。周辺は樹林や原野ばかりである。道端にハマナスの赤い花を見かけて、ホッとすることが時々あった。午後一時過ぎに森町の道の駅に着いて、ここで昼食をと思ったら今日はあいにく休業日であった。しかたなく、ソフトクリームは営業中だったので、それで我慢して木陰で休憩した。

今日は町中の旅館に宿泊の予定であるが、さらにこの先まで歩き続けることにした。二時半近くに内浦湾岸に出た。後を振り向くと駒ヶ岳の二つの頂上が左右に緩やかに裾を引き、左は湾に滑り込んでいた。歩いていると歩道脇に、ホタテの養殖に使う籠が積み上げてある風景をよく見かけた。まだ日は高いけれど近くの西の山に沈みそうである。足どりも重くなってきた。小さくなった駒ヶ岳は、まだ西日が当たって赤く輝いて見えた。四時五十分に本石倉駅に到着した。昼食もとらずによくここまで来たものだ。これから迎えの車で、森町の旅館まで戻ることにする。（二十九・八㎞）

⑤六月十九日（金）森町本石倉駅〜八雲駅

森駅から電車に乗って十五分ほどで本石倉駅に着いた。八時二十分にこの駅をスタートしたが、駒ヶ岳の姿が雲に隠れていて見えない。海側から次第に山側へガスが移動していく。森から八雲町落部まで単調な海岸線が続いているし、周囲はガスっていてなにも見えないので退屈してしまう。野田追川を渡り、山越の関所跡前に来た。八雲温泉があったが通り過ぎて、道路の分岐点で、左の道から町並みに入って駅前に出た。この道は、直線道路の両側に人家や店がゆとりを持って立ち並んでいて、道路も歩道も広めにとってあるからゆったりしている。二時二十五分、八雲駅に到着した。昨日余分に歩いておいたお陰で、予定より二時間以上早く着いたことになる。（二十・三㎞）

この後三時四十三分発の特急北斗に乗り、ほぼ一時間で函館に出て、函館駅付近で夕食をすませたり、買い物をしたりして過ごした。六時半に妻と合流して、今回の旅の無事を祝して地ビールで乾杯した。帰りは、函館発午後九時四十六分の寝台特急北斗星二号に乗り、翌朝九時過ぎに上野駅に到着した。その後、両国に行き、予てから見たいと思っていた『伊能忠敬展』を半日かけて見学した。この感動と記憶は決して忘れることはないだろう。

第38回　平成十年七月六日～　六日間

北海道・八雲駅～札幌市藤野

①七月六日（月）八雲駅～長万部

北海道では車があると何かと便利なので、新潟－小樽間をフェリーで往復することにした。七月四日、午後五時十五分に自宅を出発し、関越自動車道を新潟港に向けて車を走らせた。九時近くに新潟のフェリーターミナルに到着した。十時に乗船開始で車ごと乗船した。十一時三十分に夜中の海に出港である。

五日朝、八時にカフェテリア方式による朝食をすませて、テレビ、読書、散歩、そして海を眺めては時間を過ごしたり、昼食をとって昼寝もした。やがて茂津多岬や神威岬が濃紺色の海の向こうに見えてきた。午後五時過ぎに小樽港に入港した。この日は小樽市内のホテルに宿泊する。夕暮れ時に市内を散策していると、小樽駅入口付近でしばらく会っていない従妹にばったり行き会った。その偶然さにびっくりした。

六日朝、ホテルを六時に出発し、ニセコ経由で五号線を八雲に向かって車を走らせた。因みに、小樽からここ八雲までは一七四㎞あった。九時三十分に八雲駅前をスタートし、内浦湾沿いを長万部めざして歩き始めた。曇天。左に牧場が続く。柵で囲まれた円形のコースもあった。この五号線は湾岸を真っすぐ函館本線と並行して何十㎞も先まで走っている。いくら歩いても直線の湾岸道路である。

黒岩駅前のとうふ・こんにゃく屋さんのおやじさんが、水を一杯サービスしてくれた。群馬の下仁田からこんにゃくの原料を仕入れているそうである。

近くの無人の駅で昼食の弁当を食べた。再び歩き出すとすぐに長万部町に入った。空は晴れてきて真夏日となった。見る所も立ち寄る所もないので、ただただ歩くのみの単調な旅である。とにかく暑い。途中で妻の車が現れて、栄養ドリンクを手渡してくれた。喉に染みとおるようだった。

長万部の町並みを通り、駅前でめざす旅館を探して、五時五十五分に線路の向こう側にあった旅館に辿り着いた。（三十一・〇km）

通された部屋は西側の西日の一番よく当たる部屋で、蒸し暑くてたまらなかった。クーラーの設備はなく、扇風機を探して運んでくれた。

②七月七日（火）長万部駅〜豊浦IC入口

八時八分に長万部駅をスタートした。妻から駅前の店で求めた名物かにめし弁当を手渡される。道は左右に分かれ国道五号線は左の山中を行くが、こちらは右の国道三十七号線の湾岸道路を歩いた。鉄道もここで左は函館本線、右は室蘭本線となる。湾とともに道は少しずつ右に向きを変えて、進む方向は北向きから北東向きになった。二時間半歩くと、空は曇ってきて前方が視界不良となり、右手の海は波打ち際しか見えなくなった。気温十七度、風速一mなり。道は今度は左にカーブして山の中に入り、静狩トンネルを抜けて黒松内町に入った。車が途絶えて山中は静かなり。パーキングにて、山の緑を眺めながら一人かにめし弁当を食べた。

午後になって礼文華トンネルに入った。歩道があるので安心である。出口にあるプレートを見ると、このトンネルは長さは一・三㎞余りあり、昨年の三月に完成した。このトンネルがなかった時は峠越えが大変だったろうと思う。ここから豊浦町に入った。四時過ぎに大峯トンネルを抜けてから大峯の十字路を過ぎると、豊浦ＩＣ入口という標識のある所に出た。つい最近この付近の高速道路が開通したらしい。手持ちの地図にはまだ載っていない。五時二十三分、ここで今日の旅を止めにした。

（三十・二㎞）

ここから車で国道二三〇号線の山道を上って、洞爺湖畔にある温泉の宿泊施設に宿泊する。

③七月八日（水）豊浦ＩＣ入口～洞爺村大原二ノ原（大原小前）

朝から雨である。天気予報では一日中雨とのことで覚悟を決めた。豊浦ＩＣ入口に移動し、八時四十分にそこをスタートした。まもなく豊泉のトンネル群を通過し、豊浦の町中のガソリンスタンドにて洞爺湖方面への近道を尋ねた。国道三十七号線から左折して、大雨の中、山道をエッチラオッチラ上った。田舎道にて標識がないので苦労した。途中老夫婦の苺を売る出店があり、一箱買って一部をその場で味わった。正午になって分岐点に着いた。左は真狩村方面に通じているらしいので、右の道を選んで進むと虻田町に入った。地図によると、ここから東五㎞先に洞爺湖畔がある筈である。しかし、いくら進んでも湖畔に出ない。そのうち、洞爺村に入ったが、この辺りに来ると緩い起伏がある畑地のある農村風景に変わってきた。

道路は片道一車線で歩道がないので、トラックやその他の車が通る度に、溜り水をはね飛ばして去って行く。そんな時、妻の車が追いついたので車中にておにぎりの昼食をとった。その後、しばらく行くと右手後方からの国道二三〇号線に合流した。右手の洞爺湖はほとんど顔を見せぬまま遠ざかって行くようだった。大雨が霧に変わってきた。本日予定の留寿都までは、まだ八km以上あるので、午後四時、二ノ原の大原小学校前にて今日の旅を終了することにした。　（二十五・六km）

今日は昨日と同じ洞爺湖畔の宿泊施設にての宿泊である。宿に入ってからは、水浸しの靴を乾燥させるのに大わらわであった。靴は歩き人にとっては命であるからである。

④七月九日（木）洞爺村大原ノ原（大原小前）～中山峠下白樺橋

車で大原小学校前まで移動して、八時四十分にここをスタートした。天気は曇。辺りの空気はガスっている。九時三十二分、三ノ原の郵便局前に来る。ここで長袖シャツを脱いでTシャツ姿になった。郵便局の少し先で橋を渡り、この川を境に留寿都村に入った。まもなく、元気なおばちゃんの出店の前で声をかけられ足を止めた。道端で揚げじゃが、揚げカボチャを売る店である。休憩代わりにちょっと寄って揚げカボチャを食べてみたところ、熱い、甘い、うまい。あの時じゃがいもも食べておけばよかったと後で後悔した。

この辺りは、北十五kmほどの位置に蝦夷富士と呼ばれる羊蹄山が控えている。その南面の麓になるので緩やかな起伏のある高原が開けている。十一時十五分に留寿都の町並みに入った。街中によく整備された［赤い靴公園］という名の公園があり、そのいわれを記した石碑があった。その隣には日本一きれいなトイレというのがあり、入ってみると「赤い靴」のＢＧＭが流れていて大変気持ちがよかった。

十二時にルスツ高原スキー場に着いた。今は駐車場などはがら空きになっている。この駐車場の木陰にシートを広げて、一人青空を見上げつつ弁当を食べた。午後になって、人のいない別荘地を過ぎて泉川温泉入口に来た。ここから喜茂別町に入った。羊蹄山は雲の中で見えず。その手前に尻別岳という山があって、麓の二三〇号線を右に回り込むと、川沿いに喜茂別の町並みが見えてきた。近くにいた警察官に「この先には熊は出ないか」と尋ねると、「出ない」との返事に半ば安心した。この辺りから喜茂別川に沿う上り坂になり、人家もなくなった。山あいの道は日が暮れるのも早い。だんだん山が深まってきてうす暗くなり道は寂しくなった。五時に白樺橋に着いた。この後は迎えの車で中山峠を越えて定山渓温泉まで下って旅館に宿泊した。

（二十八・〇㎞）

⑤七月十日（金）中山峠下白樺橋〜定山渓温泉

定山渓から車に乗り、八時四十分に白樺橋をスタートした。曇っていて涼しい。昨日同様、川に沿った国道を歩いて中山峠をめざした。やや急な上り坂がくねくねとしばらく続くと、熊見橋に来た。熊が川遊びに来そうな橋の名である。十一時三十分、ようやく中山峠に到着した。峠に着く前に、坂を上っている時、道端の草むらの上に一万円札が三枚落ちているのを発見した。峠下には「アスパラ発祥の地」の石碑があった。峠には道の駅があって、売店やレストラン等の施設があり、昼時で観光客でにぎわい、ここで昼食をとった。周辺はガスがまいていて景色は眺められなかったのが残念である。

午後は峠から定山渓温泉まで二十㎞ほどを下った。途中長いトンネルや深い谷を渡る橋などがあり、橋の上から谷底を見下ろすと、吸い込まれるような、底の深い橋であった。途中から雨になった。五時十五分、日が暮れる頃、定山渓温泉に到着した。（三十・〇㎞）

到着してすぐに、旅館のすぐ前の派出所に、峠下での拾い物の届け出をした。

⑥七月十一日（土）定山渓温泉〜札幌市南区藤野

夕べの雨は止んでいた。九時に定山渓の旅館の前をスタートしたが、歩き出してまもなくまた降り出したので、カッパを着用した。ここは札幌市である。この温泉は札幌市の奥座敷のようなものである。十時半に滝沢という集落を過ぎた。道端の立て札を見ると、［七月七日午後四時過ぎ、熊がこの先の簾舞《みすまい》集落の国道二三〇号を横切った］とあったので、恐る恐るこの集落を通り過ぎて、十一時五十五分に札幌市南区の藤野の農協前にて今回の歩き旅を終わりにした。（十一・五㎞）

この後、妻の運転にて札幌から小樽に向かい、裕次郎記念館を見物した後、フェリーターミナルで温泉につかって旅の汗と疲れを落とした。フェリーは午後十時四十分に出航し、新潟港には翌日の午後三時十五分に入港した。その後、関越自動車道を走って、自宅には午後六時四十分に帰着した。

第39回　平成十年八月二十一日～　五日間

北海道・札幌市南区藤野～深川駅

①八月二十一日（金）札幌市南区藤野～札幌駅前

今回の北海道の旅はまったくの一人旅である。サポートする人はいない。前日の二十日の夕方自宅を出て、高崎線で大宮に出た。午後七時五十分発札幌行寝台特急エルムに乗車した。この列車はB寝台のみの編成で、一ボックス四人、上下二段のベッドになっている。

こちらが寝入った頃、十二時を過ぎてから、どこかの駅で乗車してきた女性が私に乗車券を確認させてほしいといっている。どうやらこのベッドがこの女性の席だという。車掌を呼んで確認してもらうと、女性のキップは二十日の日付で、今は日が変わって二十一日である。一日違いのミスらしい。そういえば四年前、私も新津で同じミスをしたことがあったのを思い出した。

周囲の人たちの声で目を覚ますと四時を過ぎていた。列車は青森を過ぎて蟹田辺りを走っているらしかった。青函トンネルを出ると日がまぶしい。函館駅では約三十分停車とのこと。ホームの売店は弁当購入の客たちで込み合っていたので、こちらは駅の売店まで足をのばして朝食を調達してきた。列車内の客の数がだいぶ減った。十二時三十二分、札幌駅に到着した。

長い列車の旅だった。軽い昼食をすませてから、バスにて南区藤野へ移動した。

二時二十分に藤野農協前をスタートし、札幌の市街地をめざして坂道を下った。先程のバスで通った道は避けて、豊平川の土手上の道を市内東豊平橋まで歩いた。河川敷には運動施設が整備されていて、マラソン、サイクリング、ウォーキング、散歩、ローラースケート、サッカーなどのスポーツを楽しむ人々の姿があった。市の中心部に近づき、ネオンも点灯した町中の人の賑わいの中に入って行く。すすきののラーメン横丁を通り抜けて、六時二十分、札幌駅前の本日宿泊予定のホテルに到着した。

（十六・〇㎞）

②八月二十二日（土）札幌駅前〜岩見沢市幌向《ほろむい》駅

八時にホテル前をスタートし、旭川方面をめざして東に向かった。時計台前を通ったが周囲を柵で囲んでの工事中であった。国道十二号線は右折して豊平川東橋を渡って進むが、少々遠回りのような気がしたので直進して、土手上の道や河川敷の自転車道を歩いた。河川敷がよく整備されていて、ミニゴルフ、サイクルコース、ミニバス、子どもの遊具などがあり、それぞれよく活用されていた。土手から豊平川にかかる雁来大橋を渡って国道二七五号線に出た。ここから江別市に入った。日は上り、かなり暑くなってきた。厚別川の手前にラーメン店があったので、少し早いが昼食にした。

午後一時を過ぎる頃は猛暑となった。北海道がこれほど暑くなろうとは、まったく予想もしなかった。道は石狩川にいきなりぶつかった。左折して新石狩大橋を渡る道は二七五号線で美深への近道になるが、途中、宿や食事のことがあるので、ここは右折して石狩川の土手上の国道を、この大河を眺めながらてくてくと歩いた。河川敷では模型の飛行機やヘリコプターを飛ばす若者のグループがあり、きれいに刈り込んである芝生の上で、足のマメの手当てをしながら、しばしの間見物させてもらった。

河畔の製紙工場前で、右後方からの十二号線と合流して、もの憂い午後の土手を歩き、濁っている夕張川にかかる江別大橋を渡った。豊幌から直線道路になるが、日陰なく、店なく、自販機ほとんどなし。岩見沢市に入ってから三十分ほど歩いて、五時二十三分に、この暑い中やっとのことで幌向駅に到着した。これから電車で札幌に戻って、駅前の昨夜と同じホテルに宿泊する。　（三十・〇㎞）

③八月二十三日（日）岩見沢市幌向駅～美唄市

天気は晴。朝から暑い。電車で札幌から幌向に出た。八時十九分、幌向駅前を左折して、あとは国道十二号線を函館本線に平行して歩いた。上幌向駅を過ぎると南に向かう線路がある。これが室蘭本線である。道は市街地の南側を走る。左に進むと市街地を通り、岩見沢駅に近づいて行く。十一時過ぎにこの駅に到着し小休止したが、昼食は市内の食堂に入って食べた。

郊外に出ると十二号線に再び合流し、車も空いてきた。歩道は広く、車が通れるくらいの幅があった。道端にある白樺の木の木陰で、草の上に腰を下ろすと吹き抜ける風が心地好く、ついうとうとと軽い昼寝をしてしまった。立ち上がるのが惜しいくらい気持ちがよかった。美唄市に入ると、道の両サイドの畑では、玉葱の収穫が最盛期であった。光珠内駅前を過ぎると、今まで北東向きだった道路が、少し左に折れて北向きの長い直線道路となった。道端の看板には「直線道路日本一　二十九・二㎞」と書いてある。沿革によると、明治の中頃囚人たちの手によって作られたとある。ここから北に滝川市まで、一箇所も曲がらずに、約三十㎞も定規で引いたような直線の道が続いているのである。車で通ればアッという距離であるが変化がないので、歩き飽きてしまうかもしれない。この道を約一時間歩いて、五時二十分に美唄駅前の旅館に到着した。
今夜はこの町中の旅館に一泊する。

（二十七・二㎞）

④八月二十四日（月）美唄市駅前〜滝川駅前

七時五十分に旅館前をスタートした。旅館の前の通りが国道十二号線で、この国道が市街地のメインストリートである。今日は、この直線道路をひたすら滝川めざして北に向かう。

道の左右の田畑では主に稲、ジャガイモ、玉葱などが栽培されている。各家の入口周辺にはそれぞれ工夫を凝らした花壇や鉢植えで色とりどりの花を育てていて、道行く人たちの心を楽しませてくれる。町を外れると商店や飲食店はなくなり、車関係や建設関係の事業所が目立つようになった。日射しも強くなり、路面からの反射熱もあってかなり暑くなり、途中で休憩したいが、木陰や休憩場所が見あたらない。

奈井江町に入って、道の駅に来たが、あいにく休館で自販機だけであった。相変わらず道路は直線で、正午過ぎに砂川町に入り、駅前の食堂でようやく昼食をとることができた。駅前に植えられていた花がきれいで印象に残った。

義経橋という橋を渡った。道すがら［赤穂四十七士の墓あり］との看板を見た。この土地とどのような関係があるのだろうか。三時を過ぎて、ようやく直線国道を左折し、空知川に架かる空知大橋を渡って滝川市内に入ると市街のビルが見えてきた。四時十分に滝川駅前のホテルに到着した。

（二十五・九㎞）

疲れ過ぎたのか暑過ぎたのか夕食を食べるのが面倒になってしまった。

ニュースで、小樽で猟師が熊を仕留めたが、熊が出没したため小学校を臨時休校にしたと報じていた。

⑤八月二十五日（火）滝川駅前～深川駅

北海道に来て五日目、今回の歩き旅の最終日である。ホテルから出ると外は雨だった。カッパを着用し、リュックはビニールの覆いをし、傘をさして七時四十五分にスタートした。小・中学生も高校生も夏休みは終わっていて、みなそれぞれに登校する姿が見られた。雨は降ったり止んだりで、その度にカッパを着たり脱いだりで面倒である。ここでも直線道路が長く続いた。十㎞ほどは続いたように思う。深川市音江町に入った。雨はすでに止んでいて、路上にアイスクリームを売る店が出ていたので、バニラを買ってのどを潤した。

豊泉という所まで来ると、［札幌から一〇七㎞］の標識あり。国道十二号線を左折して深川駅方面に向かった。途中蛇行して流れる石狩川に架かる深川橋を渡ると正面が駅前通りである。二時十分に深川駅に到着した。

（二十三・八㎞）

今回の五日間で歩いた距離は、札幌市の藤野から深川まで合計約一二三㎞になった。駅前にて旅の無事を祝して生ビールで一人乾杯し、遅い昼食をとった。この後は、特急スーパーホワイトアロー号に乗車し、一時間で札幌に着き、午後六時十四分発寝台特急北斗星四号に乗った。翌二十六日朝の九時五十分に大宮に着いてから、高崎線で群馬に帰る予定である。

第40回　平成十年十二月二十五日〜　五日間
九州・下関駅〜二日市駅

①十二月二十五日（金）下関駅（山口県）〜関門橋下

日本縦断の旅のうち、北海道は半分近くを終えていて、残る九州の旅を今回から始めることにした。まずは関門海底トンネルを歩いて渡りたいと思った。早朝の暗いうちに自宅を出て、東京駅発七時五十二分発新幹線のぞみ博多行に乗った。小倉には十二時二十八分に到着し、すぐ下関行きの電車に乗り換えた。午後一時二十分下関駅からぶらぶらと市内を歩いた。海峡メッセにて妻と昼食をともにし、海峡ユメタワーに上ってパノラマ展望台から下関近辺を眺めた。川のような関門海峡や行き交う大小の船を眼下に見下ろすことができた。また、日清講和条約が締結された春帆楼、そして赤間神宮・安徳天皇陵、壇ノ浦なども見て回った。五時十分、少し坂道を上った関門橋が眺められる宿泊施設に到着した。明日はこの橋下の海底を通るトンネルを歩いて九州に渡る予定である。（三・五㎞）

②十二月二十六日（土）関門橋下〜八幡帆柱ケーブル山麓駅（福岡県）

宿舎を八時三十分に出て坂を下ると海峡の岸辺を走る国道に出た。すぐ北にある関門橋の下をくぐると左側に関門トンネル入口があった。海底トンネルは上下の二階建てで、上は車道、下は人道になっている。下までエレベーターで降りてから、トンネルを歩き始めた。長さは七八〇ｍで途中に山口県と福岡県の県境の表示があった。中は不安を与えぬよう壁面には絵が描いてあり、スピーカーからは小鳥の鳴き声が流れている。歩いて僅か十数分で対岸に着いてしまった。自転車で買い物や散歩に利用している人もいるようである。

対岸に着いてエレベーターを降りるとそこは北九州市で、門司港、門司駅やレトロな建物等があちこちに残されている。この港湾岸から国道三号線が久留米、熊本、八代を通り鹿児島に通じている。門司で昼食をとってから、付近の道を西に向かって歩いた。小倉城跡を歩き、スペースワールドや製鉄所を右手に見ながら行くと、四時二十三分に八幡駅に着いた。駅前を左折して真っすぐ山に向かって歩くと、四時五十五分に帆柱ケーブル山麓駅に到着した。ケーブルに乗って、今夜はこの山の上にある国民宿舎に宿泊する。

（二十五・〇㎞）

③十二月二十七日（日）八幡帆柱ケーブル山麓駅〜東福間駅

九時前に宿舎を出て山を下りた。九時二十三分に八幡駅前をスタートし、三号線を一路西に向かって歩いた。十二時過ぎに遠賀川を渡り、北九州市から遠賀町に入り、一時間歩いて山田峠に来た。この峠にうどん屋あり。ここで昼食にした。太った主人に旅の質問をされたり、激励されたりしつつ天丼を食べた。

この峠から岡垣町に入り、国道を歩いて宗像市に入ると、右にも左にも団地などの新興住宅地が目の前にいくつも現れた。西の山に日が沈みかけていた。

五時二十分に福間町に入り、孫を連れて犬と散歩中のおばあさんに東福間駅への道を尋ねたところ、国道を右折して脇道に入り、途中の小高い丘まで道案内をしてくれた。あたりは薄暗くなってきたが、五時五十二分にこの駅に着くことができた。

（三十一・八km）

ちょうどよい電車がないので、タクシーを町中の旅館まで走らせた。入浴後の夕食は会席料理とフグ、ヒラメの鍋料理などが出て、福岡に来ているという実感が沸いてきた。

④十二月二十八日（月）東福間駅～南福岡駅

天気は晴。少々冷える年の瀬である。八時十二分に東福間駅前をスタートし、旧道を南に向かって博多をめざした。筑前新宮駅前を過ぎて福岡市に入り、ファミリーレストランにて昼食をとった。いくつかの大学の近くを通ると、人通りも多くなり都会の空気が感じられるようになった。まもなく新幹線のガードをくぐって、左手の福岡空港に近づいた。頭上を飛行機の巨体の胴が爆音とともに飛び去って行った。博多駅南口に一番近い比恵町十字路を左折して、博多駅には寄らずに南東方向に向きを変えて、五時五十二分に南福岡駅に着いた。勤め帰りの人々がぞろぞろと下車してきた。

（三十一・二km）

ここから電車にて博多に戻り、駅近くのホテルに宿泊した。夕食は妻と中洲の屋台めぐりをしてラーメンやらおでんなどを食して宿舎に戻った。

⑤十二月二十九日（火）南福岡駅～太宰府・二日市駅

博多から電車で南福岡駅に移動し、八時四十分同駅前をスタートして大野城市に入った。一時間ほどして三号線と九州自動車道のガードをくぐって太宰府市に至るも、この辺りは高速道路や国道、県道が集中し、春日、大野城、太宰府、筑紫野の四市が接近しているために境界が入り乱れていて、少々道に迷ってしまった。しかし、十一時二十五分になんとか筑紫野市のＪＲ二日市駅に辿り着くことができた。

（八・五㎞）

今回の旅では、下関から福岡県二日市駅までの五日間でちょうど一〇〇㎞歩いた。帰りは電車で博多に出て、午後二時二十分発新幹線のぞみに乗車すると、東京着は七時二十八分で、その後電車で群馬に向かう予定である。

第41回　平成十一年三月二十七日～　六日間

九州・太宰府・二日市駅～八代駅

①三月二十七日（土）二日市駅（福岡県）～久留米駅

今回は福岡県二日市から九州の西側を熊本県八代まで、海沿いの道を南に向かって歩く予定である。前回と同様、往路は朝五時に自宅を出発して、東京発新幹線のぞみで博多まで行き、二日市駅には午後一時十二分に到着した。

一時三十分に同駅前をスタートして南に向かうと、一時間ほどで国道三号線に合流した。曇っていて、遠方の山々は見えず。国道を走る車はトラックがかなり多い。県境を越えて佐賀県に入り、なおも南に進んだ。長崎自動車道と交差している鳥栖インターチェンジをくぐった。このすぐ東隣には九州自動車道とのジャンクションもあって多くの道路が集中している所である。
日はまだ高いので、もう少し歩いて、大木川と宝満川との合流地点に架かる千歳橋を渡った。それでもまだ日没にはならなかった。ここから再び福岡県に入ると、久留米市である。筑後川を渡り三号線を右折して駅に急いだ。この辺りに高山彦九郎の墓があるはずであるがすでに日は暮れて薄暗くなってきたのであきらめた。ＪＲ久留米駅には七時三十分に到着した。（二十三・〇㎞）
宿泊は駅前のホテルで、夕食は近くのレストランに入った。ここはガラスケースに入った料理の皿を自由に持って来て食べるカフェテリア方式であった。

②三月二十八日（日）　ＪＲ久留米駅〜西鉄渡瀬駅

八時四十四分、ＪＲ久留米駅前から歩き出した。今日は一路柳川をめざすことにした。途中、一里塚があり、榎の大木があった。これは久留米市の天然記念物になっているらしい。道路の隣には西鉄大牟田線が平行して走っている。さらにこの先には国指定の御塚・権現塚古墳があった。ここは三重の環壕に取り囲まれていて、手入れの行き届いた公園になっている。

正午になり、日が射してきて暑くなった。生岩という所で食堂に寄って主人と話してみたところ、群馬の藤岡に行ったことがあるという。歩き旅の私を激励してくれた。四時間以上単調な直線道路で退屈しそうである。アメをなめたり、周りを見回したり、水を飲んだりいろいろやってみた。

柳河という所で国道二〇八号線にぶつかって左折し、西鉄柳川駅方面に進んだ。三時過ぎに本日宿泊予定のホテルに到着したが、日はまだ高いので、いったん荷物をここに預けて、さらに先まで歩くことにした。柳川の川下り風景を、乗船場わきの橋から見下ろしてしばらく見物した。観光客が十人ほど乗った舟を船頭さんが漕いでゆったりと進んでいった。

柳川を過ぎて国道を南に向かい、矢部川を渡った。日はまだ上にあるも、川風は冷たく感じられた。七時五分に渡瀬の町並みを通り過ぎて、大牟田市に入ってすぐに西鉄渡瀬駅前に着いた。ようやく辺りは暗くなってきた。

（三十一・〇㎞）

ここから柳川まで次の電車で戻り、閉店すれすれの食堂に入れてもらって、夕食をすませてからホテルに入った。

③三月二十九日（月）西鉄渡瀬駅～玉名駅（熊本県）

朝五時前に起床した。外はまだ暗い。柳川から渡瀬駅まで西鉄を利用した。西鉄渡瀬駅前を八時二十五分にスタートし、二〇八号線を南に向かって熊本方面をめざして歩いた。レールはＪＲが狭軌、西鉄は広軌であることがわかった。だんだん大牟田市街中心に近づいて、市内を走る三池鉄道線を渡り大牟田駅に近づいた。十時半に同駅に着き、東口にて休憩した。

ここを出発して一時間後に県境を通過して熊本県荒尾市に入り、再び三池鉄道線を渡ってから、荒尾駅の東側に着いたが、駅の東口はないので乗降はできない。仕方なくさらに先まで歩いた。四十五分後にようやく昼食のできる店を見つけた。

雨は降らぬが時々冷気を感じ、ジャンパーを脱いだり着たりして対応していた。この分では予定していなかった玉名温泉までは行けるとの判断で、電話で玉名の旅館に連絡したところ、宿泊のＯＫが取れたので、早速予約してある荒尾のホテルにキャンセルの電話を入れた。これで荒尾駅に戻らずにすむし、温泉にも入れることになった。とにかく玉名駅に急いだ。しかし、足は棒のようで思うように動いてくれない。五時十分にようやく玉名駅に到着した。（二十六・五㎞）

タクシーを見つけて旅館に向かう。着くとお婆さん姉妹が応対してくれた。湯は掛け流しの透明な温泉で、リウマチに効能があると書いてあった。

④三月三十日（火）玉名駅（熊本県）〜上熊本駅

昨夜からの雨が朝になっても降っていた。ニュースによると山間部には雪が降ったと報じていた。今日の目標は、田原坂《たばるざか》に寄ることと、熊本城まで歩くということである。カッパを着用して玉名駅をスタートし、三号線を東に進んだ。二時間たっても雨止まず。植木町豊岡まで来ると田原坂入口の標識があり、ここを右折して石を組んで造った古い眼鏡橋を渡った。両側の木々が覆いかぶさるような第一、第二、第三田原坂のうす暗い、くねくねした坂道を上って行くとちょっとした広場があり、公園になっていて古戦場の説明板や記念碑と馬に乗った美少年像が建っていた。周辺は小高い丘や谷があって、やや複雑な地形になっている。少し下って薩軍、官軍の墓所にて合掌し、幕末からの日本の夜明けの時代にしばし思いを馳せた。

止まぬ雨中の曲がりくねった山道を、道を尋ねながら古閑から北部町に出た。西郷さんも通ったであろう道であった。昼食もとらずに夢中になって見て、歩いて山を下りた。知らぬ間に鹿児島本線脇の道を南に向かって歩いていた。

時間は四時を過ぎていたが、途中ちょうどラーメン屋があったのでその店に寄った。この後少し歩いてみたが、足の疲れを感じたので次の駅で今日は止めることにした。五時四十六分に熊本駅より一駅手前の上熊本駅に着いた。

（二十四・三㎞）

⑤三月三十一日（水）上熊本駅～不知火町松橋駅

昨夜は熊本駅前のホテルに宿泊した。今朝は雨が上がって曇り空で、肌寒さを感じた。電車で上熊本まで戻り、八時五十三分にこの駅から南に向かって歩き出した。空がしだいに晴れてきた。熊本城跡に近づいて城内に入ると桜が満開で、しっとりとした武者返しの石垣によく調和していた。広場には場所取りの青いシートがあちこちに敷かれてあった。城跡から市電の通る市内に出て、白川につきあたる所で三号線に合流した。

この川にかかる長六橋を渡って真っすぐ国道を南に向かって、熊本の市街地を通り抜けた。途中で少し早い昼食をとった。

午後一時に加勢川を渡り、次に緑川を渡ると富合町で、ここから直線道路が二時間ほど続いた。途中で宇土市に入った。国道五十七号線との交差点を越え、宇土駅を通り過ぎて、さらに歩き続けたところ、いつしか不知火町に入っていた。松橋《まつばせ》駅に到着したのは三時五十五分であった。

（二十・〇㎞）

今夜は昨日と同じ熊本駅前のホテルに宿泊予定なので、電車で熊本に戻る。

⑥四月一日（木）不知火町松橋駅〜八代駅

朝から快晴である。松橋駅を七時三十分にスタートして国道に出た。、国道は市街地を迂回するバイパスとして造られているため、八代まで直線の旧道を行くことにした。この辺りの西方には八代海が広がっているはずであるが、遠浅の海をかなり埋め立てたのか、そこにはいくつかの町が存在していて、海はかなり先の方になりここからは見えない。したがって水路が縦横に走っていて、ここでは畳表の材料にするイグサの栽培が盛んで、まるで稲の水田のようであった。この付近の民家は、重厚な瓦屋根の立派な日本建築の家が多い。

田園の中の道は単調である上に日が上って暑くなってきた。地図で見ると、ここでは海に近い方から旧道、鹿児島本線、国道三号線、九州自動車道の四本が、二、三㎞間隔で南北に走っているのが分かる。

十二時に千丁町を過ぎて八代市に入った。道路は直進だが、線路は急に曲がってしまったことと、持参の地図にない新道が造られていたために道が分からなくなり、度々道を尋ねて、ようやく午後一時に八代駅に到着した。駅の後方にある製紙工場の煙突からは白い煙が音もなく上り続けていた。

（二十・〇㎞）

今回福岡から八代まで歩いた距離は、六日間で一四四・八㎞になった。帰りは電車で熊本駅に戻り、駅からバスに乗った。熊本空港から午後六時二十五分発の飛行機に乗ると羽田着は八時になる。

第八年目

（平成十一年四月二十九日〜平成十二年四月二十八日）

・旅回数　6回
・旅番号　第42回〜第47回
・旅日数　24日
・ルート　◎関東＝日本橋（東京都）〜津田沼（千葉県）〜京成佐倉駅
♡北海道＝深川〜旭川〜和寒〜士別〜名寄〜美深
♤九州＝八代（熊本県）〜水俣〜出水（鹿児島県）〜川内〜串木野〜鹿児島〜桜島・垂水〜佐多岬
☆しまなみ海道＝今治（愛媛県）〜伯方〜瀬戸田〜尾道（広島県）
・距　離　五三三・四㎞

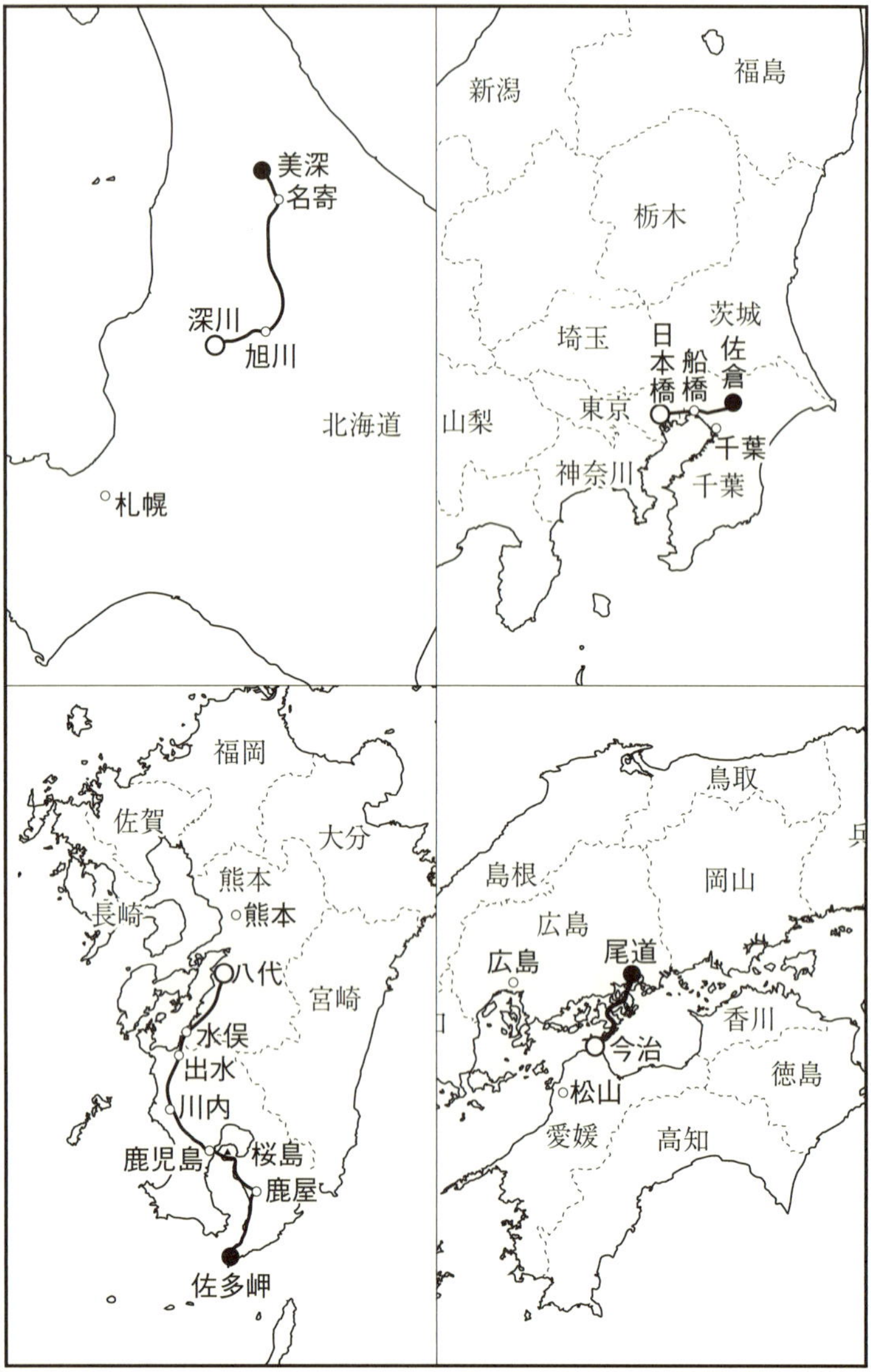

第八年目歩き旅ルートマップ

第42回　平成十一年五月二日〜　二日間

関東・日本橋〜京成佐倉駅

①五月二日（日）日本橋（東京）〜津田沼駅（千葉県）

朝の五時五分、高崎線で東京に出て、東京駅から日本橋まで歩き、日本橋を七時五十五分にスタートした。目標は、関東の最東端にある銚子の外れの犬吠埼である。

十九年前のこと、小学校を卒業した記念に、息子と日本橋から三日かけて群馬の自宅まで歩いたことがある。ほぼ一〇〇㎞くらいになるであろうか。あの時、わが息子は小学生ながらよく歩き通したと感心する。この時の延長ウォークを東京から犬吠埼まで、いつか実現したいという思いが私の心の隅にずっとあった。それに、このルートの途中に私が幼少時に住んでいた所があって、いつかゆっくりとその地を歩いてみたいという気持ちもあった。

私の家族は、私が生まれてから国民学校入学直前まで東京の墨田区に住んでいた。米軍の爆撃が近いということで、私の小学校入学前の昭和十九年に群馬の地に、父を除いて家族は疎開したのである。その翌年に東京大空襲があって、その地域一体は焼け野原となり、その時わが家も焼失してしまったのである。それ以来ずっと今日まで群馬に住みついている。

日本橋から浜町を過ぎて隅田川の縁に出た。ここにかかる橋が新大橋で、橋を渡ると墨田区に入る。国技館のある両国から緑町に向かう。高速小松川線下の立川沿いの道を東に向かって歩いた。なんだか少し胸が高鳴る。立川橋付近を行ったり来たりうろうろしつつ昔の匂いを嗅ごうとした。耳鼻科に通って、帰りに痛くもないのに痛いと言ってアンミツを母にねだったり、電車通りで相撲取りの行列や花電車を家族とともに眺めたこと、立川の向かい側にあった和菓子屋さんの水菓子のおいしかったことなどが思い出された。また、緑小学校の前を通ると、国民学校入学前の身体検査やその他の検査を受けたこと、立川橋の上に来ると、どこかのお兄さんに声をかけられて誘拐されたこと、関谷医院の看板を見て、当時具合の悪い時にお世話になった医院の名前であることなどを次々と思い出すのであった。しかし、肝心の自分の家がどの辺だったかが判明しない。確か、すぐ近くにある程度の広さの石屋さんの石置き場があったはずだがこれも見当たらない。なにもかも変わってしまって目印になるものがなにもないのである。立川橋の袂で、当時近所に住んでいた人たちのご冥福を祈って合掌し、この地を去ることにした。

錦糸町駅前を通り、荒川の新小松川橋を渡ると江戸川区に入った。直進すると京葉道路になるので左折して市川橋をめざした。途中、環状七号線手前のファミリーレストランにて昼食にした。午後は、江戸川の市川橋を渡り、ここから千葉県に入った。河川敷では四面とも少年たちが野球の試合に夢中になっていた。この道は千葉街道といい、船橋から千葉市に通じている。市川市から船橋市に入り、津田沼駅には四時三十八分に到着した。

（二十七・一㎞）

今夜はこの駅前のホテルに宿泊する。ホテルに入ると足の手当てをした。靴が合わないためか足のあちこちが痛むのである。

②五月三日（月）津田沼駅～京成佐倉駅

七時七分に津田沼駅前をスタートし、成田街道を東に進んだ。薬円台、自衛隊前、習志野などの地名は懐かしい。八年前まで長女がこの辺りで学生時代を過ごしていた時に、時々訪ねて来たことがあるからである。国道十六号線をくぐり、勝田台から団地などが多い新興住宅地を通る道は、車が少なくて安心して歩けた。住宅地の中の回転寿司の店に入り昼食をとった。

午後、八千代町から佐倉市に入った。国立歴史博物館下の国道に出て、一時四十五分に京成佐倉駅に到着した。（二十一・八km）

今回の旅は、当初の計画では四日間の予定であったが、友人岡部君の突然の逝去の知らせを受けて予定を変更し、ここで取りやめて急ぎ帰宅することにした。帰りは、ここから上野に出て、高崎線で群馬に向かった。

第43回　平成十一年七月二十六日～　六日間

北海道・深川駅～美深駅

①七月二十六日（月）深川駅（北海道）～納内駅

朝六時九分発の高崎線で東京に出て、羽田から旭川空港に飛んだ。空港から旭川駅に急ぎ、電車で深川駅に着いたのは午後二時過ぎであった。北海道でも外に出ると夏は暑いが、電車は冷房不要で、扇風機と窓を開けての自然の冷風に頼るのが一番である。今回は前年の旅の継続で、深川から旭川へ、そして旭川から北に向かい士別、名寄を経て美深までの北海道のど真ん中を歩く予定である。

二時十分に深川駅前をスタートし、函館本線沿いの道を東に向かった。駅前や途中の病院前には花壇やプランターが置かれ、赤やピンク、白などの花々が今が盛りと咲き乱れていた。だが、一時間も経たぬうちに大雨となり、近くの屋根つきのバス停にて雨具を着用した。四時二十五分に納内《おさむない》駅に着いた。この駅は深川市役所の分室にもなっていて、時計台プラザという名がついていた。この先の道を地図で調べてみると、十五km以上先に行かないと次の駅がない。そこまで歩くと四時間ほどかかりそうなので今日の歩きはここまでとした。

（八・〇km）

今夜は旭川駅前のホテルに宿泊するのでここから電車で旭川に向かった。

②七月二十七日（火）納内駅～旭川駅前

旭川駅で弁当を購入して小樽行の電車に乗った。納内駅前を八時三十五分に旭川に向かってスタートした。上は半袖シャツ一枚になる。朝は曇っていたが途中から日が射してきた。道央自動車道のガード下をくぐると、そこは日陰で涼しくて、しばしの休憩をとった後、石狩川にかかる神納橋を渡り、神居古潭の集落（旭川市）に入るが、まもなく右手からの国道十二号線に合流した。川縁を歩くと白く塗られた釣り橋が石狩川にかかっていた。トンネルの道を避け左に曲がって迂回路を通り、川沿いの道から神居古潭の村に入った。そこではサクランボ、メロン、それに煙突から煙を出している焼きトウモロコシを売る店や自販機を置く店などが並んでいた。石狩川は岸辺の蛇紋岩の大岩に昨夜降った雨の濁流が砕けてしぶきを上げて流れていた。

新しく開通した春志内トンネルの前に来た。直線道路につきだいぶ近道になるが、よく見ると自転車と歩行者は入れない。左脇の専用道を通行せよと表示されていた。十二時半にトンネル道と合流し、木陰を探して弁当を食べた。トンボが飛び交い白樺の木やハルジオンが周辺を飾っていた。スキー場下のプール前に出て、ここからいよいよ旭川の市街地に入る。この時間は最も暑い時間でもある。石狩川の旭川大橋を渡って右折し、三時三十八分に旭川駅前に到着した。（二十二・八㎞）

宿泊は昨日と同じ駅前のホテルで、部屋に入ってまず水分補給を行った。

③七月二十八日（水）旭川駅前〜塩狩温泉

天気予報によると、今日の天気は大雨とのことであった。服装はTシャツ、短パンにした。妻の借りたレンタカーに余分な荷物を乗せると、大部身が軽くなった。八時十分に旭川駅前をスタートした。今度は国道四十号線をひたすら稚内をめざして北に向かって歩いた。稚内まではこれからかなりの距離がある。ゆったりとした市内の道路を行く。駅前の十字路からは、西に向かって国道十二号線が札幌方面に、東に向かっては三十九号線が網走方面に、北に向かっては四十号線が稚内にと、駅西から南に向かって二三七号線が富良野・日高方面にそれぞれ道路が延びている。検察庁、自衛隊駐屯地、病院などの前を通り過ぎた。途中、ガソリンスタンドで首のタオルを冷水で濡らして首に巻くと生き返るくらいいい気持ちであった。比布町に入り、無人の南比布駅にて休憩すると、雨が降り始めた。買ってきたおにぎりは、食欲なく手をつけなかった。途中ドライブインにてラベンダーソフトクリームを買って食べただけであった。

雨は降ったり止んだりで、カッパを脱ぐと降り出し、着ると止むといった追いかけっこを何度か繰り返していた。蘭留駅から直線道路を塩狩峠に向かった。峠に近づくと笹が多くなり、後方は森林で［熊出没注意］の看板が目に入った。峠には四時三十分に着いた。塩狩とは、明治初年、ここは天塩国と石狩国の国境に位置し、天塩川と石狩川の分水嶺にもなっている。両者の一字ずつをとって［塩狩峠］と命名されたとのことである。峠を越えると和寒《わっさむ》町に入った。少し下ると塩狩の集落で、四時五十分に今夜宿泊する温泉施設に到着した。この近くに三浦綾子の小説『塩狩峠』で知られる塩狩駅がある。大雨はまだ降り続いていた。

（三十・〇㎞）

④七月二十九日（木）塩狩温泉〜士別市

雨は上がり、八時三十七分に宿をスタートした。冷風にて短パンの足の下方は冷える。今朝は、熊よけの鈴をリュックの後ろに下げて歩いた。カランカランと辺りに響く。笹や樹林が田んぼに変わり、稲作が多くなった。天気予報では大雨、雷、洪水警報が明日まで出ていたがその気配はない。

四十号線をタルクシュケネブチ川に沿って北に向かった。田園は緩やかなカーブを描き美しい風景を作り出している。途中コンビニがあったので昼の弁当などを購入した。道路を自衛隊の車両がよく通過する。ダンプや大型トラックも多い。和寒駅を過ぎて、大成小学校入口のバス待合所にて昼食をとった。ラジオのニュースによると、士別で床下浸水の家屋ありとのこと。士別まであと十三㎞の距だが、こちらは雨降らず。

剣淵町に入る頃風が冷たくなった。この道は剣淵の市街地と駅から二㎞ほど東側を北に向かっている。ビバカラス（美羽烏）の十字路には西の市街地方面に「絵本の里」があるとの看板が立っていた。同じような田園風景が続いている。歩いていると何度も道路工事に遭遇した。国道近くに高速道路ができるので測量中の場所もあった。稲は穂を出し始めているかと思うと、一方では麦の穂が枯れて立っている畑や青い穂がある畑もある。カボチャの畑もあった。

道路の両側に車関係の店が多くなってきたと思ったら、士別市に入っていた。今日宿泊予定のホテルはどの辺にあるのだろうか。市街地の南にあると聞いてきたが今のところ見当たらない。駅入口も過ぎた。ガソリンスタンドの若い従業員に尋ねると、もう少し先の十字路を右折してしばらく行くと右側にあるとのこと。三時五十分、ホテルに到着した。（二十四・八㎞）

⑤七月三十日（金）士別市～名寄市智東駅

朝方は真夏にもかかわらず、短パンの足は冷える。八時にホテルをスタートし、四十号線を北に進んだ。三十分ほどで天塩川の士別橋を渡った。途中で雨が降りだし、古い物置小屋の軒下でカッパの上下を着ると、冷えた体がようやく暖かくなった。雨だれの音がパタパタと激しく聞こえた。傘をさして雨の中にとび出し、名寄をめざしてひたすら歩くと、十一時頃風連町に入った。この近辺の田園は条理制のように農道で区切られていて、人家はばらまかれたように散在しているが、駅周辺には、人家が集まって大小の市街地を形成している。やがて雨は小降りとなり風連別川を渡って名寄市に入った。靴はびしょ濡れとなって重くなり、おまけに空腹である。午後一時になってようやく名寄駅前で食堂を見つけたので、豚汁定食を注文した。

ここから美深に行くには三本の道がある。そのうち二本は天塩川の左岸を行く山中の国道と自衛隊駐屯地の東側を通る山道である。あとの一本は川の右岸を走る宗谷本線と平行している道で、大雨の場合途中の駅に逃げ込めるようにとの考えで右岸の道を選んだ。まず名寄川を渡った。もう人家はほとんど見えない。線路も樹林の陰に隠れていて見えない。狭い道路一本だけが頼りである。左側に天塩川が流れている。

大雨の影響で土手のない川が溢れ出そうである。左側をよく見ると草や木々の間を音もなく増水した水が流れているではないか。まるで蛇が走るようであった。そう思った瞬間、背筋がゾッとした。これはもう、駅を探して戻るしかないと思ったが、周囲に標識らしきものはない。雨は小降りにはなったが薄暗くなってきて熊でも出そうな雰囲気になった。ちょうどその時、電車の走る音が微かに聞こえてきたので耳を澄ましていると、電車は止まる様子もなく行ってしまった。尚も歩くと右手に細いぬかるみの道があるので入って行くと、その先の古い貨車に「智東」と書いてあった。これが智東駅であった。無人で何の設備もない。その貨車の駅に四時三十五分に到着した。（三十・六㎞）

さて困った。この駅に止まる電車はもうないのである。妻に携帯電話をかけるも全然通じない。元の道路に出てみると、ちょうどよく妻の車が通りかかった。心配になってこの道を通ったとのこと。本当に助かった。今日の宿は、少し戻って名寄市内のホテルに宿泊である。

⑥七月三十一日（土）名寄市智東駅～美深駅

今日も朝から雨になりそうな天気である。車で昨日の智東駅前まで行くのに、途中の道の路肩が天塩川の大水で軟弱になっているので、注意を払いながらその駅に向かった。八時三十五分に智東駅前をスタートし、川の右岸のやや起伏のある道を歩いた。道の周辺は雑木林ばかりで、熊の出てきそうな自然そのままの風景に囲まれていた。昨日に比べ水位の下がった泥色の天塩川に架かる橋を渡り川の左岸に出た。九時十三分、知恵文川を渡って左手からの山中を通って来た国道四十号線に合流した。この十字路近辺では農家が少しずつ見えてきて、田園が開けてきた。緩い起伏のある田畑には、ジャガイモ、豆、麦、稲、菜類などが入り交じって栽培されていた。

道路は右に曲り恵深橋を渡って再び天塩川の右岸に向かう。ここから美深の町までは一時間ほどである。橋の中ほどまで来ると、一台の車が後ろに止まった。運転手はなんと群馬の同郷の旧知の富田君であった。彼は関東の大学を卒業して単身でこちらの小学校の教師になって、最近結婚したばかりで、助手席にいる女性が奥さんだとすぐに分かった。昨日妻が電話連絡を取っていたようで、私がこの辺を歩いているだろうと思い通ってみたとのことであった。しばらく橋上で言葉を交わした後、先を急ぐことにした。

「美深の町の中心地に行くと、うまいソフトクリームを売る店がある」と教えてくれたので、早速その店に急いだ。濃厚な牛乳から作った滅多に味わえない本物の旨さを味わった。十二時十分に時計塔を持った特色のある駅舎の美深駅に到着した。

（十三・五㎞）

この後、ここから車にて、旭川空港に向かい、車中にあるものを口に入れながら帰り支度をした。午後五時十分発の飛行機に乗り、羽田に六時五十分に着く予定である。

第44回　平成十一年八月二十五日～　四日間

九州・水俣駅～串木野駅

①八月二十五日（水）水俣駅（熊本県）～米の津駅（鹿児島県）

今回は、仕事の都合で水俣から歩くことにした。八代－水俣間は後日に回すことにした。六時前に自宅を出発し、電車にて羽田に向かった。羽田から飛行機に乗り、熊本空港には十一時半に到着した。熊本駅から水俣駅までは電車で約一時間、車窓から見える真夏の太陽に光る稲の緑が眩しい。

午後一時五十五分に水俣駅前をスタートし、国道三号線を南に向かうと、右手の入り組んだ海岸線の先に八代海が不気味に光って見えた。途中、ガソリンスタンドで濡らしたタオルを、首に巻くと冷たくて気持ちがよいが、しばらくすると、すぐに蒸発してタオルがカラカラになってしまう。夏の一番暑い盛りの時間帯である。袋駅を過ぎて、神の川という所で鹿児島県に入った。線路を左に、海を右に見てしばらく歩いた。道端に［薩摩街道―左江戸、右薩摩］と書いてある木の道標をいくつか見つけた。「江戸」と書いてあるのがなんとも歴史を感じさせるではないか。薩摩人の心意気なのかもしれない。

日は傾いてきた。土地のバイクのおじさんが声をかけてきた。「どこから来たか」、「退職記念か」、「宿の予約はしてあるか」、「小渕首相と同郷か」など矢継ぎ早の質問である。歩きながら見えた八代の空はどんよりと重ったるく見えた。中塩谷の分岐で左の道に折れて五時十五分に出水市の米の津駅に着いた。無人駅である。今日宿泊予定のホテルは出水駅前なので、タクシーを頼んで向かった。
（十二・〇km）

②八月二十六日（木）米の津駅（鹿児島県）～阿久根市牛の浜

早朝雨が降った。七時に朝食である。地方のビジネスホテルでは建設作業などの出張社員や大小の会社の営業マンが多く、食事をそそこにすませて現場へ出て行く人が多い。出水から電車で米の津に出た。ニュースで川内原研において事故があったと報じていた。八時に米の津駅前をスタートし三号線を東に向かった。短パン、Tシャツ姿なり。時々雨が降る。降った後は生暖かい空気が辺りに漂って、かなり湿度が上がり、汗でべとついた状態になる。

隣り合う鹿児島本線とともに阿久根市に入ってから三十分歩くと、黒之瀬戸大橋への分岐に出た。無人になっている倉庫の軒下で休憩して、上ってくる途中で売ってもらったみかんを食べた。ここを下ると、太平洋が波打つ海岸に出てから阿久根駅に到着した。暑かった。駅は町中にあるけれど食堂を見つけるのに苦労した。他の商店もシャッターを下ろしている店が多い。不景気風が吹いているのだろうか。しかたなく町はずれの小さな店にてパン、牛乳などを買い、店先を借りて昼食をすませた。

西目という所に出ると右手下に海岸が現れた。ここから川内までしばらくの間、長い海岸線を歩くことになる。三時五十分に鹿児島本線牛の浜駅に到着した。駅舎と思っていた建物はレストランで駅舎は見当たらない。広場は駐車場で、真ん中にトイレがポツンと立っていて、あとは跨線橋があるだけであった。このレストランでしばらく休憩した。
（二十四・六km）

今夜は阿久根の国民宿舎に宿泊するため、電車でこの浜から一駅戻ることになる。

③八月二十七日（金）阿久根市牛の浜～川内駅

晴。今日も暑くなりそうだ。空気が湿っている。朝食はミリン干し、さつま揚げ、オムレツ、コーヒーなど。顔や腕に日焼け止めクリームを塗って、タクシーで牛の浜に出て、七時五十五分、手ぬぐいを水で濡らし首に巻いてスタートした。九時頃川内市に入った。日が出ると暑くなる。顔と首に直射日光が当たらぬよう、帽子の下に手ぬぐいを被って日除けを作った。これが結構、日陰になって効果的であった。今度は腕からも汗が吹き出てきた。薩摩滝駅を過ぎると、上り坂になった。坂の途中に無料休憩所があり、自販機から野菜ジュースとカップヌードルを求めて昼食とした。

この辺りから海を離れて少々内陸に入る。草道という駅あり。自販機があるごとにドリンクを飲む。水があれば手ぬぐいを濡らす。山の中の道、途中九州新幹線のトンネル工事をしている所もあった。川内川に架かる橋をのろのろと渡った。四時十分、川内駅に到着した。駅前にはビンロウジュが植えられていて、南国情緒を演出している。日はまだ高い。待合室はエアコンが利いていて涼しいのでしばらくここで休憩していた。宿はこの近くの旅館で、ここには隣接して温泉があった。

（二十四・〇㎞）

今日はあまりの暑さに、数えてみたら缶のドリンク類を七本飲んでいた。夕食に揚げたての薩摩揚げ、豚の角煮などが出てきておいしかった。

④八月二十八日（土）川内駅～串木野駅

晴。朝から汗がべとつくほど暑い。朝食時、牛乳二本を飲み干した。七時三十分に川内駅前をスタートし、三号線を南に向かって串木野駅をめざす。山之口町を通り木場茶屋《こばんちゃや》町に至った。この付近の道が薩摩街道である。参勤交替の行列や西郷さん、大久保さんが往来したであろう道である。ここを過ぎると串木野市になる。山中の店で手ぬぐいを濡らして、峠道を下り始めた。十時五十分、暑い盛りに串木野駅に到着した。（十二・一㎞）

まずアイスコーヒーを飲んでから、妻とレンタカーにて鹿児島空港に向かった。車中で着替えをして、一時三十分に空港に到着した。空港内にて旅の無事を祝しビールで乾杯した。空港発三時五十分、羽田には五時三十分に着く予定である。

第45回　平成十一年十二月二十六日～　七日間

九州・八代駅～佐多岬

①十二月二十六日（日）八代駅（熊本県）～日奈久温泉

今回は、前回キャンセルした八代―水俣間と新たな串木野から鹿児島、そして垂水経由佐多岬までを歩くのが目的である。本州最南端の佐多岬には平成十二年の元日に到達する予定である。移動日を含めて八日間の旅になる。朝まだ暗い五時四十分に自宅を出て、まず羽田から熊本空港に飛び、次にバスと電車に乗り、八代駅に午後一時二十五分に到着した。

一時三十分に同駅前をスタートし国道三号線を南に向かった。真正面からの太陽光線が眩しい。前回は真夏であったが今回は冬である。吹く風は冷たい。球磨川の夕葉橋を渡っていると、橋上から糸を川面に投げ入れる釣り人がいた。スズキを釣っているとのことであった。国道端にみかんの無人スタンドがあり、一〇〇円のコインを入れて一袋を求めたが、中に十個も入っていた。食べてみると甘くておいしかった。日奈久駅前を過ぎて、四時十五分に、予約してある宿に着いた。玄関に入ると、お婆さんが出て来て、「六時頃の到着と思ってました」といって迎えてくれた。（十・七km）

静かな温泉で風呂は塩分の多い泉質であった。夕食後は、持参した年賀状の宛名書きをして時間を過ごした。

②十二月二十七日（月）日奈久温泉～湯浦温泉

朝六時半起床、体操後出発の支度準備。七時半に朝食をとった。八時十分、旅館をスタート。晴。空気冷。天上に白い月一つあり。三号線を南に下がった。しばらくの間右手に八代海が見えた。二見洲口から内陸に入ると左側は崖の下になる。車上も橋上も白く霜が降りていた。この辺りは、南向きの山の斜面を利用したみかん園がたくさんある。道はアップ・ダウンを繰り返してから、赤松トンネルを抜けて田浦町に入った。眼前にはみかん畑が広がっていた。田浦港に着いたが、食堂はなくそのまま通過した。この辺りの海は入り組んでいて、トンネルに入り、それを抜けると眼前に急に海が開けたりする。次のトンネルは佐敷トンネルで約一・六kmあり、出るのに二十三分かかった。歩道はなくトラックが多くて油断のできないトンネルであった。トンネルを抜けて芦北町に入り、佐敷川を渡った所にファミリーレストランがあったので遅い昼食をとった。

一時間ほど湯浦川沿いを歩くと、その途中が公園になっていて、よく整備された芝生の上を気持ちよく歩いた。ランニング中の女性が会釈して笑顔で走って行った。湯浦駅の手前の川縁に一軒の旅館が建っていた。ここが湯浦温泉である。到着が四時で、昨日と同様早過ぎて老夫婦が慌てて応対してくれた。

（二十三・三㎞）

妻は、今日は熊本から天草方面に足を伸ばしてきたという。好天に恵まれた一日であった。夕食は別室の客と一緒の部屋で、ハマチ、タイ、イカ、エビ、クラゲ、ブリ、カズノコ、サーモンなど海のものが様々に料理されて出てきた。

③十二月二十八日（火）・湯浦温泉〜水俣駅

五時半起床。七時十五分朝食。御飯、生卵、干し魚（アジ）、栗煮、野菜のごま和え、梅干し、呉汁などで、昔から受け継いできた一般の旅館の料理かと思われる。

八時にスタートした。道は熊本県の山の中の国道三号線である。一時間あまりで、津奈木トンネルに入った。この日は妻も一緒に歩いたが、トンネルに入ると慣れぬためか怖いと言う。それぞれ地図を広げてひらひらさせながら歩くと、対向する大型トラックが右折ウインカーを点滅ながら我々を避けてくれた。外に出ると津奈木町に入っていた。旧道の薩摩街道に入ると、山に囲まれた暮れの集落は静寂そのものであった。正午頃、鹿児島本線と並んで水俣市に入った。晴れて暑くなった。ひばりヶ丘とかわらび野とかいう土地を過ぎて水俣川を渡り、一時十五分に水俣駅に到着した。ここから特急つばめに乗車して一時間ほどで串木野駅に着いた。

（十七・五㎞）

同日　・串木野駅（鹿児島県）〜湯之元温泉

三時三分に串木野駅をスタートし、三号線を歩いて西鹿児島駅をめざした。地図の上では海は近いが、国道からは見えず、西日が右上から降り注ぐ単調な道である。土手の草刈りのおじさん二人に激励された。道は次第に東向きに変わった。市来《いちき》町から東市来町に入る頃、近くの小山に夕日が当たって赤々と全山が燃えるように染まった。それはほんの一瞬の間であった。五時三十分に湯之元温泉の旅館に到着した。（九・五㎞）

④十二月二十九日（水）湯之元温泉〜鹿児島市鴨池港

八時に旅館を出た。快晴で穏やかな暮れの朝である。三号線を南東に進み西鹿児島をめざした。東市来駅を過ぎて右の山道に折れた。出発してから一時間ほどで薩摩焼の窯元が集まる美山の道を通った。沈寿官氏の陶苑の門前も通った。伊集院の町並みに来ると、暮れの買い物客で賑わっていた。［ザビエル会見の地］という看板も目に入った。コンビニにてサンドイッチなどを求めて、近くの草上で青空を眺めながら昼食をとった。

山中につき道はアップ・ダウンの繰り返しで足が疲れた。汗もだいぶ出た。上伊集院駅で休憩していると、山上にある高校の生徒が、部活が終わって次々に集まってきた。饅頭石という地名の辺りから鹿児島市に入った。曲がりくねった道を下った。二時過ぎに谷の下方から上方を見ると工事中の橋が見えた。手元にある地図には載ってないが高速道の橋の工事中らしい。その橋脚の下を恐る恐る歩いた。この辺りはシラス台地で、掘削し採取してできた崖があちこちに露出している光景を見た。また、時々、人家の屋根越しに遠く桜島のごつごつした頂上が首を出す。頂上からは薄黒の噴煙を少しずつ出している様子が見えた。

鹿児島IC下まで下って来ると、その先は歩行者は直行できず西鹿児島駅にはかなり遠回りしなければ出られない。ここは旧道や高速道、国道などが交差していてどの道を歩けばよいのか迷ってしまった。道路の概略図が欲しいところである。そこで、計画を変更して田上川の縁を歩き、フェリー発着所に行くことにした。右手の高台には大学らしい建物が見えたり、左手にはいくつかの学校が集まって建っていた。頭上にはひつじ雲が流れるように空一面に広がって見えた。五時二十五分にようやくフェリー発着所（鴨池港）に辿り着いた。（三十・二㎞）

今日の宿は西鹿児島駅前のホテルである。ホテル内のレストランで食事をした後、部屋に戻って入浴もせずに眠ってしまった。

⑤十二月三十日（木）垂水港～鹿屋市高須海岸浜田

七時朝食、八時八分に鴨池港のフェリー乗り場から出港し錦江湾を南東に進むと、甲板左手に桜島が黒い噴煙を上げている姿が見えた。煙は遠方まで尾を引いている。八時四十五分に大隅半島の垂水港に入った。帰省客らしき人達が下船して行った。待合所で昼食用のおにぎりを購入し、八時五十五分に垂水港をスタートして、湾岸を走る国道二二〇号線を南に向かって歩いた。桜島は次第に後方に遠のいて行く。海際は凪もなく波も静かである。防波堤の脇には、本州では見かけない大木が横に広がって大きく日陰を作っていたので、その下で休憩した。ベスト、マフラー、手袋を外しリュックにしまった。砂浜に下りて、しばらく波音を聞きながら海岸を歩いた。垂水市の南外れの新城という地の麓という所でそば屋を見つけたので昼食にした。

午後一時に鹿屋港に着いた。国道二二〇号線は、古江町の分岐を左折すると七、八㎞先に鹿屋の市街地、その先は宮崎市に通じている。ここを右折して、右手の錦江湾の岸に沿ってさらに南へ進むと、大隅線廃線跡の記念碑があった。この線は国分―志布志間を走っていたが、昭和六十二年に廃線となった。

天神島を目の前にして、自転車・歩行者道があり、そこに休憩所ができていた。その道には「フィットネスパース健康路」と表示されていた。高須海岸に来ると雨がポツリポツリやってきた。この海岸には長くてきれいな砂浜があって、夏は海水浴には最高だ。砂浜が松林に変わる所に、看板の一きわ目立つたこ焼屋あり。雨さらに降る。三時四十五分に浜田のバス停に到着した。（二十三・六㎞）

このバス停で待つお婆さんがいた。雨も降って来たことなので妻の車に途中まで乗ってもらうことにした。途中で下ろすと、なんと先程のたこ焼屋のお婆さんであった。車で垂水まで戻り、本日は国民年金健康保養センターに宿泊した。ここは素晴らしい施設である。夕食も豪華であった。温泉はアルカリ性イオウ泉でつるつるする。旅の疲れには温泉が一番である。

⑥十二月三十一日（金）高須海岸浜田バス停～根占町辺田海岸塩屋バス停

朝、車で移動する際、桜島から噴出した細かい火山灰が、車の屋根や窓ガラス一面にたまっていた。

浜田のバス停を八時三十分にスタートし、国道二六九号線を南に向かった。この道は大隅半島の西側、錦江湾岸の道である。天気は快晴で、風があると冷える。鹿屋市と大根占町との境界がある峠への上り坂にさしかかると、近くのおばあさんが挨拶してくれた。話してみると、娘さんが群馬の看護学校を卒業し静岡の病院に勤めていたが、家の都合でこちらに呼び寄せ、今は結婚しているとか、息子さん一家はすぐ裏に住んでいるとか、こんなにいい天気は滅多にないのでこれから散歩に出かけるところだと話す。「歩く旅これからも頑張ってください」と激励してくれた。偶然、群馬に関わる話をこんな遠方で聞いてびっくりした。大根占町を流れ錦江湾にそそぐ神ノ川の橋を渡り、一時間ほどで市街地に入った。いずれの食堂も休業で、一軒だけ町外れに看板のない小さな店が開いていたので入ると、若い男女が働いていた。先着の若い農家の男が話しかけてきた。今、じゃがいもとエンドウを作っている。大きくやっているので休みは元日しかないという。私が店を出る時、この人は自分の車に戻って、みかん三個を手渡してくれた。ここでも頑張ってほしいと激励された。

午後一時に根占町に入ると、佐多岬まで四十二㎞との表示があった。川に沿って歩くと楠の大木あり。「南蛮船係留の木」との説明文があった。途中の峠を下って大浜の海辺に出ると、「小原國芳立志修行の地」の石碑と「大浜電信局の跡」の石碑が手入れの行き届いた小公園に建っていた。小原氏については子どもの頃、母から親戚の人が大変お世話になった偉い人だと聞いたことがある。また、近くには「日英戦争砲台跡」の碑あり。生麦事件をきっかけに薩英戦争が始まり、薩摩藩は台場を構築し錦江湾に向けた砲台を作った。ここには大砲二門が置かれ、台座の石垣もよく保存されていた。旅をしていると、生の、本物の歴史に対面できるのがうれしい。

辺田海岸を尚も南に下がった。四時四十分、塩屋の浜のバス停まで歩いて、本日大晦日の旅の終わりとした。　　　　　　　　　　　　　　　　　　　　　　　　　　　　（二十四・三㎞）

夕日が水平線付近で反射し、海面が眩しく光る。中空をよく見ると、薄もやの向こうにうっすらと開聞岳が、海の上に裾を引いて姿を見せていた。宿は、鹿屋のホテルの予約をキャンセルして大浜のペンションに変更し、宿泊した。

⑦平成十二年一月一日（土）根占町塩屋バス停〜佐多岬

晴。海は穏やかで、世の中何等変わったこともなく、新しい年を迎えることができた。七時二十三分、塩屋の停留所をスタートし、昨日と同様二六九号線を、右手の海を眺めつつ歩いた。元日に歩くのは今まででで初めてである。左手は荒々しい山が切り立ち、右の崖下には大きな岩に波が打ち寄せている。開聞岳が昨日と変わらずうっすらと海上に姿を見せていた。歩き出して一時間程で大川という地に来た。ここで本州最南端の佐多町に入った。ここから岬まで二十七㎞との表示があった。風は冷たい。ひとしきり対向車線を車が何台も去って行った。恐らく初詣でと初日の出を拝しての帰りであろう。

崖下のトンネルをいくつか抜けて、佐多の小さな町中に入った。町中は静まりかえっているが郵便配達人が賀状を配るバイクの音だけが狭い町中に響いた。役場前に来ると消防署員が集まり、二台の消防車に分乗して出て行った。

旧薬園からアップ・ダウンのある、くねくねした山道になった。谷間の向かい側のみかん畑では、猿の群れが入り込んで大騒ぎをしている様子がこちら側から見えた。佐多岬の最先端に近づくと九州自然歩道があり、そこで重そうなリュックを背負った若者に出会った。話しかけたところ、岬から今朝、日本縦断のスタートをしたばかりとのことだった。頑張るよう激励した。

尾波瀬では、谷を遠回りする道を高架橋の直線道路にする橋の工事中であった。ここは亜熱帯のため、山は緑が溢れていて冬とは思えぬ風景であった。その後、岬の反対側（東側）の大泊港に出た。右折するとすぐ料金所があり、ここから先佐多岬突端までの四、五㎞は狭く曲りくねった山道で、人と自転車は通行禁止の有料道路であった。料金所の手前を左に入って進むと、海岸沿いのふれあいセンターに通じている。こちらのルートで急な切り通しの坂道を上ると、途中からの有料道路に出てから、しばらく歩いた。徒歩で急な石段の山道を上下すると途中に佐多神社があり、初詣での参拝をすませてから展望台に向かった。螺旋階段を上るとイカを焼く店や自販機などがあり、さらに上ると回廊式展望台があった。三時十五分に念願の本州最南端の佐多岬に到達した。眼下には透明な青い海と荒々しい岩肌を見せる崖が海中から屹立しているのが見えたし、ここからは渡れない隣の島の狭い岩上には白い灯台が霞んで見えた。そして海の向こうには開聞岳を微かに見ることができた。強風のため近くのソテツの実がヒューヒューと音を立てていた。　（二十五・四㎞）

今日は大泊のふれあいセンターに宿泊する。明日は車で鹿児島空港に出て、十二時五十分発の飛行機で羽田に飛ぶ予定である。

第46回　平成十二年四月十四日〜　三日間

瀬戸内・今治市役所〜尾道市役所

①四月十四日（金）今治市役所（愛媛県）〜伯方SCパーク

今回は開通一周年を記念して、日本歩け歩け協会・伊能忠敬研究会・朝日新聞社が主催した「伊能しまなみ海道スリーデーウォーク」に参加することにした。今治市をスタートし、新しくできた橋々を渡り、瀬戸内海の島々を歩いて対岸の尾道市に至る三日間の歩き旅である。

前日に羽田から松山空港に飛行機で飛び、バスと電車にて今治に午後三時過ぎに到着、その日は市内のホテルに宿泊した。当日は朝七時に今治市役所前に集合し、七時四十五分にスタートした。天気は晴。初めに世界初の三連吊り橋の来島海峡大橋を渡り大島に入った。どの島でも自動車道に連絡する島内の道路の整備は未完成で、それぞれの旧道を遠回りして歩いた。吉海町バラ公園に着き、ここで昼食をとった。午後は宮窪町を通り、伯方・大島大橋を渡って伯方SCパークに三時四十五分に到着した。ここから参加者は近くの民宿や旅館、ホテルに移動して分宿した。部屋はそれぞれ相部屋で、七五〇〇人の参加者が全国から集まっていた。

（三十・〇㎞）

②四月十五日（土）伯方SCパーク〜瀬戸田町民会館

伯方SCパークを七時四十五分にスタートした。朝から今日は雨である。大三島橋を渡り大三島を半周した。列を成して道を歩く参加者の着るカッパの色がカラフルで印象的であった。大山祇神社近くのふじ公園には十一時過ぎに着き、ここで昼食になった。午後は上浦町役場前を通り、多々羅大橋を渡ると生口島に入るが、ここの町名は瀬戸田町である。島の中央部の瀬戸田町民会館には四時八分に到着した。ここで参加者数は六七〇人と発表された。天気は一日中降ったり止んだりであった。

（三十三・〇㎞）

③四月十六日（日）瀬戸田町民会館～尾道市役所（広島県）

瀬戸田町民会館を七時五十分にスタートした。天気は曇。生口島の北側を半周した後、生口橋から因島に渡り、島の運動公園で昼食になった。午後はフラワーセンターを通り、因島大橋を渡ったが、その頃から小雨が降り出した。橋を渡って向島に入り、向島の西側を歩いて島の北側の尾道水道の見える岸に着いた。対岸は尾道市である。渡船のピストン輸送により順番に対岸に渡り、尾道市役所に三時三十分に到着した。その後、ここで閉会式が行われた。

瀬戸内海には無数の大小の島が点在しているが、島を結ぶ橋上からの春の瀬戸内海の風景は格別で素晴らしい。また、島から見上げる海上のそれぞれデザインの異なる橋の風景も、自然の中の人工美がなんともいえず美しかった。

（二十七・〇㎞）

第47回　平成十二年四月十七日～　二日間

九州・西鹿児島駅～垂水港

①四月十七日（月）西鹿児島駅（鹿児島県）～鹿児島港

今回の旅は、しまなみ海道ウォークのついでに寄り道をして、気になっていた桜島～垂水間を歩こうというものである。四月十七日新尾道から新幹線こだまにて広島へ、ひかりに乗り換えて博多に出て、特急つばめで西鹿児島駅に三時五十四分に到着した。桜島は明日歩くことにして、これからその桜島に渡るフェリー港までを歩く。四時三十分に西鹿児島駅をスタートして、電車通りから直進して港に出ると海の正面に桜島がでんと胡座をかいていた。フェリー乗り場には五時十五分に着いた。小さなフェリーが次々に発着していた。

（二・五km）

②四月十八日（火）・西鹿児島駅～市内田上町

昨年フェリーで垂水へ渡った時、市内の田上町を通ったので、早朝の散歩として、六時に西鹿児島駅から西に向かって歩き、六時二十五分に田上町に着いた。これで暮れに歩いたコースに接続する道を歩くことができた。

（一・七km）

同日　・桜島袴越～垂水

市内のホテルから鹿児島港に急いだ。桜島の最西端で鹿児島市街に最も近い港が袴越である。フェリーで四十五分かかった。袴越を八時四十五分にスタートした。天気は晴。いきなり大正溶岩に取り囲まれた直線の舗装道路に出た。車道と歩道の間にはビンロウジュが街路樹として植えられている。この先は島の南側の荒々しい溶岩の間の道をてくてくと歩いた。ここを歩く人は他には見当たらない。暑くなったのでジャンパーを脱いだ。小さな集落をいくつか通り過ぎると桜島の容姿が歩くにしたがって変化していく。泥流防御用堤防もあちこちにできている。川ではないので勿論水は流れていない。十時過ぎに宮本、十一時十分に湯之元に着いた。林芙美子の文学碑が少し上方にあった。道路も島全体も何の音も聞こえないほど静かである。砂鉄のような黒い砂が降るのか、道の端に溜まっていて薄黒い層を成していた。十二時に昭和溶岩の下の展望所に着いた。ここにはトイレや湯水があったので休憩した。十二時四十分に島の東端の垂水市との接続部分に到着した。ここで島は大正溶岩によって大隅半島と陸続きになっている。

早咲橋を通って垂水市の錦江湾岸を南に進んだ。海潟温泉に近づくとレストランが開店していたのでここで昼食にした。三時過ぎに垂水の市街地に入った。今日は朝から好天に恵まれ、四時十分に垂水港に到着した。これで暮れに歩いた大隅半島のコースと桜島のコースが接続したことになる。今日は、暮れに泊った近くの国民年金健康保養センターに再び宿泊する。（二十三・四㎞）

明日は、鹿児島空港から飛行機で羽田空港に飛び、それから群馬に帰る予定である。

第九年目

（平成十二年四月二十九日〜平成十三年四月二十八日）

・旅回数　3回
・旅番号　第48回〜第50回
・旅日数　9日
・ルート　◎関東＝京成佐倉駅（千葉県）〜旭駅〜犬吠埼
♡北海道＝美深〜音威子府〜豊富〜稚内〜宗谷岬
・距離　二四三・一km

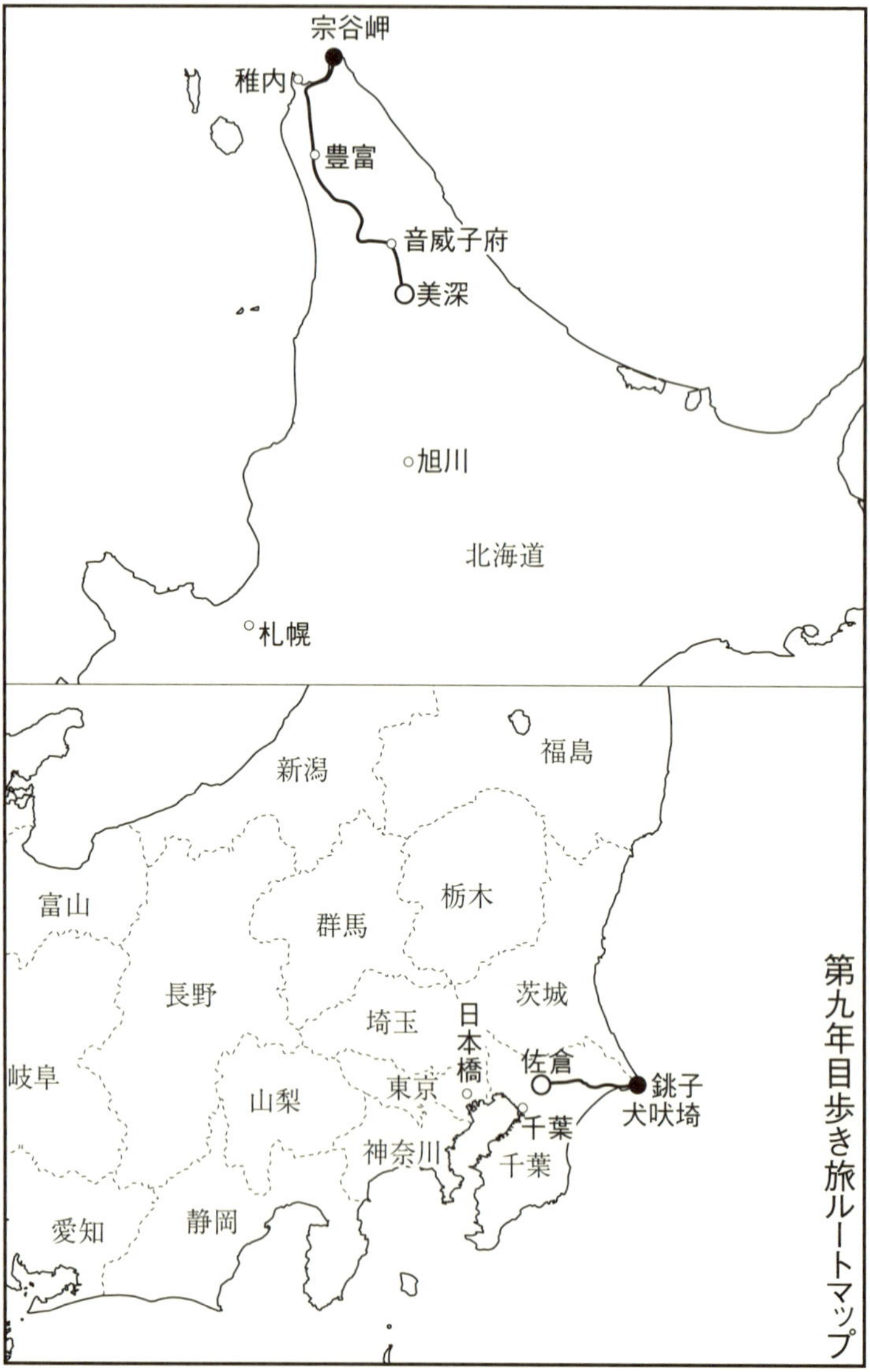

宗谷岬
稚内
豊富
音威子府
美深
旭川
北海道
札幌
福島
新潟
栃木
富山
群馬
長野
茨城
埼玉
日本橋
佐倉
銚子
犬吠埼
岐阜
東京
山梨
千葉
神奈川
千葉
愛知
静岡
第九年目歩き旅ルートマップ

第48回　平成十二年五月二十九日～　二日間

関東・京成佐倉駅～旭駅

①五月二十九日（日）京成佐倉駅（千葉県）～成東駅

東京・日本橋から銚子の犬吠埼まで歩く計画のうち、今回は佐倉市から旭市までを二日間で歩く予定である。この旅に友人の原君と加藤君が同行してくれることになった。京成さくら駅に集合して、九時三十分に同駅前をスタートし、初めは国道二九六号線を東に向かった。天気は晴。微風が気持ちよい。酒々井《しすい》町に入ってから、途中で八街方面に右折して総武本線に沿った県道を南に向かって歩いた。ダンプの通行が多い所である。この辺りの田園はすでに田植えは終わっていた。榎戸の駅に来たので休憩。しばらく行くとスーパーの大型店があり、店内のカフェテリアで昼食。ドリンク付きの日替わりランチをみな注文した。ボリュームがあって好評であった。八街市内で暑くなった。二時少し前に五方杭の十字路を過ぎて山武町に入り、続いて木原のT字路から一時間あまりして成東町に入った。三十分後の四時三十分に成東駅に到着した。　（二十四・〇㎞）

原君の万歩計によると三万七千五百八十八歩になったそうである。この後、ここから電車で八日市場に出て、タクシーで九十九里浜に行き、太平洋が望める町営の国民宿舎に宿泊した。夕食時に三人で乾杯した生ビールは喉にしみ入り、生き返るようであった。

②五月三十日（月）　成東駅～総武本線旭駅

朝食後三人でタクシーと電車に乗って昨日の成東駅に戻った。天気は快晴で朝から暑い。九時三分、三人揃ってスタートし、国道一二六号線を銚子方面に向かった。早船という所で旧道に左折すると小さな郵便局があった。原君が両替に入ると、お茶をサービスしてくれるというので、日陰に入ってお茶を御馳走になりしばらく休憩した。市街地の大きな郵便局ではこのようにはいかないのだろう。松尾駅には十時半に着いた。横芝町に入り神社の境内にある大木の木陰にて涼んだ。少し歩いたところにファミリーレストランがあったので、ここで昼食をとることにした。友人たちは暑さも手伝ってか大部疲れが出てきたようである。

午後のスタートをしてから八日市場市に入るとまもなく、八日市場駅の一駅手前の飯倉駅前に来た。友人二人は歩くのはここまでにして、この駅から電車で一足先に犬吠埼の宿舎に行くことになり、私はここからひとり旅となり、二時四十分に八日市場駅に着いた。日はまだ西に高く、旭市に入ってから干潟駅を過ぎて国道を右折し、旭駅に五時十五分に到着した。

（二十四・三㎞）

ここから特急に乗るも電車は早からず、銚子駅にて銚子電鉄に乗り換えた。終点の外川駅から道を聞きながら、ようやく目的地の国民宿舎に辿り着いた。途中の店で求めたグレープフルーツを三人で分けて食べたが、その甘酸っぱい果汁は口中にしみわたり、目が覚めるようであった。次の日、電車にて千葉・船橋を経て東京から群馬に帰った。

第49回　平成十二年七月十四日（金）一日間

旭駅（千葉県）～犬吠埼

前回も同行してくれた船橋の加藤君と千葉駅で待ち合わせをして、今日は旭駅から犬吠埼までを歩いた。十時四十分、二人で旭駅をスタートし東に向かって歩くと国道一二六号線に出たが、すぐに右折して飯岡の市街地を通る旧道を歩いた。歩道もなく大型のトラックの通行が多いので危険性が大きい。十二時をまわって飯岡の国民宿舎入口に至った。右手の丘の向こうは太平洋なのだが見えない。波の音だけが聞こえてくる。途中のそば屋にて昼食をとった。

午後一時半頃国道と再び合流した。この頃から天気は曇ってきて遠景がガス状にぼやけてきた。銚子市に入り三崎町三丁目に来るとさらにガスが濃くなった。右折すれば銚子有料道路になるのだが、そこには入らず、その先の国道を右折して、地図を見ながら狭い道に入って行った。愛宕山の北側の田園を横切る直線道を通って近道をした。霧のため霧笛がボーボーと鳴り続けていた。銚子電鉄の踏切を渡ると霧の中から犬吠埼の灯台が姿を現した。岬の売店はいずれもシャッターが閉まっていた。風があって涼しいくらいである。五時二十五分、犬吠埼に到着した。（二十三・〇㎞）

今日の宿は長崎鼻の根元にある。長崎鼻は犬吠埼から海岸沿いの道を南に歩いて三十分足らずの所にある太平洋に向かって突き出た小さな岬である。宿の三階の窓からは晴れていれば三方に太平洋の海原が見渡せるはずであるが、あいにくガスがかかっていたため近くの磯浜しか見えない。

翌日は銚子市内を見物したのち、特急しおさいにて東京に出てから群馬に帰った。船橋の加藤君は途中の千葉駅で別れを告げて下車して行った。

第50回　平成十二年八月三十日〜　六日間

北海道・美深駅〜宗谷岬

①八月三十日（水）　美深駅前〜音威子府

今回の旅は、いよいよ日本縦断の最終コースで、北海道の美深から宗谷岬までを六日間かけて歩く予定で、八月二十九日の朝五時三十分に、妻と車で新潟港に向けて出発した。

旅の出発時には、いつも期待と不安がつきまとう。一寸先は常に未知の世界だからである。どんな風景が待っているのか、なにが起こるのか予想できない。それがまた、心をわくわくさせる旅の醍醐味でもある。

関越自動車道を走り、途中越後川口で朝食をとった。八時五十五分に新潟港のフェリーターミナルに到着し、ただちに乗船手続きをすませて、しばらく車を到着順に並べて車中で待機していると、九時四十五分に車の乗船が始まった。ドライバーだけハンドルを握って車のまま船内駐車場に入り二階に駐車させてから予約してある船室に入った。階段を上ると三階のロビーフロアに出るが、もう一階上ると一等船室になる。昼と夜には食事の放送があり、レストランに客が集まって来て、カフェテリア方式により各自食べ物を取り揃えてテーブルで食事を楽しむ。海を眺めながら大浴場で入浴を楽しんだりすることもできる。

船は、午前中から小樽港に向かって約二十ノット（時速三十五㎞）の速さで日本海を北上している。午前四時十分に小樽港に入港予定との船内放送があった。十分な睡眠もとれぬまま下船の準備にとりかかった。

四時三十分にフェリーを下船し、小樽港から旭川方面に車を走らせた。車を使うと荷物の積み下ろしや移動の心配がないから楽である。途中自販機による朝食をとった。旭川から北に向かい、美深駅には八時半に着いた。天気は曇。気温二十三度である。

ここから今回の歩き旅が始まる。九時にこの駅前をスタートし、国道四十号線をひたすら北に向かって歩いた。この道はしばらくの間天塩川を右に左に見つつのお付き合いとなる。美深大橋の袂にて休憩した。さほど暑くはないが背中は大汗である。道は片道一車線、片側に歩道がある。少し歩くと道の駅に着いた。その奥に森林公園と美深温泉がある。ここの二階のレストランで昼食にした。

恩根内大橋上では右手からの風が涼しかった。妻が車で追い付き、メロン一切れを差し入れてくれた。冷えていて甘くておいしかった。道幅の広い所に道警のパトカーが停車していたので、この先、熊の心配はあるかどうか尋ねると、夜はどうか分からぬが最近は出没は聞いていないとのことで一安心した。ペペケナイ川の清水橋を渡って音威子府《おといねっぷ》村に入る。橋の手前に大きなトーテムポールが三本立っていた。ここが対岸にある天塩川温泉の入り口になっている。咲来《さっくる》駅近くに来てようやく店を見つけたが閉まっていた。自販機があったのでここで水分を補給したり、ついでにタオルも水道で濡らしたりした。雑木林の間の直線道路を一人とぼとぼと歩く。五時七分、他に目印になるようなものがないので、宗谷本線が頭上を交差する音威子府のガード下にて今日の歩き旅を終わりにした。

（二十九・〇km）

歩いてきた途中にあった美深温泉まで迎えの車で戻って宿舎に入った。宿は設備の整った大変過ごしやすい施設で、大浴場で思う存分手足を伸ばして旅の疲れをとった。

②八月三十一日（木）音威子府～中川町誉

五時半起床。窓から周囲の自然の空気が入って来て涼しい。ゆっくり滞在したいところであるが、八時十分に昨日の音威子府の地点をスタートしたが、長袖シャツでは涼しく感じた。音威子府駅入口まで来ると道は分岐する。右は浜頓別方面に通じている。四十号線は左に折れて天塩川にかかる橋を渡った。川を渡って小さな市街地を通り過ぎ、再び大自然の中の一本道をてくてく歩いた。左側は森林で覆われた山の麓、右手には川が流れているはずであるが、大木が生い茂ってなにも見えない。車がたまに通るくらいで、バイクや自転車はもちろん、人かげもなく寂しい所である。

九時半を過ぎて物満内川という小さな川を渡る頃から雨が静かに降り出した。人家はないが途中で対岸にいくつかの屋根が見えた地点もあった。雨が降ったり止んだりした。十一時を過ぎて中川町に入り、正午近くになって妻が温かい弁当とお茶を届けてくれた。周囲にはなにもない所で、五十分も休んだ。なぜか時間がすぐに経ってしまうのである。

一kmほどのトンネルを抜ける頃から、歩く歩幅が狭くなり遅い足取りになった。小学校のある集落に来ると、珍しく下校中の子どもに会った。長い直線道路になったが足が思うように前に出ない。豊里地区に来ると、広い農場の一角に刈り集めた草の山の覆いに［六十万本のひまわり］と大きな文字の表示があった。右手には川に沿って、緑の土手が先が見えなくなるまで延びていて、夕日が当たって一きわ明るく見えた。乗馬クラブの看板も見えてきた。そのころから雨も止み晴れ間も少し現れてきた。五時十二分、今日は足が棒のようになってきたので中川町誉という地で本日の旅を終わりにした。

（二十九・一㎞）

四㎞ほど先の中川町にある広大な芝生の敷地の中に、今日宿泊するモダンな施設が建っていた。他に天塩川が一望できる見晴らし公園やキャンプ施設などもあった。ここでの食事も生ビールもおいしかった。入浴後左右のかかとにできた大きなマメの手当てをしてまもなく寝入ってしまった。

③九月一日（金）中川町誉～天塩町中産士

今朝は曇っていて湿度が高い。八時に中川町誉をスタートした。土手上の道を天塩川を眺めながら、下に降りてゴルフ場の芝生の上も歩いてみたりした。露が降りていて水滴で靴がびっしょりになった。九時近くになると流れるような汗をかき、ガソリンスタンドで水をもらい手ぬぐいを濡らした。中川橋から土手の道を離れて国道に出た。大富三にて妻から弁当、みかん、牛乳が運ばれてきた。牛乳の産地で牛乳の広告は見かけるが、小売の売店がなかなかないので広告が恨めしく思われたことがしばしばであった。三日月沼の脇を通ったが大木だらけでその影に隠れてしまい、チラッと沼を見ただけで通り過ぎてしまった。国府一にて休憩するが道と草むらのみが続いていて、気軽に腰かけ所が見つからない。この辺りはトウモロコシ畑と牧草地が広がっていて、牧草の刈り込みとその乾燥作業が今盛んである。盛んといっても広大な土地を機械を使って一人で作業をするのである。

十二時二十分、天塩町との町境の廃屋跡地の広場にて、錆びた椅子に座っての昼食をとった。あまり食が進まない。通りがかりの若いコピー機の営業マンが車を止めてやって来た。「今朝ほど見かけました。どこまで歩くのですか」と興味ありそうに尋ねてきた。そしてお寺で二本貰ったからと、缶コーヒーを一本置いて去って行った。これはありがたい。早速ご馳走になった。

暑くなった。風はなく、虫の声のみが聞こえた。国道はほぼ真っすぐなのだが、右手を流れる天塩川はだいぶ蛇行していて、道から向きを変えたり近くなったり遠くなったりして流れている。雄信内トンネルを出ると小雨が降って来た。下校中の小学生と迎えに来た母親が傘をさし、雄信内の集落までずっと親子で話しながら、私の後ろを歩いていた。ここから風景が変わって広い草地となり、六㎞ほどの直線道路を傘をさして歩いた。時々車に水溜まりの水をはね飛ばされたりもする。五時三分、道路工事中の中産士の工事現場の終点にて本日の歩き旅を終わりにした。

（二十八・六㎞）

今日の宿泊は昨日と同じ施設で、車でかなり戻ることになる。

④九月二日（土）天塩町中産士～豊富町徳満

朝起きると外は大雨である。天気予報によると、台風十二号は温帯低気圧になったが、北海道中部、北部には大雨警報が発令中であった。完全な雨に対応した身支度をして、昨日の中産士まで車で直行した。

八時十分同所をスタートし、六㎞ほどの直線道路を北に向かった。ダンプが引っ切りなしに通り過ぎるが、その度に泥水をはね飛ばされた。右からの強い風雨に傘を真横にして進むしかない。履いている靴はたちまち中まで水が染み込んできて、びしょ濡れになってしまった。そうなると靴は重くなって歩きにくくなる。十時を過ぎて、風雨の中やっとの思いで天塩大橋を渡って幌延町に入った。ずっと一緒だった天塩川はここで西に向かい、まもなく日本海に注ぐことになり、この川ともお別れである。橋を渡って尚も北に向かうと、いきなり風力発電用の巨大な風車が二基うなりながら回転していた。竜飛岬のものと同じような規模のもので、ここも風の名所なのだろうか。周囲は牧草地でそこに立て看板があり、ここに北緯四十五度線が通っていることを知った。雨の中に放牧中の牛が草を食みながら、みなこちらを見ているようであった。歓迎してくれているのだろうか。

宗谷本線南下沼駅近くの跨線橋を渡るが、雨は依然として強く降り続いた。妻も合流し、名山台展望台下のパーキングにあるレストランにて昼食を共にした。しじみラーメンを食したところ、体の中から暖まり、青森の十三湖のしじみラーメンを思い出した。二時半近くになり、ようやく豊富町に入り、その後豊富の市街地を通過した。この地域の西側はサロベツ原野の一部をなすが今はなにも見えない。雨は小止みとなるが辺りは薄暗くなってきた。四時四十分に宮の台展望台に到着した。すぐ左下には徳満駅があり駐車場もあるが、駅は無人であった。（三十・一km）

ここから豊富の市街地まで車で戻って、そこから七km ほど入った所に豊富温泉がある。今日はここにあるホテルに宿泊した。部屋に入ってまず最初にしたことは、靴の乾燥作業であったが、なかなか水分が取り除けないので苦労した。足の方はふやけて、白くふわふわになっていた。

⑤九月三日（日）豊富町徳満〜稚内市大沼北

朝六時半に朝食、ツアー客の人達が同宿しているらしく、大勢の人達とバイキングによる賑やかな食事となった。外へ出ると霧雨で、空気はヒンヤリしていて、短パンで出ると足が少し寒い。上にカッパを着て、七時三十五分に宮の台展望台入口の徳満駅よりスタートし、四十号線を北上した。左手の線路の先はサロベツ原野なのだが、視界が不良のためか牧草地としての緑野だけが目に入ってくる。周囲は起伏が多少あり、緩く傾斜した緑の平原が広がり、それを遮るものはなにもない。

十時頃、左に折れると兜沼に通じる道の入口があった。この辺りの風景はどこまでいっても遠方にサイロが見える同じような風景で、道を間違えて同じ道に戻って歩いているのではないかという錯覚を覚えたことが何度かあった。広い道路幅いっぱいにコンクリートの屋根のついた開源パーキングシェルターに着いた。道路脇には電話やトイレ、駐車場の設備がある。トイレではＢＧＭが流れていて気分がよい。シェルターというと核シェルターを思い描くが、このシェルターは、はたしてなんのためにあるのだろうか。冬の風雪を避けるためか、あるいは道の駅代わりのものか。

ここから緩い上り道が続いた。十二時に丘のてっぺんに辿り着いた。雨は止み風が強く吹いて近くの笹が波打つ。足が冷えるのでトレパンを短パンの上にはいた。ここでは牧草地の丘がゆるいカーブを描き、牛の群れがゆったりと草を食んでいる。妻の車の中で昼食をとった。ここから先が日本の最北端の稚内市である。ここまでよく歩いて来たものである。いよいよ明日は終着の宗谷岬である。

ここからやや下り道になった。今日は日曜日につき道路工事はない。トラックの通行もないので道路は静かで安心できるが、時折フルスピードでとばす乗用車やバイクもあるので気が抜けない。丘の上に風力発電用風車が林立していたが、回転しているのは二基のみであった。国道を直進すれば稚内の市街地に入るが、その手前にて右折して東に向かい、市街地に寄らずに宗谷岬の方向に歩いた。この道は大沼、空港方面への近道であるが、アップ・ダウンがあったりくねくねと曲がったりで、近道にならない道であった。坂を上りきると、北側には宗谷湾やノシャップ岬、空港から宗谷岬方面そして稚内の市街地を見下ろすことができた。南には眼下に大沼が広がっていた。四時五十分、本日はこの坂の上で終わりにした。

（三十・七㎞）

ここから車で稚内市街を通り、宗谷本線の終点宗谷駅近くの市場二階にて、妻と夕食をとった。ピチピチのイクラと甘いウニの二色丼定食を注文した。今夜は南稚内駅前のビジネスホテルに宿泊する。

⑥九月四日（月）稚内市大沼北～宗谷岬

ホテルから車で来て、七時四十分に大沼北の丘上をスタートして、宗谷岬をめざし東に向かう。晴れ間が少し出てきて、日がさし始めると港から出航して行く船の船体が遠くに白く光って見えた。一時間後に目の前に宗谷湾が現れた。湾岸を走る国道二三八号線のT時路を右折して、これからずっと左手は海岸となる。右手に稚内空港が平らな原野のように広がっているが、飛行機の姿は見えない。右から海に向かって緑の半島が延びている。あの先に宗谷岬があるのであろう。歩くほどに海岸に打ち寄せる白波の音が聞こえてきた。十時になり休憩していると、穏やかな波の音が繰り返し聞こえてきて心を和ませてくれる。いつまでもこうして大自然の中に身を任せていたいと思うひとときであった。

右側にメクマミズナラの群落があった。稚内市の指定文化財になっている。空は晴れてきた。ここで、来た道を振り返ってみると曲線の湾岸の向こうにうっすらと利尻富士が天に向かって顔を出していた。今日は、風が穏やかで素晴らしくいい日である。宮磯の増幌橋を渡るとマス釣りをしている老人に出会った。その後、岬方面から短パンでスニーカーを履きリュックを背負った、細身・色白のメガネをかけた若者が歩いてきた。話しかけると、宗谷岬から日本縦断をめざし、本日から歩き出したばかりだという。今日は稚内泊まりとのことであった。激励して再び互いに分かれて歩き出した。富磯の郵便局を過ぎるとナマコを干す若い母親と子どもに出会った。沖で採れたものを乾燥機で干してから天日干ししているところで、中国料理に使うので高く売れるのだという。自分の家では食べないといっていた。また、コンブを干す女性や老人も見かけた。

十二時になったのでコンビニ前の防波堤に座って、穏やかな海を眺めながらおにぎりを食べた。日は燦々と照るが風があって爽やかである。利尻富士が湾上に裾を引いて美しい姿を見せていた。

やがて清浜に至った。いい浜風が吹いてきて涼しい。ひとときの幸せ感を味わった。左手の海辺の広場に間宮林蔵の出発碑が建っていた。ここから樺太に向けて命をかけて、青く波打つ目の前の海峡を渡ったのであろう。この辺りから前方に宗谷岬が小さく見えてきた。人の姿も黒い点になって見えてきた。宗谷岬公園に入って来た。刀の大小を腰に差した間宮林蔵の立像が建っている。その先には三角錐のモニュメントの下に「日本最北端の地」の石碑が建っていた。ここがずっとめざしてきた宗谷岬である。午後三時三十分、ついに北緯四十五度三十一分十四秒、日本最北端の地に到着した。これにより日本縦断の達成である。空は青く、風は爽やかで、この北の海の先にあのサハリンが薄く横たわって見えた。青い青い海が私を待っていてくれたかのように心和ませる波の音を立てていた。

（二十四・三km）

碑の前で記念写真を撮ろうと横断幕を広げると、バスや乗用車、バイクで来ていた周囲の観光客から拍手をいただいて、ともに喜んでくれたのには感激してしまった。我ながらよくここまで歩いて来たと思う。サポートしてくれた妻にも、そして理解と協力をしてくれた家族や多くの知人・友人に対しても感謝の気持ちでいっぱいである。

今夜は稚内市内の国民宿舎に宿泊する。明日から利尻島・礼文島を観光した後、苫小牧東港に車を走らせて、新潟港までフェリーに乗船し、関越自動車道で群馬に帰る予定である。

第十年目

（平成十三年四月二十九日〜平成十四年四月二十八日）

・旅回数　6回

・旅番号　第51回〜第56回

・旅日数　25日

・ルート　◎東海道＝日本橋（東京）〜横浜（神奈川県）〜小田原〜静岡（静岡県）〜浜松〜豊橋（愛知県）〜名古屋〜鈴鹿（三重県）〜大津（滋賀県）〜京都（主に一号線）

・距　離　五二九・四㎞

第十年目歩き旅ルートマップ

第51回　平成十三年四月三十日～　四日間

東海道・日本橋～小田原駅

①四月三十日（月）日本橋（東京）～川崎駅前（神奈川県）

日本縦断を昨年の九月に達成してから、早くも半年以上が過ぎてしまった。まだ体力もあると思われたので太平洋側を歩けば日本一周も夢ではないと考え、やれるだけやってみようと決意した。折しも、徳川家康が東海道に宿駅制度を定めてから、今年で四〇〇年になるのを記念して、各地で様々なイベントが予定されていると聞いているので、まず東海道を歩くことに決めた。

早朝、電車で友人の原君とともに東京に向かった。日本橋で船橋の加藤君も合流した。小雨が降っている。首都高速道の下の日本橋の路面に埋め込まれている日本国道路元標を確認してから出発することにした。この日本橋は慶長八年に架けられて五街道の起点になっている。八時五十五分、三人はカッパを着用し傘をさしてスタートした。南に直進し、国道十五号線を銀座から品川に向かう。浜松町を過ぎ、泉岳寺前を通り品川駅の先で左折して、京浜東北線と京浜急行線を渡って品川宿の狭い旧道を歩いていると、様々な昔懐かしい店が立ち並んでいるので心地よい。ラーメン屋に寄り昼食にした。若い中国人が手際よく注文の料理を作ってくれた。

鈴ケ森の刑場跡にてしばし立ち止まった。八百屋お七の火炙り台や丸橋忠弥の磔台跡、受刑者の墓などを見ると、その時代がぐっと近づいてくるように思われた。ここで再び十五号線（第一京浜）に合流した所で、横浜歩こう会のグループが追い越して行った。このグループは、箱根までの六日間の旅の初日だとのことである。午後二時、原君は蒲田駅から帰って行った。雨は降ったり止んだりしている。この後、多摩川にかかる新六郷橋を渡って神奈川県川崎市に入った。三時二十五分に川崎駅近くのビジネスホテルに到着し、ここに宿泊した。

（二十・四㎞）

②五月一日（火）川崎駅前（神奈川県）～横浜戸塚駅

外は曇っていてやや冷える。七時三十五分にスタートして国道十五号線を南に下がり、なるべく国道に近い脇道や旧道を選んで歩いた。九時四十分、京急神奈川新町駅前を通った。［オランダ領事館跡］の立札や［東海道分間延絵図］のモニュメントなどが所々にそれとなく設置されていて、過ぎ去った歴史に僅かながら思いを馳せることができた。東神奈川駅前でコーヒーとトーストの軽い食事をとって休憩した。

横浜駅手前の国道一号線との合流点付近を右折して、高島台の旧道の上下する道を歩いたり、浅間神社下で道を尋ねたりしながら歩いた。狭い商店街通りは各店の商品の山に、まるで祭りのような人だかりができて賑わい、活気があった。天王通りから保土ケ谷に出て一号線に合流した。一時を過ぎてから、保土ケ谷バイパス手前のそば屋に寄って昼食をとった。

三時二十五分、戸塚の分岐を左折して、ブリヂストンの工場を右手に見ながら歩くと、戸塚駅前に出た。駅周辺は人が多く、若い都会といった感じを受けた。駅には三時五十分に着いたが、宿泊予定のホテルは交番で尋ねて、バスでホテルに向かった。

（二十二・五㎞）

③五月二日（水）横浜戸塚駅～大磯

ホテルのマイクロバスにて戸塚駅まで運んでもらい、七時三十五分に同駅前をスタートし、一号線の歩道を茅ケ崎方面に向かう。東俣野町の分岐から藤沢駅に向かい、湘南高校前から商店街を通り、再び一号線に入った。道路は急に広くなり、十二時に茅ケ崎高校前を通過した。茅ケ崎駅入口には一里塚が残されているし、この辺りには松並木も残っていて往時の道中を偲ぶことができる。近くのレストランに寄り昼食をとった。

午後、相模川の馬入橋を渡ったところ、加藤君は足の調子がおかしいので先に宿に入った。平塚市内を抜け、花水川を渡った。東海道線手前から細い旧道に入ると松並木が続いていた。線路下をくぐって、再び一号線に合流し大磯宿に入った時、雨がポツポツやってきた。ここから少し歩くと国道沿いの門の奥に、今日宿泊する旅館があり、四時十三分に到着した。（二十五・三㎞）

上等な部屋に案内されたが、あいにくの雨で海は見えない。ゆったり入浴した後、夕食には魚を中心とした会席料理が出た。ニュースによると、日光に雪が降ったそうである。

④五月三日（木）大磯～小田原駅

朝から強い風である。加藤君は大磯駅から帰った。八時二十分、旅館前から国道一号線を小田原めざしてスタートした。目の前の海は、ボヤーッとしていてなにも見えない。途中［新島襄終焉の地］の石碑がある一角や、鴫立庵の雨に濡れた茅葺きの建物を覗きながらぶらぶらと歩いた。この庵は江戸時代の俳諧道場で、日本三大俳諧道場として知られている。旧吉田茂邸前を過ぎて松並木を通った時、江戸時代の通行の賑わいを想像した。二宮駅前を通過し、十一時に国府津駅に着いた。国道は乗用車で込んできた。途中、押切坂や車坂という坂を越えた。

十二時に酒匂橋を渡ると雨も小止みになり、景色を見回すと近くの黒々した山の上に、純白に光る富士山が首を出している姿を見つけて心躍る思いがした。小田原の市街地に入ると、本日、小田原北條五代祭が催されるとの看板が目にとまった。大名行列が見られるかもしれない。駅に近づくと、大勢の人で込み合っており、御輿を飾る事務所も見られた。駅前で行列の武者姿の若者と記念写真を撮らせてもらったりして楽しんだ後、午後一時ちょうどに小田原駅に到着した。

（十六・三㎞）

第52回　平成十三年六月二十六日～　三日間

東海道・小田原駅～沼津

①六月二十六日（火）小田原駅（神奈川県）～元箱根

いよいよ東海道の天下の難所箱根越えである。高崎線で前橋の知人藍原さんと合流し、東京から新幹線こだまに乗車、小田原駅に九時十三分に着いた。駅で船橋の加藤君と合流し、九時三十分に三人で同駅をスタートした。新幹線のガード下をくぐってから、旧道を西に向かい、まずは湯本をめざす。同行の妻は別行動である。天気は良好だが、上り道となって、もう暑さでうんざりである。

箱根登山鉄道を横目で見ながら、十一時二十分湯本の分岐に至り、三枚橋を渡って国道を左折、早雲寺前を通過した。奥湯本の旅館街のコンビニでおにぎりを購入し、湯本茶屋の須雲川畔にて三人で昼食をとった。暑さと上り坂で疲れが倍増するようだ。それぞれ水をガブ飲みした。

これからが坂道の本番である。上るにしたがい、持参したストックが役に立った。一時五十五分、旧道の石畳の道「割石坂」に入った。「大沢坂」を越えて「間《あい》の宿」の畑宿まで来た。寄木細工で有名な寄木会館にも立ち寄った。一里塚跡を通り過ぎ山道に入る。かなり急坂の石畳の道をやっとの思いで上り、箱根旧街道資料館とそれに続く甘酒茶屋に到着した。客が甘酒やところてん、団子などを注文して休憩していた。熱くて甘い一杯の甘酒が疲れを忘れさせてくれた。ヘアピンカーブの坂もあり、そこでは近道として歩行者用の直進する階段があって、これが急階段で息が切れそうで大変きつい。時々鶯の声が聞こえて一時の清涼剤になった。「お玉ヶ池」を右に見て、旧道をやめて車道を進むと、車はほとんどなく寂しいくらいの道になった。この後は下り坂で、芦ノ湖畔の元箱根の旅館に着いたのは五時三十分であった。ここは箱根神社の鳥居のすぐ近くである。

（十六・〇㎞）

夕食時に生ビールで乾杯した。

②六月二十七日（水）元箱根～三島（静岡県）

今日は、箱根峠を越えて三島に抜ける予定である。八時三十分、宿をスタートして、立派に成長した杉並木の間を通り、箱根の関所跡や関所資料館を見学して、道の駅までの上り坂を行く。十時四十分に道の駅から標高八四六ｍの箱根峠に着いた。天気は曇り空から晴れ間が少し見えてきた。これから先は下り坂になる。国道一号線に沿う旧道を歩くとかなり急な割石の坂が多く、逆向きの上りはきついだろうと思われた。石原坂付近で割石の間に古びた穴あき銭を見つけて拾った。汚れを落としてよく見ると「寛永通賓」とあった。これは江戸初期の頃のもので、ここを通った旅人が懐から落としたものではなかろうか。

下る途中、時々公民館や休み茶屋、他に寺などに寄って水を貰い、タオルを湿らせては頭に乗せて帽子の下に被った。こうするとしばらくの間、頭が大変涼しくて気持ちがよいのである。山中城跡入口の茶店にて、三人で山茶そばを食した。午後一時三十分、笹原新田の火の見櫓に至った。国道を横切るとアスファルトのかなり急な下り坂が続く。この坂を「こわめし坂」という。松雲寺のベンチにてしばらく休憩した。その後「臼ころばし坂」を通り、「箱根路」の石碑がある国道との合流地点に着いた後、松並木や錦田一里塚にさしかかり、木陰を探して休憩した。「大根の碑」から愛宕坂まで下り、東海道本線を渡って三島の市街地に入って、三嶋大社の大鳥居前に着いた。境内に入って参拝した後三島駅に四時三十分に到着。計画では沼津まで歩く予定であったが、到着が遅れているのでここで今日は止めることにした。

（二十一・一㎞）

この後、うな重と生ビールで今日の旅の無事を互いに祝し乾杯した。宿は沼津市内につきバスで沼津に移動した。

③六月二十八日（木）沼津駅〜三島駅（静岡県）

今日は、朝、沼津港の市場を見学した後、予定を変更して十時二十五分に沼津駅前から三島に向かって逆向きに歩いた。市内では七夕祭りのための飾りつけ風景があちこちで見られた。晴れているので歩くとやはり暑い。みな暑い中よく頑張って歩き、十二時二十分に三島駅に到着した。

（六・〇㎞）

第53回　平成十三年十月二十三日～　三日間

東海道・沼津駅～静岡駅

①十月二十三日（火）沼津駅（静岡県）～富士市

昨日の午後、原君と高崎線に同乗し、東海道線の沼津駅で下車して、駅前のホテルで加藤君と合流した。夕食は駅前の地下食堂にて、思い思いの魚料理を注文して楽しんだ。

昨夜の雨も、今朝はカラリと晴れ上がって、部屋の窓からは、雲上に現れた富士山の山頂が青空にくっきりとした姿で眺められた。八時三十分、沼津駅前を三人でスタートした。千本松原は海岸線が西に向かってやや左に弓なりに延びている。ここは、海岸防波堤上の道や、旧一号線、旧東海道などの道路が、東海道線を右手に見たり、左手に見たりしながら東西に走っている。また、やや離れた北側に国道新一号線が走り、さらに北方の富士の裾野には、新幹線と東名高速道路が走っていて交通機関の密集地を成している。

最初に旧一号線を歩き、途中から海岸防波堤の道を歩くと、海は穏やかでキラキラ光って気持ちがよかった。原君が午前中で帰るということなので旧一号線や東海道にも出てみたが、駅らしいものがなかなか見つからない。ようやくのことで小さな東田子の浦駅に着いた。原君はここで次の電車を待つという。
我々二人は、さらに一時間あまり歩くと白い煙を吐く製紙工場の大煙突が近づいてきた。吉原駅手前にあるそば屋に飛び込み昼食をとった。三時過ぎに吉原駅前より旧一号線に出て富士川をめざし、市街地を西に進んだ。富士駅近くのホテルに五時十二分に到着した時、辺りはすでに薄暗くなっていた。

（二十二・三km）

ホテルの室内には、ヘルメット、マスク、懐中電灯、傘、梯子等の防災用具がきちんと用意されていて、防災局長官賞を受賞しているとのことであった。旅先での大地震遭遇は最も恐ろしいことである。その安全対策は大変有り難いことであるし、実際の災害時には大いに役に立つと思う。

②十月二十四日（水）富士市〜清水駅

富士市のホテル前を、八時にスタートして西に向かい、八時四十五分に富士川橋を渡ると橋上から北の方角に富士山がうっすらと見えた。橋を渡って南に向かい、富士川に沿う旧道を歩いた。街道に沿って間口の狭い家々がびっしり並んで建つ風景は宿場の面影をよく残している。東西に長く延びる蒲原の旧道に入り、ようやく車の騒音から解放された。十一時に蒲原駅に着くと、売店のおばさんが道を教えてくれたり、興津は私の出身地なので是非清見寺に寄って行きなさいと勧められたり、また、昼食の店までも親切に教えてくれた。ここから旧道に入ると由比宿である。広重美術館、本陣跡、正雪紺屋などが並んでいた。先程の売店のおばさんに教えられた店に入り、名物の桜えびのかき揚げで昼食をとった。

午後一時、由比駅前を通り、右の細い山道に入った。この辺りは右手は山の斜面で駿河湾に面していて、その下の狭い海岸沿いに東海道線、東名高速道、国道一号線が並んで走っている。新幹線はここではトンネルの中、旧東海道では寺尾、倉沢の斜面を少しずつ上るにつれて、だんだんと青い駿河湾が眼下に見えてきた。晴れていれば、海の先に富士山が眺められるはずである。二時過ぎに薩埵峠に着いた。無人の売店のみかんを求め、加藤君と分けて食べた。タオルを濡らしてから、崖の縁をゆっくり下って国道に下りた。清見寺前に来て寺を見上げた。清水港に近づき市街地に入って、四時五十七分に清水駅に到着した。（二十三・六km）

この後、車で静岡駅まで移動して、旅館に到着した時は辺りは真っ暗になっていた。

③十月二十五日（木）静岡駅～清水駅

妻は一足先に群馬に帰り、我々二人は八時十五分に静岡駅前から逆向きに清水に向かってスタートした。初めの一時間半ほどは東海道線の西側の国道一号線を歩いたが、途中から線路の東側の新道を進んだ。草薙駅近くのコーヒー店に寄ってコーヒーブレークとした。店の女性に旅の話をすると、トーストを出してくれたり、コーヒーのお替わりもサービスしてくれたりでうれしかった。線路を渡ると清水市街の中心地に出た。銀座通りを通り抜けて、十二時十五分に清水駅に到着した。（十二・七km）

銀座通りの横丁のすし屋に寄って、寿司を食してから東海道線で東京に向かった。

第54回　平成十三年十一月二十日～　三日間

東海道・静岡駅～袋井駅

①十一月二十日（火）　静岡駅～藤枝市

前日は午前中仕事をして、午後東京に出て、新幹線で静岡駅にちょうど五時に着いた。宿は前回と同じ駅近くの旅館で加藤君は先に到着して待っていてくれた。

朝七時四十分、静岡駅前より駿府公園の方向に歩き出すと、城跡の石垣が見えてきた。県庁方面にスーツ姿の人たちが駅からぞろぞろと急ぎ足で歩いて行く。西に向かって歩くと安倍川橋が近づいてきた。橋の手前にある安倍川餅の店は時間が早過ぎてまだ閉まっていた。残念ながら餅は食べられずに安倍川の長い鉄橋を渡り、一旦国道一号線に出た。すぐ旧道に入り、さらに左の細い丸子川に沿う道をぶらぶらと歩いた。かつての丸子の宿場に入って来た。ウォーキングをする人達に行き会う。こんな細い通り道に喫茶店があった。散歩がてら寄り道をしていきたくなるような店の雰囲気で、老人が集まって談笑している。ここは穏やかな居心地のよさそうな土地のように思われた。

丸子の外れに、慶長元年創業のとろろ汁の老舗の店がある。末だに茅葺き屋根の店構えで営業している。ここも時間が早過ぎたが、せっかくだからと開店の十一時まで一時間も待つことにした。店の女性が「とろろじる」と書いてある大提灯と暖簾を下げると開店である。奥の広間に案内されて、周りを見回すと天井の周囲に五十三次の絵皿が掛けられていた。麦飯にとろろ汁をかけて食べると、瞬く間に喉を通り過ぎた。

国道と旧東海道とは右に左に入り組んでいるが、できる限り旧道を歩くことにした。道の駅で休憩して、宇津ノ谷の古い家並みの残る集落から脇道に入ると、急な登り坂になった。宇津ノ谷の峠越えである。参勤交替の行列の人々の苦労が目に浮かぶようである。ここを下って岡部の宿に入り、旧道の町並みを歩くと、「柏屋」前で大きな女性の声に呼び止められた。「柏屋」は昔の旅籠屋でそのまま今に残っている。入場料三百円なのだが、無料の通行手形をいただいて中を通り、途中で玉露入りのお茶をいただいた。

岡部から藤枝バイパスのガードをくぐって、藤枝市の旧道を歩いたが、中心市街地にはなかなか近づかない。須賀神社の大楠を見た。県の天然記念物に指定されているとのこと。四時頃、ようやく藤枝の市街地に入った。四十分後に国道一号線と合流した時は、辺りの家々には明りがつきはじめた。今日の宿は国道とバイパスの中間にあるらしいのだが、その場所が見つからない。分かりやすい看板もない。信号で男子の高校生に道を尋ねてなんとか分かってきた。同行の加藤君も疲れて言葉も出ない。街灯もない暗い坂道を二人は黙々と歩いた。五時二十五分、国民年金健康保養センターにようやくのことで到着した。この遅い到着は、午前中にとろろ汁を食べたためである。（二十六・二㎞）

②十一月二十一日（水）藤枝市～掛川駅前

晴。八時二十五分、藤枝保養センターをスタートし、坂を下って国道一号線に出て西に向かう。旧道と合流する地点付近には松並木が残っている。御仮屋で旧道に入り、島田の市街地方面には直進せずに大井川の土手に出た。そこには対岸までの木橋が架かっていて、橋の袂には屋根付きの料金所がある。五十円払うと歩いて渡れる仕組みである。橋を歩くと「越すに越されぬ大井川」と言われるだけあって川幅が広く、戻って来ると三十分ほどかかった。橋の長さは八九七mある。昨年は橋の一部が流されたと対岸の中部電力の管理人が話してくれた。土手を通って少し上流の大井川橋を十七分かかって渡った。対岸は金谷町になる。一時を過ぎたので町中のそば屋に寄って昼食にした。

　金谷駅は東海道本線の駅であるとともに大井川鉄道の始発駅にもなっている。この駅手前を左折して進むと上り道になった。急な石畳の、木々で覆われたうす暗い道で、これが金谷坂である。旧道には道も細くなって分かりにくいところがある。しばらく上ると茶畑の中の曲がりくねった道になるが、歩く人を見かけない。牧の原、諏訪原城前、菊川坂、間《あい》の宿菊川、小夜の中山を上下しながら通る。三時二十五分には久延寺前に出た。沓掛の坂はきつい下り坂であった。昔の旅人はどんな思いでここを往来したのであろうか。日坂宿に至り、ここで国道一号線に合流した。市街の明かりが見えて来て、加藤君が前を歩く二人の女性に道を尋ねると、「駅に行くから後に付いてきなさい」とのこと。早歩きの二人に付いて行くのが大変であった。駅に近づいたので、二人の女性にお礼を伝えて別れ、六時十五分に目標のホテルに到着した。ホテルは、食事のできない素泊まりの宿だったので参った。

（二十七・五㎞）

③十一月二十二日（木）掛川駅前～袋井駅

朝食がないので、そのままホテルを出て、掛川の市街地を西に向かった。ほとんどは国道に沿う旧道を歩いた。東名高速道のガードをくぐり、原野谷川を渡って袋井市に入った。ここは日本橋から二三四㎞の地点になる。旧道を通ると土塁とともに松並木が見えてきた。

途中「上貫名」、「下貫名」という地名があった。この地名を見て、今は亡き父の話を思い出した。昔、（明治初年？）貫名先生という漢学の先生が高崎にいて、父の父（私の祖父）がその先生に弟子入りしていたという。その先生はどこかの浪人で高崎に流れて来たものらしい。

小学校の校庭の一部が一里塚跡になっていて、小公園風に整備されている一角があった。袋井市は北から東名高速道、国道一号線バイパス、国道一号線、東海道（旧道）、東海道本線、新幹線などが東西に走っていて、市街地はこれらの道路と鉄道に挟まれた位置にあり、それでも街路樹や歩道がよく整備されていて、ゆったりとした市街を形成していた。国道を左折して市役所横を通り、真っすぐ南に向かうと十一時二十分に袋井駅に到着した。歩行中はくっきりした富士山が見えたことはなかったが、帰りの新幹線で白い山頂の富士山の姿が眺められて満足した。

（十一・〇㎞）

第55回　平成十三年十二月十八日〜　六日間

東海道・袋井駅〜熱田神宮

①十二月十八日（火）袋井駅（静岡県）〜浜松市高塚駅前

前回と同様に前日の午後、高崎線と新幹線で静岡に出て、東海道線で袋井駅に着いた時は、午後五時半を回っていた。ホテルに着くと加藤君が待っていてくれた。二人で外出して駅前の食堂で夕食をすませた。駅前の食堂は、どの店も申し合わせたように昼間は食堂、夜は居酒屋に変身という商いをしていた。外に出ると風が冷たい。もう年の暮れである。

朝食後、七時五十分にホテルをスタートし、市役所前に戻って東海道の旧道を西に向かった。原野谷川の支流の橋を渡ると「どまん中茶屋」が店を開けていた。近くのおやじさん連が交替で詰めて一日中お茶を入れたり、案内をしたりのサービスをしているのだという。客がゼロの日もあったとのことであるが、これも町づくりの事業の一つなのであろう。お茶をいただいて再び歩き出す。国道を歩き、次に脇道に入って旧道を歩く、これを何度か繰り返した。見付（磐田市）の旧道に入ると歩道がよく整備されていて、ゆったりとした商店街を行くと右手に旧見付学校の木造校舎が見えてきた。石垣の上に建てられた白く塗られた五階建ての美しい洋風建築である。明治八年に落成した日本最古の木造洋風小学校であり、国の史跡に指定されているとのことである。表通りに出ると大判焼きを焼いている店があったのでこれを買って味わった。

真っすぐ西に向かって歩くと、天竜川にぶつかった。川幅が広く長い鉄橋である。旧道には天竜川橋、国道には新天竜川橋が並んで架かる。旧道の橋は歩道のない片側一車線で歩いて渡るのには勇気がいる。トラックやバス、トレーラーなどの大型車両が近づくと、われわれとすれすれになるので危険極まりない。この橋を渡るのに十三分かかったが、これは約一㎞の長さがあると思われる。橋を渡ったら昼食にしようと思ったが一時間歩いても食堂がない。橋から先は浜松市である。磐田市から来た一号線はこの旧道を右から左に横切って南に走って行く。和田町に入って最初の店が見えたのでここで昼食をとることにした。

この道は直進すると途中から国道一五二号線になる。三時頃、浜松駅北側に出た。この辺りは再開発されていて、高層のモダンビルが目の前に現れたので、同行の加藤君は思わず「変わったなあ」と驚きの声を漏らした。市街地の十字路を左折して、東海道線、新幹線の線路の南側に出た。市街地から遠ざかって、いつの間にかこの道は国道二五七号線になっていた。そのまましばらく進むと右手に高塚駅が見えてきた。駅の目と鼻の先にある今夜宿泊予定の旅館には四時五十分に到着した。

（二十七・〇km）

②十二月十九日（水）浜松市高塚駅前〜二川駅前（愛知県）

七時三十五分、駅前の旅館をスタートし、東海道線の南にある道を西の浜名湖方面に向かって歩いた。天気は快晴で、朝方は冷えた。一時間あまり進むと舞阪の松並木に出た。案内板も立ち、よく手入れされていて、松が整然と並ぶ。浜名湖に近づいて国道を斜めに交差するが、そのまま旧道を直進すると旧舞阪宿に入った。格子戸の民家が残り、脇本陣が復元されており、茗荷屋の書院棟上段の間は貴重な歴史資料として残されていた。湖岸に近づくと浜名湖が見えてきた。昔は今切の渡しがあった所である。弁天橋を渡ると弁天島である。ここで国道と合流した。右手には東海道線と新幹線の線路が湖上を走っている。渡る橋には歩道があり植樹もされているが、犬のフンがそこここにあって歩く者の気分を不快にする。十時三十五分に東海道線の弁天島駅に着いた。すぐ前の大きな建物が今夜宿泊予定のホテルである。

そのまま新弁天島を過ぎ西浜名橋を渡って競艇場入口を過ぎると新居町に入った。旧道方面に直進すると左側に鰻屋を発見。加藤君によると数日前のテレビで紹介されていた店だという。店主によれば、ここは鰻の焼き方では関東焼きの西端になるそうである。

鰻で腹ごしらえをしてから、新居の関所を見物した。安政二年の建物は、現存する関所としては全国で唯一だそうである。この先を鍵形に折れてさらに旧道を西進すると、静かな街道となり、再び松並木が続く。宿場の面影を残す古い民家も残る。湖西市に入り白須賀の元町には連子《れんじ》格子窓の古家が多く、宿場の面影をよく残している。潮見坂を上り切ると遠州灘がよく見える峠に着いた。下校中の小学生が後ろに付いて来る。三時を過ぎて境宿から境川を越えて愛知県豊橋市に入った。この県境手前から国道一号線に合流して、一時間ほど北西にひたすら歩いた。

国道と旧道をしばらく歩いて二川宿を通って、四時五十三分に二川駅に到着した。この駅から東海道線の上り電車に乗り、弁天島駅で下車して、すぐ前のホテルに入った。ここは全室どの部屋からも浜名湖と浜名大橋およびその向こうの遠州灘が眺められるよう設計されていて窓からの眺めが大変よい所である。

（二十五・七㎞）

③十二月二十日（木）二川駅（愛知県）〜赤坂宿

加藤君は用事ができて、上り電車で帰っていった。八時十五分に二川駅前をスタートし、線路北側の旧道を北西に名古屋をめざして進む。天気は快晴で、三十分も歩くと汗ばむが、風があってひんやりする。十時に豊橋市内中心部に入り、中央分離帯のある直線道路を歩き、豊橋公園の中を通って、吉田城の石垣横の階段を下りると、豊川の岸辺の遊歩道に出た。この辺りの歩道には、敷石がモザイク模様にデザインされていて芸術的センスがよいので、川面を眺めつつ気持ちよく歩くことができた。

豊橋を渡って土手下の道を行くと、喫茶店があったので小休止したところ、ここで忘れ物に気がついた。「日本往来・東海道ウォーキング」のスタンプを豊橋駅で押印してもらうのを忘れていたのである。地図を広げてしばらく作戦を練って、飯田線の小坂井駅－豊橋駅間を四十分程で往復することができた。豊橋駅での電車待ち合わせの間に、昼食に駅そばの立ち食いもできた。国道一号線の左脇旧道を坂井町から豊川市に入った。日本橋より三〇五kmの地点になる。三時に国府《こう》の十字路に立った。ここを右折すれば東海道の脇往還の姫街道である。これは遠州見付宿に通じている。

ここから細い道の曲がりくねった御油の宿を歩くと、甘酒の出荷で忙しい工場の前を通った。少し行くと天然記念物になっている御油の松並木に入った。歩道はないが土塁が築かれていて美しい並木道である。続いて赤坂の宿に入った。旧街道を進むと音羽町教育委員会の立て札の立つ江戸時代そのままの旅籠が見えてきた。［御宿所］と大きく書いてある大提灯が入口中央に下がっていた。三時五十分、この大提灯が下がる今日の宿所である「大橋屋」に到着した。　（二十・〇km）

現在でも「旅籠」としての面影を残しているのはこの家だけである。主人に挨拶をすると、黒光りする急な階段を上って二階に案内された。道路に面している三部屋を全部使ってよいとのことで、部屋には行灯や四角い火鉢、煙草盆などが用意されていた。我々夫婦以外の客は今日はいないと主人が話してくれた。風呂は一階の奥の廊下の脇にあり、ヒノキの桶で、弥次さん・喜多さんを思い出しながら入浴して疲れが一気にすっとんだ感じである。廊下を通るとお勝手から料理を作る包丁の音やすり鉢ですりこぎを使う音が聞こえてきた。食事はすり鉢いっぱいの自然薯汁や茹でたむかごなども出て来て、興味と食欲をそそるのに十分であった。

④十二月二十一日（金）赤坂宿～岡崎公園

赤坂宿の旅籠を出る時、小雨が降り出して、八時二十五分に傘をさしてスタートした。しばらく旧東海道を歩き、一時間後に一号線に合流した。関屋を過ぎて町境に来ると雨も車も多くなった。ここから岡崎市に入り、左折して再び旧道を行くと、左側に法蔵寺という寺があった。奥に進むと小高い所に本堂が建っていた。徳川家康が幼少の頃ここで学んだといわれている。寺内には近藤勇の首塚もあるという。寺を出てしばらく歩くと両側に古い家並みが続いている。十一時半に藤川宿入口に至るも雨は止まない。宿場の街道筋には立派な構えの旧家が多く残っていた。藤川宿を過ぎてまた国道に出た。

十二時半頃、岡崎ゲンジホタル発生の地付近の十字路にある食堂にて昼食をとった。岡崎市内は国道より一本北の旧道の伝馬通りを真っすぐ西に、市役所を左手に見ながら進んだ。人が多く賑やかな通りである。町中には二十七曲りといわれる曲がりくねった町並みが残っている。岡崎は徳川家康が本拠にしていた岡崎城の城下町である。岡崎公園に入り岡崎城を眺めながら乙川畔に出て、三時十分に今日宿泊予定のホテルに到着した。（十九・五㎞）

部屋の窓から城の天守閣が見下ろせた。夕食は、フロントを通じて出前の寿司を注文し、部屋で食事をした。これもまた楽しからずやであった。

⑤十二月二十二日（土）岡崎公園～鳴海駅（名鉄名古屋本線）

ホテルの窓から朝日に照らされた岡崎城天守閣が眩しく輝いて映える。朝食抜きで七時五十分にホテルを出て岡崎公園をスタート、一号線の矢作橋を渡って西に向かう。一時間ほど歩くとカフェテラスが目に入ったので、ここでモーニングサービスの朝食をとった。

九時半頃柿碕に至り、右折して旧道を進んでいるつもりが、いくら歩いても田園が続く。どうも一本手前の道を右折したらしく、危うく豊田市方面に行ってしまうところであった。来た道を戻って、ここから安城市に入った。旧道には松並木が生き生きと残っている。その先には永安寺があり、この境内には横に大きく広がった雲龍松という松があった。古木でありながら、若々しく見事な松であった。猿渡川を渡ると知立市に入った。国道と旧道はここでも二本のロープが絡み合うように交差し合っている。この付近では第二東名高速道の工事が進められていた。

桜木町辺りで小三の女の子と一緒になって歩く。話を聞くとソロバンを昨年の途中から始めたとのこと。いろいろ話すが本人は道案内をしているつもりらしい。途中で自宅に帰って行った。旧道の路地に入るとうどん屋があったのでここで温かいうどんを食す。午後は刈谷町を通り抜け、境川に架かる境橋を渡って豊明市に入った。ここは昔の三河と尾張の境界になっていた所である。

二時半過ぎに阿野の一里塚前を通った。道の両側に塚が残っていて、国指定の史跡で貴重な一里塚である。この先一帯が古戦場の桶狭間である。三時半に名古屋市に入ってから、間の宿・有松宿への旧道に入ると、江戸時代にタイムスリップしたかのような古い重厚な瓦屋根の民家の堂々とした建物群が残っていた。続く鳴海宿も同様で、両宿とも絞りで有名な宿場であった。四時二十分、名鉄名

古屋本線・鳴海駅に到着した。（二十五・六㎞）
宿はこの名鉄沿線にある熱田神宮近くのしゃれたホテルである。夜は外の食堂にて、後から到着した原君と妻との三人で賑やかに夕食をとった。

⑥十二月二十三日（日）熱田神宮〜鳴海駅（名鉄名古屋本線）
朝食後、七時三十五分に原君と二人で熱田神宮の鳥居前をスタートして南へ下がり、一号線に合流した後、瑞穂通りを横切ると笠寺観音に突き当たり、笠寺の一里塚跡前を通った。それから静かな町の朝の空気を吸いながら天白川を渡ると、橋上から北の方向に山頂に白い雪を戴いた遠方の山がよく見えた。この辺から古い街道の趣を漂わす町並みに入った。ここは昔の鳴海の宿場で今は鳴海町となっている。格子戸の家や入口の広い商人の家等の古い民家が並んでいた。九時五十五分、小さな川を渡って鳴海駅に到着した。小春日和であった。（八・五㎞）
この後、新幹線で群馬への帰途に就いた。

第56回　平成十四年三月二十九日〜　六日間
東海道・熱田神宮〜京都駅

①三月二十九日（金）熱田神宮〜桑名駅前（三重県）
この前日の朝、原君とは高崎線で一緒に乗車し、東京で加藤君と合流した。三人で新幹線こだまに

乗り浜松にて東海道線の快速電車に乗り換えた。おしゃべりに夢中になり一駅乗り過ごして金山で下車し、次の電車で戻って熱田駅には二時三十分に着いた。宿は前回と同じ熱田神宮近くのホテルに予約してあり、チェックインしてから三人で夕食がてら散策することにした。旧東海道を探しながら「七里の渡し」跡まで歩いた。この辺りは、昔の宮宿で、東海道はここから海路で七里先の桑名まで船で渡るその渡し場であった。ここには今、常夜燈や時の鐘が復元されて建っているが、当時の賑わいはない。ホテルへの帰り道、居酒屋によって夕食をすませた。

昔なら船で渡った所を、今日は三人で伊勢湾岸を巡る一号線を歩いて桑名まで行こうという計画である。八時五分に熱田のホテルをスタートし、熱田神宮の西側から国道に出て、堀川の橋を渡って真西に向かった。空は曇っている。十時過ぎに庄内川に架かる一色大橋を渡った。名古屋港には様々な川が内陸から流れ込んでいるから川を渡る橋も多い。渡った橋の数は忘れたが十二時を過ぎて橋を渡った所に大衆食堂があったのでここで昼食にした。

午後一時過ぎに、弥富町の車新田という所で、長崎から歩き続けている盲目の歌手夫婦に出会った。今年の紅白出場をめざし東京まで歩くとのことである。これは大変なことであり、危険も多いので十分注意して頑張ってほしいと願うばかりであった。近鉄名古屋線と関西本線の鉄橋を右手に見ながら、木曽川に架かる長い尾張大橋を渡ると愛知県から三重県に入った。この木曽川とすぐ西を流れる長良川に挟まれた中洲のような、島のような町が長島町である。この長い中洲の南端は伊勢湾に面していて、ここには長島温泉がある。長良川と揖斐川に架かる伊勢大橋を渡る頃、雨が降り出して、少し下流の長良川河口堰が雨に煙って見えた。この雨のため七里の渡しと桑名城跡は、予定を変更して回らずに、一号線を直進して一路桑名駅をめざした。国道から駅前入口を右折して四時ちょうどに桑名駅に到着した。今夜の宿はこの駅前のホテルで、三人で近くのレストランにて夕食をとった。

（二十四・一㎞）

②三月三十日（土）桑名駅前（三重県）～鈴鹿市駅前

原君は朝、群馬に帰って行った。加藤君と二人で、桑名駅前を八時にスタートし、伊勢湾岸の一号線を鈴鹿市をめざして南に向かった。桑名市の南を流れる員弁川を渡り朝日町に入ると狭い道がくねくねと続き、両側には瓦屋根と格子戸の入った歴史を感じさせる家並みが続いた。朝日駅に立ち寄ると桜が盛んに咲き誇っていた。朝明川を渡って四日市市に入った。ＪＲ富田駅付近の道はごちゃごちゃしていて間違えやすい。仕事中の鰹節屋さんの夫婦が窓から「道は少し戻って左へ行くんだ」と尋ねぬうちから教えてくれた。うろうろと迷う人が多いのかもしれない。

一号線に合流する頃、風が強くなっていた。ここは東京から三九三㎞の地点との標識があった。しばらくして阿倉川町で長餅を売る店あり。長い餅の中に甘い餡が入っていてこれが大変うまいのである。海蔵川を渡ると、河川敷が桜の花見をする客で賑わっていた。家族やら、何かのグループやらが、シートを広げて食事を楽しむ姿が橋上から見下ろせた。これが日本人の春を迎える姿であろう。なにもかも一時忘れて楽しそうである。四日市のど真ん中に来た。ここの食堂で昼食をとることにした。

国道と伊勢湾岸の間は、びっしりと大小の石油系の工場が立ち並んでいる。ＪＲ四日市駅と近鉄四日市駅を結ぶ道路は、他の道路と比べて一際道路幅が広く、中央分離帯には街路樹がゆったりと植えられていた。三時を過ぎて、日永の追分に着いた。そこには湧き水がある。右手が旧東海道で京都に通じる。左手は津から伊勢に通じている。我々は左の道に進み鈴鹿市へ向かった。四時過ぎに鈴鹿川を渡って鈴鹿市に入った。西日を右に見ながら伊勢参道を南に向かって歩いた。五時に近鉄鈴鹿線の鈴鹿市駅前にある割烹旅館に到着した。立派な部屋に通され、そして、夕食は上等、丁寧に料理を出してくれたので大変うれしかった。

（二十四・六km）

③三月三十一日（日）鈴鹿市駅前～関町関宿

今日は、鈴鹿峠手前の関宿まで歩く予定である。鈴鹿峠を越えれば琵琶湖のある滋賀県である。晴れてはいるが、少し冷える。花冷えというのであろうか。七時三十五分に鈴鹿市駅前の宿をスタートし、東海道に合流すべく、日曜日の静かな市内を西に向かった。この道路の沿線には化学、繊維、自動車、製薬など大きな工場が立ち並んでいる。その南には鈴鹿サーキットもある。二時間ほど工場群のある道を歩いて鈴鹿川を渡ると一号線に合流した。同行の加藤君は船橋に帰るということで庄野宿から加佐登駅方面に別れて歩いて行った。井田川駅付近で亀山市に入った。川合から旧道に入ると亀山の町中になり、古い民家が道の両側に並んで宿場の雰囲気が味わえる。くねくねする道から亀山駅に出て、付近で食事のできそうな店が一軒だけ見つかったので、ようやく昼食をとることができた。

午後二時頃雨がポツポツやってきた。東名阪自動車道のガードをくぐると鈴鹿川に沿う橋脚のコンクリート壁に五十三次の拡大した絵が何枚も描かれていて大変感心した。川沿いの道から望む遠方の鈴鹿の山の連なりが美しい。ここを過ぎてからいよいよ関町に入って来た。国道に出てすぐの旧道への分岐に松の木がある。これが鈴鹿馬子唄にもある関の小萬のもたれ松である。関の東の追分もあった。

ここから関の宿に入ると細い旧道の両側に昔をしのばせる町屋がびっしりと並んでいて、いきなり江戸時代にタイムスリップしたかのような気分になる。ここは東西の追分の間が一・八kmあり、古い町屋が二百軒あまり残っている。東海道で第一級の町並みにつき、昭和五十九年に国の重要伝統的建造物群保存地区に指定された。町並みの各店も営業しているし、人々がそれぞれ今日の生活をしているのがなんとも珍しくうれしい。商店や民家はもちろん、郵便局や駅も町屋風で銀行までもが行灯風の看板を表に立てた町屋づくりの建物になっている。駅に向かうと人通りが多くなった。これは日曜日と学校が春休みなので観光客が集まって来ているようである。駅のベンチにて休憩していると、辺りが急に暗くなり雷雨となって一時間ほどここで足留めを食った。四時を過ぎていたので、坂下まで歩く予定を取り止めて、この宿の西半分を歩いた。この後、高台にある国民宿舎に向かい、四時五十五分に到着した。

（二十三・六km）

④四月一日（月）関町関宿～水口市（滋賀県）

国民宿舎を八時にスタートした。晴天。涼し。旧道を上り始めると次第に人里から離れていく。沓掛の静かな集落辺りからストックを使い始めた。畑仕事をしているおばあさんが、「春先の野菜が人の口に入らない。イノシシ、サル、シカなどが出て来て、畑を荒らしていくのだ」という。十時前、峠手前の坂下の集落まで妻が車で弁当を届けてくれた。旧道の途中のここまで下から車で来るのは、一方通行の国道や旧道二本があってわかりにくく大変だったろうと思う。

十時四十五分に爽やかな鈴鹿峠に到着した。ここを越えると滋賀県土山町である。国道はほぼ真っすぐ西に下る一方の道になった。途中には旧道が右に左に残っている。道路脇に［坂は照るてる　鈴鹿はくもる　あいの土山　雨が降る］の石碑があった。周囲の若葉がうれしい。ここで昼食に目はりずしを食べた。少し下ると旧道への分岐がある。右側に坂上田村麻呂を祀った田村神社があり、森の中を歩いて奥の本殿を参拝した。国道の左側には道の駅があった。分岐を左折して旧道に入ると土山の宿になる。連子格子窓の間口の広い民家がある町並みを歩いた。竹林を通って田園に出ると田村川の岸辺に満開の桜が列をなして見えた。腰を下ろすとこの風景ののどかさに溶け込んでしまいそうである。川の土手を手をつないだ父と子が行く。

野洲川を左に見て旧道をくねくねと大野を通って水口町に入った。国道は水口の市街地を通らずにバイパスのように通過してしまうが、東海道（旧道）は市街地のど真ん中を通る。近江鉄道本線の水口石橋駅へは三本の細い町中の道があるが、その真ん中の道を教えられた。夕方の町中は、セピア色の時代劇の中に入って来たような感覚を覚えた。メインの商店街を通るも、人通りはなく、シャッターを閉めた店も多かった。町中を探して予約してある旅館に五時十分に到着した。（二十七・七㎞）

宿は料理旅館で小さな町の旅人宿というのか、若奥さんがはりきって応対してくれた。

⑤四月二日（火）水口町（滋賀県）～大津市瀬田駅前

水口の宿を七時五十五分にスタートして、水口石橋駅の脇を通り旧東海道を西に向かった。一時間ほどで野洲川に突き当たると、そこには大きな常夜灯が立っていて川を見下ろしていた。ここが横田の渡しで常夜灯は渡しの目印になっていたものである。川に突き当たる前に、竹藪に接する所に墓地があった。その墓地はすべて土饅頭を伏せた型の墓でそれぞれに木製の塔婆が立てられていた。墓参に来ていた老女に尋ねると「土葬の名残でしょうね」と教えてくれた。川沿いを下ってすぐの横田橋を渡るとJR草津線の三雲駅がある。ここで国道から左の曲がりくねった旧道を行くと、いくつかの天井川の下をくぐる。吉永という地で、この土手を上ってみると、川には水はなく、太い弘法杉の根元には弘法太子を祀った祠があった。

正午頃、石部町に入るも旧道沿いには食堂らしき店が見当たらない。一軒だけ［御食事］ののぼりが立っていたが、表からは食堂らしく見えない。暖簾も下がっていない。おそるおそる入ってみると、中にいるおやじさんが奥に入れという。奥に進むと三、四人の職人風の人達がいた。うどん定食を頼んだ。他の客が帰った後、「インスタントだけど」といってコーヒーをサービスしてくれた。

この辺りの家の玄関や庭にはタヌキの焼き物を置く家が多い。信楽が近いためであろうか。その後、名神高速道をくぐって栗東町に入った。しばらくして旧和中散本舗前に来た。昔は漢方薬を商い、茶屋本陣にもなったという江戸時代の豪商の家である。栗東町の川の土手に突き当たってから、草津市に入った。草津川の土手は高くて眺めがよいので気分爽快である。土手の桜が満開で花見客で賑やかである。土手を下りると見上げるような石造の追分道標が立っていた。ここが中山道と東海道の分岐点である。すぐ前には草津宿本陣が江戸時代の姿をほぼとどめて残っている。現存では日本最大級といわれている。本陣内を見学した後、旧道に出るとその賑わいは江戸時代の草津宿の賑わいを想像させるほどであった。街道を南に通り抜け、五時四十五分に瀬田駅前のホテルに到着した。外は駅前通りにて、通勤・通学帰りの人々が賑やかに通った。夕食は外に出て妻と御好み焼きと生ビールにした。いよいよ明日は、東海道の旅の最終コースで京都・三条大橋をめざす。

（二十八・二km）

⑥四月三日（水）大津市瀬田駅前〜京都三条大橋〜京都駅

天気は快晴。七時五十四分に瀬田駅前をスタートし、一号線から瀬田の唐橋の袂に八時半前に着いた。ここから琵琶湖の西岸の大津市内を歩いた。京阪石坂線にほぼ沿いつつ、旧東海道を探しながら行く。膳所《ぜぜ》神社から膳所高校裏をうろうろ行くと付近の桜が満開で、素晴らしい花見ができた。JR膳所駅前に出てから義仲寺に寄ってみた。高校の修学旅行の時、この付近に住んでいた伯父宅から翌朝ここに連れて来てもらったことを覚えている。

ここを出た門前で、リュックを背負った老人と大学生風の青年が同じ方向に歩き出した。二人に声をかけてみると同じ目的で京都の三条大橋まで歩くのだという。三人で一緒に歩くことになった。二人はそれぞれ一人旅をしていてどこかで一緒になったらしい。老人は元教員、青年は北海道出身で今は宇都宮大学林学科の学生であることが分かった。

滋賀県庁北から旧道の坂を上った。逢坂の関碑を過ぎ名神高速のガードをくぐって山科の追分の道標に至った。右に進めば山科から京都に入る。右の道を進んで山科駅南側に出た。午後一時近くになったので、京阪京津線御陵《みささぎ》駅の先に小さなカウンターだけの食堂を見つけて三人で入った。おばちゃんが作るだしまき定食を注文した。この店で道を教えてもらい、日岡の山際の狭い上り道を行くと桜吹雪に迎えられた。大通りに出てから見覚えのある京都の町並みが眼前に現れ、ようやく京都に来たなという気持ちで真っすぐ西に向かって歩くと高山彦九郎の像が見えてきた。二時四十八分にネギ坊主型の擬宝珠を乗せた京三条大橋に到着した。この時三人で握手をして無事の到達を喜び合った。日本橋からの歩き旅による東海道踏破達成の瞬間であった。

（二十・八㎞）

桜舞う　旅の終わりの　京三条

この後、雲行きが悪くなり、急いで三人は解散して別れを告げて、私は、鴨川を渡り木屋町から先斗町通りを通って高瀬川沿いを歩き京都駅に出た。駅には四時に到着して、四時二十一分の東京行き新幹線に急いで乗車した。

（三・二㎞）

第十一年目

（平成十四年四月二十九日～平成十五年四月二十八日）

・旅回数　7回

・旅番号　第57回～第63回

・旅日数　27日

・ルート　◎山陽＝京都～大阪～神戸（兵庫県）～淡路島、尾道（広島県）～広島～岩国（山口県）～小郡～下関

▽北海道＝豊浦～伊達～室蘭～幌別～白老～苫小牧東

☆津軽海峡＝吉岡海底トンネル～竜飛海底トンネル

・距　離　五七七・四㎞

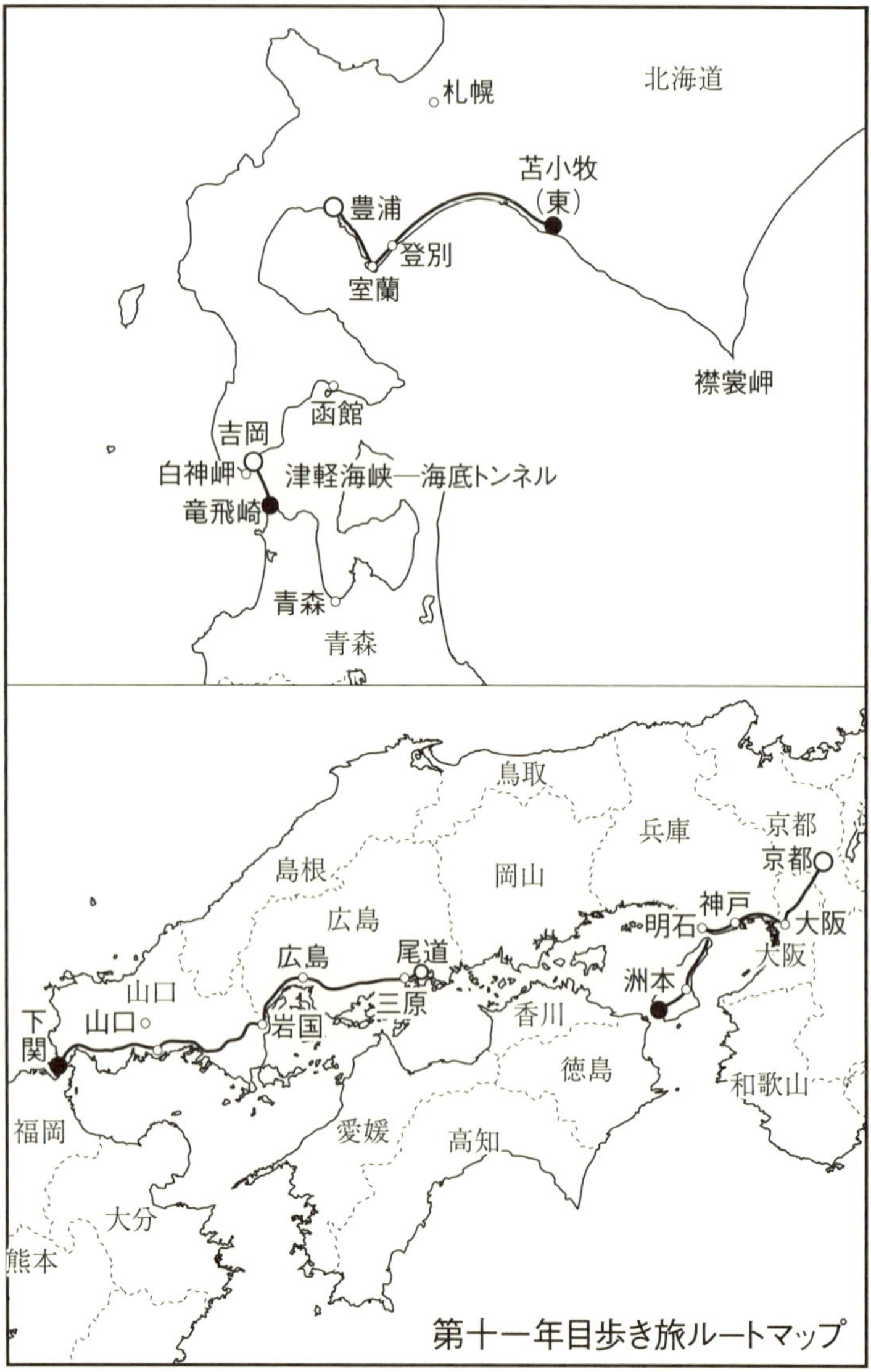

第十一年目歩き旅ルートマップ

第57回　平成十四年六月二十六日～　三日間

山陽・京都駅～芦屋駅

①六月二十六日（水）京都駅～枚方市駅（大阪府）

前日の六月二十五日の朝、妻と高崎線と新幹線を利用して京都に向かった。午後は京都駅からバスに乗り泉涌寺をゆっくりと見て歩いて市内に宿泊した。

今回から山陽方面を旅するが、今日はその初日で、三日間かけて西宮から芦屋辺りまでを歩く予定である。宿から京都駅に出て、八時四十五分に駅前をスタートした。新幹線や東海道線などが走るガード下を南に向かうと東寺の前に出た。五重の塔が重々しい。東寺の西の角を南に折れると、後は一直線の国道一号線となる。空はどんより曇っている。十時に鴨川に架かる鳥羽大橋を渡った。この川はすぐ下流で桂川に合流する。一時間たって今度は宇治川に架かる宇治川大橋を渡った。この川も下流で桂川と合流して淀川となり大阪湾に注いでいる。この一号線の沿道にはクルマ関係の営業所や工場が多い。十一時半頃、久御山町東一口という地名の地を通った。「一口」を「いもあらい」と読むらしい（?）のだが、なんだかよく理解できない。

午後は、木津川大橋を渡って八幡市に入った。木津川も合流して淀川となる。この辺りの道路は片側二車線で交通量も多く、またトラックなどの大型の車も頻繁に通る。それにも拘らず歩道もなければ自転車用の車線もないので走る車とすれすれで危険極まりない。これでは日本の国道一号線が情ない。道は真南方向からやや西方向に向きを変えて、大阪の枚方市に入った。住宅ばかりが立ち並ぶ大阪近郊住宅地、大阪のベッドタウンとでもいうのだろうか。一号線を右折して静かな町中を三十分ほど歩くと京阪本線枚方市駅前に出た。駅前はビルが立ち並び、多くの人で賑わっていた。四時三十五分にこの駅に到着した。今日宿泊するホテルは駅前のすぐ近くにあった。

（二十四・七㎞）

近くにはデパート、喫茶店、寿司屋、レストランなどがあり、一休みしてから外で夕食をとった。

②六月二十七日（木）枚方市駅（大阪府）～大阪梅田

外は曇っていてやや涼しい。八時四十分に枚方市駅前をスタートして、二十分ほどで一号線に出た。あとは大阪駅をめざして歩いた。光善寺の国道一七〇号との合流点に来ると歩く道が分からなくなった。道路は車用に造ってあるので歩行者用の標識がない。近畿自動車道と交差し、防音壁で囲われた高架道の端を歩くも排気ガスがひどい。この辺りは自動車、電気、食品の大工場が並ぶ。

守口市に入り、淀川に架かる豊里大橋の東の交差点を通過して分岐点に来たので、一号線から右折して大阪駅までの近道を歩いた。大川を渡り橋上より右手に毛馬閘門を見た。大阪環状線のガードをくぐると、そこは梅田近辺のビル群の谷間で、その底に立っているのだが、方向感覚を失いそうである。三時四十分に大阪駅前のホテルに到着した。

（二十一・〇㎞）

妻が到着してから、梅田の繁華街の寿司店で食事をした。

③六月二十八日（金）大阪梅田～芦屋駅（兵庫県）

晴。朝から暑い。大阪駅前のホテルを八時にスタートし、国道二号線に出て淀川大橋を渡り、大阪湾岸を西に向かう。一時間ほど歩いて左門殿川を渡ると兵庫県尼崎市である。あまり暑いので尼崎でアイスコーヒーを注文して休憩した。文化施設や大きな工場を左右に眺めつつテクテクと西に進んだ。十二時に武庫川を渡り西宮に入った。国道の歩道は自転車の車線と人道とに分けられているが、自転車はあまりルールを守っていない。人道にも侵入してくるので歩行者は安心して歩けない。その後、名神高速道をくぐり西宮駅前を通過してから、夙川を渡って十五分ほどすると芦屋市に入った。暑さと空腹でこの時は参った。一時五十分にようやくJR芦屋駅に到着した。（十九・七㎞）

芦屋駅中のしゃれたレストランにて、輸入ビールで一人乾杯した。昼食はスパゲティにした。帰りは、電車と新幹線で東京に向かう。途中京都にて妻が合流した。

第58回　平成十四年八月二十五日～　五日間

北海道・豊浦～苫小牧東港

①八月二十五日（日）豊浦～伊達市稀府

今回の旅は、北海道豊浦から苫小牧東港までを五日間で歩く計画である。往復フェリーを利用しての移動で八月二十三日の夕刻に、自宅から車で出発し関越自動車道を走った。新潟港の出港は午後十一時五十分、真っ暗な日本海への船出であった。翌早朝、秋田港では大降りの雨となった。船内は夏の服装では寒いくらいである。苫小牧東港には二十四日の夕方に着岸し、この日は苫小牧市内中心部のホテルに宿泊した。

ホテルにはサッカーの若者たちや出張の仕事人が多く、朝「いってらっしゃい」と女性の美声で送り出されるのは気持ちがよい。七時半に苫小牧西ＩＣから道央自動車道に入り、虻田洞爺湖ＩＣを下りて、豊浦町から九時三十五分にスタートし、内浦湾岸の国道三十七号線を南東に向かって歩いた。天気は曇。一部晴れ間ありて風涼し。洞爺駅前の食堂にてほたてめしの昼食をとった。

歩く途中で湾の対岸先に、駒ヶ岳が天空に向かう姿が見えた。道端のアカシヤの木の枝が揺れる。伊達市に入ってからは、ゆるい起伏のある道を行く。有珠山、昭和新山は雲で見えず。長流《おさる》川を渡って国道を右折し伊達紋別駅に向かうと、商店街は古い建物は見られず、通りもなかなか新鮮でハイカラである。午後五時五分に稀府《まれっぷ》駅に到着した。

今夜の宿泊は伊達市街のホテルなので、この駅から妻の車で七㎞ほど戻った。

（二十四・〇㎞）

②八月二十六日（月）伊達市稀府駅～幌別駅
朝から雲一つなし。窓を開けると涼気が入る。八時五分に稀府駅をスタートし湾岸を南に向かった。四十五分歩いて室蘭本線を渡り、国道に合流すると黄金小学校前のバス停に出た。バス停には落書きが書き並んでいた。例えば「バス待ちて風のさむさが身にしみる」、「バスこない夏のあつさに気がくるう」などで、夏と冬はバス待ちが大変そうだ。それに、日に何本もないから乗り遅れたら次のバスまで時間があり過ぎる。青い空、紺青の海、海の向こうに駒ヶ岳。目は景色、耳はＦＭ、肌は風を感じながら今日は歩いた。

室蘭市に入り再び国道から離れて海岸近くの道をうねうねと東に向かう。室蘭港を跨ぐ白鳥大橋の吊り橋が見えてきた。橋の袂に来て十一時、橋を渡れば道の駅があるが、この橋は見上げるような高さと三㎞ほどの長さで、とても歩いて行く気にはならない。そのまま直進して二時間ほど歩くと東室蘭駅の東口に出た。ところで、室蘭駅はといえば、ここから湾の対岸にある製鉄所方向に向かう線路の終点が室蘭駅になっている。その先には地球岬がある。室蘭駅付近からの三十六号線に合流し登別市に入った。ここから道路は海岸に沿って北東に向かう直線道路となった。歩くと背後から西日が当たり暑いけれど、道端の真っ赤なハマナスの花には気持ちが癒された。幌別駅に四時五十二分に到着した。

（二十七・〇㎞）

宿泊はここから十㎞ほど先にある白老町の虎杖浜のホテルである。その途中には登別温泉もあるのだが、宿の予約が取れなかった。今日のホテルは太平洋に面している緑の中にあり、四階の窓からは眼下の海の音が聞こえ、海の先には水平線だけが見えた。露天風呂に入り大海を見下ろしながら思わず天を仰いだ。

③八月二十七日（火） 幌別駅～白老町萩野駅

一日中小雨または霧雨だった。八時五十分に幌別駅前をスタートし、海岸道路を北東に進んだ。三十分ほどして国道三十六号線に合流した。登別駅前を通り、漁港を過ぎた。ここから八㎞ほど山中に入ると登別温泉がある。漁港には漁船がすきまなく入って並んでいた。ここから白老町に入った。境界からすぐに右折して虎杖浜の海岸通りを行くと昨日宿泊したホテル前に出た。正午に近かったので、そのホテル内のレストランにて昼食をとった。ピアノの曲が流れていて、雨の日にしては今までにない素敵な昼食の時間になった。

竹浦地区を過ぎ、北吉原駅前にくると線路の向こう側には、何本かの煙突からもくもくと煙を出し続ける大製紙工場があった。白老駅まで歩く予定であったが変更して、すぐ隣の駅までで止めることにした。四時三十分に小さな萩野駅に到着した。

宿泊は少し戻って製紙工場の北の裏手にある小さな昔の学生の安下宿のような宿であった。

（二十一・一㎞）

④八月二十八日（水）白老町萩野駅～苫小牧駅前

萩野駅前を七時五十分にスタートした。曇かと思っていたら、次第に霧が濃くなってきた。八時半頃視界は悪化し、五百ｍくらいしか先が見えない。国道から左の道に入り市内を通って白老駅前に出た。人は少なく静かな駅前風景であった。案内所にてこの地域の各種資料を集めた。途中のスーパーで昼食用のおにぎりとお茶を購入した。その後霧が消えて明るくなってきて、国道の左右に牧場が現れ、そこでは機械による牧草刈りの最中であった。十一時過ぎに社台の駅前を通過し、やがて苫小牧市に入った。しかし、途中にはほとんどなにもない。なにもない草むらにて昼食にした。食べ終わる頃雨が降り出したが、後は断続的に雨が降ったり止んだりであった。この間ずっと右手は海で、その怒濤が耳に入って来る。市街地に入るも一直線の道は単調で変化がない。そんな時、妻が車で追い付き、途中の道端のカニの売店で買って来た揚げジャガの差し入れがあった。熱い、甘い、うまい。国道に沿う長い苫小牧の市街地の中心に入って来た。四時四十分に駅前通りの突き当たりにあるホテルに到着した。

夜は近くの居酒屋に出向いて、ホッケ焼き、串焼き、肉ジャガなどでビールを飲み、食事をとった。

（二十八・一km）

⑤八月二十九日（木）苫小牧駅前〜苫小牧東港

曇。晴れ間少々あり。八時三十分にホテル前の国道三十六号線を東に向かった。市役所前を過ぎてから、国道は左折して札幌方面に向かうが、こちらは目の前の苫小牧西港を迂回して太平洋岸の勇払に出ようと歩き続けた。この勇払の先に東港がある。今夜はここからフェリーに乗船し新潟港に向かう予定になっている。西港のL字の迂回道路を右折する角にしゃれたレストランがあったので、時間はまだ早かったが、ここで昼食をとり休憩することにした。この先は原野になるので食事のできる所があるかどうかも定かではない。

引き続き日高本線沿いの原野の中の一本道を真っすぐとぼとぼと歩いて、勇払の海岸に突き当たった。周囲にはなにもない海岸線に沿う道を東に向かうと正面に厚真火力発電所が見えてきた。この発電所の脇の道を通った。こんな所に歩いて来る人はいない。すぐ先を右折すれば東港のフェリー乗り場である。この時、変な男が車で行ったり来たりして、私の様子を窺っているのを感じたので、角まで急いだ。ちょうどその時、妻の車がやって来た。四時十四分に今回の旅の終着点苫小牧東港に到着した。北海道は、涼しく旅ができると思いきや、本州と変わらぬ暑さであった。（二十三・七km）

フェリーの出港は午後八時四十五分、新潟港には明日午後四時半に着く予定である。

第59回　平成十四年十月二十九日～　四日間

山陽・芦屋駅～淡路島福良港

①十月二十九日（火）芦屋駅（兵庫県）～神戸市北野

今年の途中から山陽路を歩き始めたが、今回は引き続いて芦屋から明石まで歩き、続いて淡路島に寄り道することにした。淡路島は神戸などの阪神地区とともに平成七年に大震災に遭った所でまだ記憶に新しい。

高崎線、新幹線、山陽本線と電車を乗り継いで芦屋駅に昼頃着いた。一時二十七分に同駅をスタートして線路に沿ったその北側の道を西に向かって歩いた。国道は線路の南側を走っていて、それに比べてこちらの道は車が少なく、東西に走る直線の道なので歩きやすい。住吉駅の北側、六甲町、水道筋、上筒井通りなどを通って新幹線の新神戸駅下に出た。この辺りが北野町で異人館街も近い。狭い不動坂を下って四時三十五分に本日宿泊予定のホテルに到着した。（十一・七㎞）

ホテル下の坂を下ればＪＲ三ノ宮駅である。テレビを見ると、近畿地方の山間部にも初雪が降ったとの報道があった。

②十月三十日（水）神戸市北野～明石港

ホテルの窓から見える六甲の山肌の紅葉が朝日に美しく映える。八時三十分にホテルをスタートし県庁前の中山手通りから須磨の浦をめざして真っすぐに歩いた。県庁前の通りは出勤するスーツ姿の職員で込んでいた。まもなく二号線に合流した。この辺りが須磨の浦で、山陽電鉄とＪＲ山陽本線のそれぞれに須磨の駅がある。快晴で、歩いていると汗ばんでくる。少し先のレストランで、光る海を眺めながら昼食をとった。店内は海外の女性ボーカルの軽い音楽が流れていた。

敦盛塚辺りからは淡路島と明石海峡大橋が海上にうっすらと横たわる風景が見えてきた。舞子に近づくと海岸は広い公園になっている。この公園の中の道を歩いて海峡大橋の橋脚下に着いた。歩行者にとっては、この大橋に対面して下からただただ見上げるより他にない。ここから三十分ほどして明石市に入った。ＪＲ朝霧駅前から市街地に入って、明石駅前を通って、明石港に四時に到着した。

（二十二・八㎞）

明石市には東経一三五度の日本標準時子午線が南北に走っていて、市内にある天文科学館の中を通っている。その西側には明石城が座している。今夜宿泊するホテルは港とは線路を中にして反対側（北側）にあり、すぐ前には城の堀がある。部屋の窓からは、三層の櫓が東西に建ち、それを繋ぐ長い塀の壁が夕日に白く輝いて見えた。

③十月三十一日（木）明石港…岩屋港（淡路島）～津名町塩尾

ホテルを出て、明石港から明淡高速船に乗船、八時十分に出港し、明石海峡大橋の真下を通って海峡を渡ると、僅か十三分で淡路島の北東端にある岩屋港に着岸した。天気は薄曇りで、海上の海峡大橋は、対岸の神戸の舞子まで海上にうっすらと長く延びていた。

八時三十五分に岩屋をスタートして、島の東側から南端に通じている国道二十八号線を南に向かった。この国道は神戸市を発して明石、淡路島そして四国の徳島市にまで海を隔てて繋がっている道路である。神戸淡路鳴門自動車道が開通するまでは、島ではこの道路がメインロードであった。今では、高速道路で本土から四国までを車に乗ったままスイスイと運転して行けることになったわけである。大磯という所は、花博のためなのか新しい道路、広い歩道、だだっ広いパーキングがあるが、人も車もほとんど通らない。しばらく歩いて東浦の町並みに入った。仮屋・谷地区でしゃれたイタリアン系のこぢんまりしたレストランが目に入った。二階に上がりスパゲティとコーヒーを注文した。窓からは、ある個人が建立したという大観音像が正面の丘上に見えた。高さ百m、大阪湾から関西空港方面を見下ろして立っている。

東浦の隣の津名町に入った。町役場のある志筑のバスセンターにて休憩した。ここは円形の建物の中が待合室になっていて、円周に各方面行きの乗車口が設けられている。例えば岩屋行き、洲本行き、福良行きなどである。四時五分に塩尾の「おのころ愛ランド公園」入口に到着した。国道から橋を渡ると目の前が島になっていて大規模なテーマパークなどができている。この橋を渡らずに国道を右折して少し歩くと今夜宿泊予定の民宿が見つかった。

（二十三・七㎞）

この家は農家のようで、母屋に家族が住み、客は物置を改造したような二階建ての別棟に宿泊する。一階の簡素な玄関脇のタタミ六畳の一室を与えられた。二階は出張の職人らしい人が数人で借りているようだ。食事と入浴は母屋で遠慮しながらすませた。

④十一月一日（金）津名町塩尾～淡路福良港

朝六時、外はまだ暗い。この宿は少し小高い位置にあるので、部屋の窓から「おのころ愛ランド」が見渡せる。雨が降っていた。出発時に宿のおかみさんが、家で採れたものだといってみかんを三個手渡してくれた。八時十分に「愛ランド」入口の橋をスタートした。今日は洲本から島の中心を通って、島の南西端にある福良港まで歩く予定である。少し行くと道路脇に江戸時代に淡路島で生まれた高田屋嘉兵衛の顕彰碑と石像が建っていた。洲本市の三叉路に至って、国道は海岸線から離れて右に折れて緩い上り坂になった。十二時に緑町に入り各種の商店がある地区に来た。ラーメン屋にて昼食をとった。この店を去る時、店のおかあちゃんから大声で繰り返し励ましの言葉をいただいた。雨は止んでいた。

この島は玉葱の産地で北海道に次ぐ収穫量だという。田んぼにはあちこちに玉葱小屋が建っている。五、六月頃が収穫期につき今は空になっているが、収穫後約二ヶ月間はここに吊されて乾燥される。これにより甘みが増し、シャキシャキ感が出るという。緑町と三原町の境界が中山峠である。峠越えをしてから福良港まで下りである。しかし海は港に着く直前まで姿を現さなかった。四時四十五分に福良のバスターミナルに到着した。目の前は海、ここは渦潮で有名な鳴門海峡である。

（二十八・二㎞）

今夜は福良港先端にある国民宿舎に宿泊する。ところが福良港から宿舎行きのシャトルバスの最終に乗れなかった。これは困った。宿舎に電話して迎えに来てもらった。この時あわてて迎えの車に乗車したために待合室にカメラと傘を忘れてきてしまった。バス事務所に連絡すると、「両方ありました」との返事をいただいたので、感謝で一杯であった。
翌十一月二日には、福良のターミナルで忘れ物を受取り、高速バスで神戸の三ノ宮駅に直行し、そこから電車と、新幹線で東京に向かう予定である。

第60回　平成十四年十二月十七日～　六日間
山陽・尾道駅～岩国駅

①十二月十七日（火）尾道駅（広島県）～三原市

平成十二年四月に今治～尾道間（しまなみ海道）をすでに歩いているので、今年度の残りの期間は山陽道の尾道以西を歩くことにした。また、尾道の西隣に三原市があり、ここは友人原君の誕生地であるので誘いをかけてみたところ同行してくれることになり、さらに加藤君も加わって、今回は三人で歩くことになった。原君とわれわれ夫婦の三人は、東京駅で加藤君と合流して新幹線ひかりに乗車した。福山（広島県）で在来線に乗り換えたが、妻は単独行動をすることになり、後は男三人が尾道で下車した。天気は曇で晴れ間が少し出た。

午後一時五十三分、尾道駅前の国道二号線の海沿いを三人で西に向かった。少し冷えるがあまり寒さは感じない。一時間たって三原市に入った。曇っているためか晩秋の夕方を思わせる風景が目の前にあった。山陽本線と並行して左手の海際をずっと歩いた。市街地に入り狭い路地を歩いて、夕方三原駅に着いた。十分ほど歩くと、五時十五分に今夜泊まるホテルに到着した。（十一・五㎞）

夕食はホテルで紹介してくれた近くの日本料理店に四人で出かけて、地酒と寿司を皆で味わった。

②十二月十八日（水）三原市〜河内町河内駅前

朝起きてホテルの窓から周囲を見渡すと、すぐ目の前には水路があり、水路の先には三原港があった。水路の対岸には広い敷地いっぱいに工場群が配置され、赤白に塗られた大煙突や白い水蒸気をだす小煙突とパイプなどが見えた。聞く所によると原君のお父さんが生前に勤めていた工場だとのことである。幼少の頃、この三原市内のどこかに住んでいたのであろう。バイキングの朝食をすませて、この日は、それぞれ別行動となった。原・加藤両君は原君の記憶を辿って市内探検をしてから地元に帰るという。

八時三十分に三原のホテル前をスタートし、二号線を沼田《ぬた》川沿いに西に向かった。今回は山陽本線沿いの道をたどつて広島を通り、山口県に入って岩国まで歩こうと思っている。本郷町に入り、三十分ほどして本郷駅前まで来た。ここから山中の地方道を歩くので食事のできる店もないだろうと予想して、駅前のコーヒー店に入り、コーヒー付きランチを注文した。駅入口付近で国道は分岐する。左は国道二号線である。右は遠回りだが山陽本線があり、途中には宿泊できそうな駅周辺の町並みもいくつかある。ここから広島まで歩いて三日かかるから、やはり右の地方道を選ぶことにした。

少し北に進むと崖上に小早川隆景居城跡があるその下の川沿いの道を行く。しばらくして山陽自動車道の高い橋脚の下をくぐった。谷間の底の道だから、谷間を渡る高速道の橋脚は高く造らざるを得ないのであろう。さらにこの先では、広島空港に通じる橋の工事中で、これまた谷底から見上げるような橋脚を造る工事を進めていた。こんな所の上方に空港があろうとは夢にも思わなかった。河内町に入ると沼田川の対岸に五階建ての県立高校が見えた。道路はこの左の川と右の山陽本線に挟まれて走っている。駅が見えてきたが、この道路側には駅の出入口はない。今日宿泊予定の旅館は、駅の向こう側にあるので、駅が見えても、大回りして線路を渡って駅前まで戻らねばならなかった。四時三十分に中河内にある河内駅に到着した。曇で少しずつ冷えてきた。（二十四・一㎞）

駅前旅館の入口で声をかけるが返事がない。しばらくしてから応答があり、リウマチの主人が出て来て案内してくれた。他に客はない様子であった。

③十二月十九日（木）河内町河内駅前〜東広島市八本松

六時前に目が覚めて、コーヒーを入れた。雨が午前中降りそうな予報だったので、服装も雨、防寒の対策をして出発の準備を整えた。荷物の一部は妻の車に積んでもらうことにしたので、リュックが楽になった。八時三十分に駅前をスタートし、昨日と同様にくねくねとした谷間の道を広島を目指して西に向かった。

一時間ほどで入野駅を過ぎて分岐点に来た。左の線路に沿う道を選んで東広島市に入った。東広島の面積は広く、ここはその最東端に位置する。だいぶ遠回りをしたようで、西高屋駅に着いた時は十二時半になっていた。近道を通るより一時間以上は遅れたことになる。先を急がねばと思うが、とりあえず駅を過ぎてうどん屋があったので、そこでうどん定食を食べた。

西条の市街地に入ってから、道に迷いながらも西条駅に着いた。西条は灘や伏見と並ぶ名高い酒どころで、酒造所の煉瓦の煙突や白壁の酒蔵が町内に多数あり、とりわけ駅の東側にこれらが林立していた。東広島市の市役所もこの西条にある。また広島大学は市内の西条駅南西四㎞の丘陵地にあるし、新幹線がさらにその南に走っている。ここからさらに山陽本線とともに西に向かうと、四時半過ぎに八本松駅に着いた。駅よりさらに歩いて左手後方からの国道二号線と四時五十六分に合流した。

（二十六・四㎞）

今夜の宿は国民年金健康保養センターで、同じ市内の広島大学の北側にある。館内は忘年会の客も多いので一層賑やかである。地酒の冷酒がうまかった。

④十二月二十日（金）東広島市八本松～広島駅北

六時に起床、外はまだ暗い。車で八本松の分岐まで移動し、八時四十五分にそこをスタートし、瀬野川に沿った山陽本線と平行する国道二号線を歩いて広島に向かった。一時間ほどで広島市に入った。まだこの辺りは山間の道であるが、トラックの通行が多いので気が抜けない。瀬野駅前を通り、間もなくしてお好み焼き屋があったのでその店に入った。店の若主人の声が歯切れがよい。店は明るく大衆的で、どのテーブルも満員で繁盛していた。一人前で満腹になった。

この店の前の道は旧道（山陽道）で、右手の山の縁を行くと曲がりくねった狭い道となり、車のすれちがいがやっとで、おまけに上下する坂も多い。海田町や府中町を通り、広島の市街地に入って広島駅の北側の通りに出た。駅よりやや手前にある宿泊予定のホテルには、四時五十七分に到着した。

（二十四・〇㎞）

夕食は二人で駅の二階のお好み焼き店街に行き、広島名物のお好み焼きとかきを食べた。

⑤十二月二十一日（土）広島駅北〜大野町大野浦駅

朝から雨である。今日は広島市から廿日市、宮島口そして大野まで歩く予定である。妻は用事があって一日早く群馬に帰ることになっている。八時、雨具を着用してホテルから雨の中をスタートした。駅中から駅前通りを進み、右折して県庁前を通った。平和記念公園に入り、原爆ドームを見てから原爆慰霊碑に合掌した。ゆっくり歩いて舟入の交差点に出た。ここから二号線を西に向かう。太田川に架かる今日六つ目の旭橋を渡ったのは十時近かった。橋を渡って直進すると二号線のバイパスになるが、左折して広島湾岸を走る二号線を南に下がることにした。しばらく歩いて五日市駅近くのレストランに入り昼食をとった

午後、歩き出して四十五分ほどで廿日市市に入ったがその頃から雨は止んできた。左前方の海上に宮島が見えている。阿品駅には山陽本線の駅と広電宮島線の駅とがある。両線とも海岸線を国道を挟んで並んで走り、両駅の間は一㎞弱程離れている。まもなく二つの線路に挟まれた道を歩いて大野町に入り、三時五分に宮島口の駅に到着した。

宮島にある厳島神社へはここから二㎞ほど船に乗って渡る。船に乗ると朱色の大鳥居がだんだん近づいて見えてくる。まだ時間が早いので、宮島口と次の山陽本線大野浦駅までの五㎞ほどを歩いた。広電は広電宮島駅が終点でここから先はない。四時二十五分にこの間を歩き終えたが、途中対岸の厳島神社の鳥居は、晴れていればはっきりと海の彼方に見えるはずであった。（二十七・一㎞）

今夜の宿泊は宮島口に近い海辺のホテルである。

⑥十二月二十二日（日）大野町大野浦駅～岩国駅（山口県）

宮島口より電車に乗り大野浦駅に移動した。空は晴れて明るくなり、七時五十分に大野浦をスタートして岩国をめざし南に向かった。左手の海上に反射する陽光がまぶしい。右手は石灰岩の小高い山が続く。大竹市に入り、玖波駅前を通った。大竹港近くの広場で青空市が開かれ、人が大勢出て賑わっていた。道路は、三連休の中日で乗用車が多くトラックは平日に比べて少なくなっていたように思う。大竹港から岩国港まで二号線は南北に真っすぐ走り、ここまでは、道の左手は海だったが、ここに来ると左手の瀬戸内海側に張り出した土地に製紙工場や石油化学系の工場、製油所などの大工場が並ぶようになった。その中央を貫いて小瀬川が海に流れ込んでいる。この川が県境で、橋を渡って山口県に入った。岩国港の先にはパルプ工場も見えてきた。市街地に入り、岩国駅東口から地下道を通って西口本駅に着いたのは十二時十五分であった。（十四・六㎞）

昼食をとろうと市街に出たところ、駅周辺は暮れの日曜日につき人出が多く賑やかであった。今回の六日間の旅で、合計すると一二七・七㎞の距離を歩いたことになる。これから、この岩国駅から電車と新幹線で東京に向かい、群馬の自宅に帰る予定である。

第61回　平成十五年二月二十四日～　五日間

山陽・岩国駅～小郡駅

①二月二十四日（月）岩国駅（山口県）～錦帯橋

今回の旅は、前回に引き続く山陽路の岩国から徳山・防府を経て小郡までを五日間で歩く計画である。前回と同様に、新幹線ひかりに乗車した。妻は東京駅で求めた駅弁を食べ始めた。発車時は小雨だったが、日が出て来て伊吹山の上方では白い雪が光っていた。広島で山陽本線に乗り換えて、岩国駅には二時半過ぎに到着した。

二時四十五分に駅前をスタートし市内の大通りを少し歩いてから二号線に合流すべく右折して今津川辺に出た。途中シロヘビ神社を遠望し、二号線に入ってから橋の袂の町並みを通り、四時十五分に本日宿泊する旅館に到着した。（五・七㎞）

荷物を置いて錦帯橋の見物に出かけた。錦川の土手に上ると五つの太鼓橋が連なった木造の錦帯橋が目の前に現れた。この橋は国の名勝に指定されている日本三奇橋の一つである。現在は一部架け替え工事中で、橋の途中で仮橋に迂回して渡るようになっている。すべての橋が復元・完成するのは来年三月の予定とのことである。橋を渡って、対岸にある吉香公園、目加田家住宅、吉川家墓所、香川家長屋門ほか史跡などを見て回った。再び橋を渡って土手から振り返ると、対岸の山上に岩国城の再建天守が聳えていた。宿は閑静で、円熟味ある料理に満足した。

②二月二十五日（火）岩国市錦帯橋〜勝間駅（岩徳線）

七時五十五分に旅館をスタートし、橋を渡り錦川の西側に出て、二号線を通らずに玖珂への近道の岩徳線に沿う直線コースを行くことにした。三つ目の長い欽明路トンネルを抜けると玖珂町に入った。アップ・ダウンの多い山間の道で、途中から旧道を歩いた。昼時なのだが食事のできる店が見当たらない。代わりにコンビニのおにぎりを食した。

午後、周東町に入って高森駅を過ぎると道は上り坂となった。山はかすんではいるものの緑が増えてきて春らしくなってきている。熊毛町に入って峠を越えて高水駅前に出た。その後三十分あまり歩いて四時三十八分に勝間駅に到着した。

（二十七・三㎞）

ホームに立っていると風が通り抜けるので冷えた。宿泊は徳山のホテルに予約してあるので、ここから次の電車で徳山に向かった。徳山駅は新幹線や山陽本線が止まり、賑やかな駅である。駅周辺には石油や化学、繊維系の工場が海沿いに密集していて、この辺り一帯は石油コンビナートを形成している地域である。熊毛町は徳山市、新南陽市、鹿野町とともに平成十五年四月より合併して周南市になる予定になっている。

③二月二十六日（水）勝間駅〜徳山市戸田《へた》

徳山駅から昨日の電車に三十分ほど乗って勝間駅で下車した。徳山駅は乗降客が多勢いるにもかかわらず静かで話し声がざわついていない。県民性の故であろうか。

八時二十六分に勝間駅前をスタートし二号線を西に向かった。岩徳線に並行して徳山方面をめざした。夕方雨になるとの予報があったので気は急いだ。一時間もたたぬうちに下松市に入った。二号線から右折して徳山湾や市街地を離れる方向に、バイパスの直線道路を歩いて徳山市に入った。この道は中央分離帯はもちろん自転車道と歩道も分離しているゆとりある道である。途中に牛丼屋があったので、短時間で腹ごしらえをして時間短縮をはかった。新南陽市の市役所前を通ると、合併を間近に控えて、新市名の「周南市」の名が市役所の建物の壁面に下げられているのが目に入った。この辺りは地図の上では海に近いのだが、一向に海が見えて来ない。空は今にも雨が降り出しそうな天気なのに降らずにキープしている。徳山市の戸田《へた》駅は無人駅でここで休憩した。雨が降り出して、四時三十分に戸田郵便局前に到着した。

（二十八・〇㎞）

ここから妻の車に同乗して湯野温泉にある国民宿舎に直行した。ここは静かな片田舎の温泉で、「坊っちゃんの温泉」とかいわれている。

④二月二十七日（木）徳山市戸田～山口市四辻駅

晴れてはいるが、小山の間の空に雲が出始めた。戸田郵便局前を八時七分にスタートして二号線を西に向かった。。今日は防府市街地を通り、山口市に入る予定である。山陽自動車道をくぐると上り坂になった。少々冷えるので手袋をして、九時前に椿峠に着いた。下着は汗で濡れ、峠の風で冷えたが、ここから青い海、周防灘を見下ろすことができた。この峠を境に防府市となり下り坂となった。

峠越え　下れば梅の　香りあり

坂を真っすぐ下り、左折して旧道を歩くと富海《とのみ》の町並みに入り、すぐ目の前に海が開けた。ここは夏は海水浴場になるのだが、今は別世界のように静かである。休憩後、目の前に防府市街地の四本の煙突が見えてきた。市内の中心部に近づくにつれ、自動車の営業所や販売店がこれでもかというくらいに競い合って並んでいる。しばらく立ち止まってクルマを眺めることもしばしばある。

昼食後、市の外れの佐波川大橋を渡って二号線に合流した。ここから向かい風が強くなった。台道地区に入ると、急に歩道がなくなり、トラックが多く通るこの道は歩行者にとっては危険な道になる。長沢池から山口市に入った。電車の時間を見計らって急いで歩いた。四時五十分にようやく山陽本線四辻駅に到着した。（二十六・六㎞）

この駅の南に、明治維新で活躍した大村益次郎の生誕の地があり、また東方には彼の墓地がある。今日の宿泊は湯田温泉である。ここから電車で小郡に出て山口線に乗り換え、湯田温泉駅に向かう。

⑤二月二十八日（金） 山口市四辻駅〜小郡駅

久し振りに朝風呂に入った。朝食後、妻のレンタカーで山口市内を一巡してから小郡駅に向かった。歩きに必要なもの以外はロッカーに預けて、山陽本線四辻駅まで電車で移動し、十時に同駅をスタートして歩いた。

小郡市内に入る手前で二号線は左折し、ここでは国道に入らずに直進して小郡市内をめざした。山口市の東側から流れてくる椹野川に架かる昭和橋を渡ると小郡市である。渡ってすぐ左折してから、小郡駅の新幹線口に十一時三十分に到着した。（五・二㎞）

駅構内にて妻と合流し、駅弁を車内に持ち込んで、新幹線ひかりレールスターに乗車して新大阪に向かい帰途に就いた。

第62回　平成十五年三月十一日〜　三日間
山陽・小郡駅〜下関市関門トンネル

①三月十一日（火）小郡駅〜山口市嘉川駅

今回は小郡から下関までを歩く予定で、東京駅発新幹線ひかりの博多行に乗車し、八時三十七分に発車した。この列車は乗換えなしで小郡駅に一時五十一分に到着。時間が早目の到着であったので、本日は少しの距離でも歩いておくことにした。小郡駅を一時五十五分にスタートして国道を南に向かった。嘉川駅に三時十分に着いてしまった。（四・八㎞）

ここから電車で小郡駅に戻り、山口線に乗り換えて湯田温泉駅で下車した。駅から西に歩くと高田公園があるが、ここは明治の元勲井上馨の生家跡で、公園内には山頭火の句碑や中原中也の詩碑、七卿の碑、井上馨像などがあったのでしばらくぶらぶらと眺めて回った。自転車で通りがかりのおじさんがわざわざ自転車を下りて、公園内を案内してくれて、さらに説明までしてくれた。この後、湯田温泉街を通り抜けて今日宿泊予定の宿舎に着いた。

②三月十二日（水）山口市嘉川駅〜山陽町厚狭加藤十字路

朝食時に、テレビで、本日高杉晋作についての番組を放映するとの予告が流れていた。なんとタイミングのよいことか。ここから歩いて下関まで二日かかるが、明日は途中長府の功山寺に立ち寄る予定にしている。功山寺は高杉晋作がここで日本初の市民兵である奇兵隊を指揮して、幕府に対して挙兵し、ここから明治維新につながって行くという転換期を作り出した所である。

電車に乗って嘉川駅で下車した。他に下りた客は一名のみであった。八時四十五分に同駅をスタートし西に向かった。晴れているが風は冷たく、上着、手袋、マフラーを着用した。一時間ほどして宇部市の割木松という地に入ると、畑には老婦人の姿が時々見受けられた。話しかけると「防長国境の碑が、小高い所にある」と教えてくれた。しばらく里山の道を行く。厚東川に架かる古い橋の対岸に醸造所の煙突と酒蔵が見えた。

厚東駅に着いたが無人駅で人影はなかった。駅前のバス停の待合所でおにぎりを食べながら、隣にいたお婆さんに話しかけると、バスに乗り遅れて午前中からバスを待っている、次のバスは午後一時十二分発だという。ずいぶん長い時間待つことになる。年は七十五歳、大工の夫のこと、楽ではない生活のこと、子どもや孫のことなどを話しはじめた。この人から「少しずつ歩いたほうがいいですよ」と注意をいただいた。

ここから緩い上り道となり、一時間ほどで吉見峠に着いた。その後、西見峠も越えて山陽町に入って、四時三十五分に厚狭《あさ》の加藤十字路に着いた。

（二十二・〇㎞）

今日宿泊する宿は、車でこの厚狭川沿いの国道を四㎞ほど走った対岸の湯の峠《とう》駅の手前にある湯の峠温泉である。温泉の風呂は母屋にあり、この近在の人達が日帰りで利用するらしく、この日も利用客が何人かあって賑やかな声が聞こえた。我々は別棟の三間つづきの一軒家に案内された。母屋にある温泉はぬるぬるするアルカリ性の湯で、四十度の透明でやわらかめの天然温泉である。

③三月十三日（木）山陽町厚狭加藤十字路～下関関門橋

窓から朝日が射し込んで、テーブルに朝食が並べられた。旅館を車で出て、厚狭の加藤十字路を八時十一分にスタートし、二号線を下関に向かって進んだ。天気は快晴。山野井から二度目の上り坂があり、一時間半で談合峠に着いた。峠を下るにつれて周防灘が見えてきた。その先にうっすらと関門橋が見え、九州は霞んで見えた。海際の上市の集落に着いてから海岸沿いの道を行き、境界を通り過ぎて下関市に入った。王喜東雲町のなんでも市場にて甘夏の重そうなのを二つ選び二百円で購入した。新旧二号線二本が交差するその下で昼食にした。買ったばかりの甘夏は甘くて水分多く、忘れられぬほどの味であった。

三時前に長府駅に着いた。長府の下関市分所にて長府の詳しい地図を頂き、これを持って壇具川沿いを歩いて功山寺を見物した。高杉晋作の馬上像や国宝の仏殿、毛利家墓地等を見てから、旧野々村家表門前を通って再び国道に出た時は五時を少し回っていた。ここから海岸沿いを行くが、関門橋が前方に見えるけれども、それが巨大すぎてなかなか近づいて来ない。ようやくのことで関門橋下に到着した時は五時五十分になっていた。（三十・九㎞）

宿泊はこの近くの坂を上った火の山公園内にある下関の国民年金保養センターである。夕食ではフグのから揚げをつまみに、生ビールで乾杯した。

第63回　平成十五年三月十五日（土）一日間

その他・吉岡海底トンネル駅（北海道）～竜飛海底トンネル駅（青森駅）

ＪＲ北海道主催の青函トンネル開業十五周年記念イベントとして開催される「青函トンネルウォーク２００３」に参加するために、前日の三月十四日に下関から函館まで移動した。朝八時に下関の宿から新下関駅までタクシーで急ぎ、新幹線こだまで広島に出た。続いて新幹線のぞみに乗車して、東京駅に午後二時二十六分に到着、その後、羽田から四時四十分発の飛行機に乗り、函館空港には五時五十五分に着陸し、その日は函館駅前のホテルに宿泊した。

当日、七時二十分に函館駅に集合して受け付けをすますと、記念Ｔシャツを渡された。順次スーパー白鳥の指定の席に座り、一時間ほどで吉岡海底トンネル駅に到着した。開会式の後、九時二十五分に津軽海峡下の対岸に向けてトンネル内をスタートした。

参加者二百五十名中、家族連れやグループもいたがほとんどは単独参加らしい。トンネルは作業坑道で、幅は二～三ｍ、高さは三～四ｍで、路面はもちろんアーチ型の壁面もすべてコンクリートである。時々水たまりもあった。照明はポツポツと蛍光灯が点灯しているがそれ程明るくはない。場所によっては暗くて足元がよく見えない所もあった。前半は緩い下りで、後半は緩い上りになる。海峡中央での水面からの深さは二四〇ｍ、水深は一四〇ｍであるから、海底からの岩層の厚さは一〇〇ｍになる。途中にはほとんど休憩所らしい所はなく、海の底の暗いコンクリートの壁の中をひたすら前進するのみであった。後半になると歩く人の姿が離れ離れになり、時には前後に人が見えなくなることもあった。途中で昼食をとる間もなく、午後二時ちょうどに対岸の竜飛海底駅に到着した。到着後はトイレ、ベンチのある休憩所にて各自昼食をとったり、休憩したりしていた。　（二十三・五㎞）

帰りは全員竜飛海底駅から特急にて函館駅に戻って解散となった。翌朝は、十時四十分発の特急白鳥にて八戸に出て、新幹線と高崎線を乗り継いで群馬に帰った。

第十二年目

（平成十五年四月二十九日～平成十六年四月二十八日）

・旅回数　7回
・旅番号　第64回～第70回
・旅日数　33日
・ルート　♧紀伊半島＝鈴鹿（三重県）～津～長島～熊野～新宮（和歌山県）～勝浦～串本～白浜～田辺～御坊～和歌山～岸和田（大阪府）～堺～大阪
◇四国＝鳴門（徳島県）～徳島～小松島～日和佐～海部～宍喰
◎関東＝犬吠埼（千葉県）～銚子～鹿島（茨城県）～鉾田
・距　離　六四一・四㎞

第十二年目歩き旅ルートマップ

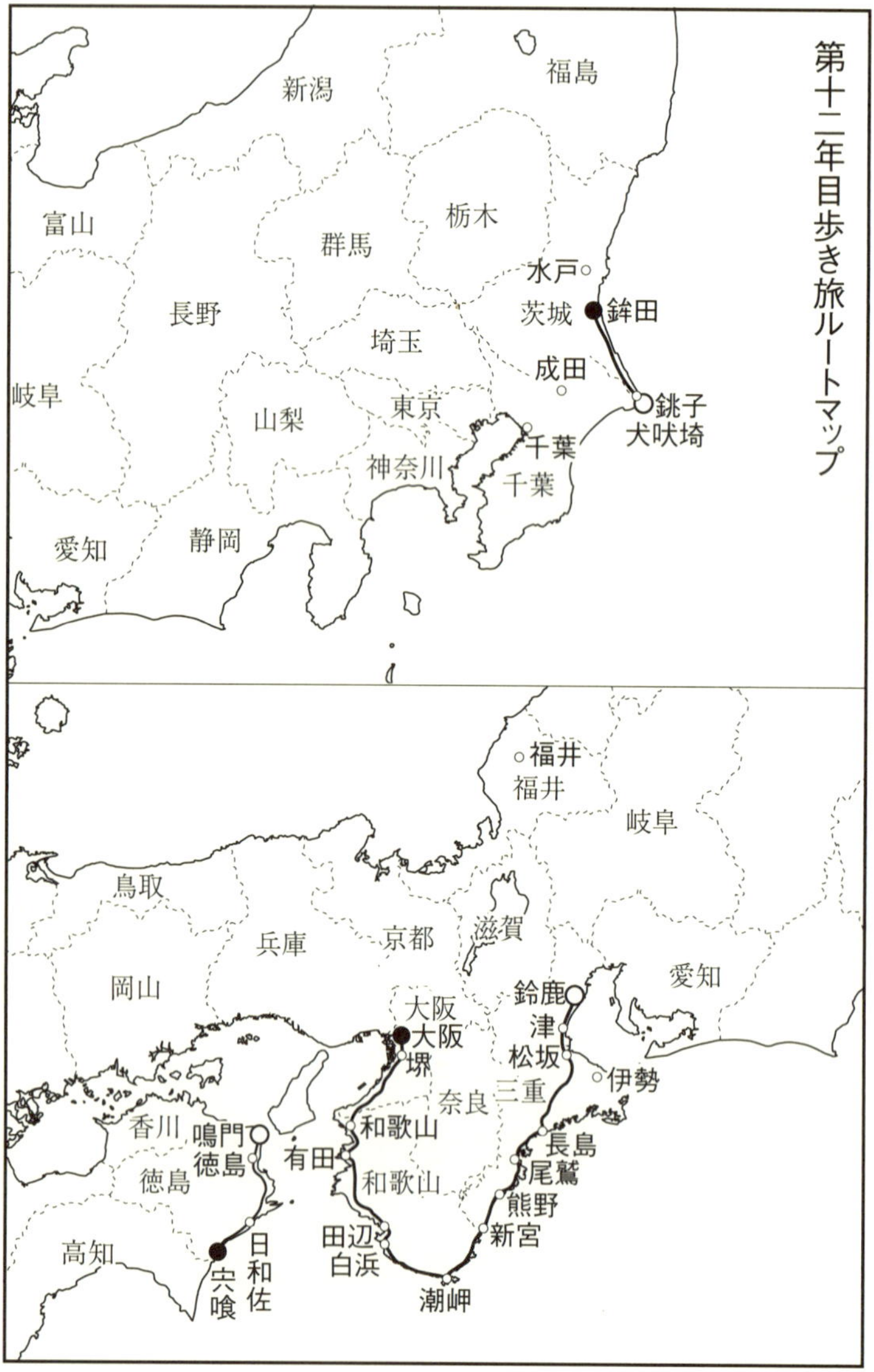

第64回　平成十五年六月六日〜　五日間

紀伊・鈴鹿駅〜紀伊長島駅

①六月六日（金）鈴鹿駅（三重県）〜鈴鹿市駅

東海道を歩き終えて、次に歩くとなれば今度は紀伊半島であろう。東海道を歩いた時に、鈴鹿まではすでに歩いているので、今回は、鈴鹿から志摩半島を横断して太平洋岸の紀伊長島に出る計画を立てた。午後の高崎線に乗り、東京から新幹線、関西本線、伊勢鉄道を乗り継いで、五時四十八分に鈴鹿駅に着いた。駅前から歩き出したが、十五分ほどで近鉄鈴鹿線の鈴鹿市駅に到着した。駅前の旅館には六時十分を少し回って着いた。（一・〇km）

今回は友人の加藤君が東京駅から同行してくれた。この旅館は加藤君とともに二度目の利用で、前回は東海道の旅で宿泊した。一階の二間続きの部屋へ女将に案内された。ここは料理旅館で旅館のほうは副業のようであるけれども、宿泊の客を実に丁寧に扱ってくれるので感じがよい。食事はもちろん申し分なかった。

②六月七日（土）鈴鹿市駅〜津市高茶屋駅

八時五分に旅館前を出発し、津をめざして南に向かい、国道二十三号線の広い道路に合流した。河芸町に入ってから旧道に入った。津市に近づくと、鉄道と道路は伊勢湾岸を南北に伊勢鉄道と近鉄名古屋線が走り、その近くを伊勢街道の国道と旧道が走っている。旧道がある所ではできるだけ旧道を歩くように心がけた。道路の喧騒を避け、昔ながらの木造の建物や瓦屋根、門、塀そして庭木などを眺めながら人々の生活する現風景を見て歩くのは、本当に私にとってはこの上ない楽しみなのである。

伊勢湾の豊津浦付近で津市に入った。道路は植え込みのある中央分離帯で仕切られた広い道である。津駅前で加藤君は歩きを止めて、一足先に私と分かれて本日予定の宿に向かった。JRの阿漕《あこぎ》駅前で雨がポツポツやって来た。私は市街地を抜けて、旧道の静かな住宅地を歩き、四時三十七分に紀勢本線高茶屋駅に到着した。

（二十六・八㎞）

本日の宿は近鉄線津新町駅の前にある。まずは紀勢本線で津まで行き、近鉄線に乗り換えて津新町まで一駅戻った。津新町には五時三十分に着くことができた。宿舎では先着の加藤君が待っていてくれた。

③六月八日（日）津市高茶屋駅～多気町相可駅

晴天。宿舎より加藤君とともにタクシーにて阿漕駅まで直行し、ここから紀勢本線で次駅の高茶屋駅に着いた。九時十八分にこの駅前をスタートし、旧道を松阪めざして出る汗を拭きながら南に向かった。三重県の三大河川の一つである雲出川を渡って三雲町に入った。川を渡ると、対岸に「小野古江渡趾」の新しい石碑が建つ小公園があった。江戸時代以前は伊勢参宮における交通の要衝としての渡し場が設けられていて、大いに賑わっていたらしい。その後、三度川を渡って松阪市に入ると、狭くて曲がりくねった旧道沿いには、古い民家が立ち並んでいる風景が見られた。

暑い日射しの中を歩いてきたので、そろそろ昼食にしようと道路の先を見ると焼き肉屋の看板が見えたのでそこに入ることに決めた。二人して炭火で網焼きの肉をつついて食べたが、松坂だけあって肉は口の中でとろけるようで、おいしかった。ここで加藤君とはお別れである。市街を松阪駅までともに歩き、駅改札口で見送った。

松阪駅から国道に出たが、いつの間にか国道は四十二号線に変わっていた。地図で確認すると二十三号線は東の伊勢の方向に延びていた。二時間ほど南に向かって歩くと、四十二号線は高架になり櫛田川を渡ってもまだ高架道路は南に延びている。橋を渡って道路から下を見下ろすと、鉄道線路が右から左に道路下をくぐって走っているのが見えた。このまま歩き進むと線路から遠ざかり、この近くにあるはずの駅からも離れて行ってしまう可能性があるので、あわてて道を少し引き返して高架道路を下りて、下の川岸に沿う道を歩きながら駅を探した。歩いて来た高架道路は数年前にできた新道で、手持ちの地図に載っていないことが分かった。危うく一駅通り越す所であった。相可《おうか》駅に着いたのは四時三十五分で、駅は無人の古い貨物車を改造して造った駅舎であった。　（二十二・四㎞）

今日宿泊予定の旅館へは、電車では途中多気駅で乗り換えなければならなかった。松阪駅には五時十分に到着し、五分ほどで旅館に着いた。部屋に通されると、妻が群馬から到着していた。夕食はこの旅館のすき焼きを期待していたが、あいにく今日は休業日だということで、旅館から他のすき焼き専門店を予約してくれた。その店の食事は十分満足に値するものであった。

④六月九日（月）多気町相可駅～大宮町阿曽温泉

四十二号線も紀勢本線も、伊勢湾に注ぐ櫛田川を渡って多気町に入る。紀勢本線は多気駅を過ぎてから分岐している。一方の本線は南に走って熊野灘に面する紀伊長島に出るが、他方の線は参宮線で東に走って伊勢・鳥羽に通じている。松阪駅から参宮線の電車に乗り、多気駅に着いたが、ここからタクシーで紀勢本線の相可駅に移動した。タクシーを下りてそのまますぐに歩き出し、国道を南に向かった。道は山間をくねくね曲がって進み、緩いアップ・ダウンのある道となった。次の佐奈駅近くのコンビニにて、昼食用のおにぎりを購入した。ついでに首のタオルも水で濡らしておいた。

十時過ぎに餅を売る茶屋にてウグイスの声を聞きながら休憩した。山の中はのどかである。少し歩いて町境を過ぎて大台町に入った。この大台町は山中にあって東西に細長く、茶畑が多いので、静岡県の牧の原を思い出した。三十分ほど歩くと川が見えてきた。伊勢湾の伊勢市に注ぐ宮川の上流である。歩いていると、庭の花の手入れをしていたおじさんが声をかけてきた。「早いですな」という。来る途中で私を追い越して行った軽トラのおじさんで、さきほど帰宅したところだという。旧道では人家がポツポツと並ぶが、あまり人の姿を見かけなかった。静かな山村の風景が過ぎていく。三瀬谷駅手前の宮川高校前辺りで一時小雨に降られた。この駅を過ぎて、国道は紀勢本線とともに左折して大宮町に入った。大内山川に沿う国道をしばらく歩くと、滝原という集落に来た。時計を見ると五時五十分になっていたので勝瀬という地にて本日のウォークを止めにして、妻の運転する車で近くにある阿曽の旅館に向かった。

（二十七・八㎞）

宿は山村にあり、草が生い茂る庭に車を乗り入れた。営業していない旅館のように思われた。二人の老婆が迎えてくれて、木造の二階の部屋に案内された。夕食にビールを頼んだところ、ビールも酒もないし、近所に酒屋もないという。しばらくしてから、冷蔵庫の奥にビールが一本あったといって、老婆が運んできた。ラベルをよく見ると、算用数字で○○年とあった。賞味期限二〇〇〇年なのか。そうだとすれば三年以上前のビールになる。恐るおそる栓を抜いて飲んでみると、新鮮さはないが別にへんでもないのでついに一本飲んでしまった。

⑤六月十日（火）大宮町阿曽温泉～紀伊長島駅

昨夜は大雨だったようである。雨がまだ残っている中を阿曽の旅館を出て、八時十五分に昨日の勝瀬という地をスタートし、蛇行した大内山川に沿うように山中の国道を南に進んだ。川は底の石が見通せるほどの清流でキラリキラリと魚影が光るのが見えた。鮎が解禁になったが釣師がまだ入って来ていないと近くのおじさんが川を見ながら話していた。九時を過ぎてから紀勢町に入った。

下崎地区の歩道を歩いていて、危うく〝袋の鼠〟にされるところであった。ここでは歩道の左右に安全のために鉄の柵があるが、歩き進むといきなり進行方向の真正面にも鉄柵が突然現れて自分の周囲三方が鉄柵に囲まれることになった。どこにも出口がないので、結局少し後戻りして国道に出るしかなかった。とんでもない国道の歩道である。

歩いていると、紀勢町は［美人の町］と書いてある広告塔が立っていたが、美人には会っていないのが残念である。途中、牛乳の宣伝広告があちこちにあったので、その販売店でソフトクリームを求めて店内で休憩した。しばらく歩いて、物置程度のバス停がありソファのような椅子が置いてある。

中を覗くと自転車が一台と椅子に日焼けした中年の男が横になって休んでいた。声をかけると「板前を辞めて、青森から自転車で全国を旅している」とのこと。握手をして別れた。

大内山村に入って、梅ヶ谷駅の手前にうどん屋があったので、ぶっかけうどんというのを食べてみた。五目うどんのようであった。食事中、急に大雨となった。雨に対する完全装備をしてから歩き出した。緩い上り坂を歩いて荷坂峠に着いた。ここから紀伊長島町になる。ここは分水嶺になっていてこれより水は南の熊野灘に流れ出す。また、紀勢本線はいくつものトンネルを抜けて長島に出るが、国道の方は僅か一七五mのトンネルを抜けただけで、後は長島までの道を下って行く。雨が降ったり止んだりであったので、カッパもその都度着たり脱いだりを繰り返した。平地に近づくと土砂降りの雨となった。雨の中を、四時二十分に紀伊長島駅に着いた。　（二十四・〇㎞）

長島駅からタクシーにて次駅の三野瀬駅近くにある三浦温泉に直行した。ここは海に面した絶景が楽しめる温泉である。今回、ようやく手足を伸ばしてゆったり入れる温泉に宿泊できた。温泉は旅の疲れを洗い流すのに最高である。明日は、長島から特急ワイドビュー南紀にて名古屋に出て、新幹線こだまで東京に向かう予定である。

第65回　平成十五年九月二十二日～　五日間

紀伊・紀伊長島駅～浦神駅

①九月二十二日（月）紀伊長島駅～紀伊長島町三浦温泉

今回は前回に引き続き、紀伊半島を長島から尾鷲、熊野、新宮、紀伊勝浦と歩く予定である。長野新幹線あさまで長野に向かい、特急しなので名古屋にでるコースをとった。名古屋からは特急南紀に乗り換えて、長島駅には二時五十三分に到着した。

長島駅前を三時五分にスタートし、海縁の町中の道を行くが、狭い道で生活感が溢れてはいたが、シャッターの下りた店も多く見受けられた。対岸の小さな半島には造船用のドックがあり船台に一艘の船が入っていた。右から山が迫る海岸沿いの国道四十二号線を直進するには、いくつものトンネルを抜けねばならない。三野瀬駅前を通り、三浦の集落から高台に向かった。ここに前回宿泊した三浦温泉の宿泊施設があり、今日もここに泊めてもらうことになっている。海に面したこの宿に五時二十五分に到着した。 （九・四㎞）

眼下の海を見下ろしながら手足を伸ばして湯につかった。海ははるかに太平洋につながっている。聞けば客はわれわれだけとのことで、ゆったりと時間を独占した。

②九月二十三日（火） 紀伊長島町三浦温泉～尾鷲市矢ノ川千仞橋

朝方降っていた雨は止んでいた。八時十分に宿を後にすると、すぐ山道になった。二十分ほど歩くと三浦トンネルに入った。トンネルの中に町境があり海山町に入った。ここは海あり山ありで、町名そのものである。時折小雨が降る。船津川沿いを下って相賀集落に近づくと道の駅あり。また、その集落を過ぎてからもう一つの道の駅の前に出た。ここでコーヒーを飲んで休憩した。この間名古屋からの団体の人達に会ったが、熊野古道を歩く日帰りのバスツアーで来ているとのことだった。古道入口で別れて、四十二号線の上り坂にさしかかった。ツアーの人達はどうやら馬越峠を越える古道ルートを辿って歩くらしい。こちらは尾鷲トンネルを抜けて尾鷲市に入りそのまま坂を下った。国道は市街地に入らずに尾鷲湾とは反対側の山際を、バイパスのように市街地を迂回し、次第に町並みを離れて行く。これから再び矢ノ川を遡る上り坂になる。休日のためか、車が多くて気が抜けない。山は森林で覆われ、谷は深く、橋上から谷底を覗くと目が回りそうになり、谷の底に吸い込まれそうな錯覚さえ覚える。矢ノ川トンネルの手前にある千仞橋の袂は矢ノ川峠登山口になっていて、ちょっとした駐車場に着いたのは四時十五分であった。

（二十五・一㎞）

携帯電話で妻に連絡を取っても山中のためか通じない。仕方なくここの電話ボックスから今夜宿泊予定の尾鷲市内のホテルに電話を入れると、社長さんが車で迎えに来てくれるとのこと。大助かりであった。辺りは暗くなりかけてきた。車を待っている間に、下から自転車を押して上って来る若者に出会った。彼は「四国から東京に行き、目下、東京から四国に帰る途中です」というので聞いて驚いた。凄い人がいるものである。

しばらくすると、山道を高級外車にお孫さんを乗せて迎えに来てくれた。尾鷲のホテルに着いてから、紹介された外の店で食事をした。あじ焼き、天ぷら、刺身、煮魚、かぼちゃ煮、味噌汁など、どれもうまくて満足であった。

③九月二十四日（水）尾鷲市矢ノ川千仞橋～熊野市駅

朝から大雨であった。タクシーでホテルから千仭橋まで移動した。カッパを着たり、傘をさしたりして八時十四分に橋の袂をスタートし、熊野市をめざして四十二号線を行く。千仞橋、万仞橋は欄干から頭を出して下を覗くと、目が回りそうになるほど谷が深い。橋の次は矢ノ川トンネルに入る。八時三十分に入り九時八分に出たから三十八分かかったことになる。距離にしておよそ三㎞ほどの長いトンネルであった。トンネルの出口に近づくと、暗黒の世界からふつうは明るい馬蹄形の切り口の新しい風景が目の前に出現するが、ここでは向かい側の山の緑だけが馬蹄形に切り取られたように暗闇の中から出現した。

少し歩くと前方に、肩の前後に荷物を下げたおじさんが歩いて来た。話してみると歩き旅をしている人で、「四国を歩いて名古屋への帰り道だ」とのこと。「食料は大福で、風呂は川で入浴だ」ともいう。三十分ほど話し込んで別れた。

十時半過ぎに本日三つ目の長い大又トンネルを抜けた。一・六㎞ほどの長さで歩道がなく、車の通りが意外に多いので、暗くて狭いトンネル内の歩行は危険極まりない。トンネルを抜けて熊野市に入った。大久保平の谷間に下りて来た。歩道がついたのは結構なのだが、またまた鉄の柵の〝袋の鼠〟になってしまった。紀勢町下崎の歩道と同じである。一体ここの歩道の管理はどうなっているのであろうか。歩行者を無視している。午後一時になって小又の道の駅に着きここで昼食をとった。

佐田という所で大又川と別れ、国道は熊野街道になる。雨が時々降る中、小阪峠を越えた。熊野灘に面する大泊を通過すると、海に突き出た所に自然の造型物の奇岩が連なる熊野の鬼ヶ城という国の名勝・天然記念物がある。ここは以前旅行で来たことがあるので、今回はそちらには寄らずに、駅になるべく近い鬼ヶ城トンネルに進んだ。このトンネルの中は、片側は一方通行の車道になっているが、

後の片側が人道になっている。ここを出て、四時三十分に熊野市駅に到着した。（二十四・〇㎞）

今夜宿泊予定のかんぽの宿はかなり急坂の道を上った所にあった。宿に着くと、友人の原君と加藤君が群馬と船橋から来てくれて、ちょうど散歩から帰って来た所で合流した。その後四人での久し振りの夕食となった。

④九月二十五日（木）熊野市駅〜新宮駅（和歌山県）

熊野市駅前より八時四十分に加藤、原両君とともに雨の中を新宮に向けてスタートした。天気予報では今日は大雨になるとのこと。古代から信仰されてきた花の窟神社を参拝してから、七里御浜のある浜街道を南に進んだ。七里御浜は海岸線が延々と二十二㎞も続く日本一の砂礫海岸で、きれいな小石が浜に広がり続いている美しい海岸である。「日本の渚一〇〇選」にも選ばれている。二時間後に御浜町に入り、大雨の中、神志山《こうしやま》駅に着いた。ここから加藤、原両君は妻の案内で、本宮などの熊野三山の見物に出発した。午前中は雨止まず、靴の中にたまった水が、歩く度にジャブジャブする。浜街道を半分ほど歩いた所にあった阿田和の道の駅にて昼食をとった。水平線がどこまでも広がり、海を眺めただけで心は満腹であった。七里御浜は鵜殿村まで続いているが、この鵜殿村は海岸と熊野川が直角に交わるその角地にある三角形の小さな村である。紀宝町に入ってから新宮への近道を歩いた。熊野川の土手に出て熊野大橋を渡り熊野速玉大社入口前を通った。ここで熊野川を境に和歌山県新宮市に入った。雨の中、新宮駅前を通り、四時十五分に宿泊予定のホテルに到着した。

（二十三・〇㎞）

⑤九月二十六日（金）新宮駅〜那智勝浦町紀伊浦神駅

ホテル前を八時にスタートし、国道（熊野街道）に出て勝浦をめざした。天気はうす曇りで蒸し暑い。新宮港は新宮市街地から離れた湾内に開かれている。勝浦町に入って狗子の浦、赤色海岸など、左手の太平洋を眺めつつ通り過ぎてから那智駅に着いた。駅前に国道を右折する道路がある。ここは那智の滝や那智大社のある那智山への入口になっている。

国道から左手に進むと勝浦温泉の市街地に通じる道となり、昼を過ぎて紀伊勝浦駅に着いた。やはりここは観光地である。駅前から商店街にかけて、下車した観光客が楽しそうにあちらこちらを散策したり買い物をしたりしている。勝浦港に出ると、ここから湾内の島や半島にある温泉旅館に向かう小船が賑やかに出入りしていた。私は駅前で、客に声をかけているおじさんに、鮪のうまいという店に案内されて、昼食にまぐろ丼を注文したが、これは新鮮でお薦めの食事であった。

この後さらに熊野灘の沿岸の湯川温泉、森浦湾、太地町、玉ノ浦などを、左手に海を見ながら歩いて通過した。目の前の水路のような狭い海の対岸は右から張り出した半島で、その海は天然の港になっている。四時二十七分に紀伊浦神駅に到着した。（二十六・四㎞）

蒸し暑いので下着は汗でびしょ濡れであった。今回と前回の旅では、鈴鹿から紀伊長島を経てこの浦神まで約二一〇㎞を十日間かけて歩いた。山あり海あり温泉あり、そして人あり食べ物ありの変化のある旅となった。今夜の宿泊は勝浦の公共の宿を予約してあるので、紀勢本線で勝浦まで戻ることにした。明日は往路と同じコースを特急南紀、しなの、あさまにて群馬に帰ることにしている。

☆第66回　平成十五年十月十三日〜　五日間

紀伊・浦神駅〜紀伊田辺駅

①十月十三日（月）紀伊浦神駅〜古座町田原堂道

朝、電車と新幹線に乗車し、京都で特急オーシャンアロー号に、そして串本で普通列車に乗り換えて、紀伊浦神駅に四時四十五分に到着した。そのまま駅前の国道四十二号線を西に串本方面に向かって歩き出した。秋は、この時間になるともう薄暗くなる。車はライトを点灯して走っている。歩いているのは私だけ、車が気がつかないことがあるので、目立つように白い地図を手で振りながら山間の道を歩いた。途中で勝浦町から古座町に入った。今日これから宿泊する国民宿舎がどこにあるのか分からない。暗くなれば人家もないこの山の中では探しようもない。五時三十分に堂道の三叉路の信号に着き、宿舎に電話を入れて迎えの車をお願いした。（三・二㎞）

宿舎の目の前は太平洋、背後に山が控える国民宿舎に着いた。立派な施設で客は他にいない。温泉にゆったりつかってから、食事に新鮮な海の幸と生ビールを味わった。

②十月十四日（火）古座町田原堂道〜串本駅〜和深駅

車で送ってもらい、堂道の信号を八時二十八分にスタートし、四十二号線を串本に向かった。朝から大雨である。古座川を渡り切ると対岸に小公園あり。そこに［第五福龍丸建造の地］の石碑があった。この船は、一九四七年に建造され、一九五四年に米国の水爆実験で被爆した焼津の漁船である。
しばらく海岸線を歩くと有名な橋杭岩が見えてきた。まるで橋の杭のように岩塊が海上に突き出て並んでいる。昔から観光地になっているが、今日はあまり観光客の姿が見えない。ここから串本町に入った。町並みを通り本州最南端の串本駅に十二時十五分に着いた。午後は串本から十五㎞ほど西の海岸にある和深駅から逆向きに串本に向かって歩いて来ようと考えた。（十三・二㎞）
時刻表を見ると、下りの和深方面行きの電車は十二時三十分発とあったのであわてて電車に飛び乗った。昼食どころではない。二十三分後に和深駅に着き、下車してそのまま四十二号線を東に向かって歩き出した。ずっと雨が降り続く。二時になってようやくドライブインがあったので、目の前の南の海を眺めながら昼食をとった。
後は右手の海を見ながら、日が暮れる前に串本駅に着こうと雨中をひたすら東に向かって歩いた。田並、有田、高富と通り、トンネルや坂道をいくつか通り過ぎた。うす暗くなってからは、車が多くなった。車に泥水をはね飛ばされたりもしながら、六時になって、暗くなった市街地を通り抜けて、串本駅にようやく辿り着いた。（十七・五㎞）
今日は合計三十・七㎞歩いたが、一日中雨に降られっぱなしの旅となった。宿は駅前のホテルで、部屋に入ってまずびしょ濡れの靴の処理をしてから、カッパや衣類などを室内に干し、入浴後すぐ前の居酒屋に飛び込んだ。イカとサンマを焼いてもらった。ビールをお代わりした。ここのマスターの話では、弟さんが私と同じ群馬に住んでいて、私の町のすぐ近くの会社に勤めているとのこと。しかも、大阪に出張の帰りに昨日訪ねて来たばかりだという。世間は狭いと同感し合った。他に客はなくゆっくり食事ができた。町中には寿司屋が多いのに気づいた。

串本は、潮岬がある方が頭でこれが砂州によって本土と連結した部分が首に当たり、ここに駅や市街地がある。すなわちここは典型的な陸繋島なのである。

③十月十五日（水）和深駅〜日置川町日置

串本駅から田辺行き下りの電車に乗車した。天気は快晴。昨日の雨が嘘のようである。海は青く、磯波は白し。車内のおばさんたちの会話が聞こえてくる。「今朝は寒いね」との声もあった。この陽気で寒いとは、やはりこちらは温暖なのである。二十分ほどで無人の和深駅に着いた。人なく波の音のみが聞こえてきた。

八時二十八分に駅前をスタートし、海辺に沿った曲がりくねった国道を、西に田辺方面に向かってとぼとぼと歩いた。九時過ぎにすさみ町に入った。小さな集落が時々ある。秋ののどかな海辺の村の風景がある。今日は祭りだと話す暇そうな老人二人が、バス停のベンチに近寄って来て、片方が「ひとり暮らしなんだ」という。カップ酒を友人と二人で飲み始めた。お祭りの当番がすんだから今年は何もすることはないという。寂しそうであった。ここは大平見という海辺の集落である。

江住郵便局前、見老津駅前を通った。日は南天に、波白し。あとは風と波の音のみ。道端に真っ赤なハイビスカスの花が、深い緑の葉と青い空によく映える。途中、「恋人岬」なる所に来た。見下ろす海の透き通るような青さが言葉にならぬほど美しい。ここは一人旅には似合わないのか。緩いアップ・ダウンの連続で、黒島トンネルを抜けると道の駅の前に出た。ここで昼食をと思ったがレストランがない。仕方なく売店でアンパンとジャムパンを求めてこれで昼食をすませた。この辺りの海は、佐藤春夫の詩に「空青し　山青し　海青し」というのがあるが、まさに、この風景はその詩そのものであると思った。

今度は白島トンネルを抜け周参見を通り、朝来《あさら》トンネルを抜けて日置川《ひきがわ》町に入った。この辺りは山がいきなり海に落ち込んでいるためか道路や鉄道にトンネルが多い。トンネルはいわば峠越えのバイパスであるからその前後の道は上りと下りの坂道になる。日置川を渡り大浜を過ぎると、海辺に国民宿舎があったが、ただいま改築中だというので、ここから五〇〇mほど先にある民宿に宿泊することになった。この民宿に五時四十分に到着した。（二十八・〇㎞）

民宿の一階はレストランで、二階の一室に通されてから、すぐに木の風呂に入った。しばらくして他の五、六人の宿泊客が帰って来た。仕事で来ている借り切りの宿泊客で、食事は一緒の部屋、みな口数の少ない若い人、年配の人いろいろであった。

④十月十六日（木）　日置川町日置〜田辺神島台

日置の民宿の前を八時二十五分にスタートして、北に向かう国道を歩いた。快晴だが道は山の谷間を行くから、見える空は逆三角形をなすので広い空とはいえない。したがって、辺りはなんとなく明るい気がしない。この辺りには駅はない。紀勢本線は海岸線から三、四㎞内陸に入った所を走っているからである。国道は海に近い山中を通っているので、坂とトンネルをいくつも通って白浜町に入った。トンネルを出て町境を過ぎて、曲がりくねった坂を下り、海に突き当たるとその近くに椿温泉がある。ここには海に面していくつかの旅館が建っていた。

再び海辺の道に出て、湾岸あり、切り通しありの道となる。十二時前にトンネルを抜けると急に開けた平地になり、久し振りに田んぼを見ることができた。ここが紀伊富田《とんだ》である。この辺の海岸は南白浜といわれる。しばらく富田川の右岸を遡り上富田町に入ると、朝来《あっそ》駅前に出たが、その途中に、左折すれば白浜温泉へ、また右折すれば熊野・中辺路への分岐があった。

少し進んで、今日宿泊する宿を目指して田辺市の南外れに出た。この辺は坂の多い所で福祉施設や病院、各種保養施設などが立ち並んでいて見つけにくい。息が切れそうなほど坂道を歩いて、三時二十分に厚生年金の宿泊施設に辿り着いた。建物が高台にあり、西方に田辺湾が見下ろせた。

（二十二・〇㎞）

すぐ近くの白浜温泉やその他の見物は、次回の旅にとっておくことにする。明日はここから田辺駅まで歩いて、あとは電車で群馬に帰る予定である。

⑤十月十七日（金）田辺市神島台～紀伊田辺駅

八時三十五分に厚生年金の宿を出発し、坂を下って田辺駅をめざし市街地に向かう。すでに日は昇っていて日射は強く、空は快晴となった。市街地への道を歩き始めて、十五分ほどして右後方からの国道と接したポイントに来た。そこからほぼ一時間ほど市内を歩いて、九時四十五分に紀伊田辺駅に到着した。

（四・〇㎞）

その後スーパーくろしお号に乗車し、新大阪で新幹線ひかりに乗り換えて東京に向かった。

第67回　平成十五年十一月二十四日〜　五日間

紀伊・田辺駅〜和歌山駅

紀伊半島を東側から回り込んで来て、今回はその西側を五日間歩く計画である。朝七時前に自宅を出発して前回と同様に、新幹線と特急オーシャンアロー号を乗り継いで紀伊田辺駅に三時に到着した。東京駅から加藤君が合流してくれた。

①十一月二十四日（月）紀伊田辺駅〜南部駅

駅に着くと雨が降っていた。雨具の装備をして田辺駅を加藤君と二人で三時三十分にスタートし、市内を歩いて国道四十二号線と市街の外れで合流した。田辺駅の隣の芳養《はや》駅を過ぎ、海岸線沿いの国道から町境を過ぎて南部《みなべ》町入った。辺りは暗くなってきて、堺という集落から旧道に入った後、道が分かりにくくなった。市街地に入って南部の駅を尋ねながら雨の中の狭い道を歩いて、五時五十三分にようやく南部駅に到着した。（九・〇㎞）

今夜の宿は田辺駅近くのホテルである。次の上り電車で田辺まで戻ってホテルに入った。このホテルはＪＲによる経営になっていて、その施設は駅構内にあった。

②十一月二十六日（水）南部駅〜御坊駅前

二十五日はノーウォーキングデーにして、妻の案内で南紀観光のドライブに出かけた。早朝（夜中）に屋外放送があり、大雨・波浪警報発令とのことであったので日中の観光が心配になった。朝のラジオでは、尾鷲、新宮、勝浦は大雨だったとのニュースが報じられ、浦神は電車が不通だという。朝食は、駅中のレストランに出かけて行って食事をした。食後、外に出て見ると雲が切れてきて明るくなったので駅レンタカーに乗り、私の運転で出発した。串本の橋杭岩、潮岬燈台、白浜の三段壁、南方熊楠記念館、白浜海中公園などを一日かけて見物した。この日の宿泊は白浜のカンポの宿であった。

さて二十六日は、妻の運転で白浜駅まで送ってもらい、加藤君は電車で船橋へ帰って行った。私は電車で南部駅に出て、八時五十五分にスタートし、国道を御坊に向かって歩いた。天気は快晴で、日陰に入れば冷えるほどの気温である。岩代駅で休憩した。無人駅だが水道やトイレも完備していた。ここの駅のホームに立つと、すぐ下は波打ち際で、打ち寄せる波の音が聞こえてきた。

峠を下る時に、遠方に目をやると、眼の前に青い海が広く横たわっている風景は、なんとも素晴らしい。道を下って印南町に入った。ずっと海縁の道を隣の線路と並行して歩いて進んだ。出っ張った半島の縁を右に回るように辿って行くと、左手の海の景色が見渡せる位置にレストランが店を開いていた。ここで昼食をとることに決めた。

この辺から先は、海岸沿いの国道をしばらく進む。印南港を過ぎて二時を回ってから御坊市に入った。左折して旧道に入り、和歌山高専の脇を通って再び国道に出たが、四時十分に左手の御坊発電所への入口前に来た。発電所は海上の島にあり、島ごと発電所になっている。この島とこちらの本土側とが大橋で結ばれている。この海の西の先はもう四国の徳島県である。ずいぶんと歩いて来たものだ。日高川の河口近くに架かる天田橋を渡って土手を下りるといきなり御坊の市街地の町並みに入った。狭い旧道が市街地を南北に貫いていて、一本道の両側には金物屋、食料品店、洋品店、肉屋、床屋、菓子屋、ふとん屋、履物屋などの商店が並び、大きなビルなどがないので夕暮れ時の昔の宿場にタイムスリップしたようなセピア色の風景が私の目に入ってきた。五時四十三分に市街地の外れにある紀勢本線御坊駅に到着した。

（二十八・九㎞）

この駅からは、僅か二・七㎞の区間しか走らない紀州鉄道の線路が南に走っている。また、隣の駅の近くに有名な『安珍と清姫』の伝説で知られる道成寺がある。今夜宿泊するビジネスホテルはこの駅のすぐ前にある。一階がしゃれた薬局になっていて、それより上階がホテルになっているこぢんまりした新しい宿泊施設であった。

③十一月二十七日（木）御坊駅前〜湯浅町湯浅城公園

七時にパン、サラダ、コーヒーの朝食をすませて、八時五分にここ御坊駅前をスタートし、湯浅をめざして北に向かった。晴れているが風は冷たい。日高町を通り過ぎ、由良トンネルを抜けて由良町に入った。ここも古いトンネルで歩道がないので車に要注意である。途中コンビニで昼食を購入して歩き出すと、女性店員がストックを忘れ物だといって追いかけて来て届けてくれた。旅の途中の忘れ物は禁物である。したがって出発の時は必ず振り返って見直すことにしているのだが。

紀伊由良駅でコーヒーを飲んでいると、近くのおばさんが、なにやらいろいろと駅員に質問していた。後で話しかけてみると、「湯浅まで行くのなら国道を左折して海縁の道のほうが車はなく、みかん畑から見る海の景色がお薦め」と教えてくれた。国道は山中の峠越えの道になるが、教えられた道に左折して狭い山道を歩いた。興国寺の山門前を通り、小さな衣奈トンネルを抜けた。物音一つしないお化けの出そうな暗いトンネルであった。しばらくの間、海に近づく道を辿ると、みかん畑が山の斜面全体に広がっていて、色づいた鈴なりのみかんは今が食べ頃で、収穫のシーズンであった。ちょうど籠に収穫していたおじさんおばさんに二、三個譲ってほしいというと「うまいかどうか分からぬが……」といって三個を籠から取り出して手渡してくれた。代金は受け取ってくれなかったので、お礼の言葉を伝えて歩き続けた。途中のみかん山の石垣に腰を下ろして食べたところ甘くてジューシーでおいしいみかんであった。

みかん山を下って広川町に入り、海辺の道を湯浅の町中めざして歩くと、小さな食料品店がポツンと一軒店を開いていた。若い娘が出てきたので肉まん一つを買い求めて、食べごろを見はからって休憩した。町中に入り、細い路地を通って湯浅駅に着いた。国道を横切り坂をしばらく上ると湯浅城が見えてきた。ここが本日宿泊する国民宿舎である。四時二十分に到着した。（二十三・〇km）

宿舎は旧湯浅城跡に城に似せて建てられており、部屋の窓から城の瓦越しに湯浅の市街地や湯浅湾、そして沖には小さな島々を見下ろすことができた。夕食は、大部屋でわれわれ夫婦二人だけであった。

④十一月二十八日（金）湯浅町湯浅城公園～紀三井寺

朝は曇っていたが、宿舎を出発する時にポツポツ雨が降って来た。あわてて玄関に戻り雨具を装着して、八時二十五分に湯浅城を下って国道に出た。一時間ほどで有田川の土手に出てその左岸を下り、今度は途中の橋を渡って右岸の土手を歩いて川を下った。道路の右手の小高い山の連なりは、すべてみかんの木で山が覆われていて、いわば全山みかん園といってていいほどであった。それにどの木もみかんが鈴なりであったのには圧倒されてしまった。ここが有田みかんの産地なのだと頭に刻み込み、何度も山を見上げた次第である。昼少し前に、箕島高校前を通り過ぎて箕島駅近くの食堂にて、昔ながらのラーメンを食した。この後、歩く道の方向が変わって、今まで見てきたみかん山の反対側に向きを変えて歩いた。こちら側の山の斜面もみかん畑ばかりであった。

下津町の国道を歩いていると、自転車で散歩中らしい帽子を被ったおやじさんが話しかけてきた。足元をじっと観察しながら私の歩く姿に感心している様子で、別れ際に「頑張れ」といってくれた。しばらく経ってから、同じおやじさんが後ろから追いついて「これを持って行って途中で食べてくれ」といって五、六個のみかんが入ったビニール袋を渡してくれた。「重いので」と断ったが、どうしてもといって置いて行ってしまった。こんなことは初めてである。有り難くいただくことにした。

海南市に入って、海南港の工場群が見えてくる頃は日も傾き、紀三井寺への到着時間が気になり出した。この分ではかなり遅くなって真っ暗になるのではなかろうか。海南市の中心地に来て夜になってしまった。海南の駅に行き電車で紀三井寺行きも考えたが、歩いているうちにこの駅も遠くなってしまったので、このまま歩き続けることに決めた。

和歌山市に入ると、船尾山を抜けるトンネルが三本、目の前に口を開けている。人道専用の一番右のトンネルに入ることにした。トンネルを出ると、木に覆われた緑道が長く続いていて細い道は真っ暗である。初めて懐中電灯をつけて歩いた。ここは鉄道の廃線跡を利用して作った直線の歩き道でおよそ四㎞ほどあると、途中で行き会った犬の散歩中の女性が話してくれた。街灯は所々にあるのだが、樹木のトンネルのような道でやはり暗い。暗い木々の間から時々隣の明るい道路が見えるが、これが国道四十二号線で、緑道と平行して走っている。しばらく歩いて、暗い中に明るいネオンや店の照明が近づいてきた。ここが紀三井寺の市街地である。途中、道を尋ねては確認しつつ、駅から少し手前にある宿泊予定のホテルに六時十分に到着した。（三十・七㎞）

妻は一足先に帰ったので、今夜は私一人となった。

⑤十一月二十九日（土）紀三井寺〜和歌山駅

朝、部屋の窓から紀三井寺が、雨の中、山麓の丘の上に煙って見えた。出発時間が来た時はどしゃ降りだったが、迷っていたところ小降りになったので傘だけさして、九時十五分にホテルをスタートし、市内の道路を真っすぐ北に向かった。十時四十五分に和歌山駅に到着した。（五・五㎞）

駅にて雨具をたたみながら、熱いコーヒーを飲んで冷えた体を暖めた。帰りは特急スーパーくろしお号で新大阪に出て、新幹線ひかりにて東京に向かった。

第68回　平成十五年十二月二十三日〜　五日間

紀伊・和歌山駅〜大阪駅

①十二月二十三日（火）和歌山駅〜南海孝子駅

今回は、和歌山駅から大阪駅までを歩く、紀伊半島の旅の五回目で最後のコースになる。前回の往路と同じように、東京からの同じ列車に乗って、和歌山駅に一時五十八分に到着した。好天につき駅からそのまま二時に歩き出し、市内中心部を抜けて紀の川に架かる北島橋を渡った。四十分ほど経って国道二十六号線に合流した。ここを右に入った所に和歌山大学がある。この辺りから道は南海本線と並んで進んだ。まもなく坂のある山道に入った。上り終わると切り通しの崖に挟まれた孝子峠《きょうし》に着いた。ここは県境になっていて、ここから先が大阪府で道は下り坂になった。少し歩くと道路より上部に南海本線の駅があった。階段を上って四時三十三分に孝子駅に到着した。（十・〇㎞）

まだ明るいが、日は山の端に沈んでいた。ここから電車で南海和歌山市駅に戻り、ホームの先のほうにもう一つ別の改札があって、そこを通って南海和歌山港線に乗り換えた。電車の本数が少なく待ち時間が長い。築地橋駅で下車して暗い道を歩き出し、めざす宿泊施設を探すと県庁の前近くにあった。それから部屋に落ち着いた時には八時を回っていた。夕食は妻と外に出て、寿司屋ののれんをくぐって食事をした。

②十二月二十四日（水）南海孝子駅（大阪府）～泉佐野

朝食を早めにすませて、妻は私より先に出かけて行った。今日は高野山方面を観光してまわるとのことであった。妻はこのように自分のお好みの場所を選んで、電車を利用したり、バスやレンタカーを使ったりして旅を楽しんでいるようである。だが宿泊と往復の交通機関の利用についてはほとんど私と一緒である。旅先の現地で私の方でどうしても必要が生じた場合には、事前の打ち合わせや携帯電話による連絡などにより車を運転しての送迎を依頼することが多々あった。

今朝は、和歌山市駅から南海電車で孝子駅に出て、九時二十五分に駅前をスタート、二十六号線を北に向かった。峠からの下りの道を、大阪湾方面をめざして歩いた。薄日がさすのどかな山村を通り過ぎて、一時間ほどで人家の多い平地になった。深日《ふけ》町駅の脇のガード下を通ると、今度は大阪湾岸に沿う道となり、東向きに大阪駅をめざして歩いた。阪南市に入ると、午前中だというのにもう下校して来る小・中学生に会った。暮れの二十四日である。今日は二学期の終業日なのかも知れない。パトカーにも今日はよく遭遇した。歳末の警戒であろうか。風が涼風となり心地よい。箱作駅を過ぎると、軽食喫茶の店があり、コーヒーとかつ定食を注文して昼食とした。

歩いていると右手のかなたに丘陵を削り取った斜面に住宅が密集している大規模の新しい団地が見えてきた。山を削り取ってできた住宅地は、周辺の緑したたる農村地域に比して、なんとなく荒涼とした風景として目に映る。男里川を越えると泉南市である。この辺りから大阪の市街地にかけての一帯は小さな池だらけである。樽井という地にある君ヶ池の前にきたので、土手に上ってベンチに座し休憩していると鳩が群がって来た。人なつこいのである。池に目をやると無数の鴨が羽を休めていた。のどかな風景である。

まもなく南海線を渡って、道は線路より湾岸側に近づいて泉佐野市に入った。市のど真ん中を阪和自動車道から分岐した関西空港自動車道が貫いていて、大阪湾を渡る連絡橋を通って関西国際空港に通じている。この空港も北の部分は泉佐野市に含まれている。この自動車道の下を通る道路をくぐって十分ほど歩くと泉佐野駅入口に出て、四時四十分に同駅に到着した。

（二十三・三㎞）

本日宿泊のホテルは、この駅から電車で戻って二駅目の吉見ノ里駅の近くにある。職員は一人しかいない小さなホテルで、夕食を頼んでみたところ、予備のものを電子レンジで加熱して二人分出してくれた。ビールは自販機を利用して、なんとかホテル内ですますことができたが、考えてみると、なんと慎ましいクリスマス・イブであることか。

③十二月二十五日（木）泉佐野〜堺市出島

朝、八時十二分に泉佐野駅をスタートして、昨日に引き続き大阪駅をめざして北に進んだ。朝のうちは上着を着ないと冷える。貝塚市から岸和田市に入ったが、この道を府道堺阪南線というらしい。まず右側にだんじり会館が現れた。立派な建物で二階以上が有料になっていて、だんじりの展示やそれに関係する資料、用具、飾りなどがすべて集められ展示されていた。続いて右側の堀の奥に岸和田城が眺められた。この道は大変信号が多く、なかなか前進がはかどらない。この道はどこまでもずっと市街地の中を北に向かって続いている。高石市に入ると道路の左側奥に浜寺公園があり、松林が浜寺水路に面して三㎞ほど長く広がっていた。松林の中を舗装した道がずっと貫いていて、のんびり散歩する人、早歩きする人、子連れで遊ぶ人などそれぞれの時間を楽しんでいた。どこからか子どもたちの賑やかに遊ぶ声も聞こえてきた。広々とした公園は、車も通らずのんびりできて、穏やかで気持ちがよい。知らぬ間に堺市に入っていた。石津川を渡ると十二月の風はもう冷たい。三時三十五分に、道路右側にある本日宿泊予定のホテルに到着した。

（二十二・一㎞）

入口近くに［ラグビー全国大会○○県立○○高校歓迎］と書かれてあった。もう年の瀬である。ここから花園はさほど遠くないようである。他に、ハンドボールの東京と京都の選抜チームも同宿していた。

④十二月二十六日（金）堺市出島～大阪市西区

八時十五分に堺市のホテル前をスタートした。近くの広大な大阪湾埋め立て地には製油所、化学工場、火力発電所、製鋼所などが港湾周辺に多数立ち並んでいる。少し歩くと、昨日分岐して行った国道バイパスが右手から合流してきた。したがってここから再び国道二十六号線を歩き続けることになる。この道は北に進んで難波まで続き、その先は二十五号線御堂筋につながっている。

大和川を渡って大阪市に入った。ここの大和川大橋は、その古びた石造の親柱に「昭和十二年三月竣工」と刻んであった。私と同じ年の生まれであることを知って、なんだか自分の姿を見るようで、この橋に愛着がわいてきた。思わず手で撫ぜてやりたくなってしまうほどである。三十分ほどして信号のある十字路の左側に、大きな高灯籠が立っていた。右側は住吉公園である。中を通り抜けると南海と阪堺の電車が通る道路の向かい側に、これまた大きな石の鳥居が立っていた。ここが住吉大社の入口になる。奥に進み四つの社殿にお参りした。新年参賀の露店の場所割りをしている所を通った。また、テレビの撮影中の風景も見たりした。

正午前に南海難波駅前に到着した。大阪の中心地だけあって人も多い。引き続き御堂筋を進み道頓堀橋を渡ってから、途中で心斎橋を左折して四つ橋筋に出た。この辺りで厚生年金の宿泊施設を探した。ホールはすぐ見つかったが、ホテルの方はなかなか見つからぬ。女性職員に別棟のホテルに案内してもらい、十二時三十五分にフロントに到着した。
（十三・六㎞）

⑤十二月二十七日（土）大阪市西区～大阪駅

今日は、今回の旅の五日目で最終日、紀伊半島の旅の最終日でもある。テレビのニュースで、東北、北陸、中部そして東京も雪との報道あり。朝の風が冷たい。九時十五分にホテルをスタートした。朝の四つ橋筋は人通り少なく静かである。晴れてはいるがビルの谷間や中之島を渡る橋上に吹く風は今年の景気のように冷たいので、上着のポケットに手を突っ込み歩いた。堂島界隈は土曜日のためか、ここも人が少ない。十時五分に大阪駅に到着した。
（二・九㎞）

これで紀伊半島のぐるり旅は終わった。山あり海あり人ありの変化に富んだ四六六・八㎞の旅であった。この五日間、雨に降られなかったのは珍しい。新大阪駅は、人でごった返していた。そういう人達の乗る新幹線ひかりで私も東京に向かった。車窓からは、山頂の白い富士山がくっきりと裾野まで、素晴らしくよく見えた。

第69回　平成十六年三月十五日～　五日間

四国・鳴門公園～宍喰町古目

①三月十五日（月）鳴門公園（徳島県）～徳島市

今年から、徳島県鳴門から四国を右回りに歩いて一周する計画である。今回は淡路島に最も近い鳴門公園から徳島県を南下して、高知県との県境の宍喰町まで歩く予定である。前日の三月十四日に、前回の旅の往路と同じ列車を乗り継いで、和歌山駅に到着した。ここから紀勢本線で和歌山市駅に出てタクシーで和歌山港に向かい、フェリーに二時間乗船して、徳島港に五時五分に到着した。徳島市内のホテルに三連泊する予定である。

ホテルから城址、市役所、道路、鉄道などの彼方に海がうっすらと眺められた。妻は四国八十八寺を巡拝するのだといって張り切っている。レンタカーにて鳴門公園まで移動し、九時ちょうどにスタートし、徳島市内をめざして歩き始めた。

大毛島の海岸まで下ると、左手後方に大鳴門橋が海上に横たわって淡路島方面に延びていた。絶景である。ここの波打ち際で遊ぶ大学生に会った。車で来ていて、あの橋を渡って岡山をまわり東京に帰るのだという。一人は箱根駅伝の選手とのこと。今後の健闘を祈って先を急ぐ。島から橋を渡って鳴門市街地に入り国道二十八号線を南に向かった。徳島空港西側から国道十一号線の高架下に来ると、うどん屋があったので、ここで山かけそばを食べた。運んでくれた女性の言葉と仕草が丁寧なこと、近頃大変珍しいと思った。十一号線に出て南に歩くが二十八号線に比して車が多い。長い吉野川大橋を渡って、徳島市街に入り、城址公園の中を歩いてから四時四十五分にホテルに到着した。

（二十三・〇㎞）

②三月十六日（火）徳島市～阿南市桑野駅前

朝食は七時、バイキングで、いつものように洋食系のものを選んで飲食した。十階から下を見ると登校、出勤する人達や車がぼつぼつ通り始める。

八時二十五分にホテルをスタートすると、外は快晴で、早春の朝の冷気を感じた。あわててウインドブレーカーをリュックから取り出した。県庁前にて、国道五十五号線を南に歩いた。十時に小松島市に入り勝浦川橋を渡り、橋上より水面を覗くと鯉二尾が悠々と泳ぐのが見えた。田園地帯に入ると、吹く風がやわらかく耳を撫でる。周辺の小高い山々の新緑がうれしい。

春風や　両手広げて　歩くわれ

国道から、右手の丘陵上に義経の騎馬像が立っているのが見えた。牟岐線を渡って阿南市に向かった。昼食後、羽の浦町を通って那賀川橋を渡り、阿南市に入って国道から近道の地方道に入った。その後、桑野川を渡り、桑野の十字路に出て、目の前の桑野駅前には四時二十二分に到着した。

（二十六・〇km）

今日もよい天気に恵まれた。宿泊は昨日と同じ徳島市内のホテルにつき、電車で徳島駅まで戻った。

③三月十七日（水）阿南市桑野駅前〜日和佐町大浜海岸

徳島から桑野駅前まで妻の車で移動して、九時二分にスタートして、日和佐の海岸をめざして南に向かった。地図を読むと、今日のコースには町並みがどこにもなさそうなので、途中の新野駅前にておにぎりなどを購入した。道は国道五十五号線に合流した。途中、民家の建物が立派な日本建築の構えをしているのに驚いた。

天気は曇。南からの風あり。福井ダムの入口に着くと、ここから室戸岬まで九十九kmあるとの表示があった。この近辺は、田に水が来ればすぐにでも田植えが始まりそうである。十二時を過ぎて星越トンネルを抜けて日和佐町に入った。この国道を土佐浜街道といっている。山の中の道である。トンネルを出るとまもなく、仕出し屋兼食堂が一軒ポツンとあった。日替り定食を注文すると、鮪の寿司と半ラーメンが出てきた。まぐろの中トロ八かん、新鮮で満腹、大満足である。機会があったらまた訪ねてみたい店であった。

食事中に雨が降り出した。北河内駅の手前で国道から脇道に入り大浜海岸方面に向かうと波の音が聞こえ、砂浜が見下ろせる場所に出た。角地には海亀博物館があつた。目の前の海岸には広い砂浜が広がり、その先は太平洋である。この隣地が本日宿泊予定の国民宿舎で四時五分に到着した。

（二十二・三㎞）

宿舎の前の海岸では、産卵期になると海亀が満潮に乗って上陸し、砂浜に穴を掘って産卵して一五〇個程のピンポン球のような卵を産んで、再び海に帰って行くという。これは、国の天然記念物に指定されているとのことである。宿舎の窓のすぐ下の海が唸っていた。

④三月十八日（木）日和佐町大浜海岸～海部町奥浦

八時五十分に雨と波の音を聞きながら宿をスタートした。岸から国道に出たが、再び山の中の道になった。日和佐トンネル手前でマスクと反射腕章を貸し出ししている。聞けば、トンネルの中の歩道取り付け工事をしているとのこと。これは大変有り難いことであった。牟岐線とともに国道も牟岐町に入り寒葉坂を下った。吹く風が冷えてきた。カッパを着てても冷えるほどである。牟岐浦の集落に来てようやく海辺の道になり、町境を過ぎて海南町に入った。ここの鯖瀬駅付近の海岸は八坂八浜といわれるほど坂が多い。トンネルを九つも抜けてきた。その度に前後に上下の坂がある。浅川港を過ぎ、坂を下って海部川を渡ると海部町に入った。牟岐線はここの海部駅が終点になるが、さらに線路は八・五㎞の阿佐海岸鉄道として、南の甲浦《かんのうら》につながっている。五時四十分にこれから宿泊する宿舎に到着した。この宿は海の眺望が眼下に広がる風景が大変素晴らしかった。（二十八・七㎞）

⑤三月十九日（金）海部町奥浦〜宍喰町古目

今朝はほとんど雲なし。九時五分に宿舎から歩き出した。坂を下って国道に出ると、道路の向かい側を歩くお遍路さんがいた。話をしながら一時間以上道の駅まで一緒に歩いた。今日の海は、春に相応しい長閑やかな暖かい表情を見せてくれている。途中から小さな道に左折して進むと、岩壁に国指定の天然記念物の漣痕の化石をみつけた。そこから坂を上り、十二時五分に今日宿泊予定の宍喰町にある国民宿舎に到着した。（八・三㎞）

明朝は、タクシーで宍喰駅に出て、電車で徳島に向かい、その後は、往路と同じルートにて群馬に帰る予定である。

第70回　平成十六年四月五日～　三日間

関東・犬吠埼～鉾田町大竹

①四月五日（月）犬吠埼（千葉県）～波崎町舎利浜（茨城県）

今回の旅は、千葉県の銚子の犬吠埼から茨城県の鉾田までを三日間で歩く計画で、朝七時二十分に自宅から車で出発した。関越、東京外環、湾岸、東関東の高速道を走り、富里ＩＣで一般道に下りて、芝山、三里塚、八日市場、飯岡を経て十二時過ぎに犬吠埼灯台入口に着いた。昼食をとってから、一時十分にここをスタートして銚子駅をめざして歩いた。冷えた強い風が前方から吹きつけるのでジャンパーを着た。銚子電鉄の線路と並ぶようにして進み、三時近くに銚子駅前に着いた。

まもなく利根川の河口に出た。川の対岸は茨城県の最南東端である。この河口に最も近い橋が銚子大橋の鉄橋で長さは一㎞ほどある。渡りはじめると歩道がない。片側一車線の狭い橋で、歩行者・自転車にとって大型車とすれすれで命がけの橋である。橋上からは対岸の漁港に多数の漁船が停泊しているのが見えた。橋上の道は国道一二四号線で銚子から水戸に通じている。橋を渡って岬の先端を横断して太平洋岸に出た。長い海岸線を北に少し歩くと、四時十分に舎利浜の波崎町リサイクルセンター前に到着した。

（十一・七㎞）

車で銚子駅前のホテルに着いてから、近くの洋食店に入って食事をした。こぢんまりした落ち着いた雰囲気の店で、夫婦と娘さんの三人で切り盛りしていて、とてもアットホームな感じのよい店であった。ワイン、かきフライ、スパゲティなどの味は他では味わえないだろうと思ったほどである。

②四月六日（火）波崎町舎利浜〜鹿嶋市佐田

妻に車で送ってもらい、八時十五分にリサイクルセンター前をスタートした。気温良好、風涼し。しばらくして波崎シーサイドパークに着いた。展望台の上から雄大な太平洋を眺めると、二基の風力発電施設が海岸でうなって回転していた。さらに七㎞ほど北には十数基が並んで見えた。砂浜に太平洋の男性的な荒波が繰り返し押し寄せていた。この浜の先には工業団地や石油タンク群が迫って見えたので直進せずに左折して、海岸から少し離れた国道一二四号線に出て神栖町に入った。化学工場内には沢山のパイプが走るのが見えた。

歩いて来た道の東側は鹿島港に近い。ここは人工の港湾で、周辺には金属や石油、化学関係の工場が集まっている。道路は分離帯のある広々とした幅があり、歩道もゆったりとした花壇付きの道幅が取ってある。四時過ぎに鹿嶋市に入り、五時に鹿島神宮の二㎞ほど手前の佐田という所に着いた。本日の宿は、鹿島神宮近くのホテルである。

（三十・二㎞）

③四月七日（水）鹿嶋市佐田〜鉾田町大竹

天気予報では、今日は夜になって雨が降るとのことで、早めの到着がよさそうである。七時五十分に昨日の到着地点の佐田をスタートしてまもなく鹿島神宮の森の東側を通った。そのすぐ北方で国道五十一号線と合流した。その道路左側に、鹿島アントラーズのホームスタジアムであるカシマサッカースタジアムの巨大な屋根が姿を現した。ゆとりある広い国道と思っていたが、スタジアムを過ぎてまもなく、道は歩道がなくなり片側一車線の普通の田舎道になってしまった。十二時前に神戸山慈眼寺が右手の坂下に見えた

一時過ぎに大洋村に入った。道路の両サイドは砂地で、畑が多く、人参の収穫を見かけたりした。また、ハマグリの販売を細々と営む店を数店見かけた。その後、汲上という地を通ったが、ここには左折すると村役場に通じる道があった。この道が、群馬のわが町にも通じている国道三五四号線の東端になるらしい。そう思うとなつかしい人にでも会ったような親しみが持てた。鉾田町に入って、四時四分に大竹海岸に近い大竹小学校前の十字路に到着した。

（二十四・四㎞）

今日はこの町内のホテルに宿泊して、明日、車で群馬に帰る予定である。

第十三年目

（平成十六年四月二十九日〜平成十七年四月二十八日）

・旅回数　8回
・旅番号　第71回〜第78回
・旅日数　40日
・ルート　◎関東＝鉾田（茨城県）〜大洗〜水戸
◇四国＝宍喰（徳島県）〜室戸岬（高知県）〜高知〜中村〜宇和島（愛媛県）〜松山〜今治〜観音寺（香川県）〜丸亀〜坂出〜高松
▽北海道（東側）＝宗谷岬〜枝幸〜雄武〜興部〜紋別
◎東北（東側）＝竜飛崎（青森県）〜今別〜蟹田〜青森
・距　離　八九一・四㎞

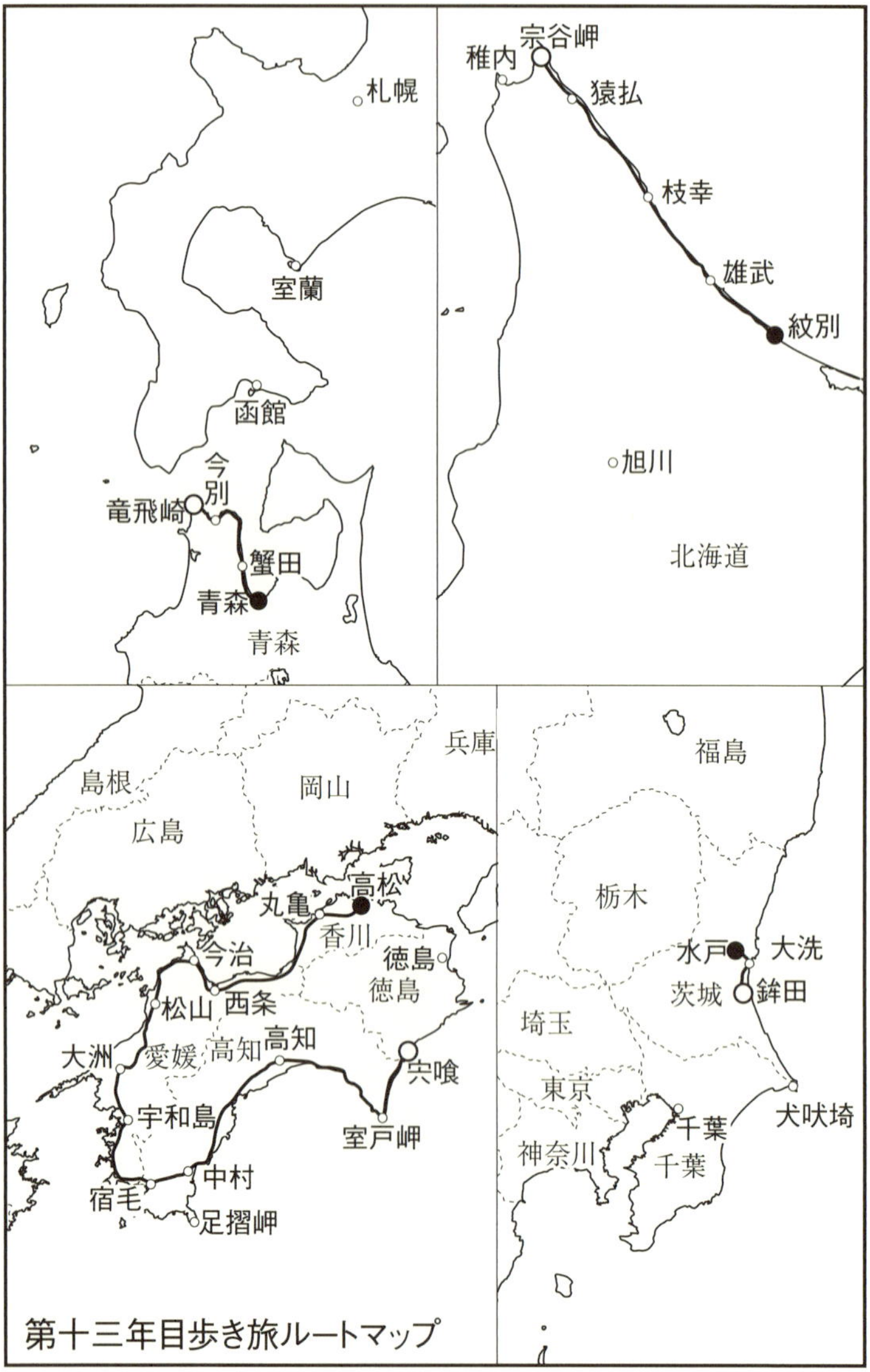

第十三年目歩き旅ルートマップ

第71回　平成十六年五月六日〜　二日間

関東・鉾田町大竹〜水戸駅

①五月六日（木）鉾田町大竹（茨城県）〜旭村子生

七時十五分、車に前橋の藍原氏と妻が同乗して自宅を出発した。国道三五四号線を辿り、古河から一二五号線で土浦に出た。土浦駅で船橋の加藤君も加わって国道三五四号線を再び走った後、鉾田町大竹小学校前に到着した。

二時四十五分にここ大竹の十字路から男三人で五十一号線を北に向かって歩き始めた。風が冷たくて、薄着では寒く感じた。途中、日本建築の民家が競うがごとく建っている風景が見られた。やや内陸側に道は曲がり、四時頃、旭村に入った。一時間ほどなにもない国道を歩いて、ちょうど五時に子《な》生《じ》郵便局前に到着した。その時、車の妻から大竹海岸で売っていたという焼きはまぐりの差し入れがあった。新鮮で美味でした。今日はここで切り上げることにした。（七・六㎞）

宿泊は前回（四月）と同じ鉾田のホテルである。夕食にはうな重が出されて、土浦で鰻が食べられなかったので一同大喜びであった。

②五月七日（金）旭村子生〜水戸駅南

車で移動して、八時三十分に三人そろって子生郵便局前をスタートした。天気は晴。国道を北に進む。歩道が狭いので三人が一列に縦に並んで歩いた。大洗町に入って、日本原子力研究所サイクル機構前に来た。各門の入口は警備員が立っていてものものしい。古宿・浜街の旧道に入ると、重厚な各家々の屋根が肩をいからせて建っていた。道路に出ていた老人の話によると「蔵が建つと、隣の家では腹が立つ」とこの辺ではいわれているという。さらに、「瓦は三州、塩めし食っても家に金をかける」のだそうである。また、この道の入口には「伊勢参宮碑（昭和九年建立）」なる大きな石碑が立っていた。

大洗海岸が見える高台に出た。ここから国道をくぐって横切り、大洗の市街地に入った。静かな古い町並みを歩くと中心部でそば屋を見つけたので立ち寄ることにした。

午後は、国道に出て東水戸道路をくぐり水戸に向かう。途中の左右の田んぼはどこも田植えの最中であった。国道から狭い道を市街地に向かうと、勢いよく流れる川（堀）あり。両岸はコンクリートから新たに石垣に整備され、橋も石造の立派なものに改修されたようである。これが備前堀で、橋上と橋の袂には「備前堀の由来」碑や堀掘削に貢献した関東郡代伊奈備前守忠次の像が設置されていた。この堀は千波湖から流れ出るさくら川から取水して、今も下流の水田を潤している立派な用水である。これを大切にしている水戸の人々は立派である。ここから土手沿いの道を西に歩くと水戸駅南側に出た。五時三十分に本日宿泊するホテルに到着した。

（二十二・〇㎞）

翌日、国道五十号線を上州に向かって車を走らせ、帰路に着いた。

第72回　平成十六年六月四日～　五日間

四国・宍喰町～高知駅

①六月四日（金）宍喰町（徳島県）～室戸市佐喜浜（高知県）

四国の徳島県境を越えて土佐の高知市まで太平洋の潮風に吹かれながら歩こうと思う。前日の六月三日、東京から新幹線ひかりに乗り新神戸で下車した。ここから高速バスで徳島市へ、それから特急電車で阿南に出て、後はレンタカーでこの日の宿泊予定ホテルのある海部町までの前回歩いた道を妻とドライブした。午後四時四十八分に到着したこの宿は、今年三月にも宿泊した施設である。部屋から、眼下の暗黒の太平洋上に満月が輝いて見えた。

朝、眼前の海は水平線まで波穏やかである。日本全国晴れの予報があり、暑くなりそうである。八時十五分に宍喰橋をスタートし、室戸岬をめざして歩き始めた。坂の先の一・六㎞ほどの水床トンネルを抜けると高知県に入り、東洋町の入り組んだ海岸に出た。ここは甲浦《かんのうら》の漁港である。

国道五十五号線は室戸岬までの四十㎞近くは右手に山の斜面が迫り、左は青い太平洋の荒波が岸に打ち寄せる海岸線である。お遍路さんにとっても長いきつい道中なのだろうと思う。日和佐の薬王寺の次の札所は室戸岬にある最御崎《ほつみさき》寺で、この間は八十㎞以上はある。十一時を過ぎてからゴロゴロ海岸といわれる海岸に至った。道路の下の海岸を覗くと米俵ほどの丸い石が波打ち際にごろごろ横たわっていた。波の強い夜などは、海の中からゴロゴロという石の転がる音が聞こえてくるという。

御崎神社を過ぎて室戸市に入った後、入木橋を渡った。日射し強くむし暑いので喉が乾く。三時過ぎに佐喜浜の集落に着いた。ここの港からホエールウォッチングの観光船が出ているということを聞いていたので、海岸からずっと沖を眺めて歩いてきたが、波ばかりでなにも見あたらなかった。集落は人家が並ぶが、人影はなく静まり返っていた。四時にこの先の都呂という集落で本日の旅を打ち切った。

（二十四・〇㎞）

好天の中、一日中海を眺めて歩いたことになる。宿泊は室戸岬の先端にある旅館で、妻の運転する車でそこまで移動した。すぐ窓下が海岸で、波が岩場を洗っていた。「風呂は海洋深層水温泉を汲み上げている」といいながら、宿のおばさんが地酒を一本サービスに差し入れてくれた。

②六月五日（土）室戸市佐喜浜（高知県）～室戸市室津

五時前に、赤い小さな太陽が太平洋の水平線から上って来るのを眺めた。これが室戸岬で見た日の出である。天気は晴。今日も暑くなるだろう。宿でペットボトル一本のお茶をいただいて、八時五分に佐喜浜をスタートし、南の室戸岬をめざした。右手の山側の樹林からウグイスの声が聞こえてきた。海岸の波は昨日よりも激しく吠えている中、鹿岡鼻の夫婦岩を目の前にして休憩した。本日の到着予定地は岬の西側の室津である。三津に来たが、ここから西に半島を横断して近道して室津に行けるが、やはり岬を回らなければと思う。岬までなにもない道中だと思っていたが、六ヶ谷という地に来るとレストランがあったのでここで昼食をとることにした。ここでも深層水を使用しているという。

岬の手前二㎞ほどの丘上に、白亜の室戸青年大師像が立っている。高さは台座を含めて二十一ｍある立像である。また、御厨人窟もこの先にあり、合わせて参拝した。室戸岬に二時半に到着し、近くの中岡慎太郎像をしばらくの間じっと見つめていた。

ここから道はV字の岬の西側の道になり北に向きを変えて進んだ。この辺の民家は太平洋からの風や波を防ぐために、家の外に三～五mほどの高い塀がコンクリートで作ってある。これを見ると、かなり台風時や季節による風雨が強いことが想像される。岬から六㎞ほどで室津に入り、二時二十三分に旅館に到着した。釣り客が同宿していた。（二十一・〇㎞）

食後、隣のテーブルで俳句の原稿の打ち合わせをしていた女将と男性が話しかけてきて、俳句と旅についてしばし話がはずんだ。

③六月六日（日）室戸市室津～奈半利町

予報では四国は一日中雨とのこと。妻は用あって今朝群馬に帰っていった。私は七時二十四分にスタートし、五十五号線を北西に高知駅に向かって歩いた。雨上がりなので空気は爽やかである。海沿いのグランドでは、少年野球が始まろうとしていた。つづいて平尾という所に道の駅あり。鯨館はまだ開館前であったが、朝市の方は家族連れで賑わっていた。

途中でにわか雨に降られたが、まもなく晴れ間が見えてきた。吉良川町に入ると、国道端に「重要伝統的建造物群保存地区」の看板が立っていたので、一、二本北側の右の旧道に入った。ここは旧土佐街道で、切妻造りの町屋が並び、「水切り瓦」や漆喰の「なまこ壁」、「いしぐろの塀」などを見物した。旧道が国道に合流する位置に四阿《あずまや》あり。お遍路さんのために造られたものらしく、休憩所やトイレも完備していて、土地の人達によって管理されているらしい。大変きれいになっていてうれしくなった。歩いていて、途中で日陰のある場所がほとんどない。正午過ぎ、羽根川の橋の下が日陰になって涼しそうだったので、下のコンクリートに腰を下ろし、河原に足を投げ出してアンパンを食した。この川はすぐ下で海に注いでいて、魚が水底を泳ぐ姿がよく見えた。午後は、晴れたので暑くなった。途中、左手が不自由なおじいさんに「ガンバレ」と励まされた。

羽根岬に着いたが、本日二つ目の岬で駐車場、水、トイレがあった。ここに、紀貫之の歌碑あり。

［まことにて名に聞く所　羽根ならば　飛ぶがごとくに都へもがな］

この地で都を思う貫之のさびしさを想像した。奈半利町に入って加領郷という港を過ぎた。日射強く、呼吸が息苦しい感じがして、酸素不足のような気分になった。ドライブインにとび込みクリームソーダを注文、まるでオアシスに着いたような気分で生き返った。奈半利の町並みに入り、四時三十分にホテルに到着した。その後大雨となった。

（二十四・五km）

④六月七日（月）奈半利町〜夜須町手詰

七時五十五分にホテル前をスタートし、高知をめざして国道を西に向かった。朝から日射し強くムッとする暑さの中、奈半利の町並みを通った。海岸近くは海からの風が涼しい。だが背中は汗びっしょりである。空気が湿っぽいのである。奈半利から土佐湾岸を南国市の御免駅まで四十三kmほどの距離を電車が走っている。土佐くろしお鉄道「ごめん・なはり線」といい、平成十四年に開通したばかりの鉄道で、まだ二年しか経っていない。歩いていると、農家の人達がナスやピーマンを出荷する姿をよく見かけた。田植えはこれから始まりそうである。安田町から安芸市に入った。道端でみかんを売る女性から二つのみかんをいただいた。日陰のある近くの電車の高架下で、青空を眺めながらみかんを食べて元気を取り戻した。おばさん、ありがとう。歩いている左手は太平洋に口を大きく開く土佐湾である。波は穏やかで少し緑がかった青い海の塊は、四角に切って冷やして食べてみたいと思ったりしながら歩いた。大山岬を過ぎると道の駅があり、板を渡したベンチがあったので、海に向かって座り休憩した。外はカンカン照りだが、ここは海からの風があり涼しくて爽快であった。

市内の店でユズシャーベットを食べたら涼しくなった。海岸に沿う長い自転車専用道路に出た。途中で自転車に乗る女性のお遍路さんに会う。松山から来ているとのことであった。道は芸西村から夜須町に入った。今日の宿舎は手結《てい》岬にある国民宿舎である。ここは国道から山道に右折して再び国道の上を越える道を歩かねばならないので少し遠回りになる。宿舎では心配して車で途中まで迎えに来てくれた。六時ちょうどにこの国民宿舎に到着した。

（三十二・一㎞）

⑤六月八日（火）夜須町手結～高知駅前

雨は止んだ。宿舎のフロントマスターに、手結漁港から国道に出る近道を教わり、八時三十分に木の下の細い小道をくねくねと下った。雨後の露に濡れ、落葉を踏んで手結漁港に出た。漁港の向かい側に海岸と道の駅がある。そこを結ぶ跳ね橋があるのだが、九時にならないと橋は通行できないので、仕方なく迂回して道の駅まで歩いた。雨が少しずつ降って来た。ごめん・なはり線は高架単線で、その下の道は傘をささずに歩くことができた。

赤岡町内で国道は右に曲がって海岸から離れた道になった。昼食をとった途中のレストランの南一、二㎞の所に高知空港があり、付近には高知大学や高専もあった。この道は、中央分離帯のある広い道路で、高知市に入ってから五十五号が三十二号線に引き継がれて高知駅まで続いている。また、土佐電鉄御免線が途中からこの国道の中央を走っている。国道を右折してはりまや橋を見てから、四時に正面の高知駅前に到着した。宿泊はこの駅前のホテルである。今回の旅では、五日間で一二四・六㎞を歩いたことになる。

（二十三・〇㎞）

明日は高知発特急南風にて岡山に出るが、初めての四国中央部を走る列車に乗車する。岡山からは新幹線ひかりにて東京に向かう予定である。

第73回　平成十六年八月二日〜　八日間

北海道・宗谷岬〜紋別市内

①八月二日（月）宗谷岬（北海道）〜竜神島前

夏は北海道がいい。宗谷岬を出発し、オホーツク海側から太平洋側までの北海道の東半分を四、五年かけて歩く計画である。今回はオホーツク海側の紋別までを、北から地図を頼りに下がって来ようと思う。

この日、われわれ夫婦は羽田空港から稚内空港に向かって飛んだ。機内で、用意していった食事をとっただけで北海道に着いてしまった。この間約一時間四十五分であった。やはり飛行機で旅をゆっくりと楽しむのは無理である。空港でレンタカーを借りて宗谷岬まで運転した。道路はガスっていて視界はあまりよくない。［日本最北端の地］の碑の前には、観光のおばさんたちやバイクと自転車の若者たちが記念写真を撮り合っていた。

さて、私の方は、南下開始である。三時三十分に宗谷岬をスタートして、オホーツク海沿岸の国道二三八号線を紋別めざして歩き始めた。じっとりと汗ばむような潮風が吹く。折りたたみ傘一本を持って、漁港特有のにおいを感じながら歩いた。道端に「網走まで二九一km」という標識が見えた。途中、宗谷小学校の子どもたちと道で会うと「こんにちは」と挨拶してくれた。一時間ほど歩くと人家はなくなり、左手は海岸、右には小高い丘の草の斜面が迫る。霧の中に、海を隔ててすり鉢を逆さにしたような形の小さな島がうっすらと現れた。これが竜神島である。ちょうど妻が車で迎えに来たので、島を目印にここで今日は止めにしておくことにした。時刻は四時三十分であった。（四・一km）

宿泊は宗谷岬のすぐ前のペンションで、到着してすぐに入浴した。潮風でべとついた肌がさらさらになって気持ちがいい。夕食には、一人一杯ずつの毛がにが皿にのっていたので大喜びであった。

②八月三日（火）竜神島前～浜鬼志別

小雨の中、車で竜神島前まで行き、八時十五分に霧の中に向かって歩き出した。視界は五十～一〇〇mくらいか。車はライトを点灯して走る。カッパを着用しているので、汗がじっとりしてくる。霧でメガネが曇って来て見通しが益々悪くなった。九時二十分、自転車のおじさんが坂を上って霧の中から現れた。サイクリングのスタイルである。東京の人で、「斜里から釣りをしながらここまで来た。

今日で五日目だ」という。今回は礼文島まで行く予定とのこと。互いに写真を撮り合い、激励し合って霧の中に去って行った。

この後は、海岸から離れて山の中の道になった。なだらかな起伏のある道である。木々に囲まれているので辺りは薄暗い。熊でも出そうな雰囲気を感じてびくびくした。十一時過ぎに東浦に下りてきた。ここでの視界は二〇〇ｍくらいか。港には多数の漁船が停泊しているのが見えてきた。海岸への石段に腰を下ろして昼食にした。昼食といってもなにも買ってない。周囲には店も人家もない。仕方がないので、リュックの奥にある非常食のブロックとゼリーを取り出し口に入れただけである。

見かけた人といえば、道路工事の人だけで、後は地元の人も見かけない。第二苗太呂橋を渡って稚内市から猿払村に入った。五十分ほど海岸を歩くと知来別という集落に着いた。戸数は少ないがこぢんまりした村である。学校、郵便局、派出所、神社、寺院などがあった。どこまでも海岸線が続く。この村だけで海岸線が三十㎞以上続いている。面積が北海道一といわれている広い村で、ホタテの国内有数の産地である。ホタテの工場と売店の前で妻が追いついた。「生ホタテを食べようと店に寄ったら、売り切れになってしまった」といって残念そうであった。三時四十分に浜鬼志別の集落に到着した。

（二十四・八㎞）

この海岸から五㎞ほど内陸に入ると鬼志別の集落があり、その中に今日宿泊する旅館があった。静かな村で周辺は原野であり牧草地でもある。宿では生ホタテが出た。シコシコと新鮮で美味だった。他にイクラ、ホッケ焼き、すき鍋、カニ汁などが出た。

③八月四日（水）浜鬼志別～浅茅野台地（クッチャロ湖畔）

車で浜まで出て、国道の角にあるコンビニにておにぎりとバナナを購入した。雨が心配なのでTシャツの上にカッパを着用して、八時四十五分にスタートし南に向かった。まもなく道の駅の前を通った。トイレもあるがホテルやバンガローなどの宿泊施設にスポーツ施設まである。これらは村営猿払牧場の中にあり、広大な緑の牧草地になっていて、沢山の牛たちが牧草を食んでいる。遠方にはサイロや森が見えた。いかにも北海道らしい風景が展開している。猿骨沼付近の牧草地には黄色や白色の花たちが風に揺れていた。上猿骨に来ると、パーキングシェルターの屋根が道路を覆って作られていた。ここで水を飲み、バナナを食べ、Tシャツ一枚になると腕に海風が触れて気分は爽快になった。ポロ沼とオホーツクの海に挟まれて巨大な発電用風車が二基、西風を受けて元気よく回転していた。風速八m／s、気温二十五度、天気は晴。

新富士見橋を渡って浜猿払の町並みを通り過ぎるとちょうど正午になった。浜の草上に座して海を見ながら昼食をとった。ふと草むらの先を見ると、［熊出没注意］の看板が立っていた。これにはびっくりであった。早々に食事をすませてここから離れた。左手は海、国道は牧草地や荒地の中を南にずっと延びている。この道の歩道は広くて歩きは快調だ。この広い空の下で一人歩いていると、自転車やバイク、車、時にはキャンピングカーなどに会う。中には頭を下げて挨拶して通り過ぎる若者もいる。

浅茅野小学校手前の道端で弱っている蝶を発見した。蝶のことはよく分からないが、黒い蝶で光の角度によって青紫色を発色する。カラスアゲハではなかろうか。手の出しようもないので、そのまま歩道から草むらの中に移してやった。遠方から舞って来て疲れ切ってしまったのだろうか。

この付近は、広い空と緑の大地以外にはなにもない。浅茅野台地に近づくと「飛行場前」と書いてあるバス停に来た。どこかに飛行場があるのだろうか。見渡してもそれらしいものは見当たらない。辺りは牧草が緑のジュータンを敷いたように見えるだけである。一時間余り歩いて、クッチャロ湖の小沼の東側に出た。ここで村の境界を越えて浜頓別町に入った。日はまだ高いが、疲れてきたので無理をせず緩い坂を上った所で本日は切り上げた。歩いてきた道を振り返って見ると長い長い直線の道が北方に続いていた。

（二十四・三㎞）

車で浜頓別温泉に向かう。宿舎はクッチャロ湖（大沼）東側湖畔の大自然の中にあった。温泉は薄茶色のアルカリ泉で別府に次いで良好の泉質だといわれている。クッチャロ湖はラムサール条約に指定された白鳥の飛来する湖として全国的に有名である。この東側のオホーツク海沿岸にはベニヤ原生花園が広がっている。

④八月五日（木）浅茅野台地（クッチャロ湖畔）～枝幸町問牧

車で昨日の浅茅野台地の坂の上まで戻って、八時三十分にここをスタート。国道を歩いているうちに浜頓別町に入っていた。牧草地の中の緩い坂道を上下した。クッチャロ橋を渡ると浜頓別の町並みに入った。国道二三八号線は中心の十字路で左折して海岸を行く道になるが、ここを右折する二七五号線は、山中を抜けて音威子府に通じている。頓別川を渡って海岸に出ると、直線道路となり、これが神威岬までほぼ十一㎞続く。途中発電用の風車が四基ゆっくり回転しているのを見た。続いて「砂金採掘公園」の大きな立看板と像が立つその入口のT字路に来た。十二時を過ぎたので、ここで非常食の昼食をとった。目の前の海は波穏やかであった。

午後、オホーツク海に少し飛び出した神威岬の手前まで来た。手持ちの地図では岬をぐるっと回って向こう側に行く道なのだが、目の前に岬を突き抜けるトンネルができていた。長さは一・二kmで少々上り坂になっている。トンネルを抜けると枝幸町である。町の境界は私の地図では途中で切れていてこの辺りは不明になっているが、おそらくトンネルの中ほどであろう。その先には、神威岬公園があり展望台や休憩所、トイレなどが整備されていた。

「目梨泊」という集落を通った。草を刈ってトラックに積んでいた老人にこの集落の名前の読み方を聞いてみたところ、「メリドマリ」と早口で答えてくれた。ここから話が始まり、老人は「現在六十八歳で、終戦で樺太から引き揚げて来て、苦労の連続で今日まで生きてきた」という。苦労話を聞かせてもらった。

透明な海を見下ろしながら問牧《といもく》に至った。辺りは西に山があって薄暗くなって来た。この地点で妻の車の迎えがあったので、五時にここで止めにした。（二十八・八km）

宿泊は、この先の枝幸の市街地と港を一望できる丘の上のホテルである。ここでも夕食に毛ガニ一杯が出た。温泉も食事も満足のいく素晴らしいホテルであった。

今日は、歩きながら一匹の虻に狙われて困った。虻を何回も追い払ったが、執拗に突進してくる。この時、思い出したのは白いタオルだ。タオルを振り回してみた。白いタオルに恐れをなしたのか、そのうちに姿を消してしまった。

⑤八月六日（金）枝幸町問牧～枝幸山臼

広島原爆の日、合掌。

今朝は車で十㎞余りの道を戻って、八時二十三分に問牧をスタートし、海沿いの国道を南に向かった。晴天。朝の清涼な空気が爽やかである。今日はホテルに連泊するので、不要な荷物を部屋に置いて来てリュックはいつもより軽い。車が途絶えると、海の音、風の音、時折のウグイスの鳴く声などの自然の音だけが耳に入る。それにリュックに結んである熊避け用の鈴のチンチロリンが加わる。枝幸の市街地に近づくと、国道バイパスは海岸から離れて山際を走るが、その国道を左折して海岸に近い市街地に入ると、漁師町の住宅地といった町並みになった。枝幸港の道路に除草剤を噴霧していたおじさんの話では、「この辺は海水浴の習慣がないし、子どもも少なくなっているので、岡島の海開きをするがあまり人が集まらない」という。昭和十年生まれで退職後健康のためにこういう仕事をしているが、あまり歩くことはしないと話す。人と話をする機会があまりないといっていた。正午少し前にバイパスに合流した。ここの海岸は遠浅で砂浜が広く、水もきれいで波穏やかである。

午後になって、車の通行がなくなった。道にリスが一匹、道路脇の草むらから出て来て横断していく姿を見かけた。小柄なリスであった。北見幌別川の河口に架かる幌別橋のすぐ下《しも》は海である。橋上に立つと川面を渡って来る南風が、なんともそよそよと気持ちがよい。思わず目を瞑ってこの涼風の一瞬の幸せをしっかりと味わった。

一時半近くになって、道の駅の前に来た。昼食はいくら丼とアイスコーヒーを注文した。青い海を眺めながら、「いくら」たっぷりの丼を味わった。この道の駅のすぐ先から、眼下に岡島海水浴場が見下ろせた。日本最北の海水浴場ではなかろうか。人は少しはいるが、泳いでいる人はいないようである。水温が低いのかどうか。徳志別川を渡ると音もなく川が流れていた。四時二十分に山臼の自販機のある店の前に来て、ここで本日は止めることにした。（二十五・一㎞）

宿泊は昨日と同じ枝幸市三笠山の丘の上のホテルである。

⑥八月七日（土）枝幸山臼～雄武町幌内

山臼の自販機のある店の前を八時二十五分にスタートし、昨日と変わらず海岸沿いの二三八号線を南東に向かうと、朝から日射しが強い。気温は二十二度、晴。微風あるも、道に日陰はない。うみねこの鳴く声だけが周囲に響く。この枝幸町の海岸線は、この町だけで長さが約五十㎞あり、ほぼ一直線をなして続いている。人はこの海岸線付近に小さな集落を作って、生活を営んでいるようである。海岸沿いをひたすら歩き続けたのち、牧草を刈り込んだ後の草の上に座して、天を仰ぎ大地を眺めながら休憩した。

風烈布の中学校の手前の鬱蒼とした木々の中に細い谷川が流れていた。道路から見下ろしていると、木陰の薄暗い川の中で小鹿が二頭水遊びをしていた。極めて用心深そうに行動していた。さらに十mほど上流には大型の母親らしい鹿が子を見守っていた。じっとこちらを見ていたが、いずれも川から上がってどこかに消えてしまった。風烈布川を渡り、消防小屋の玄関前に座った途端にここのサイレンが物凄い音でうなり出したので、非常警報かと思ってびっくりしたが、時計を見るとちょうど正午であったので、これだなと思い安堵した。昼食は、店も売店もないので非常食を食べてすませた。

日が出ると猛烈に暑い。ようやく雄武《おうむ》町に入った。まだまだ直線道路は続く。左手のオホーツクの海は静かで、あくまでも穏やかに広がっていた。幌内川を渡り幌内の集落に入ったのは四時三十八分で、ここで迎えの車を待った。（二十五・一㎞）

今日の宿は、ここから南へ二十㎞あまりの小さな半島の先端にある温泉ホテルである。先端にはオホーツク海を見下ろす展望台やオートキャンプ場の施設がある。温泉は六十六度の湯が湧出している。岬が東に向いているので、水平線から昇る日の出が素晴らしいという。

⑦八月八日（日）　雄武町幌内～雄武御西川

天気は晴。朝から日射しが強くて暑い。八時四十八分に幌内をスタートした。海岸沿いの国道を紋別めざしてひたすら歩くのは、昨日までの行動と同じ。東京から来て、釧路からサイクリングをしている高校生と思われる若者五、六名のグループに会った。

雄武の町並みの手前の元稲府という所に来ると、ソフトクリームを製造販売するかまぼこ屋根の売店があった。若い娘一人が店先に立っていた。一つ購入して、おまけにタオルに水をかけて貰った。「宗谷岬から歩いて来た」と話すと、びっくりした様子であった。アイスクリームと濡れタオルで再び元気が出た。雄武市街地を通ると町の中ほどに喫茶店を発見した。あまりの暑さにそこに逃げ込むようにして入り、さっそく冷やしラーメンとアイスコーヒーを注文した。

雄武川の河口に架かる雄武橋を渡ったが、川も海も原野も森も山もすべてが暑さだらけであった。道は単調な直線道路、水分をとって歩くしかない。三時を過ぎて日の出岬入口に着いた。昨日宿泊したホテルはこの岬の先端にあり、今日もここに宿泊するが、まだ時間があるのでさらにこの先まで歩くことにした。緩い起伏のある坂道になった。

右手の牧草地でドタバタという音を耳にしたと思ったら、五、六頭の鹿があっというまに後方から前方の木々の中に消えて行ってしまった。カメラを出してシャッターを切る暇もなかった。道は右にカーブしながら低地に下り四時四十分に御西川の橋を渡った。

この後、ここから日の出岬まで車で戻り、昨日に続き連泊した。

（二十五・〇㎞）

⑧八月九日（月）雄武御西川～紋別市分岐

今日は長崎原爆の日、合掌する。

八時十五分に雄武町御西川の橋の袂をスタートした。すぐ目と鼻の先の御西福祉館の庭にタイヤを積み重ねたドラエモンの手作りモニュメントが置いてあった。アップ・ダウンのある曲がりくねった山の中の道になった。人家は見当たらず木々の奥から熊が出て来そうな雰囲気なので、熊避けの鈴をリュックにしっかりとつけた。

興部《おこっぺ》町に入ると北の方角にゴロゴロという音が聞こえた。油断していたところ、俄かに雨が降り出した。雨具を取り出すと止んでしまう。こんなことを数回繰り返して一時間も経たぬうちに空は晴れてきた。興部川を渡って町中から再び海岸に沿う直線道路に出た。単調な一本道である。そんな時、吹いてくる風にほっとして生き返るような気持ちになった。広い牧草地は、刈り取った草を天日干しにしてから機械でロール状にして、多くは白いシートで覆う。それが牧野に点々と置かれていて、これがこの季節の風物詩となっている。

沙留《さる》岬のある沙留の集落に来てから直線道路を紋別市に向かう。左の海の海岸線は、岩場も島も半島もない。焼けつくような西日のさす熱さの中、一本道をただひたすら歩いた。周囲には家も人も見あたらない。紋別市に入り、オムサロ原生花園入口に着いた。ここは海岸が見下ろせる場所で、［流氷岬］の丸太の碑が立っていた。花園には遊歩道が設けられていて散策ができる。下の海岸では海水浴を楽しんでいる人達もいた。疲れてはいるがさらに歩いて渚滑橋を渡り、渚滑町を通過して、五時五分に紋別の市街地入口の分岐点に到着した。今回は本当に暑かった。こういう北海道とは夢にも思わなかった。

（二十七・四km）


今日は紋別市内のホテルに宿泊し、明日午後の便で紋別空港から羽田空港に飛んで、群馬に帰る予定である。今回の八日間の旅での歩行距離の合計は、一八四・六kmになった。

第74回　平成十六年八月三十日～　四日間

東北・竜飛崎～青森駅

①八月三十日（月）　蟹田（青森県）～平館村湯ノ沢

今年から東北の太平洋側もアタック開始である。今回は青森県の竜飛崎から青森駅までを歩く計画を立てた。朝、高崎線で大宮に出て、新幹線はやてに乗り換えて八戸まで行き、特急つがるに乗り青森駅で下車した。レンタカーにて、津軽半島の陸奥湾に面した蟹田郵便局前まで行き、午後二時三十分に同所をスタートして、国道二八〇号線を、右手に海を見ながら北に進んだ。
空は曇っているが、風もなく町中は静かである。天気予報では大型の台風十六号が九州に接近中で、日本海を経て東北、北海道に直進するとの情報がテレビで伝えられた。蟹田川を渡って休憩所の高台から陸奥湾を見下ろすと、対岸の下北の断崖が西日に輝いて岩肌をむき出しにして、荒々しい光景を見せていた。蟹田から下北半島へのフェリーも出ている。台風来襲を明日に控えて、男は漁船を引き上げたり、屋根を修理したりで、女性は畑仕事に一生懸命であった。空には青空が見える所もあったが、ラジオでは午後五時頃山口県の防府辺りに上陸したと報じていた。五時四十分に平館村の湯ノ沢十字路に到着した。今夜の宿は、近くの温泉旅館である。（十二・六㎞）
夕食にはアワビ、イカ、ホタテ、金目焼、茶碗蒸し、鍋などどっさりの料理が出た。食事中、女将が来て「明日は台風が来るので、ゆっくりしていって下さい」という挨拶があった。

②八月三十一日（火）平館村湯ノ沢～今別町奥平部

朝方、台風十六号は日本海を北東に佐渡沖に進んでいるとの報道あり。小雨降り出す。八時に朝食になった。風を伴った雨が、平館海峡の見えるガラス窓を打つように降りかかる。風が強弱を繰り返して吹き続ける。これでは外へ出ることもできない。昼頃に東北地方の北部から北海道へ抜けるとのテレビでの予報があった。午前中はこの旅館にて待機して様子を見ることにした。

なにもせずぼんやりしている間に正午になり、昼食にカレーライスができるとのことで注文した。食事中もまだ波打つように風雨が強弱を繰り返していた。昼のニュースでは、台風は北海道に再上陸したとのことで、そろそろ出発することに決めた。当初の計画では、この日は今別町奥平部まで車で移動して、そこから竜飛崎まで一日かけて歩く予定であったが、今は時間的に半日しかないので、予定を変えて、午後は翌日の計画の奥平部～湯ノ沢間を西向きに歩くことにした。今夜の宿は、当初計画の竜飛崎泊まりか、ここ湯ノ沢に戻るかは奥平部に着いてから決めることにした。

小雨が降り、風が吹く中、一時十八分に湯ノ沢十字路をスタートした。風が右から左から、前方から時には後方から突然吹いてくる。さしている傘が吹き飛ばされそうになり、懸命に傘の向きを変えたりした。山が騒ぎ、海が荒れ狂う。通る車はほとんどない。学校は臨時休校のようで子どもの姿を見かけない。石崎沢まで山際近くにバイパスが通っているが、その広い道路も終わって国道に出ると、左手の山の斜面の樹木が風で唸っていた。右手の荒れ狂う海の波のしぶきが岸壁に舞い上がり、時々、道路に飛び込んでくる。こんなのは生まれて初めてで、前方がよく見えないので恐ろしくなった。下手をすると波にさらわれそうである。人家のない所は特に風が強く、傘をさすのを止めてしまった。平館村から今別町に入り、道は西向きに、海は津軽海峡になった。四時十分に奥平部の静まり返った家並を通過した所で迎えの車が着いて、ここで今日の歩きを止めることにした。（十一・一㎞）

妻が竜飛崎のホテルに電話すると、「風はいつものことで大丈夫、来てください」といわれた。今日は予定どうり竜飛崎に宿泊することに決め、津軽海峡の波を見ながら恐る恐る車で西に向かった。ホテルは竜飛崎の先端の崖の上にあり、津軽海峡からの激しい風雨にもびくともしなかった。平成六年に宿泊した時は、たしか木造二階建ての旅館だったと思う。現在この部屋からは眼下に竜飛の漁港と岸にへばりつくように並ぶ集落が見下ろせる。その先には荒れる津軽海峡があった。客は老人の小グループと夫婦・家族連れが数組くらいで少なく、ホテル内は静かであった。

③九月一日（水）竜飛崎〜今別町奥平部

国道三三九号線は津軽半島の西側から竜飛崎を通って東側を走っている。今朝はまず岬の上の国道と海岸に沿う下の国道を繋ぐ、国道三三九号線の階段を下りることから始まった。八時二十分に広島出身の金沢大生と一緒にここを下った。下に降りて国道の行き止まりにある太宰治の石碑の存在をこの学生と確認してから、ここで学生と別れた。

海岸沿いの国道を南東に歩く。古い集落をいくつも通過した。昨日ここを車で通った時は人気はまったくなかったが、今朝は郵便局員やセールスの営業マン、村の老人、女性などが動き出していた。昨日の集落の表情と比べると雲泥の差であった。梨の木間トンネルを抜けると雲が南から北東に向かって次々と流れる。遠方には下北半島が微かに姿を見せていたが、北海道は海峡のガスで遮られて見えなかった。途中にはいくつも駐車場があって、このいずれにも水やトイレが完備されていた。藤島という三厩村の集落に着いた時は、なにかを削る音、トタンの屋根を修理する音、郵便局員のバイクの音、荒波の音、車の音、船を修理する打音、鳥の鳴き声や犬の鳴き声など、昨日無かった音が聞こえてきた。それから五十分後には厩石にある義経公園の義経寺に着いた。ここは国道三三九号と二八〇号の旧道とバイパスが合流するポイントになっている。ここからひたすら海岸に沿う旧道を急いで歩いた。今別町に入って十二時二十分頃、二つ石崎近くの濁った石ころ海岸を目の前にして昼食のおにぎりを一個食べたところで、ポツリポツリと雨が落ちてきたので素早く片づけて歩き出した。

一時過ぎに今別の町並みを通った。その後二時十分に山崎の新旧国道の合流点に来た。この辺りは三厩湾の凹みの部分になっていて、ここから右手に鋳釜崎が津軽海峡に突き出ていて、次第にそれが近づいてくる。公園に来て展望台に上って見下ろすが、水平線も定かには見えず、他になにも見えず、風ばかりが強く吹いているだけであった。海と崖の間の細い道を東に進み、袰月《ほろづき》港を過ぎる頃には天気は晴れてきた。広い道路となり、奥平部の中心地点には四時三十分に到着した。（二十七・二km）

昨日の三厩湾の国道からの風景は恐ろしい表情をむき出しにしていたが、今日の同じ国道の風景は、山も海も海岸も、道沿いの家々の様子も明るくて素晴らしい風景であった。ここから車で移動し、蟹田には五時に着いた。町の表情が生き生きとして見えた。今日の宿はこの町の中の旅館である。早速、風呂に入って旅の疲れを取った。他には客はいないようだ。食卓にはウニ、カニ、さしみ、焼きサケ・ホタテ、イカの塩から等々が並んだ。

④九月二日（木）蟹田～青森駅

朝のニュースで、昨夜浅間山が噴火して降灰したと報じていた。北軽井沢の一部住民が避難し、嬬恋村に火山灰が積もったという映像が映っていた。朝食には、すじ子が出たので熱いご飯にたっぷりのせて食べた。これは美味であった。

七時五十分に旅館前をスタートして、すぐ前の国道を南に向かい、蟹田の町並みを通り抜けた。町境を過ぎて蓬田村に入ると道端のすすきの列が歓迎してくれた。この辺りから国道を外れて海辺の防波堤の上やその側道を歩き続けた。波の音が聞こえ、光る海が見え、船小屋でのホタテの網を準備する男女や台風で破損した屋根を修理する仕事師などの働く姿が見られた。ただし、こちらの道は目印になる地図上の建物や標識がないので、地図の中での現在地がなかなか判断できないので困った。

昼近くなって、この道では食事のできる店もないので国道に出たが、こちらもずっと小さな漁村や集落が続いていて食堂などは見当たらない。いつの間にか青森市に入っていた。まだまだ道は南に続いている。津軽線の奥内駅を過ぎると「ラーメン」とだけ書いてあるのれんを見つけた。若い店主が一人で切り盛りしていた。帰り際に声をかけて話すと、群馬県の藤岡に叔母さんがいて、数回訪ねたことがあるという。近くの地名や会社名、高校名など私の家の近くの名がポンポン出て来て驚いた。別れ際に「歩き旅、がんばって」と激励の声をかけてくれた。

青森の中心市街地から離れた郊外の道路は、歩く者にとっては最悪で、側溝の蓋は凸凹で歩きにくいし、歩道は整備されていない。四時ちょうどに青森駅に到着した。　　（二十七・〇㎞）

今日の宿は駅近くのホテルで、外に出て近くの料理店にて生ビールで喉を潤し、じょっぱ汁とホッケ焼きで夕食をすませた。この店、パンフレットには「青森で二番目においしい店」とある。明日は午前中ゆっくりして、午後特急白鳥で八戸に出てから新幹線はやてに乗り換えて大宮に向かい、群馬に帰る予定である。

第75回　平成十六年九月二十四日～　七日間

四国・高知市朝倉～宿毛駅

①九月二十四日（金）高知市朝倉～はりまや橋

四国の旅の三回目である。今回は高知駅から七日間で、高知県の最西端の宿毛《すくも》まで歩く計画である。

朝、高崎線に乗車し、羽田空港から高知空港まで飛行機を利用した。高知駅―朝倉駅間を歩くのに、朝倉駅前を午後四時三十五分にスタートして、国道三十三号線を東に向かって歩いた。市街地の道路は土佐電鉄伊野線が二線走っている幅の広い通りである。歩道もゆったりしていて歩きやすい。市役所前から高知駅までの間は三十二号線になる。六時に「はりまや橋」に着き、そのまま駅前まで歩いた。（六・〇km）

夜、はりまや橋近くの居酒屋に入り、かつおのたたきで地酒をいただいた。

②九月二十五日（土）高知市朝倉駅前～須崎市千々川

朝倉駅前を八時五十五分にスタート、国道五十六号線を高知大学の脇を通って南に向かって歩いた。新荒倉トンネルを抜けると春野町に入った。仁淀川大橋を渡ってから土佐市内を今度は西に向かう。新しくバイパスができているが通らず、市街地のレストランに寄って昼食をとった。

空は晴れて汗が止まることなく流れる。国道を西に向かって高知自動車道をくぐると、すぐ隣に梨を売る小店があり、若い夫婦が店番をしていた。一個百円の梨にかぶりつくと、水分たっぷりの梨でおいしかった。「土佐梨」という名の梨だという。食べている間に、氷入りの麦茶をサービスしてくれた。ここでコンクリートの土台の上に座して上空を見上げるとパラグライダーが五つ、青空に舞っていた。下から見ているこちらも、のんびりとした気分をしばし味わうことができた。タオルに水をかけてもらって再び西に向かった。

空は雨が降り出しそうな模様になって来た。三時半前に戸波《へわ》橋を渡り、鷹ノ巣を過ぎた。この辺り、今あちこちで民家の屋根を修理する場面に出会った。今年は台風の当たり年といわれる。新名古屋トンネルに入り、ここを抜けて須崎市に入った。まもなくして、五時六分に千々川のドライブインに到着した。（二十四・六㎞）

ここから土讃線吾桑《あそう》駅は一㎞ほどで、さらに下ると須崎港が控えている。今日の宿は、港とは反対の山中を通り、佐川町の佐川駅前の旅館に泊まる。途中には先日の台風の爪痕が各所に残っていて、今にも崩れそうな崖も見かけた。旅館には有名なサッカーのユースチームが同宿していて、宿の女将は、「今日の試合は勝ったそうです」とはしゃいでいた。

③九月二十六日（日）須崎市千々川～七子峠

旅館から須崎千々川まで車で移動し、八時三十分にスタートした。今日は小学校はどこも運動会が予定されているらしく、校庭に人が集まりはじめていた。その後、須崎の市街地から旧道を通って道の駅に出た。ここから須崎の湾岸を歩き、いくつかのトンネルを抜けて、安和駅を過ぎるとレストランがあったので、この店に寄ってサラダ、トースト、コーヒーでの昼食をとった。

坂を上って約一㎞の長さの焼坂トンネルを抜けると中土佐町である。ひのきの森林の中の木々の間の下方に土讃線が見えた。ここを下って久礼湾岸の市街地に近づき、駅前にて休憩した。ここから先は山の中、どんな道が待っているのか、雨は大丈夫か。これから上り坂になる。久礼坂第一、二、三、四トンネルを抜けて坂を上り切ると、そこが七子峠であった。長い坂であった。峠着四時四十分。展望所があり須崎湾がよく見えた。坂の途中で、崖の岩の間から湧き出る水はカラカラの喉を潤してくれて「命の水」、「生き返りの水」であると思ったほどうれしい水であった。（二十四・〇㎞）

宿は、この峠から南に十四㎞ほど先の窪川町にある古い木造の旅館である。トイレにはわらぞうりが三足、風呂はひのきの風呂。東海道の赤坂宿の旅籠に似ていると妻がいう。

④九月二十七日（月）七子峠～佐賀町佐賀温泉前

車で七子峠に向かい、八時三十分に峠をスタートした。この峠から窪川町に入り、緩い坂を南に下って行くと影野駅に着いた。この駅は土讃線の久礼から入って、いくつもの長いトンネルを抜け出て停車する最初の駅である。途中日射が強かったのでこの無人駅にて休憩した。山間《やまあい》の道は窪川まで下って行くが、途中朝市のような店や道の駅などがあり、何度か休憩をしながらのんびり歩いた。小さなトンネルを抜けると窪川の町中に入り、焼肉店で昼食をとった。

ここから国道は上り坂になる。鉄道は国道から離れて、土佐くろしお鉄道中村線となって中村市に向かうが途中の山中でループトンネルとなっている所がある。また、次の若井駅からＪＲ予土線となって分れて宇和島市に向かう線もある。佐賀町に入ると、さらにトンネルが続いた。

もう少し下った所に小さな酒屋があり、自販機の前で椅子を出して座っている男女の老人がいた。向かい側の緑の山を日がな一日眺めているのだという。周辺は山間地である。しばしの間二人の話に引き込まれてしまった。婦人は「夫を戦争で亡くした。平和が一番だね」と話してくれた。ここは橘川という地名であると教えてくれた。この店のもう少し先を歩いていると、歩道の柵に出口がなく「袋の鼠」になってしまった所があった。以前にも熊野を歩いている時にこんなことがあった。四時三十五分に荷稲《かいな》という地にある佐賀温泉前に到着した。（二十四・二㎞）

今日はここから十六㎞ほど先の海辺にある井ノ岬温泉に宿泊する。温泉旅館の目の前は海であった。

⑤九月二十八日（火）佐賀町佐賀温泉前〜土佐入野駅

荷稲の佐賀温泉まで車で移動し、八時五分に同温泉前をスタートして国道を南に向かい山を下った。中村線の土佐佐賀の駅を目の前にした時は、すでに雨が降り出していた。伊与木川を渡ると上り坂になる。左下に鹿島が浦や鹿島が見下ろせる休憩所があり、そこで一休みした。

途中で雷雨となったので、土佐白浜のレストランに寄って軽い昼食をとった。伊の岬の手前で、岬を横断するトンネルを抜けて、左に坂を下れば昨日の宿があるが、今はこの国道五十六号線を西に向かって進むだけである。何度かのアップ・ダウンを経て浮鞭《うきぶち》の海岸に出た。砂浜では十五人ほどの人たちがサーフィンを楽しんでいた。ここから道は少し海岸を離れて進む。雲は重く垂れ下がり、入野の町並みに入った。四時二十五分に国道を左に入って土佐入野駅に着いた。（二十四・三㎞）

宿は、中村市内の国民年金の保養施設である。台風二十一号は九州、四国に接近中であるとの情報を得たので、明日宿泊予定の足摺岬のホテルはキャンセルした。明日が心配である。

⑥九月二十九日（水）土佐入野駅〜中村市渡川大橋（四万十川）

台風二十一号は午後四国に接近するとの予報があり、予定を変更して足摺岬行きを中止した。今夜の宿は、もう一泊この国民年金保養施設に予約して宿所を確保した。

朝、車で昨日の入野駅前に戻り、雨具の準備をして八時五十五分に同駅前をスタート、国道を中村市内めざして歩いた。低い黒い雲が次々と北方に急ぎ足で流れて行く。学校は朝から休校のようで、子ども達の登校する姿はない。道は山間を土佐くろしお鉄道と隣り合わせで通っている。途中から雨が断続的に降る。降るとアッという間に大雨となるが、しばらく降ってサッと止んでしまう。脇を流れる川は濁った水が溢れるほどであった。逢坂トンネルを抜けて中村市に入った途端に、大粒の雨が土砂降りと化した。中村駅の手前を流れる後川の橋を渡って、予約してある保養施設に着いた。妻と電話で連絡を取ってここで一緒に昼食をとって様子を見た。

まだ雨はそれほどの降りではないので、宿毛までの道の途中、行ける所まで行ってみようと、さらに国道を西に向かって歩いた。市街地から離れる頃、風雨が急に勢いを増し、傘が飛ばされそうになった。ズボンは横なぐりの雨でびっしょりと濡れてしまった。このままではまずいと思い近くの電話ボックスに飛び込む。ボックスの中は人間一人がやっとの上に、リュックと傘が加わって身動きができない。この中でリュックからカッパを取り出して着用するのは大変であった。外は猛烈な風雨が吹き荒れていて台風の真っ只中にいると感じた。ボックスから外に出ると、周辺の山々は雨と雲で全然見えない。四万十川に架かる渡川大橋にさしかかる。橋の欄干には左から右に雨が襲いかかりと、橋の下には増水した濁流の水面がすぐ橋下に見えて、橋から吹き飛ばされたらと思うとゾッとした。そのまま立ってはいられないほどになって、欄干の太い柱にしがみつきながら前進しようとするがうまく歩けない。通る車は少ないが風で横転するかもしれぬくらいの強風である。このまま吹き飛ばされて濁流の砂中に埋もれた人になるのだろうかと思うと恐ろしくなり、腰を低くしてUターンすることに決心した。時計は十二時四十五分であった。電話連絡をとって橋の袂の釣具店の軒下で妻の車の迎えを待った。車の運転も大変だったらしい。なにしろワイパーをフル回転にしても、前方がよく見えないという。電話連絡しながら車からこちらを見つけるのも難しいことである。その後も、風雨は猛烈さを増し、中村市上空は荒れ狂った。（九・八㎞）

宿に入って靴の水抜きや雨具と衣服を乾燥させる仕事があった。その後、大浴場に入り、缶ビールを飲んでようやく落ち着くことができた。テレビでは午後ずっと九州、四国、紀伊半島の台風状況を伝えていたが、三時過ぎに宿毛に上陸し、その後中村市を通過すると報じていた。その後は、この地域一帯は台風の渦中にあったわけである。

⑦九月三十日（木）中村市渡川大橋（四万十川）～宿毛市

今朝は台風一過、天気は快晴で中村の空は透き通っている。八時二十五分に四万十川の渡川大橋を昨日は何ごともなかったかのように渡ることができた。川は濁っているが、水面は下がっている。流木や草、木の枝などがまじって岸辺までいっぱいに流れていた。周辺の山々も青くよく見える。鉄道は中村駅から土佐くろしお鉄道宿毛線となって、ほぼ国道と並んで終点宿毛まで高架を走りはじめた。

田んぼは、ほとんどこの時期は土が露出したままでなにも作物はないが、川の土手から溢れたのか水浸しになっていた。日は燦々と照って日射しが強いが、吹いてくる風は涼しい。昨日濡れた傘を出して開いて歩いた。これは傘の乾燥と日傘代わりの積もりである。途中、周囲に家も工場もなにもない緑一色の土地にポツンと一軒、しゃれた本格的コーヒー店が建っていた。お勧めは「コスタリカ」というのでこれを味わう。まろやかでコクがあり、苦みが少なく香りのよいコーヒーであった。

宿毛の市街地に通じる右手の旧道には行かずに、左の広いバイパスを歩いて新宿毛大橋を渡った。市街地に入る十字路の手前の道端に青果店があった。そこでみかんなどを購入して、店のおやじさんと旅の話をしていると、去り際に「もって行け」とばかりに、バナナ一房（八本）をおまけしてくれた。太っ腹のおやじさんであった。道路の向かい側に今日宿泊するホテルが見え、四時十分にこのホテルに到着した。

（二十二・五㎞）

明朝、宿毛発九時四分の特急南風に乗車して四国を縦断し、瀬戸大橋を渡って一時二十七分に岡山に着く。そこで新幹線ひかりに乗り換えて東京から群馬に帰る予定である。

今回の七日間の四国の旅では、合計すると一三五・四㎞歩いたことになる。

第76回　平成十六年十一月二十八日〜　五日間

四国・宿毛市〜伊予中山

①十一月二十八日（日）宿毛市〜御荘町平山（愛媛県）

今回の四国の旅は、五日間で宿毛市から愛媛県に入って宇和島・大洲を経て、伊予中山までのルートを歩く。前日の朝は五時に自宅を出発して、前回同様羽田から高知空港に飛び、高知駅から特急南風に乗って中村駅に午後一時四十分に到着した。駅前でレンタカーを借りて足摺岬までドライブし、前回台風でキャンセルした国民宿舎に宿泊した。ここでは露天風呂から眼下に打ち寄せる白波と太平洋の青い海原が見下ろせた。六時の夕食にはミニ皿鉢料理やオコゼの唐揚げが生ビールによく合った。

朝、車にて宿毛市に移動し、九時三十分に国道五十六号線の十字路からスタートした。晴天。風なく寒からず。山中の道になった。緩い坂の繰り返しと何箇所かのトンネルを抜けて愛媛県に入った。県境の最初の町は愛南町（旧一本松町）である。

　ぷつぷつと　どんぐり踏みて　峠越え

山中の町の真ん中を通る。町役場、郵便局、病院、学校があり、なんとなく賑やかさがあった。温泉の前の広場では、テントの下で町の人達が手作りの品物や食品を大声を出して販売していた。アオサ汁が無料で振る舞われていたので、コロッケと緋扇貝焼きも購入して、弁当を広げて昼食を取った。

隣の城辺町ではバイパスを通って御荘町に入った。僧都川に架かる御荘大橋を渡ると、左手に公園や湾を跨ぐロープウェイの乗口が見えてきた。三㎞ほど歩いて平山のバス停に四時十五分に到着した。

宿は当町にある第四十番札所観自在寺近くのホテルである。（二十四・五㎞）

②十一月二十九日（月）御荘町平山～津島町岩松

八時十二分に平山バス停前をスタートし、国道を西向きから北向きに歩いた。坂のアップ・ダウンを繰り返して、菊川の地を過ぎると海が見下ろせる町境のポイントに来た。青い海にいくつもの島が点在し、右手から柏崎が海に張り出して来て絶景である。ここから内海村となる。この付近の高校生十数名が坂上の空き地に花植えをしていた。再び坂を上ると内海トンネルがあり、その脇に別に歩行・自転車専用のトンネルもある。「ふれあいトンネル」と呼ばれている。坂を下ると須ノ川海岸に出て、岸辺にはよく整備された公園が作られていた。そこには風呂やレストランもあった。少し早い昼食をここでとることにした。

この辺りの岸辺の海の色は、碧緑色というのだろうか、澄んだ深い色である。大きな岩の間から小さな石ころばかりの波打ち際が見えたので、下りて見ると石ころに混じって手のひらに乗るくらいの小さな白いサンゴがたくさん拾えた。台風で打ち上げられてそのままになっているらしい。拾い集めて孫たちのおみやげにすることにした。

鳥越トンネルを抜けて豊後水道に飛び出している由良半島の根元を横切り、津島町を北に進んだ。この辺りの海はほとんど真珠の養殖場になっていて、海のどこを見ても養殖棚ばかりである。嵐の先にある嵐坂トンネルも歩行・自転車専用トンネルがあり、「風の通り道」という名がつけられていた。

大門から左の旧道に入ると、左の少し高い方から下りて来た婦人と一緒になった。「田は、昔は二毛作だったが、今は三月に田植えをする米作だけで、秋〜冬はお休みです。今、二年前に亡くなった息子の墓参りをして自宅に帰る途中で、毎日墓参りをしている」という。そんな話を聞いているうちに婦人の家の前に来たので、そこでお別れとなった。少し賑やかな津島町岩松の町並みに入ると、道の左側に病院、学校、役場、郵便局が並んでいて、四時十七分に役場の駐車場にて迎えの車を待った。

（二十三・九㎞）

もう日は西の低い山に没したが、東を流れる岩松川の対岸の山にはまだ西日が届いている。本日宿泊の宿は、宇和島市内の山上にあって、有名な闘牛場の近くにある国民年金保養センターである。ワイドな窓からは宇和島湾や宇和島市内が一望できた。

③十一月三十日（火）津島町岩松〜吉田町立間

朝、車で岩松にある津島町役場まで戻り、ここを八時三十分にスタートして、国道を北に向かって宇和島をめざした。天気は快晴。少し冷えるので上着を着て、首にタオルを巻いた。緩い坂をしばらく上ると松尾トンネルに入る。一・七㎞の長いトンネルで、途中で宇和島市になる。だらだらと下って右の旧道に進むと宇和島の城下町に入る。鍵の手のように曲がる道を進み、宇和島城の門前にある食堂に寄ってカキフライ定食の昼食をとった。

分かりにくい城下町の道から宇和島駅前に出て、国道をさらに北に歩くと、上り坂になり、二時四十五分に峠に着いた。この峠を知永越といい、ここから吉田町になる。下方に吉田港やその周辺の町並みが見渡せた。町まで下ると、学校から下校中の子ども達に会い、四時二十分に予讃線立間駅前に着いた。宿泊は二連泊で、昨日の宇和島の保養センターまで車で戻った。（二十四・七㎞）

④十二月一日（水）吉田町立間駅〜大洲市大洲

朝、宇和島の景色を後にして車で立間駅に移動し、八時十八分に駅前をスタートし、国道の緩い坂道を北に進んだ。天気は晴。空気が冷たい。高校生が自転車で次々登校する。八時五十五分に、これから連続するトンネルの最初の第一白浦トンネルの入口前に着いた。第九までは短いトンネルが続き、中間の第四と第五の間に展望所が道路を広げて設置されていた。眼下を見下ろすと法華津湾がはるか彼方に眺められる。その湾を鈴なりのみかん山が三方を取り囲んでいる。僅かな広場を利用してみかんを売る店があった。老夫婦が店番をしていて、味見をしてほしいというので遠慮なく二つ味わった。

トンネルの中は冷風が吹いていてヒンヤリする。どのトンネルも歩道がなく、車道のラインとコンクリートの壁の間にある狭い側溝の蓋の上を歩かなければならない。暗い中を慎重に、そして大胆に歩く。トラックや乗用車がひっきりなしに通るのでこちらは命懸けである。最後の第十法華津トンネルは一・三㎞あり、途中に境界があってトンネル内で西予市（旧宇和町）に入った。

トンネルを出て坂を下ると卯の町で、賑やかな雰囲気がある。駅に入ると待合所に一畳ほどの火鉢が置かれ、着火した豆炭が入っていた。回りの椅子に腰掛けて足を出して暖を取る客もいた。他に小学二年生の団体が先生に連れられてキップの買い方を学習していたのが印象に残る。駅を出て一時間ほど歩くと、うどん・そばの店があったのでそこに寄って昼食をすませた。瀬戸という地の旧道に入ると、古い時代の町並みがまだ残っていて、昔にタイムスリップしたような錯覚を起させた。

三時過ぎに鳥坂トンネルを抜けてようやく大洲市に入った。このトンネルの手前の川は南に流れて肱川となるが、トンネルの北側の流域の川は北に流れて大洲の町中の手前で、ぐるっと回って来た前の肱川に合流する。つまり峠の分水嶺で反対方向に流れて行った水が、再び合流して同じ川となっているのである。大洲の市街地に入る手前で、五十六号線は、右からの四四一号線や、左からの一九七号線と合流し、すぐにまたそれらがいくつかに分岐していて、歩行者はどの道を選んだらよいのか迷ってしまうのである。結局、市の瀬のトンネルを抜けて、四時四十八分に市役所前に着いた。

（二十六・八㎞）

ここから車で内子町に移動して内子座近くの旅館に宿泊した。古い歴史のある旅館を若主人が継いでいるようであった。

⑤十二月二日（木）大洲市大洲～伊予中山

旅館の窓から内子の周辺を見渡すと薄ぼんやりと霧で白く霞んだような風景に見えた。駐車場まで見送りに来てくれた宿の老人は、「この辺はいつも朝はこうなんです。昼頃になると晴れてしまうのです」といっていた。

十㎞先の大洲まで車で移動して、八時三十五分に市役所前をスタートし、五十六号線を内子を経由して中山方面をめざした。肱川を渡って、その右岸を土手伝いに歩くと、九月に再建したばかりの大洲城が対岸の石垣上に現れた。国道に戻り、今度は東に向かう。いつも十時頃になると体のエンジンの熱が上昇して来て、手袋や首のタオルとかマフラーを外したり、上着を脱いだりすることが多い。喜多山駅近くの土手の脇道を歩いていると、五十cm～一mほどの長さの竹片が土手に何百mにも渡って並べてある。土手下の若い主人に尋ねると、「和裁用の物差しを作るので乾燥させている」とのことであった。こういう風景を見るのは初めてである。二軒茶屋という所に、お遍路さん用の休憩所があったので休憩させていただいた。これは、ある建設会社の敷地内にあり、この会社から提供されているものであった。屋根の下には立派なテーブルや椅子が用意されていた。

五十崎《いかさき》駅の下を通り鳥越峠を越えて下ると内子町の市街地に入った。歌舞伎の劇場で有名な内子座を眺め、町並みを見物しながら通り過ぎた。国道に出て、ここから坂道をずっと上って伊予中山駅まで歩き、そこから電車で松山駅に向かい、駅近くのホテルに宿泊する予定である。中山駅発四時五十分の電車に間に合うように、下から中山駅までの十四kmほどの坂道を四時間でなんとか到着したい。昼食もとらずに歩き始めた。脇目もふらずにひたすら歩いた。くねくね曲がった道なので距離はもっとあるかもしれない、などと心配しながら、二時四十五分に立川駅前に来た。これで一生懸命歩けば何とかなりそうだという確信が持てた。町境を過ぎて中山町に入り、四時三十五分に小さな中山駅に到着することができた。

（二十七・〇km）

ここで今回の四国の旅を終えるが、五日間で合計一二六・九km歩いたことになる。松山のホテルに着いたがあまり食欲がないので、夕食は赤ワインに冷やっこ、梅がゆ、うなぎのかば焼きを注文して食べるに止めた。明日は、松山から特急しおかぜで岡山に出て、新幹線ひかりにて帰る予定である。

第77回　平成十六年十二月二十四日〜　三日間

四国・伊予中山駅〜今治駅

①十二月二十四日（金）伊予中山駅〜松山市

平成十六年の暮れの三日間の歩き旅を計画した。前回に引き続き伊予中山から松山を経て今治までの道中になる。二十三日早朝自宅を出発し、新幹線ひかりと特急しおかぜに乗って松山駅に午後四時十二分に到着し、駅前のホテルに投宿した。

朝は手袋が必要になるほど空気が冷えている。松山駅から予讃線に乗り中山駅で下車して、八時三十分に同駅前をスタートしてゆっくりと坂道を上った。途中双海町に入って山中の道を歩き、トンネルを抜けては峠を過ぎたりしながら、伊予市に入った。なだらかな坂道を下る途中の向井原駅近くで昼食をとった。午後は、この五十六号線を伊予市駅から一路北上しながら市街地を歩いた。ここは海に面している港町である。一時半前に松前《まさき》町に入った。しばらく歩いて重信川出合大橋を渡って松山市に入った。右手の住宅の後方に上部が白くなった石鎚山の連なりが見えた。市街地に入り郡中線の線路を渡ると目の前の小山に松山城が見えてきた。四時三十五分に駅前通りにある城跡の西堀端に到着した。

（二十五・八㎞）

宿泊は道後温泉近くの公共の宿である。今日はクリスマスイブであるが、市内は派手な飾りなどは見当たらず、静かな落ち着きが漂っていた。

②十二月二十五日（土）　松山市内～北条浅海駅

八時九分に松山駅前通りの西堀端をスタートして堀伝いに北に進んだ。国道は駅前から一九六号線に変わった。市内にはカフェと称する店が多い。この街にはコーヒー愛好家が多いのか。道中、時々雨がパラついた。斎灘《いつき》と周辺の島が見える海辺のコーヒー店に寄った。ピアノとチェロの曲が流れていた。客も多い。粟井坂を過ぎて北条市に入り、海沿いの国道をさらに北に向かうと、午後一時を過ぎて北条港に近い所で昼食のできる店を見つけた。

この辺りは、路面のマンホールの蓋に俳句がデザインされていて、

「風涼し　馬も海向く　粟井坂」

という子規の句もあった。北条市の北端にある浅海《あさなみ》駅に着いた時には雨は上がって日が出てきた。今日の旅はここまでにした。

（二十二・五km）

今夜の宿は、二十kmほど先の今治市内にある。電車で今治に移動した。

③十二月二十六日（日）　北条浅海駅～今治駅

今治から電車で浅海駅に移動し、八時五十分に駅前から東に向かった。国道はまもなく菊間町に入ると、風が強く、海は三角の波が騒いでいた。日曜日だからか船が浦には漁船が多数集結していた。菊間の町中には瓦を業とする家が軒を並べていた。さらに石油の備蓄基地もあり、タンク群が見えたり、沖にはタンカーがいくつか停泊しているのが見えた。

峠を下る坂道でみかんを売る小店があり、店番のおじさんにバラで三個売ってくれるよう頼むと、

秤で計って五十円といって二つおまけまでつけてくれたのはうれしかった。大西町に入り、海岸公園内の小さな店でカレーを食した。小学生くらいの子どもが押し黙ったまま手伝いをしている姿が心に残った。大西駅前を過ぎて今治市の市街地を通って三時十分に今治駅に到着した。（二十・八㎞）

これで今年の旅を締め括ることとする。ほぼ当初の目標を達成できたと思っている。

宿泊は昨日と同じ駅前のホテルである。夕食は、ずっと旅の間食べられなかったスパゲティとピザを外のレストランで食した。部屋に帰ると、インドネシアで震度九・〇の大地震があり、津波による被害が甚大だとのニュースがテレビで報じられた。明日は、往路と同じルートでしおかぜとひかりに乗って岡山、東京経由で群馬に帰る。

第78回　平成十七年三月十日～　六日間

四国・今治駅～高松市街

①三月十日（木）今治駅（愛媛県）～今治市湯ノ浦温泉

四国の旅も六回目になる。今回は今治から香川県に入り、観音寺を経て高松に至るコースを歩く予定である。第一日目は電車で東京に出て、羽田から松山まで飛行機を利用し、空港から電車にて今治駅に三時半に着いた。三時三十五分に駅前からスタートし、今治城をお堀越しに眺めながら市街地を南に向かった。この堀の水は海水で、すぐ近くの海とつながっているのが珍しい。一時間ほどで国道一九六号に合流した。桜井の漆工芸館への道には入らずに直進して、道の駅のあるT字路を海側に左折すると環境庁指定の国民保養温泉地の湯の浦温泉がある。広大な敷地の中に各種温泉施設があり、その一角に今日宿泊するハイツがある。六時二十分にこの施設に到着した。（十二・三㎞）

ここは、部屋の窓から瀬戸内海が見下ろせる好立地のリゾート地になっている。

②三月十一日（金）今治市湯ノ浦温泉～新居浜市中萩駅前

八時三十五分にハイツをスタートして、保養温泉地内から瀬戸内海に沿った国道に出て、東に向かって歩き東予市に入る。市の東はずれに来てレストランを発見し、ここでモーニングサービスの昼食をとった。

小松町に僅かに足を踏み入れてから、中山川を渡って国道十一号線に合流し西条市に入った。「石鎚山登山入口」の標識があったが、その山の姿がなかなか現れてくれない。湯の谷温泉のある集落が山の下方に見えてきたが、山の下の崖が何箇所も崩れていて、その岩肌が露出したままで痛々しい。昨年の台風で土砂崩れになったものと思われる。途中の道端で「安知生の水」という名の水が、水道の蛇口のように栓をひねると上方に飛び出した。打ち抜きで水が出るとのことで、日本名水百選にも選ばれていると立札に書いてあった。ここは休憩所になっているようである。知らぬ間に新居浜市に入り、五時ちょうどに予讃線中萩駅入口に到着した。今日はここから車で西条に戻り、駅前のビジネスホテルに宿泊する。（二十七・五㎞）

③三月十二日（土）新居浜市中萩駅前～伊予三島駅

八時五分に中萩駅前をスタートして、国道を東に向かう。曇っていて冷える。予報では松山は雪になるとのこと。道端に高松まで九十四㎞との表示があった。風が出て来て、手袋は外せない。上り坂となりストックを取り出す。新居浜は、駅を境に北側の市街地と南側の市街地とが別々に東西に広がっている。この南には別子銅山跡がある。十一時過ぎに峠に着き、ここから四国中央市（旧土居町）に入り下り坂となった。右手の奥の四国の山の峰々は白くなり寒そうである。旧道を歩き土居駅前の食堂に寄ってお好み焼き定食を注文した。御飯と味噌汁、それに目の前で焼いてくれたお好み焼きが出てきた。この店を出る時、客のお爺さんに「途中事故に気をつけて」と声をかけられ激励されて元気が出た。この道は讃岐街道ともいっている。

旧道には重厚な瓦屋根の古い民家が並び、落ち着いた貫禄ある町並みを残している。二時過ぎに旧伊予三島市に入った。この辺りから杉花粉予防のためマスクを着けた。この地方は石材屋や製紙工場が多いのに気づく。民家は緑泥片岩の石垣で囲み、門も瓦屋根、母家は二階以上で、屋根に鴟尾や火炎のような鬼瓦や飾り瓦を用いている立派なものである。伊予三島駅に近づく頃、空から白いものが舞って来た。四時三十分にホテルに到着した。

（二十八・六㎞）

④三月十三日（日）伊予三島駅前～観音寺市植田町（香川県）

天気予報では、全国あちこちで大雪、四国では愛媛、香川にも降るらしい。左に瀬戸内の白波を見ながら北に向かう。製紙工場が海岸沿いに続いていて、煙突から白い煙を音もなく吐く。川之江町辺りで雪がチラチラ舞って来た。左の小山の上に川之江城の天守閣が見えた。海から来る風は、上州の空っ風に勝るとも劣らぬほど冷たい。会社の寮の庭で餅をつく風景を見た。この時期、何かのお祝いなのだろうか。微笑ましい風景に思えた。余木崎の道の駅に来ると、ここから香川県豊浜町で、海べりの国道は、豊浜駅先で右に折れて海岸から遠ざかる。あまりの寒さに食堂ではストーブを焚いていた。観音寺市に入り、国道から雪の舞う坂道を上ると、三時五分にかんぽの宿に到着した。

（二十三・四㎞）

⑤三月十四日（月）観音寺市植田町〜宇多津駅前

国道十一号線植田町の十字路をスタートし、高松をめざして北に向かう。本山寺の五重塔の上部が見える財田川を渡ると豊中町に入る。この辺一帯は小さな池が多数存在する。三野町の坂を上り鳥坂峠を越えて善通寺市に入った。今日も寒い日で昼近くになっても手袋と首のタオルは外せないでいる。坂を下り大池の東側を通って高松自動車道の手前のうどん屋に寄った。天ぷらうどんを注文するも、なかなか来ない。お遍路さんの団体さんが入っていて忙しいらしい。

国道を左折して丸亀市に入り丸亀城をめざして直線道路を北に進む。ここを右折すればコンピラさんに通じる道になる。陸上競技場前を通った時はチンチョウゲの花の香りが漂って来ていい気分になった。さらに進むと港近くの堀の向こうに石垣で築かれた丸亀城跡が眺められた。土器川を渡ると、橋上より南東の晴れた空に、くっきりとバランスよく裾を引いた讃岐富士が見え、三時三十分に宇多津駅に到着した。

（二十六・〇㎞）

駅前のホテルからは、瀬戸内海を見下ろす高さ一二八ｍのゴールドタワーが目の前に見えた。

⑥三月十五日（火）宇多津駅前～高松駅前

今朝ホテル前にて妻の遍路姿の写真撮影をした。妻のお遍路さんも今日が最後になる。八時五分に宇多津駅前をスタートし、高松をめざして国道を東に向かう。瀬戸大橋に通じる瀬戸中央自動車道のガードをくぐって右の道を行くと坂出市のど真ん中の道に出た。まだ開店には早いのかどうか、シャッターの閉まった店が多く見られた。

市の東端で国道に合流し、国分寺町に入ると、後ろからきた自転車の初老の男性が、歩き旅について話しかけてきた。六十一歳、仕事がないので毎日二時間ほど自転車に乗って山を走っているとのこと。「気をつけてね」といって別れて行った。正午を過ぎて高松市に入った。道は左にカーブして栗林公園入口前を通り、高徳線をくぐって高松港が目の前に見えるビル街を歩き、三時四十分に今回最終宿泊になるホテルに到着した。

（二十六・〇km）

今回で妻は四国八十八寺の巡拝を達成し、私は六日間で一四三・八kmを歩いた。明日は電車で岡山に出て、新幹線ひかりにて東京に向かい、群馬に帰る予定である。

第十四年目

（平成十七年四月二十九日〜平成十八年四月二十八日）

・旅回数　8回
・旅番号　第79回〜第86回
・旅日数　41日
・ルート　◇四国＝高松（香川県）〜白鳥〜大坂峠〜　鳴門（徳島県）
♡北海道＝紋別〜湧別〜サロマ湖〜網走〜斜里〜根北峠〜標津、函館湾岸
◎東北（東側）＝青森〜野辺地〜むつ〜大畑〜下風呂〜大間、野辺地〜三沢〜八戸（青森県）
◎山陽＝明石（兵庫県）〜姫路〜赤穂〜備前（岡山県）〜岡山〜倉敷〜玉島〜笠岡〜福山（広島県）〜尾道
♤九州＝宮崎（宮崎県）〜青島〜日南海岸〜飫肥〜串間〜志布志（鹿児島県）〜鹿屋高須
◎関東＝大洗（茨城県）〜日立〜高萩〜勿来（福島県）
・距　離　八八二・四㎞

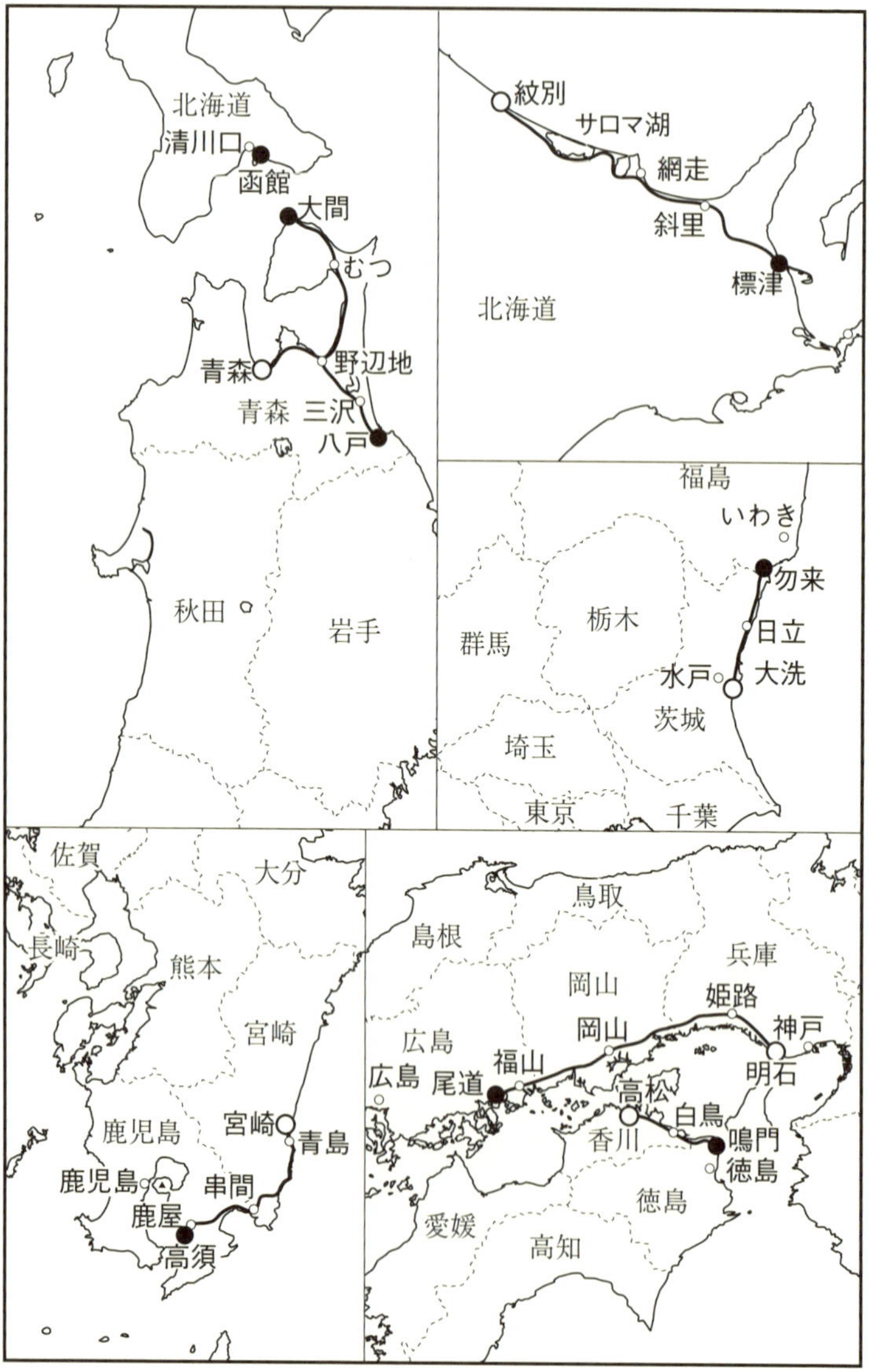

第十四年目歩き旅ルートマップ

第79回　平成十七年六月六日〜　三日間

四国・高松駅前〜鳴門撫養

①六月六日（月）高松駅前（香川県）〜牟礼町塩谷

四国の旅の最終回は、東京から新幹線ひかりに乗車、岡山でマリンライナーに乗り換えて、瀬戸大橋を渡り高松駅に下車した。

二時十五分、駅前通りから国道十一号線を東に向かう。日射し強く、東向きの歩行は午後になると後方上部から日が当たるのでそれを避けようがない。仕方がないので首にタオルを巻いた。左手に高松琴平電鉄（琴電）志度線が走っている。その先に平家物語で知られる屋根形をした屋島が瀬戸内海の小豆島方面に陸続きで突き出ている。牟礼町に入ると、左手に琴電、右手にＪＲ高徳線が迫っていて、両線に挟まれた国道をしばらくの間歩き、五時十五分に琴電塩屋駅に到着した。（十一・四㎞）

この駅の北側に木造平屋瓦葺きの東西に長い廃屋を見た。ちょうど二十四の瞳の映画に出てくる学校のような古い建物である。近くにいた中学生に尋ねると、以前は病院だったとのことであった。

宿は屋島の近くのホテルで、琴電に乗って七駅ほど西に戻った。

②六月七日（火）牟礼町塩谷〜白鳥町松原

朝から真夏のように暑い。八時十五分に昨日の塩谷駅をスタートし、国道を志度湾を左手に見ながら東に進んだ。うっかりして、そのまま志度の町並みを通り過ぎるところであった。当地は平賀源内の生地で、慌てて市街地に入り、平賀源内先生遺品陳列館に立ち寄った。有名なエレキテルを初めとする発明品や著作などが陳列されている。他にその旧居や銅像も見ることができた。

さらにこの東には推古天皇の頃の創建といわれる名刹志度寺があり、ここに立ち寄って参拝したところ、境内はお遍路さんで込み合っていた。町並みを過ぎて国道に合流すると上り坂になった。天野峠に着いて、休憩所で水分補給のため休憩した。ここを下り鴨部川を渡って二つ目の峠、羽立峠を越えて津田町に入った。津田湾に面する道の駅には午後一時前に着き、ここでうどんとソフトクリームを注文して昼食にした。

津田の松原から鶴羽を過ぎ、国道から山中の農免道路に入った。人家はほとんどなく人も見かけない。車は時折通るのみで寂しい所に来た。四時過ぎに与田川を渡ると三本松の町並みに入るも町は静かである。大内町から湊川を渡ると白鳥《しろとり》の町並みが見えてきた。目の前の海が白鳥港である。五時五分に白鳥神社の北にある本日宿泊予定の旅館に到着した。

二階の窓から海が目の前に見えて、海の風がなんともいえず涼しかった。

（二十五・〇㎞）

③六月八日（水）白鳥町松原～鳴門市撫養

朝五時過ぎ、瀬戸内の海はまだ睡眠中のような静かなひととき、右手に突き出た半島の上に日が上って来て、その光が海に反射して眩しい。

七時四十五分に白鳥の旅館をスタートして、国道に出た。今日は、瀬戸内の沿岸の道を歩き続けて鳴門に着けば、四国一周の達成の日となる。引田《ひけた》の町並みを通り馬宿川を渡って海岸に出た。相生駅近くに和三盆の工場を見つけた。引田トンネルを抜けて鳴門市に入った。ここから徳島県である。日は高くなり、次第に気温も上がってきたので、海からの少々の風も大変涼しく感じられた。十一時半頃折野の漁港に近づくと、しゃれた緑の屋根の洋風レストラン・カフェが一軒、海に面して店を開いていた。少し早いがここで、窓から海を眺めながら昼食・休憩をとった。

午後、瀬戸内海の穏やかな海を見ながらひたすら歩いたところ、半島が前方に立ちはだかったので右に折れて半島を横切り海辺に出ると、狭い水道の対岸は鳴門町がある大毛島であった。その水道の右手先に、大鳴門橋からの高松自動車道が跨ぐ撫養《むや》橋が架かっている。四時三十七分にこの橋の袂に到着して、ようやく四国一周の七七一・九㎞の旅を無事に終えることができた。（二十七・九㎞）

ここからバスで徳島駅に出て駅前のホテルに宿泊し、妻と四国一周の無事達成を祝しビールで乾杯した。明日は、特急うずしおに乗り、マリンライナーで岡山に出て新幹線ひかりに乗り換え、東京から群馬に帰る予定である。

第80回　平成十七年七月二十日～　九日間

北海道・紋別市～標津伊茶仁

①七月二十日（水）紋別空港（北海道）～紋別市

昨年は宗谷岬から紋別まで歩いたので、今年は紋別からオホーツク海沿岸を歩いて標津までを目標として九日間歩く予定である。朝自宅を出て、羽田空港に行き、十一時五分発の飛行機に乗り、十二時五十分には紋別空港に着陸した。今日の宿泊は紋別市内のホテルに予約してあるので、このまま空港から紋別市内まで歩くことにした。

一時三十五分に空港をスタートし、オホーツク海を右手に見ながら国道二三八号線を真っすぐ北西に向かった。赤いハマナスの花と海と涼風が歓迎してくれているようであった。左手の小高い山の麓を緩く上下しながら森の脇を通って行く。大山スキー場下などを通ると、木々の間から紋別の市街地が坂の下方に広がって見えた。この道は市街地内の道のバイパスになっていて、前回歩き終えた道とこのバイパスとの合流地点に四時十分に到着した。（十・三㎞）

②七月二十一日（木）紋別空港～湧別町福島

ホテルから車で移動して、八時十五分に紋別空港前をスタートし、オホーツク海に沿う国道を南東の網走方面に向かって歩いた。道路の左右はほとんど牧草地である。ビルなどの高い建物がないので空は広く、空の下は緩い斜面のある平地が、なんの邪魔するものもなく地平線まで続いている。車が通った後は、静寂が残り、鳥や虫の鳴き声のみが静かに聞こえてくる。自然と一人の人間が共通の時の流れを共有しているという感じになる。

十時頃に逆方向から歩いて来た青年に会った。東京を出て二ヶ月になるという。短パン姿でよく日焼けしている。少し疲れている様子であったが、宗谷岬をめざしているといって去って行った。

途中には店がない。手持ちの水はすべて飲み干してしまった。いつのまにか湧別町に入っていた。

地図にもここだけ境界の線が入っていない。二時を過ぎて湧別川を渡る橋上では、涼風の中で風にのって飛ぶが如くに夢心地になって快かった。この町の錦の十字路で国道を右折すると、油で上げたパンのようなもの（沖縄のサーターアンダーギー？）を売る路上の店があったが、おやじさんは居眠りをしている。声をかけ起こして、それを二個買って道端の木陰で昼食にした。

雲はなくなってだいぶ暑くなってきた。サロマ湖が少しずつ近づてくる。中湧別を過ぎ直線道路を一時間ほど歩いて四時五分に福島という地名のバス停に着いた。

宿は、ここから湧別川を二十km以上南に遡った遠軽町にあるホテルである。（二十五・八km）

③七月二十二日（金）湧別町福島〜佐呂間町浪速

遠軽から車で移動して、八時三十五分に昨日の福島バス停をスタートし、二三八号線を東に向かう。一時間ほどで芭露を通ってオホーツク海に接するサロマ湖の南西側に出た。曇っていて涼し過ぎるのでシャツの袖を手首まで下げる。この湖は東西に二十kmほどの長さで広がっている。今日はこの湖の南側の中ほどにある宿泊施設まで歩く予定である。

十時半に水芭蕉の群生地のあるサロマ湖畔に着いた。ここは木道やトイレも完備していて自然観察には最適である。水も冷たくてうまかった。坂道を上ると道の駅があり、観覧車やプレイランド、それにレストランや売店もある。ここは周囲が丘や樹木に囲まれているのでサロマ湖が見えない。観覧車に乗れば、湖が一望できるに違いない。

湖を左手に見ながら南に進んで計呂地という集落に着いた。ここには交通公園がありＳＬが展示されていて、客車は宿泊ができるようになっている。この辺りは、中湧別から網走まで鉄道が通っていた。開通は昭和十年で、昭和六十二年に廃止になって、その沿線には現在あちこちに、鉄道に関する公園、記念館、資料館などが残されている。

峠を越えて佐呂間町に入った。下りの道で［熊出没注意］の立て札を見て全身に緊張が走った。樹林の中の道を一人で歩くのは少々恐怖を感じるので、リュックに鈴をつけた。鈴の音、靴の音、木を揺する風の音、時に鳥の声が聞こえるが、これらが静まるとしばし沈黙の時がくる。夕方が近づいて冷えてくると、湖面から小高い山の森にかけて白いガスが上って来て周囲の景色はうすく霞んでくる。二時十分にトカロチ浜に着き、休憩所でしばらく休んだ後、富武士《とっぷし》の漁港（サロマ湖の）に至った。ここには一つの集落がありホタテは名産らしい。三時三十分に、この上の丘の上に建つ本日宿泊予定の施設に到着した。（二十一・五㎞）

下の道の駅で焼きたてのホタテ二個を買って食べたが、しこしこと新鮮でおいしかった。夕食には、茹でた北海しまエビ、ホタテのさしみ、縞ホッケの鉄板焼き、グラタンなどなど、新鮮・美味でビールがうまかった。

④七月二十三日（土）佐呂間町浪速～常呂町豊浜

早朝、窓から見下ろす林の上にうっすらとサロマ湖が横たわって見えた。八時三十五分に霧雨の宿から傘をさしてスタートし、サロマ湖の南を走る国道を東に向かった。水産工場を過ぎて幌岩に来ると、妻の車が追いついて、どこで見つけたのかホカホカのジャガダンゴ揚げを差し入れてくれた。周囲の畑は、ソバ、大豆、ビートなどが大量に植え付けられ、また、小麦が色付いて収穫期を迎えていた。いずれも広大な農地である。

坂を下って佐呂間大橋を渡ると湖畔に出た。浜佐呂間の町並みを通り過ぎて、湖畔のレストハウスに着いた。ここで昼食をとり、しばらく休憩した。

午後、歩き出して間もなく町境を過ぎ常呂町に入った。ここは網走から四十㎞の地点である。この辺りでサロマ湖とお別れして、さらに東にある能取湖をめざす。途中の高原ではジャガイモ畑が広がっていて花盛りであった。岐阜という小さな村落で庭の除草をしていたおじさんに話しかけてみたところ、今、畑で栽培している作物はビートで、大規模で三十～四十町歩、最近は二～三軒で有限会社にする農家も出て来ているとのこと。十月には大きな大根になり、砂糖会社が買い上げて行くという。

国道は常呂の市街地を迂回するバイパスとなるので、直進の市街地に入る道を選ぶ。人影の少ない静かな町並みを通り過ぎて常呂川を渡ると、目の前にオホーツク海が広がっていた。四時八分に国道との合流点の豊浜に到着した。

（二十四・五㎞）

宿はここから十五㎞ほど先の能取湖南岸にある旅館である。因みに能取湖はサロマ湖の三分の一程の面積で、北側をオホーツク海に口を開けた胃袋のような形を成している。

⑤七月二十四日（日）常呂町豊浜～網走市内

車で国道を豊浜まで戻り、八時十二分にスタートした。今日は網走まで歩く予定である。初めは左手にオホーツク海が広がる。右手には実った小麦とまだ緑のビートやジャガイモの畑がモザイク模様を描いて広がっている。畑のラインは傾斜がある所では緩いカーブを描いている。一時間ほど歩いて網走市に入った。網走市の西半分は、能取湖を囲むようにして広がっている。畑が広がる丘陵に立つと左に海が、右手に能取湖がパノラマのように雄大な風景を展開している。九時半に能取湖畔に着いた。よく見ると浅い湖面は干潟や湿原になっていてサギが群れていた。

国道の下に長いサイクリングロードが走っていた。ここを南に向かって歩くことにした。車が通らないので静かである。ここは旧湧網線が通っていて、その廃線跡を利用しているらしい。今朝出発した地点と網走間の中間地点の湖畔に、昨日宿泊した旅館があり、ここで昼食にした。

午後は、サイクリングロードを能取湖から離れて東に向かって歩き、網走の市街地をめざした。しばらく樹林の中の道を行くと、今度は右手に別の湖が光って見えてきた。これが網走湖で、対岸には網走湖畔温泉のホテルや旅館が緑の森の中に点々と建ち並んでいる。ゆっくり歩いていると、木の枝が揺れるのでふと見るとリスが逃げ去るのが見えた。この辺りで動物を見たのは、このリスと湖面のサギだけであった。澄んだ流れの網走川の橋を渡って国道に出た。長いサイクリングロードであった。左手を流れる川の対岸には網走刑務所のレンガの塀が見え、その先の右手には網走駅があった。四時五十分に市街地の中心にあるホテルに到着した。

（二十九・二km）

食事は、部屋でビールを飲みながら、市内で買ってきたものを食べた。北海道の宿の水はいずれもうまかった。

⑥七月二十五日（月）網走市内～小清水町止別

八時七分にホテル前をスタートして網走市街を通り抜け、東側の海岸沿いの国道に出た。この国道は二四四号線で、網走から斜里町を通って根室市に通じている。しばらくは釧網本線と平行してオホーツク海の海岸線を東に向かう。十時半近くに藻琴駅に着いた。すぐ南に藻琴湖がある。周辺は人家が寄り集まり集落を形成している。この駅舎は木造で半分は喫茶室になっていた。室内のテーブルには立ち寄ったお客の残して行った名刺が多数展示してあった。グレープフロートで喉を潤してから出発した。藻琴湖に続いて、涛沸湖が隣の北浜駅の南側から東に八㎞ほど細長く横たわっている。道路から湖までの間の草原は原生花園になっている。途中の草の上で昼食のおにぎりを食べていたが、日射しが足に刺すように強く照りつけるので、早めに切り上げて歩き始めた。

一時頃、原生花園駅に着いた。珍しく大勢の観光客が集まっていた。この駅は季節制の臨時駅で、夏は電車が停車して人で賑わう観光地になっている。売店や展望台があり、すぐ下には波が打ち寄せる海岸がある。水平線を右に辿ると知床半島の山並みが見え、左には歩いてきた海岸線と網走市街のある突き出た半島を見ることができた。

途中から町の境界を過ぎて小清水町に入っていた。草原では馬の群れが草を食み、時には急に走り出したりして戯れている。浜小清水駅は道の駅と隣り合わせである。ここから国道は一時南に向かうが、こちらは線路に沿う細い道を海岸線と同じ東の方向に歩いた。人家のない道で、時折通る一両編成の電車を眺めたりした。電車はまもなく草の中に消え去って行った。三時四十五分に止別《やむべつ》駅に到着した。ここで今日の旅を終わりにして、妻の車の迎えを待つことにした。

（二十六・〇㎞）

この駅舎の中には軽食堂がある。駅前の角には郵便局がある。町並みがあり、駅周辺に一つの集落を作っていた。今日は、駅から十二、三㎞南にある田園の中の小清水温泉に宿泊する。ここは地元で立ち上げたふれあいセンターで、館内は地元の人達で賑わっていた。

⑦七月二十六日（火）小清水町止別〜斜里町越川橋

珍しく朝から晴天で、今日は日射しが強くなりそうであった。天気予報では、関東に台風七号が接近中で、大雨のようである。朝食後、車で広大な畑作地帯を通り抜けて止別駅に向かった。

八時十分に駅前をスタートして真っすぐ南に歩くと西からの国道に合流した。この辺りは見渡す限り平地で、東西南北条里のように道が走り、碁盤の目のように牧草地と畑が四角に区切られている。

途中に店あり。主人一人が店番をしている。［ゆでじゃが］、［メロン］などの看板があった。店に入り「ゆでじゃが」一皿を注文すると皮の剝いてあるホカホカのじゃがいもが運ばれてきた。百円也。これに塩をかけて食す。今度は牛乳を注文した。コップ一杯これも百円也。いずれも空腹中につきうまかった。道の右手に、雲がかかっている山の名を主人に尋ねると斜里岳だと教えてくれた。これからこの山の麓の方向をめざすのである。斜里の町並みを過ぎれば、家も店も自販機もないという。

十一時、斜里の市街地の外れにある斜里新大橋を渡る手前で、日焼けしたバイクのおじさんが向こうから近寄って来た。聞けば金沢からフェリーで苫小牧に来た。日本中の島をバイクで回って旅しているとのことであった。家族は止めるが今回は黙って出て来たのだと話す。年齢は七十歳。元気である。しきりに「旅はいいね」と繰り返す。この先の旅の無事を祈る。

直線道路を東に向かって歩くと斜里の市街地の南側に出た。市街地の北側にはオホーツク海が広がる。国道の両側にはいくつかの商店が並び、食堂を見つけて、ここで昼食をとった。久し振りにうまいそばを味わった。

道は駅からの道と交差し、直進すると国道三三四号線となり羅臼に通じている。右折する道は二四四号線で、斜里岳の麓を通り知床半島を横断して根室海峡のある標津に通じている。

私はここを右折して斜里岳の麓に向かったが、ポツポツと雨が落ちてきた。風もやや強くなってきた。台風七号の影響が出てきたのか。山上には雲がかかっている。通る車の数も少なくなってきた。この一時間後、風に向かう上り坂の道になった。雨は止んだが雲が厚くなり辺りは薄暗くなってきた。防風林が風でうなっていた。次第に山地に入ってきたが、ここは斜里岳の北東に位置する。左手に旧越川小学校が見えてきた。廃校になったのはまだ最近のように見える。四時八分に、山中を流れる幾品川に架けられた越川橋に到着した。（二十六・三㎞）

この橋の近くに、以前には、越川駅という名の駅があり、斜里駅から約十三㎞の距離を鉄道が通っていた。昭和三十二年に開業し、僅か十三年の営業で廃線になったそうである。今日は、斜里の市街地に戻り、駅前のホテルに宿泊する。

⑧七月二十七日（水）斜里町越川橋～標津町糸櫛別

朝、越川橋まで車で送ってもらい、八時十五分に山中の上り坂を歩き出す。台風七号が接近中につき、風があって雲行きが怪しい。昨日までの予報では、今日の道東は大雨ということだったが、台風の進路が少し東にずれてきているらしいので、この分では風の影響はあるが、雨の影響はそれほどないだろうと思った。いくつかのアーチ型をしたコンクリート製の鉄道橋の一部が、道路端に遺物として残っている。峠をめざすこの坂は幾品川の上流に向かっている。途中より雨となりカッパの上下を着用し、さらに傘もさして歩いた。ダンプのおじさんが窓を開けて「乗って行かないか」と声をかけてくれる。うれしいが「ノー、サンキュー」である。雨が小止みになるとウグイスが鳴き出す。

鶯に　等級つけて　峠越え

十時五十五分、斜里岳の東にある根北峠に到着した。駐車場はあるが他には何の施設もない。妻が待機していてくれて、少し早いが車の中でおりぎりを食した。

辺りにはうす暗い雰囲気が漂っている。この峠を境に根室支庁に入る。この境界は知床半島を縦に走り、この半島を網走支庁と根室支庁とで東西に分け合っている。下り道は、忠類川に沿うように根室海峡の海まで続いている。次第に両サイドは笹藪に変わり、その奥はうす暗い森になっていて今にも熊が出そうな環境となってきた。道路端に鹿の絵の道路標識がいくつか立っていた。金山の滝に着いて、木の茂みをくぐって川渕に立つと、眼下に白い飛沫を見せて流下する滝を見下ろすことができた。ここから少し下の金山橋の上から下の谷を見下ろすと、足がすくむほど谷底がずっと下方に見えた。三時二十二分になっても雨は止まずに糸櫛別という地に到着した。（二十四・〇㎞）

牧草地が見えてきて、だいぶ、里に下りて来たことを感じさせる。今日は、この先の海岸まで車で下って、標津の温泉宿に宿泊する。

⑨七月二十八日（木）標津町糸櫛別～標津町伊茶仁

午後、飛行機で帰る予定になっているが、午前中は歩けるので昨日の終了地点の糸櫛別まで車で移動して、八時四十分にそこをスタートし、東に向かって歩いた。雨が降ってきた。道は十km以上が定規で線を引いたような直線道路で、追い風を受けて調子よく歩くことができた。一時間ほどして晴れ間が見えてきて、道路が乾いてきたと思ったら、今度は暑さが再び戻ってきた。歩く道路の左右は広大な牧草地と畑である。前方に海が近づいてくるのが見えた。十一時四十分に羅臼からの国道三三五号線が合流する伊茶仁のT字路に到着した。今回の旅はここにて終わりにした。（十三・四km）

ここまでで知床半島のつけ根を横断したことになる。また、海岸に立てば、根室海峡の先には僅か二十四kmを隔てて北方領土クナシリ島が横たわっている。今回の北海道の旅で歩いた九日間で、距離を合計すると二〇一kmになる。長い旅であった。台風が接近する中、無事に旅ができてよかったと思う。これから中標津空港を飛行機で飛び立ち、羽田空港には三時五十五分に到着の予定である。

第81回　平成十七年八月二十八日～　六日間

東北・青森駅～大間崎（下北半島）

①八月二十八日（日）青森駅前（青森県）～浅虫温泉

東北の東側を歩く旅が始まり、昨年は津軽半島を歩いたので今年はその続きの旅を計画した。今回は、青森駅から東に向かって野辺地まで進み、今度は北に向かって下北半島を縦断し、本州最北端の大間崎まで歩く旅である。朝、高崎線で大宮に出て東北新幹線はやてと八戸からの特急つがるに乗り継ぎ、青森駅に十二時半に到着し、十二時四十五分に駅前をスタートした。日射しが強いので、市内でサングラスを購入した。

青森湾に沿う道を歩くと、湿度が高いのかやたらに汗が額から流れ落ちる。市街地から離れるにしたがって左手に海がよく見えてきた。四時過ぎには前方に浅虫温泉の旅館街が見えてきた。以前にもこの温泉には来たことがある。前に比べてコンクリート建築の温泉宿が増えているし、湾岸の国道も整備されて車がスイスイ通り過ぎる。今夜宿泊する宿には、四時四十五分に到着した。

（十四・七㎞）

②八月二十九日（月）浅虫温泉～野辺地町馬門温泉

晴。朝から日はカンカン照りである。首には濡れタオルをし、サングラスをかけて七時五十三分に浅虫をスタートしたところ、まもなく雨となり雷鳴さえ聞こえた。平内町に入り、陸奥湾に突き出た夏泊半島の横断では、坂のアップ・ダウンを繰り返すうちに雨は本降りとなった。西平内駅近くで雨は止んだ。小湊を過ぎて複線になっている東北本線の跨線橋上から濃紺色に染まった陸奥湾が横たわって見えた。これで半島の東側に出ることができた。

清水川のコンビニの店先のベンチにて昼食をすませた。食事中、和泉ナンバーの車から若者が二人下りて来たので声をかけたら、大阪～東京～北海道一周と回って、これから日本海側を走って帰るところだという。日本半周ドライブというところか。二時間ほど海岸沿いの国道を歩いて狩場沢から野辺地町に入り、三時十分に馬門の温泉入口に到着した。ここから三㎞ほど山側に入ると今夜宿泊する馬門温泉がある。
宿には総ひのきの大浴場と広大な外の風景が眺められる露天風呂があり、気分は爽快であった。
（二十四・五㎞）

③八月三十日（火）　野辺地町馬門温泉〜横浜町百目木

ホテルのワゴン車で国道まで送ってもらい、八時七分に馬門温泉入口をスタートした。左手に陸奥湾（野辺地湾）を家々の間から眺めつつ野辺地の町中に入った。朝から蒸し暑い。暑さの中の歩行で、ふらふらになって調子よく歩けないのが情けない。

有戸を過ぎると道の両側は松や雑木の防風林となり、行けども行けども人家や店が現れなくなった。セミの声だけが響き渡る。午後になって松林が少々開けた道端に、赤と白のパラソルと旗が見えてきた。手作りアイスの出店で、おばちゃんが一人で店番をしていた。四十年の歴史があり、よく知られた店なのだそうである。主人は休みで今日は代理で来ているという。赤色と黄色を注文して、食べた。

道路は国道二七九号線が野辺地から下北半島を縦断して大間に至っているが、さらに海を隔てて函館にも通じている。半島の西側を通ると、暑さと空腹とでへとへとになり、ついのろのろと歩くことになる。歩道があるのかないのか車道の脇は草むらとなり、走り去る車とすれすれ、ちょっと車道に出れば即交通事故になってしまうので気が許せない。

吹越《ふっこし》に来ると、勢いよく湧き出す水があり、この水を使ってとうふ屋を営んでいる店があった。店主がこの水を神様として祭るためにお宮を作ったそうである。四時五分に百目木《どめき》という土地で今日のウォークを打ち切ることにした。
（二十五・四㎞）

宿は、この先の横浜町を少し東に入った田園のど真ん中に建つ民宿で、元気なおかみさんが迎えてくれた。客は我々以外にもう一人いて、退職後歩き旅をして、今回は下北を一周して帰る予定とのことであった。部屋には、有料テレビと扇風機に冬用のストーブが置いてあるだけであった。

④八月三十一日（水）横浜町百目木～むつ市金谷沢駅

今日も朝から暑い。田園の中の朝は静かで、虫の声がどこからともなく聞こえてくる。八時十五分に百目木をスタートして陸奥湾岸の国道を北に向かう。この道はほとんど直線で道にあまり変化がない。横浜町に来るとあちこちで泉が湧き出している。ここはパンフレットなどでは「菜の花の都」といわれているが、「泉の都」というべきだろう。

大豆田を過ぎるとトイレのある広い駐車場があって、その隣地にレストランがあったので、ここで水分補給のため休憩した。正午過ぎに町の境界からむつ市に入った。この辺りが下北半島の最も狭い部分で、その幅は十kmほどである。休憩中に、休業中の焼き肉店から老女が出て来て、すぐこの先にドライブインがあると教えてくれたのでそちらに急いだ。これでようやく昼食をとることができた。途中から道幅が広くなり、歩道も草がなくなって立派になった。四時五十分に金谷沢駅前に到着した。むつ市の市街地中心部まではまだ十kmほどはあるので、今日の歩き旅はここで止めることにした。

本日宿泊のホテルは、むつ市街地北東の田名部川のほとりの丘上に建つ。（二十三・〇km）

⑤九月一日（木）むつ市金谷沢駅～大畑町木野部峠

ホテルの十階から西方に釜臥山が見えるが裾野は霞んでいた。足元の田名部川の流路がよく見えた。今日は津軽海峡の見える半島の北側に出て、大畑まで歩く予定である。

昨日着いた金谷沢駅まで車で移動して、八時二十分に駅前をスタートした。国道を北に進み、まず、むつ市街地をめざすことにした。晴れていて蒸し暑いので帽子の下に手ぬぐいを広げて日除けとした。一時間ほどで道路の分岐点に来た。左は線路とともに大湊に通じ、右の道は国道でむつ市の中心市街地から大畑方面に延びている。

分岐の右の国道を一時間ほど歩いて新田名部川を渡るとむつ市街地となる。日は燦々と照り、暑くて、トイレの水道の水でタオルと手ぬぐいを濡らして首や頭に巻くと気持ちがスーッとした。市街地を抜けると山道となりアップ・ダウンを繰り返す。椛山という里山にそば屋が一軒あったので、寄って大盛りそばを注文した。

食事後、外に出ると天は高く、真夏の日射しの中にも初秋の風を感じることができた。関根の集落を通ると、小学校の校庭で元気な声を出して遊ぶ子ども達の姿を久し振りに見た。出戸川を渡ると前方に津軽海峡の海が見えてきた。この海の向こうは北海道である。

手元の地図にはない新しい道路が海岸線から少し離れた小高い所を走っている。きっと廃線になった線路跡にこの道路を作ったに違いない。知らぬ間にこの道を歩いていたが、人家も標識もなく、なんの目標物もない道が真っすぐに走っている。地図の中で現在地を確認することがなかなか難しい。いつのまにか大畑町に入っていたが、町並みから外れて行くようなので、右折して町中の道に出てから、大畑川を渡ると中央公園の入口に出た。一時間ほど右手に海を見ながらくねくねと坂道を歩いて

四時四十六分に木野部峠に出た。　　　　　　　　　　　（二十九・三㎞）

この辺りの道には猿が出没するらしく「サルにえさをやらないでください」という立て看板をいくつか見た。一人歩きには猿の集団は恐怖である。今夜はこの先の海ぎわにある下風呂温泉に宿をとった。この旅館の今我々がいる海の見える部屋と廊下を隔てた向かいの部屋に、作家の井上靖が家族とともに滞在していたことがある。ここで小説『海峡』を執筆したといわれている。これを聞いて思わず居ずまいを正してしまうほど驚き、感激してしまった。湯は酸性硫黄泉で黄白色をしていて熱く、群馬の草津の湯によく似ている。また湯舟の脇に湯もみの板が置いてあるのも、共通点であった。

⑥九月二日（金）大畑町木野部峠～大間崎

八時に木野部峠をスタートして、海際の坂道を下って木野部の集落を通り、旧道を歩くと人家はあるが人気は感じられぬほど静まり返っていた。ちぢり浜は崖の下に岩棚が広がっていて、その先には波の飛沫がザブンと立ち上がって見えた。

国道に合流して町の境から風間浦村に入った。少し進むと、昨日宿泊した下風呂温泉に着いた。店で昼食用のおにぎりを調達した。これから先はずっと右手に津軽海峡が広がる道となる。易国間の漁港近くで、防波堤の下の石ころばかりの海際で昼食をとっていると、雨がポツポツやってきたので急いで歩き出した。雨はシャワーのように降ったり、すぐに止んだりを蛇浦海岸まで繰り返した。

風間浦の最北端では風力発電用の二基の風車のうちの一基が回転していた。折戸坂を上ると国道は左に折れて半島の西側の大間の漁港方面に向かう。大間崎へはそこを右折して狭い道に入り、樹木に覆われた薄暗い道を行く。岬までの長い海辺の道を今回の最後の道と思って歩き続けた。この岬への道沿いには新しい住宅が建ち並んでいたが、冬は寒風吹き荒れる土地だと思うと、この住宅群の冬の風景が想像し難いのであった。岬に近づくにつれて北方からの風が強くなった。海産物や土産物を商う店が並ぶその先に、大間の岬が津軽海峡に突き出ていた。ようやく三時四十分に「こゝ本州最北端の地」の石碑や石川啄木の碑、マグロのモニュメント、レストハウスなどのある下北半島の最先端、大間崎に到着した。

（二十五・五㎞）

この先には強風に荒れる海原が続いていた。遠方には時々、島のようなうす黒い影が現れる。レストハウスの係員の話ではこれが北海道の函館山だとのことであった。

今宵の宿は、岬から四㎞ほど離れた広い林の中に建つ公共の保養センターである。風呂は天然温泉で広々していて気持ちよく、旅の疲れが流れ去るようであった。食事はマグロなどの刺身、ウニ、カキ、天ぷらなどなど盛り沢山であった。部屋で牛乳が飲みたくなったので、売店で買ってきて飲んだが、大変おいしい牛乳であったのでビンのラベルを見たところ、なんと製造所は前橋市で製造者は群馬の協同組合とあったので、妻と二人で大笑いしてしまった。

今回の六日間の旅で歩いた距離の合計は、一四二・四㎞である。明日、車で野辺地に出る予定であるが、時間があればむつ市から恐山に寄ることにする。野辺地からは特急白鳥に乗り、八戸で新幹線はやてに乗り換えて、大宮から電車にて帰る予定である。

第82回　平成十七年十二月四日～　六日間

山陽・明石駅前～岡山駅

①十二月四日（日）土山駅前（兵庫県）～明石駅前

冬になり暮れも近づき、今回は明石から岡山までの山陽路を歩く計画である。

まず初日の今日は、明石駅―土山間を宿泊の関係で山陽本線土山駅から逆に東に向かって歩くことにした。新幹線ひかりで東京から新大阪に向かい、そこで電車に乗り換えて土山駅で下車した。外は風強く冷えた。十二時四十五分に土山駅前をスタートして、国道二号線を南東に向かって歩き出した。歩き始めてすぐに牛丼屋があったので、昼食はここで牛丼を食べた。

道路の右手に播磨灘が広がっているはずであるが、人家やビル、それに山陽新幹線の高架などに遮られて見えない。左手は丘陵があるも住宅が上方までびっしり立ち並んでいて自然の風景などは探すのが難しい程である。国道は山陽本線と平行して走っているが、これより右手の海岸に近い所を国道二五〇号線とそのバイパスが走り、さらに山陽新幹線も走っている。他に旧道や私鉄の山陽電気鉄道も走っているので、この播磨灘沿岸は交通機関の過密地帯となっている。まだある。この北側には有料道路も走っていて賑やかである。小雨が降ってきて、傘が何度も強風に飛ばされそうになったが、風が治まる頃、四時三十分に明石駅に到着した。

（十三・二㎞）

宿は明石駅前のホテルで、夕食のタコワサがコリコリ新鮮で美味、カキフライもおいしかった。

②十二月五日（月）土山駅前～姫路城前

早朝、風の吹き荒れる音で目を覚ました。天気予報でも今日は強風になると報じている。北部ではあちこちで雪になるとの予報もあった。昨夜の風は、木枯らし一号だったという。また、広島で七㎝の降雪があったとも伝えていた。

腰にカイロを貼り、毛糸の帽子、手袋、マフラーを装着して妻の車で出かけた。明石の天文科学館に寄ってから土山駅に直行した。今日はこの駅からのスタートである。九時十分に駅前を出て、二号線を姫路に向けて西に歩いた。天気は晴。風吹き荒れ、気温上がらず。土山から、加古川、高砂、姫路の市内を歩くも、平坦な道にとぎれることなく人家や諸々の建物が並んでいる。特に市街地には車関係の営業所や工場、飲食店、スーパーなどが多く並ぶ。その間には民家や農家もあるが、静かな町並みになるとホッとする。

途中いくつかの川を渡ったが、特に加古川と市川を渡る橋上では吹く風が冷たく、風向きが北西の向かい風なので前進が大変であった。昼食は、加古川市と高砂市の境付近にある宝殿駅前の小さな食堂に入って、もち入りうどんを注文した。店内はストーブをたいていて暖かい。店の主人は、「三十年ほど前の若い頃、仕事で群馬の高崎に半年くらいいたことがあり、その当時聞いた納豆売りのおばさんの声が忘れられない」と述懐していた。四時五分に駅前通りと交差する姫路城前の緑町十字路に到着した。（二十二・七㎞）

ここを右に折れて姫路城の門をくぐった。城の大天守閣が夕日に映え、下の石垣の周辺の樹木が赤く燃えるように見えた。ここから御幸通りのルミナリエを眺めながら姫路駅までぶらぶらと歩き、本日宿泊の駅前のホテルに入った。

③十二月六日（火）姫路城前〜相生市役所前

七時近くになってようやく夜が明けた。朝食後急いで姫路城に向かい、年賀状用写真を撮った。八時三十八分に大手門前の国道を西に向かってスタートした。雨は小止みになり内濠の土塁の石垣に沿って落ち葉を踏みながら歩いた。十時前に夢前川を渡り、広畑区青山から上り坂となった。坂を下って太子町に入ると新幹線に沿った道となった。太子町の町名から聖徳太子に関係する町らしい。地名にも鵤《いかるが》とか寺には斑鳩寺などという名が今でも使われているからである。正午前に、この町のギョーザ屋に寄って昼食をとった。

食事後林田川を渡って龍野市に入り、まもなくして宝林寺という寺の前を通った。ここは大燈国師の誕生の地らしい。揖保川町に入ると龍野駅がある。ここでは国道とＪＲ線を跨ぐ歩道橋の下にベンチ付きの休憩所や駐車場、トイレなどが備わっていて便利である。

相生市に入ると日は西に下がり始めて眩しくなって来た。相生駅手前を左折して市役所のある相生湾に向かう。湾は播磨灘に通じている。三時半を過ぎて小学生たちが集団下校して来る。湾に近づくと左手にレンガ色の建物が見えて来た。道路際に大きく「相生市役所」と書いた表示板があり、四時三分にこの市役所前に到着した。（二十三・〇㎞）

ここから妻の迎えの車を待って、六㎞ほど離れた岬の山上に建つホテルまで移動した。部屋の窓から瀬戸内海の広い海原を一望し、雲の中に沈む寸前の夕日を眺めることができた。

④十二月七日（水）相生市役所前～赤穂～日生町浜山（岡山県）

ホテルの食堂のワイドなガラス窓から静かな海と空を見下ろす。遠方にうっすらと横たわって見える島は小豆島であろうか。近くには小さな島がいくつか見える。時間とともに島の灯台が、朝日に白く浮かび上がってきた。水平線の上はうす紫色に霞んでいる。海面上のカキの養殖棚がはっきりと見えてきた。海は静かに目覚めつつあった。

車で相生市役所まで戻り、八時四十分に市役所前の海岸線を走る国道二五〇号線を西に向かってスタートした。天気は晴。上り坂になり、口からはく息が寒さで白く見えた。一時間ほどで高取峠に着いた。峠には早かごの像とその解説の碑が建っていた。早かごは江戸城松の廊下で起きた浅野内匠頭の殿中刃傷を、家老大石内蔵助に知らせるためにこの峠を越えて赤穂に急ぐ使者のかごを表している。峠を下って一時間で赤穂市を流れる千種川の坂越橋を渡った。それから一時間弱で赤穂線播州赤穂駅に着いた。駅前はよく整備されていて石畳をのんびりと歩き、赤穂城跡や大石邸長屋門、大石神社などを見物した。その後は、再び国道に出て旅を急いだ。鶇和《てんわ》という無人駅で休憩していると小学生が二、三十人ガヤガヤと駅に入って来た。女の先生が一人付き添っていたので聞いてみると、この子ども達はいつも次の駅まで一駅通学をしているのだという。

三時に鳥打峠を越え、さらに三十分後には福浦の集落から福浦峠を越えた。ここから岡山県で、最初に通った町を日生《ひなせ》町といった。日が傾いてきたので下り坂を急ぐ。日は西の山に沈んだ。四時二十三分に寒河《そうご》地区の浜山の赤穂線が交差するガード下に到着した。ここを目印に今日の歩き旅を終了にした。このすぐ南には瀬戸内海が広がり、その中ほどには小豆島が横たわる。（二十三・〇㎞）

宿は隣の備前市で西片上駅の近くにある旅館である。日生の湾は奥が深く、その一番奥に西片上があった。旅館は旧山陽道に面していて、築一五〇年という歴史のある旅館で司馬遼太郎、柴田錬三郎、魯山人等の名士が投宿している。間口は狭く奥行きが長い。縁が中庭に通じていて、洗面台は軒の下に取り付けてあり、洗面の時は縁から中庭に向かい、冬の冷えた水道水を使って洗顔する。寒くて冷たくて身に応えた。食事は、歴史と伝統の味がよく染み込んでいて、ゆっくりと味わいながら楽しんだ。

⑤十二月八日（木）日生町浜山～岡山市上道駅

車で日生まで移動し、昨日の浜山を八時五十二分にスタートした。潮の引いた湾伝いに国道を岡山めざして西に向かう。今朝は冷えて、道路の水溜まりが凍っていた所もあった。日生駅の周辺には人家が多く集まり、町役場や学校もある。港からは小豆島行きのフェリーも出ている。しばらく山道を歩き、小さな峠を越えると備前市である。再び湾岸を辿って最奥の片上湾には正午前に着いた。

国道から二号線に合流し、伊部《いんべ》の駅前に出てから右手の旧山陽道に入ると、備前焼の窯元や作家の家、レンガ造りの煙突などが立ち並んでいて、他では見られない焼き物の町の風景を色濃く漂わせていた。二号線に合流してから、土手を少し下って長船町から備前大橋を渡った。川の向こうは岡山市である。浅川という所で道は分岐し、右の道は旧二号線でそこから最も近い駅を探したところ、山陽

本線上道駅が最も近く、四時五十分この駅に到着した。本日はここで終わりにした。（二十九・二㎞）

ここから電車で岡山駅に出て、駅前のホテルに宿泊した。夕食は地下街のちゃんこの店に入ったが、余りの寒さに「あつかん」をつけてもらった。

⑥十二月九日（金）岡山市上道駅前〜岡山駅

山陽本線で岡山駅から三つ目の上道駅で下車して、八時三十七分に同駅前をスタート、国道を西に進んだ。天気は晴。少し寒いので手袋、マフラーを身につけた。

岡山の市街地に入り、百間川を渡った。河原はのどかで、自転車を置いてのんびり休憩している人もいた。続いて旭川に架かる新鶴見橋を渡らずに、後楽園への蓬莱橋を渡って、川岸の遊歩道をゆっくりと園の外周を散歩する気持ちで月見橋までぶらぶらと歩いた。岡山城を眺めてから橋を渡ると岡山市街のど真ん中、桃太郎大通りに出て、十一時四十九分に岡山駅に到着した。（十一・三㎞）

新幹線改札口前で妻と待ち合わせ、昼食後に荷物の整理をすませてから、新幹線ひかりに乗車して東京に向かい、群馬への帰途に就いた。

第83回　平成十七年十二月二十三日〜　三日間

山陽・岡山駅前〜尾道駅前

①十二月二十三日（金）岡山駅前〜倉敷市玉島

二十二日の早朝に群馬を発ち、新幹線ひかりで岡山駅に一時過ぎに到着した。岡山は雪はなかったが、途中名古屋付近から小雪が舞い、うっすらと白い化粧をした風景に変わった。米原付近は大雪で、このため列車が遅れることになった。この日は、岡山市郊外に住む、秀吉の水攻めで有名な高松城跡近くの親戚の家を訪問した。帰りにすぐ近くの最上稲荷の総本山にも立ち寄った。ここはすでに初詣での準備が完了しているようであった。この日は駅近くのホテルに宿泊した。

朝八時にホテル前をスタートし、国道に出て、西に向かい倉敷をめざした。初めは小雪がチラホラ舞っていたが、まもなく止んでしまった。しかし、風は冷たくて手袋などをして防寒の対策を取った。市の西外れを流れる足守川の川面は結氷していた。十時半に倉敷市に入った。直線道路を進み市街地に入る。倉敷駅前に来たが寄り道をする時間もなく、市内をひたすら歩いて通過し、高梁川の土手に出た。南の空に向かって飛ぶ逆V字形に広がった雁行を眺めつつ、それを追うように歩いて、幅一kmはある川に架かる歩道橋を渡って玉島地区に入った。四時三十五分、古い町並みを通って文化センター前に到着した。

（二十八・〇km）

今日宿泊の国民宿舎は、里見川を渡った小山の上にある円通寺公園内にある。円通寺は良寛さんが越後から出て来て、ここで二十年間修行した寺として知られている。

②十二月二十四日（土）倉敷市玉島～福山市大門（広島県）

食事前に円通寺を参拝した。途中で雪が降り出したが、東の山からの赤い日の出を見ることができた。八時四十分に玉島をスタート、国道二号線を西に向かい福山をめざした。風が冷たい。途中には石材屋が多いのに気づく。正午になったので里庄駅前近くの食堂に入った。この店の家族から「どこから来たか」とか、「どこまで歩くのか」などと興味深そうに尋ねられた。

今日は午後になって国道は渋滞していた。クリスマスイブだからだろうか。里庄町では、国道を右に少し入ると仁科会館があった。この町が生んだ世界的な物理学者仁科芳雄博士を顕彰し、青少年を啓蒙するために建てられた施設で、多くの資料が展示されていた。僅かな時間ながら見学させていただいた。また、国道の反対側には博士の生家であり、大庄屋であった仁科家の屋敷が残されている。

道は笠岡市に入り、夕暮れになって、吹く風はかなり冷たくなった。思わず上着の前のチャックを首の上まで上げるほどである。しばらくして県境を越えて広島県に入った。四時五分に東福山駅から一駅手前の大門駅前に着いた。ここで妻の迎えを待つことにした。（二十四・五㎞）

宿の福祉センターは東福山駅に近い小高い丘の上にあり、福山市街が一望できる位置に建っている。館内利用者は少なく静かである。妻とワインで「いい旅」に乾杯した。

③十二月二十五日（日）福山市大門駅前～尾道駅

今朝は車の窓ガラスが氷結していた。これを削り落としてから車を動かす。大門駅前に移動して、八時十五分にここからスタート、今日も尾道をめざして国道を西に向かう。天気は快晴。防寒の支度にて出発するも、しばらくの間は吐く息が真っ白であった。福山の市街地の橋の上から下を流れる川面を見下ろすと、橋脚付近の川面が白く凍結していた。また、周囲の畑の野菜の葉が白い霜に覆われていた。十時過ぎに福山駅の南口入口から市役所前に来た。その建物は、周囲の市街地の建物と比較して違和感を抱いてしまうほど立派な箱ものであった。

芦田川を渡って市内赤坂町辺りで、いつのまにか国道二号線のバイパスに入ってしまった。高架の道路で、両サイドが防音壁で囲まれているので道路の外がなにも見えない。これでは食事をする所など見つかるはずもない。あわててこの高架から脱出して、通りがかりの中学生に旧道への道を教わり、やっとのことで元の道に入ることができた。しかし、いくら歩いても食事のできそうな店が見つからない。松永駅を過ぎてようやく小さなお好み焼き屋があったので、おそるおそるドアを開け、焼きそば定食を注文したところ、山盛りの焼きそばに山盛りの御飯もついてきた。

三時半頃、尾道市に入った。東尾道から山陽本線と隣り合わせの尾道水道の岸辺の道を行き、しまなみ海道の尾道大橋の下をくぐった。浄土寺前を過ぎて町中のアーケードのある商店街を歩くと、各店とも客待ち顔でこちらを見ていた。尾道駅前に出て、四時三十分にすぐ前のホテルに到着した。

（二十八・二㎞）

今回の旅の尾道到着をもって、東京日本橋から下関までの本州の西の表側を歩き終えたことになる。

平成十三年に日本橋をスタートしてから五年になる。明日、電車で群馬に帰る予定である。

第84回　平成十八年三月十六日～　六日間
九州・宮崎市街～鹿屋高須

①三月十六日（木）宮崎空港（宮崎県）～宮崎市街

次の旅は九州である。鹿児島県の鹿屋から宮崎、大分を通って小倉までの九州の東側を歩く旅になる。まず今回は鹿屋—宮崎間の旅を計画した。初日は、羽田空港から宮崎空港に飛んで午前十一時三十分に到着した。外は雨が降っていた。十二時二十二分に空港前をスタートし、ここから宮崎市内をめざし北に向かって歩いた。大淀川を渡って、宮崎駅に一時五十分に着き、駅中のラーメン店にて遅い昼食をとった。市街地の中心部にある今日宿泊予定のホテルには、三時に到着した。（六・九㎞）

②三月十七日（金）宮崎空港～日南市伊比井

ホテルの窓からは東方の宮崎市街が見え、その先には日向灘が朝の太陽を反射して光る。朝のホテルの食堂は、何等かの仕事に出かける男達で込み合っていた。

車で空港まで移動し、八時三十分に空港前をスタートして、日南海岸をめざし南に向かう。朝は、Tシャツの上に長袖のシャツで少し涼しいと感じる程度の気温であった。天気は快晴。心地よい冷風の中を、海岸線に沿ってとぼとぼと歩いた。途中、郡司分《ぐじぶん》という地で一休みした。清武川を渡ると左手の海岸沿いに野球場のある運動公園が見えてきた。ここでバイパスの国道二二〇号線に合流し、さらに加江田川の橋を渡って巨人軍が宿泊するホテルの前を通り過ぎてから、「こどものくに」の前に到着した。長い冬の休みがあって、明日から開園とのことで園内はその準備に追われていた。今日は開園前日につき入園無料ということなので、少しばかり園内を歩いてみた。大観覧車が空をついて立っていた。ここから少し先には青島があった。青い海の先に長い橋で繋がった緑の島が横たわったいた。近くの岸辺に座して、サンドイッチを食べながら青島を眺めていた。

折生迫《おりゅうさこ》から上り坂になり、やがて日南海岸を見下ろす堀切峠に到着した。フェニックスの木陰にて海風を受けつつ休憩した。眼下には鬼の洗濯板といわれる岩礁が海辺に広がっているのが見えた。峠を下った所に道の駅があり、そこで食べたマンゴーのソフトクリームがおいしかった。ここから斜面下の海辺の道を左右に曲がりつつ進んだ。この辺りには、東向きの斜面を利用して建つ別荘のような家が多く見られた。日南市に入って三十分ほど歩くと伊比井駅の前に出た。三時四十八分、今日の歩き旅をここで終わりにした。

（二十二・八㎞）

本日宿泊のペンションは、ここから少し戻って、坂を上った丘の上にあった。眼下には太平洋が広がり、広い敷地内に南欧風の建物が建っていた。

③三月十八日（土）日南市伊比井～日南市大堂津

オーナーと朝食後、車で伊比井駅に向かい、小雨の中八時十分に駅前をスタート。朝方は少々肌寒く感じた。しかし、水田には水が入ってすでに田植え直前の状態に準備されていた。水辺の蛙たちもケロケロとわが物顔で鳴き続けていた。道は長さ約一・四㎞ある日南富士《ふと》トンネルに入った。このトンネルがなければ瀬平崎回りで倍以上の距離を歩かねばならなかった所である。しばらく海岸に沿う崖上の国道を行き、岬方面に左折してトンネルを抜けると鵜戸神宮入口に出た。石段を上下して奥に進むと太平洋の荒波によって作られた洞窟の中に朱塗りの鵜戸神宮が建っていた。ここの奥には清水が湧き出る岩があり、これは安産の神様として知られている。一時間半ほど雨の中を下の海岸を見下ろしながら歩いた。風田という集落を通るとレストランが見つかり、ようやく昼食をとることができた。この後、広渡川の河口近くの橋を渡ると、流れる川の水は泥水のように濁っていた。対岸の油津の町並みに入った。ここは油津港を南に持つ港町で、狭いながらも駅があり、学校、病院、郵便局はもちろん旅館やホテルもある。ここでは飫肥方面からの国道二二二号線が市街地の中央で二二〇号線と合流している所でもある。一時間ほど海岸線を歩いて四時四十七分に日南市の最南端駅の大堂津に到着した。

（二十七・六㎞）

雨はまだ止まず。この油津から八㎞ほど北に位置する九州の小京都といわれている飫肥に向かい、この城下町の旅館に宿泊した。

④三月十九日（日）日南市大堂津～串間市今町

昨夜は、びしょ濡れの靴を乾燥させるために古新聞を旅館で借りて水分を吸収させた。今朝、出発の際に宿の女将に一言そのお礼を述べて玄関を出た。飫肥地区は内陸にあり、高台にある飫肥城を中心に武家屋敷が整然と配置された城下町で、現在国から重要伝統的建造物群保存地区に選定されている国宝級の町並みなのである。この町並みを車で一巡して大手門や武家屋敷とその石垣塀、飫肥駅などを見てから、十二㎞ほど離れた大堂津に移動した。町中では日曜日のためか人の姿をあまり見かけなかった。

八時三十分に駅前をスタートし南郷町に入り、港には寄らずに山道を歩いて近道をし、都井岬にも回らずにこのまま山中を通って志布志湾をめざして歩いた。僅かな平地にある水田では、機械による田植えが始まって人の姿があちこちに見られた。緩い坂道を上って榎原《よわら》駅に着いた。大汗をかいたが時折吹く冷えた風で、汗が引いて心地よい。このすぐ先に酒造所があり、名水二十一選になっている湧水があった。ここは、連続テレビ小説「わかば」の撮影にも使われたらしい。ちょうど十二時に峠に着いた。ここから西側が串間市である。南方二十㎞先の日南海岸最南端には野生馬で知られる都井岬が太平洋に向かって延びている。峠から川の流れる向きが変わり、下って歩く方向に流れていく。川はやがて志布志湾に注ぐことになる。一時過ぎに無人の日向大束駅に着き、ここのベンチにて昼食をすませた。

午後はここから一気に下って串間の市街地に入った。さらに志布志湾までの直線道路を下ると湾岸に出た。海を目の前にして右折して海岸に沿う土手上の国道を西に少し進んで、午後四時、今町の郵便局前で今日の旅を切り上げることにした。

（二十六・三㎞）

今日の宿は、八㎞先の志布志湾ダグリ崎の丘上にある国民宿舎である。大浴場からの志布志湾の眺望が素晴らしかった。

⑤三月二十日（月）串間市今町〜大崎町中段（鹿児島県）

宿舎で、朝食がすんでからの志布志湾を見下ろしながら味わうコーヒーは格別であった。八時二十分に今町の郵便局前をスタートして、国道を西に向かい鹿屋をめざす。左手の海の色はエメラルドのようで、浅い海底までキラキラと輝き、春が来ていることを知る。こんな時にも、一時の幸せを感じるのである。

高松の浜を過ぎると県境である。九時三十八分に鹿児島県入りして、志布志湾岸を左寄りに曲がって進んだ。国民宿舎のあるダグリ崎が近づいてくる。フェリー発着所のある志布志港も近づく。ここには日南線の終着の志布志駅があり、この先には鉄道も駅もない。しかし、終着駅が無人駅で売店もトイレもない駅だとは想像もしていなかった。ただベンチがあるだけの駅なのであった。

午後は大崎町に入って、国道は海岸から次第に遠ざかり、大隅半島を西向きに横断する直線道路になった。途中、売店、風呂、トイレ、公園、運動施設、レストランなどが集約された道の駅があった。迎えの車を待ちながら一本道を歩き続けて、四時四十五分に車が現れた。町の西外れの中段バス停にて今日の歩き旅を止めることにした。（二十五・四㎞）

宿泊は昨日と同じ志布志湾の国民宿舎である。湾の西方に沈みつつある太陽を眺めながらの入浴は、今日もまた感動した。

⑥三月二十一日（火）大崎町中段〜鹿屋市高須海岸

今日で六日目、今日の終着地点の高須海岸は錦江湾に面していて、六年前に鹿児島から佐多岬まで歩いた時に通過した所である。昨日到着した大崎町中段バス停を八時二十五分にスタートし、鹿屋の市街地をめざして国道二二〇号線を真っすぐ西に向かった。朝はやはり冷えるので手袋をし、長袖のパーカーを着た。この辺りの田んぼは、広大な土地が条理に区切られていて北海道を歩いているような錯覚を起こしてしまいそうである。一㎞ほど歩くと東串良町に入り、まもなく串良町に入った。ここは大河が形成した平野ではないので、小さな河川があって川を渡る場合には、その都度橋の前後に下ったり上ったりの坂があるので、歩き旅には変化はあるが少々辛い道になる。僅かな距離ながら高山町に入り、笠之原の十字路を直進した。鹿屋市に入ると車の営業所や大型店などが並んで都市化した市街地になっている。混雑しないうちにと正午前にイタリアンのレストランに入った。

午後は、右手からの国道二六九号線に合流して、ここから市内の中心部に入ったが、市内の道はくねくねと曲がりくねって大小の道が絡み合うように走っていた。西に向かっているはずの道が知らぬまに南に向かって歩いていたりして道に迷った。外から来た人や歩く人の立場にたった標識がこの町にはもっと必要だと思った。この後、なんとか自衛隊の飛行場前に出ることができたが、歩いている道が二六九号線だと気づいたのは、市街地を通り抜けて飛行場前を過ぎる頃になってからであった。

高須川を渡ると、老人が一人で橋の袂で背を丸めて倒れている。立ち去ろうとしている老婆に聞いてみると、毎日酒を飲んでいて、飲み過ぎで、家族に迎えに来るように電話するところだとのこと。まずは一安心であった。高須郵便局から高須海岸に直行して、ようやくのことで無事に海岸入口に到着することができた。引き潮の砂浜から南西の錦江湾の海の向こうに開聞岳がうっすらと見えて、なんだか懐かしさを覚えた。

（二十一・八㎞）

鹿屋市内のホテルに向かう途中、鹿屋航空基地史料館を見学した。庭には現在の自衛隊機の実物、館内には戦前の戦闘機や艦船の模型、零戦の復元機、特攻隊関係の資料などが展示されていた。

宮崎からの六日間の旅で歩いた距離の合計は一三〇・八kmになった。明日は、宮崎空港から羽田空港に飛んで、群馬に帰る予定である。

第85回 ⑴平成十八年四月四日 一日間 ⑵平成十八年四月五日～ 四日間

⑴北海道・上磯町清川口～函館駅 ⑵東北・野辺地町～本八戸駅

①四月四日（火） 上磯町清川口～函館駅

今回の旅のメインは、青森県の野辺地から八戸までを歩くことであるが、ついでに函館湾を歩くことと、津軽海峡の函館～大間間をフェリーで渡ることも計画に入れた。

まず、第一日目は電車で大宮から新幹線はやてと特急スーパー白鳥で北海道木古内まで行き、ここから普通電車に乗り換えて清川口で下車した。清川口駅は無人駅ながら売店、待合室、トイレなどの設備があり、売店の老婦人が愛想よく応対してくれたので旅の話を少しして、一時四十五分に駅前をスタート、函館湾岸の国道二二八号線を右回りに歩き出した。道路は広々としているし、歩道も十分な幅があり安心して歩くことができた。湾の向かい側には函館山が鎮座している。途中にフェリー発着所があり、ここで明日乗るフェリーの乗り場の下見をした。待合室は売店や軽食堂もあり乗船待ちの人達で賑わっていた。この辺りから東側が函館市になる。市街地に入り五時ちょうどに近代的なデザインの函館駅に到着した。宿泊するホテルは駅のすぐ前にあった。

夜はロープウェーに乗って、函館山からの夜景見物に出かけた。山上は冬の寒さであった。

（十・八㎞）

②四月五日（水）野辺地町（青森県）～野辺地駅

朝、函館のフェリー乗り場に行き、十時三十分発の大間行きフェリーに乗船した。好天にて波穏やかなり。函館山が次第に津軽海峡の波間に遠ざかって行く。十一時十分に大間港に入港した。津軽海峡の風はまだ冷たい。十一時五十三分に大間から定期バスに乗車し、むつターミナルには午後一時三十分に到着した。さらにここから二時二十分発の野辺地駅行きの小型バスに乗り換えて、三時四十五分頃野辺地の市街地に入り下車した。この市街地から野辺地駅までゆっくりと歩いて、四時四十五分に同駅に到着した。

（一・九㎞）

駅前で妻とタクシーに乗り、山中を走って馬門温泉に向かい、ここに宿泊した。ここは昨年に続いて二度目の宿泊である。

③四月六日（木）野辺地駅～上北町小河原駅

快晴。ホテルの窓から朝日が入り込む。広い庭の残雪が反射して光る。タクシーで野辺地駅まで直行した。

八時十分に駅前をスタートし、国道二七九号線はまもなく四号線に合流し、そのまま南に向かい東北町に入った。陸奥湾からの北風が冷たい。手袋、マフラーはこの時期手放せない。道路端や家々の軒下の日陰には固くなった雪がまだ残っていた。九時十分に下清水目という所で国道から左折して狭い県道に入った。アップ・ダウンのある山間の道になった。ここから三沢に向かい、東北本線が下を通る跨線橋を渡ると、下には千曳駅が見えた。

天間林村に入り李《すももん》沢を過ぎると、段丘からの下り坂になり、坂道から遠くに小川原湖が横たわって見えてきた。ここを下ると、湖に向かって開けた平地になり上北町に入った。湖に注いでいる高瀬川を渡る時には小雪が横から吹きつけるほど寒くなった。三時過ぎに湖畔の道の駅に着いて、ここでホットコーヒーを入れてもらい休憩した。この前を走る県道を進んで、今度は三沢飛行場に近づいた。天間林村辺りからずっと、戦闘機が空を突っ切って飛び去り、しばらくしてまた現れて、それが何度も繰り返された。四時二十分に湖岸の外れの駅、小川原駅に到着した。（二十六・四㎞）

今日の宿泊は三沢市内のホテルである。バスに乗ると、他に客はおらず運転手と三沢の話や旅の話をするが、東北弁で聞き取りにくいところもあった。

④四月七日（金）上北町小河原駅～陸奥市川駅

三沢駅から電車で小河原駅まで戻り、八時六分に同駅前をスタートし、三沢駅をめざして歩いた。今日は、学校は始業式らしく、車内の高校生の元気な姿が眩しく映る。道端の笹の間から蕗のとうがあちこちで顔を覗かせていた。三沢基地から飛び立つ軍用機やレーダー機が爆音をたてて、たちまち雲間に消えていった。

三沢飛行場への引き込み線を渡って市街地に入ると、私の前を元気そうに歩いて行く老人がいた。

話しかけると、昭和三年富山生まれで、一年軍隊生活をして、この三沢に住んで六十年になるという。戦後は米軍の仕事をしていたらしい。現在富山には兄がいるが、この年では行く気にならないという。知り合いに群馬県出身の人もいるとも話していた。駅に来てしまったのでそのまま別れた。下田橋を渡ってからは、有料道路が途中で切れていたり、新しい道ができて、国道を間違えたりして道に迷った。めざす駅になかなか近づかない。四時十分にようやく陸奥市川駅に辿り着いた。

（二十四・〇㎞）

ここから電車で三沢駅に戻って昨日と同じホテルに宿泊した。ホテルの湯は温泉で、大浴場がいくつかあり、おかげで今日は昨日の湯とは別の湯を楽しむことができた。

⑤四月八日（土）陸奥市川駅～本八戸駅

三沢駅から電車に乗って、市川駅で下車した。九時三十五分に無人のこの駅から雨の中を歩き出した。初めは東北本線に沿って歩いたが、左側が金網のフェンスになった。中は飛行場なので、鹿児島県の鹿屋航空基地に似ていると直感した。案の定ここは八戸航空基地であった。

丘陵地をくねくねと歩いて坂を下ると、広い立派な道路に出た。ここの十字路における道案内の道路標識は通行者に対する配慮が不十分で、直進してよいのやら、右折か左折か判断に迷ってしまった。馬淵川を渡って本八戸駅に行きたいのだが、最短の直線道路がなく、かなり遠回りをしなければ駅に着けなかった。分かりやすい標識や案内を多く設置してほしいと思った。また、新大橋の歩道は凸凹だらけの水溜まりの連続で、雨の中を十一時五十三分に本八戸駅に辿り着いた。

（八・八㎞）

これから電車で八戸に出て妻と合流し、二時四分発の新幹線はやてで帰る予定である。

第86回　平成十八年四月二十六日～　三日間

関東・大洗～勿来駅

①四月二十六日（水）大洗（茨城県）～日立市東大沼町

二十五日の正午近くに車で自宅を出発し、国道五十号線を走った。途中で雷雨にもあったが、大洗のカンポの宿に四時五分に到着した。船橋の加藤君はすでに到着していた。久し振りに夕食をともにして生ビールで乾杯した。

この翌日、車で水戸市内の国道五十一号線と二四五号線との分岐に移動し、八時二十五分にここから加藤君とともにスタートした。国道は片側二車線の広い道路で、両サイドに広い歩道があるので安心である。道の周辺では、田に水が入って田植えが間近いことを感じさせた。那珂川を渡ってひたちなか市に入った。橋には歩道がなく、ひっきりなしにダンプやトラックが通る。ひたちなかＩＣ近くで常陸那珂有料道路と交差し、この上を跨ぐ道路となっていた。少し歩くと右手に総合運動公園とひたち海浜公園の施設が見えてきた。昼になったが国道付近にはレストランは見当たらず、一軒だけラーメン屋を発見してここに寄った。

昼食後東海村に入った。途中右手に虚空蔵堂があり、ちょっと立ち寄って旅の安全を祈願した。続いて赤松の林に囲まれた日本原子力研究所東海研究所前を通った。久慈川に架かる久慈大橋を渡ると日立市である。まもなく今日宿泊する宿舎の前に着いたが、まだ時間があるので荷物だけ置いてさらに北上した。日立市は太平洋の沿岸に沿って工場群と住宅群が帯状に南北に広がっている。海を見下ろしながら歩いた。大みか駅前を通り過ぎて住宅地の中を行くと、四時三十四分に大みか駅と常陸多賀駅の中間にある一里塚ロードパークの駐車場に到着した。ここで今日の旅を切り上げて、ここから車で日立市みなと町の宿舎に戻った。

（二十四・六㎞）

②四月二十七日（木）日立市東大沼町～高萩市

朝、船橋まで帰る加藤君を車で大みか駅まで見送って、八時三十分に一里塚ロードパークから国道を北に向かって歩き始めた。天気は曇。予報では西から雨になると報じていた。道路の右下には太平洋が広がり、左側には工場群が並ぶ。スタート時に妻よりバナナとアンパンの差し入れがあった。

河原子、国分辺りから雨がポツポツやって来て、路面に雨粒の跡が残る。歩くにしたがって常磐線が接近してくる。昨年までは日立電鉄も走っていたが、廃線になって線路もすでに撤去されている。日立駅前に着いたが、大きな工場群があるにしては、小ぢんまりした駅舎である。道は左からの六号線に合流し、途中の食堂に寄った。食事後店を出ると雨は上がっていた。

この辺りは、地形の起伏があり道もアップ・ダウンの繰り返しとなる。右手に小木津浜が見えて来て、その先に太平洋の大海原が見えた。しばらくして十王町伊師地区に入った。伊師浜を過ぎると左の丘陵上に大パラボラアンテナが見えてきた。その後もう一基現れた。これらは衛星通信所のアンテナらしい。この辺から高萩市になった。三時四十五分に高萩駅の東側に到着した。（二十三・五㎞）

跨線橋を渡って駅前の交番で尋ねたところ、めざすホテルは駅からさらに二㎞ほど離れた北方にあった。

③四月二十八日（金）高萩駅〜勿来駅（福島県）

七時に朝食会場に行くと、宿泊者がこれほどいたのかと驚くほどの人達が集まって来た。多くは出張のビジネスマンや技術者などの仕事人と思われた。

妻は都合により電車で群馬に帰る。八時十分に高萩駅東側の広場をスタートして、勿来《なこそ》駅をめざし国道を北に向かった。自分の車は、ホテルに夕刻まで預かってもらうことにした。朝からよく晴れて、これほどの青空は最近久し振りである。この道は、常磐線と太平洋に挟まれた海岸線に沿ってずっと北に向かうほとんど平坦な道である。北茨城市に入ると養護学校の高学年の生徒たちが、バスで旅行に出かけるのか、うれしそうにバスを待っていた。ちょうど二台のバスに別れて、先生たちと一緒に乗車するところであった。好天に恵まれて、楽しい旅行ができることを願ってその場を離れた。下桜井という地に来ると桜の花びらがひらひらと舞い散っている風景が眺められた。しばらく大北川に沿う道を行くと、左手に野口雨情の生家があったが関係者が居住中につき、少し距離を置きそっと建物を眺める程度で遠慮してここを去った。磯原海岸から五浦に向かう。

十二時半近くに十字路を過ぎた。右折すれば道は岡倉天心ゆかりの五浦海岸に通じる。時間の関係でここには寄らずに六号線を直進して勿来駅をめざした。平潟町の切り通しから小さなトンネルを抜けると、そこは東北、福島県いわき市勿来町である。右手に青い漁港が見えてきた。少し歩いて、二時に常磐線勿来駅に到着した。

（二十・八㎞）

ちょうどそこへ上り電車が入って来たので、電車に飛び乗った。高萩駅まで戻って昨日宿泊のホテルで預けた車を受け取り、再び勿来に向かい、三時を少し過ぎて宿泊予定の勿来関跡近くにある国民宿舎に到着した。夕食になって、山桜が咲き誇っている庭に向かってセッティングしてあるテーブルに席をとった。「この桜は今が満開で一番いいですよ」と係員が教えてくれた。源義家の歌「吹く風をなこその関と思えども道もせに散る山桜かな」を味わいながら食事をした。

明日は関所跡を見物してから、車で常磐自動車道、国道五十号線を走って群馬に帰る予定である。

第十五年目

（平成十八年四月二十九日〜平成十九年四月二十八日）

・旅回数　4回
・旅番号　第87回〜第90回
・旅日数　18日
・ルート　♡北海道＝標津伊茶仁〜別海床丹橋、根室厚床〜厚岸
♤九州＝宮崎（宮崎県）〜延岡〜大分〜　別府〜中津〜行橋（福岡県）〜小倉
・距　離　四〇〇・〇㎞

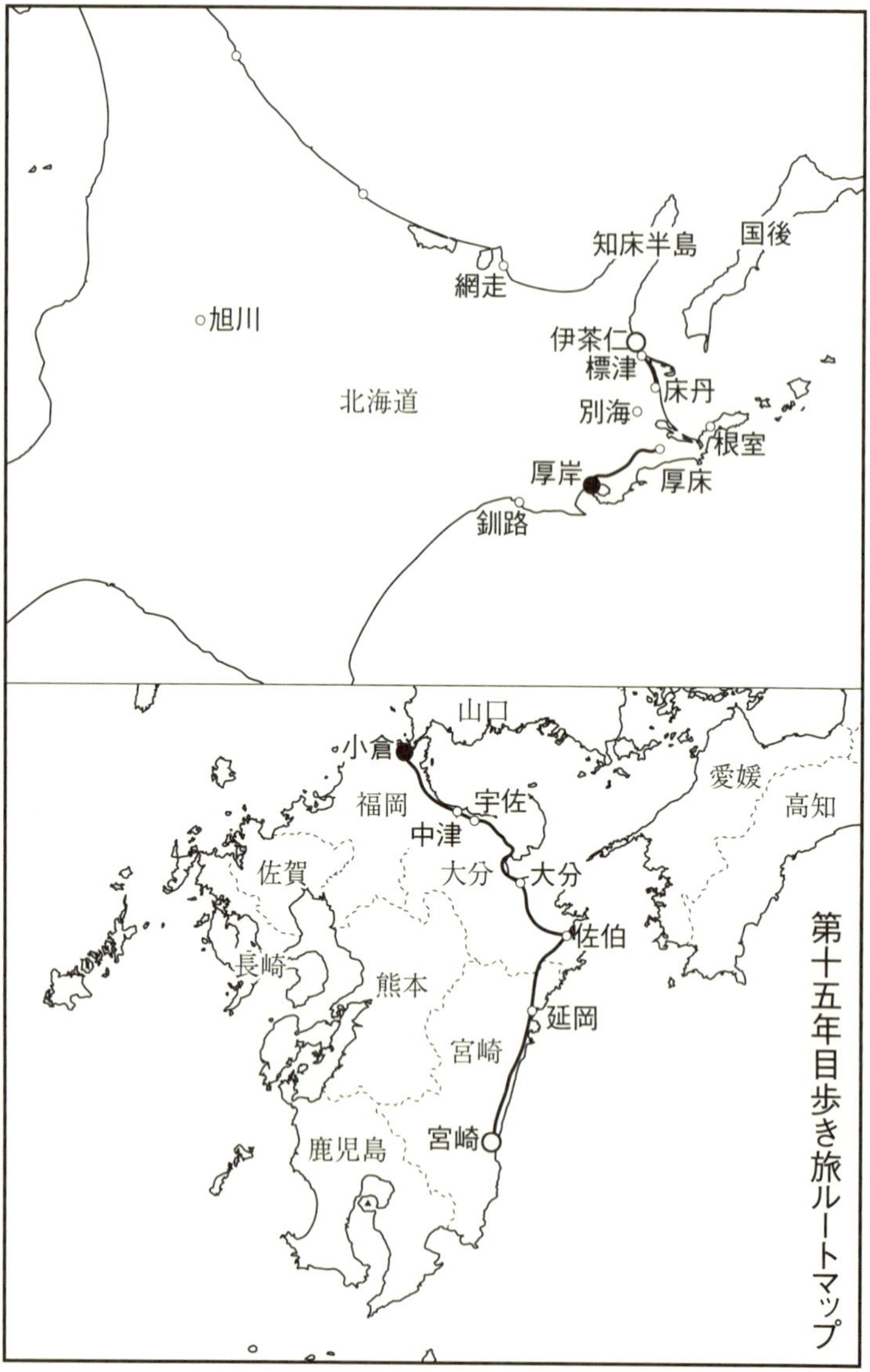

第十五年目歩き旅ルートマップ

第87回　平成十八年七月十七日〜　四日間

北海道・標津町伊茶仁〜厚岸

①七月十七日（月）　標津町伊茶仁〜標津町標津

今回は、北海道に飛んで標津から厚床、厚岸を経由して釧路までを九日間で歩く計画である。初日は、羽田空港から十一時三十五分発の飛行機に乗り、白い柵に囲まれた緑の中標津空港に午後一時十分に着陸した。北海道の原野は曇っていて周囲の山々は見えず。妻にはレンタカーで、標津の伊茶仁三叉路まで送ってもらった。

二時十八分に三叉路をスタートし、国道二四四号線を海岸沿いに南に向かった。この海は根室海峡（野付水道ともいう）で、まもなくして海岸から海の向こうに国後島が見えてきた。実際に見るとかなり近くに見えるものである。道路の表示には、南の風、十五度とあった。標津川を渡り標津の町並みに入った。北方領土の家、町役場、そば屋などを通り過ぎて、町はずれの空港へ通じる三叉路まで歩いた。その角にこれから宿泊する旅館があり、三時三十八分にここに到着した。ここから車で四、五km先まで行くと野付半島の付け根（入口）に到る。半島が根室海峡に斜めに人のか細い腕のように突き出し、その先端は指先のように湾曲して野付湾を囲んでいる。半島の先端までは二十〜三十km位はありそうである。狭い所は車が通る道路幅しかない。車をその半島の四分の三位の所まで一本道を通って進めるとネイチャーセンターがあった。途中でエゾカンゾウやタンチョウヅル、風化したトドマツの林立するトドワラやハマナスの群生地などを見た。この先には野付埼灯台や原生花園もある。この半島から国後島が十数㎞先に見えたが、霧が出てきてまもなく見えなくなってしまった。夕方になってTシャツでは寒くなってきた。

半島から宿に戻り、温泉に入ると、泉質はアルカリ泉で肌がぬるぬるつるつるした。

（五・五㎞）

②七月十八日（火）　標津町標津～別海町床丹橋三叉路

朝から小雨。八時二分に旅館前をスタートし国道を南に向かった。上はカーキ色のウィンドブレーカー、下は黄色のカッパ、リュックには朱色のカバーをかける。かなり目立つ色で、雨の日の交通事故防止になるだろう。靴には防水スプレーがかけてあるので安心である。野付半島入口を過ぎて、九時二十分に当幌川を渡ると別海町である。ここからはずっと左手に海が続き、その海は野付岬の内側になるのでひたひたと小さな波があるだけで湖のように静かであった。十一時半に尾岱沼港町に入った。ここからは野付湾観光船が出ている。

道の右手の牧草地で鹿のダンスを見た。鹿が草の中から上方に向かって飛び跳ねている様子が少々離れた所から眺められた。それはほんの僅かな時間であった。それからキタキツネも出てきた。気温は十五度、少し冷える。北方領土館近くに来ると霧が濃くなって左手の野付半島もその先の国後島も見えなくなり、海さえもほんの近辺しか見えぬほどになった。三時二十五分に床丹川の河口にある床丹橋を渡り、別海町の市街地に通じる三叉路に到着した。ここで妻が諸々の用事をすませて待っていてくれた。

（二十二・五㎞）

この辺りの海は、野付半島から離れたためか波が荒々しく白波を立てていた。ここから別海町の市街地までは十六㎞あり、その間は原野と牧草地以外にはなにもない。途中草地でタンチョウヅル三羽が仲よく散歩している姿が印象深かった。宿泊は、別海町市街地西はずれの丘上に建つ町の交流センターである。

十九日、義母（妻の母）が急に入院したという連絡が入り、予定を変更して一二〇㎞以上ある釧路空港まで車で妻を送った。私は別海の交流センターに戻り、明日からの計画を再検討しながら、妻からの連絡を待った。

③七月二十日（木）浜中町茶内駅前～根室市厚床駅前

花咲線の電車の関係から、今日は茶内から厚床までを歩くことにして、車は厚床駅に置き、そこから電車で茶内駅に移動した。九時三十四分に同駅前をスタートして、国道四十四号線を東に向かって歩いた。一時間歩いて展望台のある道の駅のような店に着いた。途中で三羽の烏に追いかけられてしばらくの間びくびくしながら歩いた。

浜中町は牧場や牧草地ばかりで、どちらを見ても青々とした草地が広がっている。草の刈り取りをする大型の機械も時々見かける。この町の南部には霧多布湿原と霧多布岬がある。道には歩道がないのでダンプカーや観光バスなどの大型車両との擦れ違いの際は緊張を緩めることができない。昼には、熊牛原野の刈り取られた牧草地に腰を下ろして、茶内駅前通りで求めた大福を三個食べて昼食とした。

午後になって風が吹き出し牧草が波打つ。途中、ウグイスやカッコウが鳴くとともに、烏も負けずに鳴いた。下り坂の道は、上から見下ろすと真っすぐに延々と前方に延びているのが見えた。根室市に入るとうす暗くなり始めた。直線道路を急ぎ、三時五十五分に車の置いてある厚床駅前に到着した。

（二十五・二km）

今夜の宿は、茶内から湿原の中の道を通って霧多布の琵琶瀬湾に面した湿原際に建つペンションである。ペンション内は、ウッドで作られていて山小屋風である。すぐ裏からラムサール条約登録湿地になっている湿原が広がり、木道が作られていた。窓からはハマナス、エゾカンゾウ、ワタスゲ、ヒオウギアヤメなどの湿原植物を見ることができた。

④七月二十一日（金）厚岸町厚岸駅前〜浜中町茶内駅前

朝の窓から湿原の緑の光が室内に柔らかく差し込んでくる。湿原は時折霧がかかって、遠方の小高い丘陵が見えなくなる。ペンションから車で湿原の中の道を通って茶内駅に向かった。車を駅の駐車場に置いて釧路行の電車に乗った。車内は高校生が乗り込んできて賑やかになる。まだ夏休みに入っていないようである。厚岸駅で下車して、十時に駅前をスタートし国道を東に向かって歩いた。

市街地を抜けると、すぐに湿原に取り囲まれた道になる。気温は十四度で涼しい。車が通過すれば後は自然ばかりである。湿原の草むらからも、雑木林からも鳥の声だけが聞こえてくる。付近には人家は見当たらない。別寒辺牛川を渡ると、カヌー中間点という場所があり、そこに小さな小屋が建っていて、一グループが車を止めてバーベキューを楽しんでいた。

糸魚沢駅に着いた。この辺りまで別寒辺牛湿原は続いているのだろうか。ここで厚岸駅で購入したカキ入りご飯のおにぎりを二個食べて昼食とした。駅は無人で八畳ほどの広さのコンクリートの床に四人がけの椅子が一組置いてあるだけの殺風景な駅舎であった。この付近には材木集積地と僅かな人家しかない。ここからは雑木林が多くなった。緩い坂を上下しながら歩くこと三時間余りで三時三十五分に茶内駅に到着した。

（二十一・二㎞）

茶内駅周辺の集落は、学校や郵便局、病院、派出所、コンビニ、小さな商店等があり比較的大きな集落である。駅前に置いた車で同じ道を戻り厚岸駅前のホテルに入った。

入浴後妻から、「母の病状が思わしくないので、明日、帰って来てほしい」とのことであった。急いで明日以降の予定を変更して、朝、釧路空港を発って群馬に向かった。

第88回　平成十八年十一月二十九日～　四日間

九州・宮崎駅前～延岡

①十一月二十九日（水）宮崎駅前（宮崎県）～日向住吉駅

四ヶ月ぶりの旅である。今回は東九州の宮崎県日向灘沿岸の宮崎から延岡までを四日間歩く計画である。羽田発十二時四十分発の飛行機に乗り、宮崎空港には午後二時三十分に到着した。ここから宮崎駅までバスで移動した。三時二十二分に宮崎駅東口から北に向かってスタートし、日豊本線と平行してその東側の商店が並ぶ道を北上した。大島の十字路まで来ると右前方にシーガイアのドームとノッポビルが空に突き出て見えてきた。

日が短くなって四時を過ぎると左後方に日が沈み始める。市街地から次第に郊外の田園地帯に入ってきた。右手に牧場もあった。まだ明るいが、日が小さな山の影に沈んだ。五時三十五分にうす暗くなった日向住吉駅に到着した。（十・五㎞）

宿は、隣の佐土原町の海岸近くにある国民宿舎である。タクシーを電話で駅に呼んで、真っ暗な田んぼ道を走って宿舎に着いた。七時に広い食堂に行くと、客は私一人だけのようで、なんとも寂しい夕食であった。

今回からカメラはデジタルコンパクトカメラ（デジカメ）に変えた。フィルムの心配が不要で、小型でポケットに入り、軽くて荷物にならないのがなによりである。

②十一月三十日（木）日向住吉駅～川南町トロントロン

八時二十一分に住吉駅前をスタートして国道十号線を北に向かう。雨が早くもポツリポツリ降って来た。一ッ瀬川に架かる日向大橋を渡ると新富町に入った。ここは水田稲作地帯であるが、冬季は休眠している。近くに航空自衛隊の基地があり、戦闘機の発着訓練か、その爆音に驚かされる。町の境界付近のレストランに寄って昼食をとった。様々な仕事人が食事をしていた。

高鍋町に入ってから国道は町のバイパスとなって市街地と海岸から遠ざかり、小丸川を渡って茶畑の広がる丘陵地帯となった。天気良好、視界が開けて気持ちがよい。丘陵の坂を二回上って川南町に入った。国道の両サイドにサザンカの赤や白の花がよく手入れされて咲いていた。沿道に町役場があるが、その手前を右折して旧道に入った。ここには各種の商店や飲食店、スナックなどが並び元気な町並みに見えた。四時五分に今夜宿泊するホテルに到着した。

（二十七・一km）

③十二月一日（金）川南町トロントロン～日向市街

朝から快晴。八時にホテル前をスタートして北に向かった。町並みはやや坂になっていて、上ると国道に合流する。この道は日向灘の海からは三kmほど離れている。平地ではあるが、小河川が多いのでアップ・ダウンの繰り返しになる。名貫川を渡って都農《つの》町に入った。道は南北の直線道路で次第に海に近づいた。ここから日向市まで、海岸線に平行してリニアモーターカーの高架の実験線の跡が延びていた。道路から美々津駅がすぐ近くに見える所まで来た。

午後になっても雲一つない空が広がり、この空の下で海はどこまでも青く見えた。この辺りから海岸線は変化のある地形になって来た。予定ではこの辺で今日の旅を止めることになっていたが、三時前でまだ日は高かったので、この分では日向駅まで行けると思いこのまま続行して歩くことにした。塩見大橋の上から左後方の山上に太陽が見えた。市街地から日向駅を通ってホテルにちょうど五時に到着した。

（三十・四km）

④十二月二日（土）日向市街～延岡駅

八時十分にホテル前を出発した。工事中の日向駅前を通り十号線に出て市街地を北に進んだ。まだ人の姿を見ない。静かな土曜の朝である。

日向市から五十鈴川の少し手前で門川町に入ると緩い上り坂になった。しばらくして下り坂になり延岡市に入った。途中に土々呂という地名があり、「ととろ」という無人の駅もあった。この駅名が珍しい。右側に海が見えてきた。ここは延岡新港で、これに対してこの先にある長浜海岸のさらに先の北川の河口に延岡港が別にある。十二時を過ぎたので旭ヶ丘駅近くのさほど込んでいないファミリーレストランに入って昼食をとった。

国道端に商店が増え始め、車関係の営業所が目立つようになったので市街地の中心に近づいてきたと感じた。しかし、飲食店、衣料品店などの店が並ぶようになってもなかなか駅のある市街地の中心部に辿り着けない。長い町並みが続くためだろうか。それとも歩くペースが落ちたためなのだろうか。大瀬川に架かる延岡大橋を渡って線路の東側に出たが、こちらには駅舎がない。前を歩く女性に尋ねると、駅舎は線路の西側にあるので跨線橋を渡るようにと教えてくれた。三時ちょうどに今回の旅の終着地延岡駅に到着した。

今夜は市内のホテルに泊まり、明日宮崎空港から羽田に飛んで帰る予定である。

（二十二・〇㎞）

第89回　平成十八年十二月二十一日～　四日間

九州・延岡市～大分駅

①十二月二十一日（木）延岡市～宇目町重岡駅（大分県）

義母の病状が心配であったが、今回も一人で旅に出た。羽田空港を発ったのは二十日の午後二時五十分、宮崎空港には四時三十分に到着し、それから特急電車に乗って、延岡駅に六時四十分に着いた。

朝七時にホテルを出て、延岡駅を七時二十二分にスタートした。国道十号線を北上して大分をめざした。市街地を抜けると北川に沿う山間の道となり、まもなく北川町に入った。この道は、宮崎からずっとそうであったが、日豊本線といつも並ぶようにして走っている。九時を過ぎて俵野という地に来ると、［西郷隆盛が宿とした陣屋跡］などと書いてある立て看板を見た。雨がパラついてきた。

熊田という所で川は分かれて左は北川、右は小川となり、道路も分岐して左は国道三二六号線、右は十号線となる。鉄道は十号線とともに右に折れて佐伯港に向かって進む。しかし、ほとんどのトラックやその他の車は左折してしまったので、右折後は静かな山道となった。昼食は、川の縁を通る道が覆道になっていて、その庇下で川のある風景を見下ろしながら食した。

途中で市棚駅の手前のトンネル入口付近の雑木が何箇所か不自然に揺れたので振り向くと、それは野猿であった。びっくりして急いでトンネルに駆け込んだものである。葛葉にて川は分岐し、小川は右手に向かう。道に沿う川は鎧川となり、道と線路と川が三つ編みの紐のように続く。この辺りから道の勾配は急になり、右に左につづら折りの道となった。

小雨の中、県境を越えて大分県宇目町に入った。しかし、ここは峠ではなさそうである。道は下り坂にならず、鎧川は相変わらず同じ方向に流れている。宗太郎駅を過ぎても川の流れは相変わらずである。線路は、日豊本線では最大の難所といわれている。トンネルを四つ抜けると辺りはうす暗くなって来た。この辺りが川の源流かなと思っているうちに四時五十五分、無人駅重岡駅に到着した。

（三十五・四㎞）

この駅は、大林監督の映画「なごり雪」に登場した駅として知られている。五時二十八分の電車を逃すと、次は八時十九分である。急いで歩いたので、間に合ってホッとした。佐伯駅には六時二分に着いた。今日は、今までで最長の距離を歩いたように思われる。駅の階段の上下が辛く感じた。ホテルは駅を下りて目の前にあった。

②十二月二十二日（金）宇目町重岡駅～弥生町道の駅

佐伯駅からバスに一時間乗って重岡駅に着いた。駅前にいた近くのおばさんが「今朝は寒いけれど、いつもよりは暖かいですよ」と丁寧な言葉で教えてくれた。

九時四十分に駅前をスタートして十号線を下った。国道といっても山道で、谷川の瀬音は旅する者の心を慰めてくれるものである。静かな山に囲まれた小さな村々を通り過ぎた。杉の手入れがよくされていて、その幹が何百本と垂直に伸びている様は、美林というのか見ていて気持ちがいい。ずっと下って直川駅の近くにレストランがあり、昼食をゆっくりとることができた。

これから先は平地になり、直見を経て弥生町に入って、番匠川を渡るとT字路に出た。右は佐伯市街、左は国道十号線で犬飼町に通じている。ここを左折して一kmほど歩くと、右手の道の駅に四時十五分に到着した。　（二十一・八km）

道の駅から佐伯の市街地方面に戻る道を歩いていると、ちょうどタクシーが通りかかったのでこれに乗り、佐伯駅前の昨日と同じホテルに向かう。途中、市街地の山際にある三の丸櫓門、汲心亭、国木田独歩館前をゆっくり走ってもらい車内から見物するに止めた。一日中好天に恵まれていい旅であった。

③十二月二十三日（土）弥生町道の駅やよい～野津町

佐伯駅前から大分行の特急バスに乗車、道の駅で下車して、ここの庭の湧水をボトルにつめて、九時にスタートし、国道十号線を北に向かった。井崎川を遡るように谷川に沿う山道を上る。いくつかのトンネルを抜けて、正午に峠下の中ノ谷トンネルに入った。中は歩道はなく狭い。トンネルを出ると野津町で、ここでおにぎりの昼食をとった。

途中では、風連鍾乳洞入口、清水原を「そうずばる」と読む土地名、民家の瓦葺き日本建築などが印象に残った。野津町の中心地に四時ちょうどに到着した。（二十二・七㎞）

ここからタクシーに乗って、四時半過ぎに臼杵駅前のホテルに到着した。野津町は現在、臼杵市に合併しているらしい。一階の食堂で二人の外国人が食事を楽しんでいたが、店の人に一人はキャプテンと呼ばれていたので、港に入港した船に乗り組んでいる人達ではないかと想像した。

④十二月二十四日（日）野津町野津市～大分駅

臼杵駅前から三重町行きのバスに乗り、野津町の中心にて下車、八時四十五分にスタートして十号線を北に大分駅をめざして歩いた。吐く息が白く、田や道ばたの草、石ころの上部も霜で白くなっていた。気温は七度ほどであった。いつも十時頃になると空気も暖まり汗ばむほどになる。

緩い下りの道を行くと、吉四六《きっちょむ》大橋があり、その近くに大きな吉四六の里の像が座していた。ここから犬飼町に入り、のどかな里山歩きをした。犬飼橋を渡らずに、そのまま大野川沿いを北に進んだ。

上尾トンネルを抜けると国道は広くなり、大分市が近づいたことを感じた。
トンネルに入る前に妻に電話をした。「予定を一日早めて、明日帰ることにする」と。歩いていても、義母の容態が気がかりで、今までのように晴ればれとした気持ちで歩くことができない。こんな状態ではこれ以上歩いても無意味であるし、とても歩く気分にならないのである。
いつの間にか大分市に入っていて、大野川に架かる白滝橋と大分川に架かる府内大橋を渡って大分の市街地に入った。珍しいことに市街地にトンネルがある。ここを抜けて大分駅に近づくと大変な人込みである。今日は、日曜日のクリスマスイブである。四時四十八分に大分駅に到着した。

（二十八・六㎞）

今回の旅では合計一〇八・五㎞の距離を延岡から歩いた。ほとんどは山の中の道を上ったり下ったりであった。別府や湯布院は次回の旅に残しておこう。予定を変更して早く帰りたい。明日、大分空港から羽田に飛んで群馬に帰ることにした。

第90回　平成十九年三月二十一日～　六日間

九州・大分駅前～小倉駅

①三月二十一日（水）大分駅前～別府駅
今回の旅は、義母の四十九日と納骨をすませて、妻と大分から小倉までの追悼の旅に出発した。三月十九日の早朝に自宅を出て、東京から小倉までは新幹線のぞみで、小倉から特急ソニックとにちり

んを乗り継いで佐伯駅に午後四時二十一分に到着、この日は駅前のホテルに宿泊した。翌日の二十日は国木田独歩館や汲心亭などを見学後、臼杵の石仏群をお参りして、その日は臼杵駅前のホテルに泊まった。

二十一日の午前中は関崎灯台まで車を走らせて佐賀関を見物、関のさばとあじの新鮮な刺身に舌鼓を打った。午後十二時三十分に大分駅をスタートし、別府湾を右手に見ながら国道十号線を西に向かって歩いた。道は歩道も完備した立派な道路で、大分港を過ぎてサルの生息地で有名な高崎山までスイスイと歩いてしまった。後から追い越して行くウォーキングのグループに会った。大崎から三十三kmを歩いてきたのだという。海岸線の先の別府タワーが次第に近づいて来て、三時十五分に別府駅に到着した。

（十二・五km）

別府から一時間ほどバスに揺られて湯布院に来た。今夜はここの国民宿舎に宿泊する。

②三月二十二日（木）別府駅前〜山香町広瀬

朝の湯布院は霧の中であった。バスに乗り別府駅に着いた。

九時十五分に同駅東口前をスタートし、国道を別府湾沿いに北に向かう。湾岸にはフェリーの発着場や砂湯・足湯の施設、公園などが整備されていた。午後は日出《ひじ》町の湾の北側を一時間ほど東に向かうと、道路がいくつか交差していて、十号線を探して山道を北に向かうと赤松峠に至った。この道路は国東半島を横断する道路として使われる一本道の上り坂である。四時十五分に山香町広瀬の八坂川に架かる橋の袂に到着した。

（二十一・八km）

今日の宿は、車で三十分ほどの日出町の別府湾に面して建つ厚生年金休暇センターである。大勢の客の中での夕食であった。窓からの海岸の景色が素晴らしい。

③三月二十三日(金) 山香町広瀬~宇佐市宇佐神宮前

朝食の後、妻の運転で昨日の広瀬の橋まで行き、八時三十五分にスタートして、谷間の道を蛇行しながらゆっくりと進んだ。無人の立石駅に着いた。日射しが強く背中に汗が流れる。三十分ほど歩くとトラックのドライバーの多いドライブインがあったので、そこで昼食におろしうどんを食べた。

店を出て五分と経たぬうちに立石峠に到着した。標高が一四七mと表示されていた。これから下り坂になる。春の風がわが耳をやさしく撫で爽快である。野山を眺めながら歩いた。西屋敷を過ぎて旧道に入った。途中、屋根が落ちた廃屋が一軒あった。ここに住んでいた家族はどこへ行ったのであろうか。再び国道に戻り、朱塗りの手すりのついた歩道になったと思ったら、三時十分に宇佐神宮の大鳥居の前に到着した。

(二十二・八km)

隣接する宇佐市総合運動場には、宇佐出身の前人未到の六十九連勝を達成した相撲で有名な双葉山の像が建てられていた。今日はこの近くのかんぽの宿に宿泊する。

④三月二十四日(土) 宇佐市宇佐神宮前~中津駅

八時三十五分に宇佐神宮の前をスタートし、国道と旧道を選びながら中津をめざして西に向かった。一時間ほどすると駅館川に架かる橋を渡る頃から雨が降り始めた。市の境界の手前で十号線の中津バイパスを離れ中津市街地に向かった。雨は降ったり止んだりの天気である。市街地に入ってから三時に中津駅に到着した。雨が本降りになってきた。

妻と市内の福沢諭吉の旧居（改修中）と記念館を見学した後、中津城を外から見物した。

（一九・六㎞）

⑤三月二十五日（日）中津駅前〜行橋市街（福岡県）

朝七時四十五分に中津駅北口をスタートして、小倉方面をめざし西に向かった。天気は曇。道路には昨夜の雨の水溜まりが残っていた。山国川を渡って福岡県吉富町に入った所で国道に合流した。すぐ佐井川に架かる橋となり、ここを渡るとまもなく豊前市に入った。宇島港のある市街地を通り過ぎて、十時半に豊前松江《しょうえ》駅に着いた。五分でも休むとその後は元気が出るのも不思議で、これを休まないとだらだらとスローな歩き方になってしまうようである。

午後、築城《ついき》駅前を通り過ぎて、航空自衛隊築城基地を右手に見ながら塀際を過ぎて行橋市に入った。この道は旧の十号線で市街地に入って行くが、別にできた十号線がバイパスとなって行橋市街地から離れた東側を南北に走っている。今川を渡って市街地に入り行橋駅に寄ると、駅舎は立派で、前庭には石製の大きなモニュメントが立っていた。駅から北に少し歩いて、五時にホテルに到着した。

（二十七・八㎞）

四階の窓下には長峡川が海に注いでいた。夕べは潮が引いていたが、今朝は溢れるように川は満ちていた。川沿いの歩道はレンガで整備され、川に架かる新しい橋は情緒があって周辺とマッチしていて京都の雰囲気を思わせた。

⑥三月二十六日（月）行橋市街～小倉駅

朝から快晴である。天気予報でも今日は一日好天のようである。八時二分にフロントの支配人に見送られてスタートし、市街地の細い道を北に向かった。家庭ゴミを出す老婦人の姿が見られた。静かな市内の朝の一時である。苅田市街地に入ると、菜の花が輝くように眩しい。十時前に苅田駅に着いた。駅周辺は工事中であったが駅舎は近代的で立派な建築である。十時半に北九州市に入った。小倉南区の朽網《くさみ》駅前を過ぎて、国道十号線から離れて右手の道を真っすぐ北に進んだ。昼に近づき、九州自動車道の下を通るとうどん屋があったので、昼食は冷やし山かけそばにした。

小倉の市街地に入って来て、市内が人と車で賑やかになって来た。阿部山公園駅付近で、左からの十号線に再び合流した。小倉駅前通り（平和通り）に入ると、交差点には横断歩道がなくなり歩道橋ばかりとなる。重いリュックを背負い疲れた足を引きずって歩いているものにとっては大変身にこたえた。二時五十分に、今回の旅の終着地である小倉駅に到着した。これで念願の九州一周を達成したことになる。

（二十二・六㎞）

駅中にてアイスコーヒーをゆっくり味わった。今回、大分から小倉まで六日間で歩いた距離の合計は、一二七・一㎞となった。まだ時間があるので小倉城跡を見物した。城内は桜がようやくちらほら咲き始めたところである。そろそろ花見の季節で、夜は花見客で賑わうことであろう。天守は屋根瓦の修復工事中で、中は見えなかった。今夜は、この城跡周辺の公共の宿に宿泊する。

明日、小倉駅から新幹線のぞみで東京に向かい、帰る予定である。

第十六年目

（平成十九年四月二十九日〜平成二十年四月二十八日）

・旅回数　10回
・旅番号　第91回〜第100回
・旅日数　55日
・ルート　◎東北＝八戸（青森県）〜久慈（岩手県）〜宮古〜釜石〜大船渡〜陸前高田〜気仙沼（宮城県）〜石巻〜仙台〜相馬（福島県）〜いわき・勿来
♡北海道＝本別海〜厚床、厚岸〜釧路〜白糠〜浦幌〜広尾〜黄金道路、苫小牧〜静内〜浦河〜様似〜襟裳岬〜黄金道路
♤九州＝鹿児島（鹿児島県）〜錦江湾岸〜桜島、久留米（福岡県）〜佐賀（佐賀県）〜武雄〜有田〜佐世保（長崎県）
◎関東＝水戸（茨城県）〜小山（栃木県）〜足利〜太田（群馬県）〜伊勢崎〜玉村町自宅（ゴール）
・距離　一二九六・一㎞

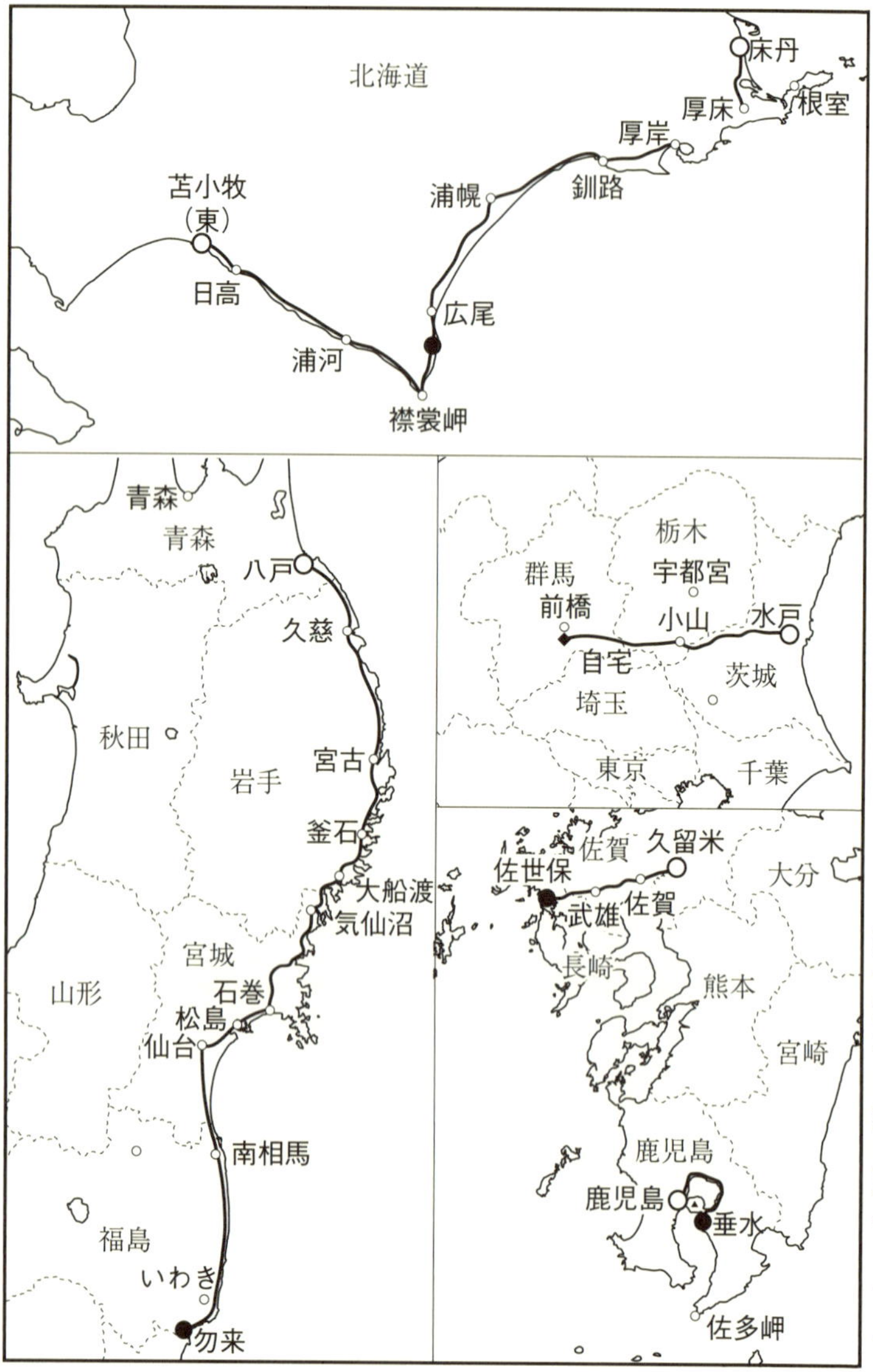

第十六年目歩き旅ルートマップ

第91回　平成十九年五月二十日～　八日間

東北・本八戸～釜石駅

①五月二十日（日）本八戸（青森県）～種市駅前（岩手県）

私も古希を迎えた。今年度中に私の日本本土一周の旅に区切りをつけたいと思っている。残るは細かい所を除けば、北海道の一部と東北地方の東側である。今回は、八戸から釜石までを八日かけて歩く計画である。本八戸駅前のホテルには、前日の夕刻に着いた。大宮から新幹線はやてに乗り、八戸線に乗り換えて二つ目の本八戸駅で下車した。大宮から約三時間で到着した。

今朝はストレッチ体操から始まり、シャワー、洗面、荷物整理、軽い地図の研究、そして朝食をすませて、八時三分にホテル前をスタートし、国道四十五号線に出てから南に向かった。この国道は中央分離帯も歩道も完備していて歩きやすい。しかし、歩道は次第に市内中心部から離れるにしたがって狭くなって来た。途中の標識によると、仙台から四〇四㎞の位置にあると表示されていた。運動公園では、四〇〇人もの選手たちがグランドゴルフの大会を楽しんでいた。階上《はしかみ》町に入り、十一時半に道の駅に立ち寄った。レストランでは、ミニウニ丼とかけそばのセットを注文したが、これがうまかった。

空には晴れ間が見えてきた。道は緩い下り坂で、爽やかな五月の風の中をどんどん前進した。雑木林の間から太平洋の大海原が姿を見せてくれた。県境を越えて岩手県に入った途端に国道の歩道がなくなってしまった。ここから洋野（旧種市）町である。周辺の風景は、新緑が溢れるばかりでこぼれ落ちそうなほどであった。これを見て自然の生命力に感動させられた。角浜で国道を離れて海岸通りの林の中の道を歩いた。人家や車が少なく、大谷地という海岸で、しばらくの間太平洋の青い海と打ち寄せる白い波を眺めていた。種市の町中に入り、三時半に郵便局の近くにあるJR種市駅に到着した。

（二十五・〇㎞）

宿は、車で二十分ほど内陸に入った町営交流館である。大自然に囲まれた緑豊かなコテージ風の静かな里山の中の宿泊施設である。

②五月二十一日（月）種市駅前～久慈駅前

五時前に野鳥たちの鳴き声で目を覚ました。障子を開けるとベランダの先は植栽のある庭で、塀の外は里山、青い空が明るく広がっている。ここは静かで平穏そのものである。

八時二十分に種市駅前をスタートし、太平洋の沿岸の道を南に向かった。天気は快晴なり。玉川から国道に入った。陸中八木を過ぎ、次第に海岸から道は離れていく。正午前に有家大橋を渡り、橋の中ほどから下の谷川を見下ろすと、あまりの橋の高さに足がすくむ思いであった。遠方の山々から橋付近まで木々の緑は燃えるような新緑の輝きを見せてくれて、思わずカメラのシャッターを押してしまう。正午頃中野地区に入り、コンビニで買い物をして、店内のテーブルで昼食をとった。

高家川に架かる桑畑大橋を渡れば久慈市である。緩い坂道を上ると遠方に青い海が見えてきた。この高台から道は下り坂になった。はるか彼方の山並みが見渡せた。鳥谷川を渡ってから国道二本が交差する十字路で、国道三九五号線を選んで市街地に入った。久慈川を渡り市役所前を通って、五時十五分に久慈駅に到着した。好天に恵まれて今日は予定以上に距離を延ばした。今夜はここの駅前のビジネスホテルに宿泊する。

（三十一・〇㎞）

③五月二十二日（火）久慈駅前～普代村堀内大橋

朝のホテルの食堂は仕事人で込んでいた。八時十五分に久慈駅前をスタートした。今朝の天気予報では、降水確立0％、真夏日になると伝えていた。紫外線カットクリームを手や顔に塗り、サングラスをかけて歩いた。

市街地から三十分も歩かぬうちに山道となって、汗がダラダラと流れ出た。しばらくして国道四十五号線に合流した。まだ上り道が続く。気温二十度、快晴。鉄道は久慈駅から三陸鉄道北リアス線となって、国道と隣り合わせで走っている。十時前に峠らしいポイントに到着したが、この地方には峠に名前が付けられていないのか、それらしき名前の表示がどこにもない。峠がさほど日常で重要ではなかったのだろうか。

西日本ではあちこちで峠の名前に出合ったものである。北ノ越地区の［十三塚］というバス停まで来た。これから緩い下り坂になる。宇部辺りの道は直線で、道の左右の田んぼには水が入り、人の姿が見えて田植えの最中であった。機械で植えた後、女性のグループが不十分な所を補充するように植えて回っていた。見ていると腰つきもプロで植え方も手早い。田園を取り囲む遠方の山々の若葉の成長の勢いがよく、日に日に緑の色合いが変化して深まっていく様子が見られた。陸中野田駅前に来たが、ここは道の駅でもあり、二階のレストランにて昼食にした。ぱあぷるラーメンなるものを注文したところウニ、ホタテ、エビ、カニ、ツブ貝、ワカメ、マツモなど具の種類が多くおいしかった。

ここは久慈市との境界に近く、すでに野田村に入っていて、ちょっと歩くと白波の打ち寄せる海に出た。十府ヶ浦は海岸線の美しい海辺で、雲一つなく青い空と青い海が広がり、雄大な太平洋の水平線もはっきりと見えた。いくつかの小さな峠を越して、左手の木々の間から見える海を横目に見ながら、本日宿泊予定の野田村玉川にある国民宿舎への坂道の下を通った。時間が早いのでさらに足を伸ばすことにした。安家川《あっか》を渡って普代村に入ると海岸線が複雑になり、アップ・ダウンのある道となった。三時三十分に、小学校前を回り込み、堀内大橋を渡ってドライブインに到着した。この下の断崖に打ち寄せる波と岩塊の演出する風景が素晴らしかった。

（二十一・五㎞）

④五月二十三日（水）普代村堀内大橋～田野畑高校前

この国民宿舎の各部屋の窓は、太平洋に向かって作られているため、日の出とともに明るくなって目が覚めた。八時十二分に普代村の堀内大橋をスタートして、道は山道になった。普代トンネルを抜けて、普代の家並みを過ぎると緩い上り道になり、これがいつまでも続いた。田野畑村に入り、田野畑トンネルを通り抜けてもここは峠ではないようで、下りの道にならない。村の公民館の前にて昼食の弁当を広げて食べた。

姫松から板橋にかけてはつづら折りの上り坂で、呼吸が激しくなるほどきつい坂であった。二時過ぎにこの国道の最高標高（三八〇ｍ）地点に達した。ここから下りの道になりホッとした。ほぼ半日上りの道を歩いていたように思う。田野畑役場前にて妻の車に出合った。三時二十五分に岩泉高校田野畑校前に着いた。
（二十三・四km）

車で普代村の黒崎の断崖の上に建つ国民宿舎に向かう途中、北山崎の展望台に立って、切り立った断崖が新緑の山から海中に落ち込む絶景を眺めた。夕食には近くで採れた生あわびを味わった。

⑤五月二十四日（木）田野畑校前〜田老町道の駅

八時四十五分に田野畑校前からスタートした。国道はまだまだ山の中を行く。三十分ほど歩いて松前沢に架かる思惟大橋を渡って、中ほどの欄干から恐る恐る顔を出して真下の谷底を覗くと、足元が橋から離れてしまうような妙な気持ちになった。目を上流の方向に転ずると山の樹林の新緑が美しかった。途中森の上部に太平洋の水平線が横たわって見えた。岩泉町に入った所で、通りがかりのトラックの運転手が窓から「乗って行かねーかい」と声をかけてくれた。正午前に川まで坂を下ると、小本大橋が見えてきた。小本駅は、三陸鉄道が長いトンネル群の中間地点の地上に顔を出した所にある駅である。遠い東北の見知らぬ土地の駅前で一人ラーメンをすすり、ギョーザを食べる私の姿があった。

小本トンネルを抜けてから緩い上り坂がかなり続いたので、予想以上に時間がかかった。宮古市の摂待という地区に入ると、涼風に吹かれて高原を歩くような気分で爽やかに歩くことができた。摂待駅辺りでキジの鳴き声やキツツキが木を叩く音を耳にした。妻と迎えの連絡を取ろうとするが、山の影に入るため携帯電話が思うように接続しないことが間々あった。四時三十分に道の駅に到着した。

そこで妻が待っていてくれた。

（二十六・〇㎞）

ここは有名なリアス式海岸である。国道や鉄道は、入り組んだ海岸から離れた所を走っていて起伏のある山中を通ることになる。関東平野とは大違いで、山と谷の連続になる。それでも多くのトンネルの開通によって直線に近い道路が多くなっているので歩き旅も昔ほどの苦労はないが、そうはいってもまだ坂道の苦労は多い。ここから車で宮古港にある道の駅に向かい、レストランにて夕食をとることにした。宿泊は宮古駅近くのビジネスホテルである。

⑥五月二十五日（金）　田老町道の駅〜宮古駅

都合があって今日自宅に帰る妻の車で、早朝道の駅まで送ってもらった。七時十三分に道の駅をスタートし、宮古市内をめざして国道を南に向かって歩いた。天気予報では午後は雨になる見込みとのことで、本日は、午前中に昨日と同じホテルまで歩いて、午後はホテルで休養することに決めていた。

今朝の気温が十一度で冷えるので、パーカーを着用して歩いた。坂を下って田老町の市街地に入ると、町中には昭和八年の三陸大津波を知らせる標示板が立っていた。災害は忘れた頃にやって来る。津波の恐ろしさを忘れないように旅の間も油断なく対処したいと思う。八時近くにコンビニにてサンドイッチと牛乳を購入したところ、店の女性が「店の横にベンチがあるので使ってください」と言ってくれた。

四十五号線の宮古への途中にはトンネルが五ヶ所あり、その都度アップ・ダウンを繰り返した。「女遊戸《おなっぺ》」という珍しい地名もあった。次第に通勤の車が増えてきた。子どもたちがバス停からスクールバスに乗り込む姿も見られた。途中で雨がポツリポツリゆっくりと西の方から移動してきた。住宅地に入る頃には傘をさざるを得ないほどの降りになった。市役所前から大通りを西に向かう。友人からいつもいただく上等のカットワカメなどの海産物を商う店が駅にほど近い中心街にあった。私もいく袋か注文して宅配の手続きを取った。小雨の中、宮古駅に十二時四十五分に到着した。

（十八・五㎞）

この後、昨日と同じホテルに入った。

⑦五月二十六日（土）宮古駅前～陸中山田駅

宮古駅前を七時四十五分にスタートして朝の市街地を通り抜け、宮古大橋を渡って国道を南に向かった。宮古湾は北側を太平洋に口を開けていて、ほぼ南北方向に長く延びている。国道はこの湾の西岸を通っている平坦な道である。十時頃湾を過ぎて、湾に注いで流れる津軽石川に沿うその西側を遡るように歩いた。その後山田町に入った。豊間根の駅を過ぎて道は上り坂となった。一時半に峠と思われる所に出ると総合運動公園があり、観戦者の少ない野球の試合が行われていた。天気は晴れで暑かった。この後は下りの道となり、途中から南の方向に山田湾が広がって見えてきた。海面には養殖用のいかだが湾全体にばらまかれたように設置されている風景を目の前にして圧倒されてしまった。少し下って、今夜宿泊予定のホテル横の坂から、下のコンビニあたりに来ると、小雨が降り出した。この雨は一時間ほどで止んだが、歩き続けて、三時四十三分に山田湾の西側にある陸中山田駅に到着した。

（二十五・八㎞）

ここから先程通ったコンビニまで戻り、買い物をした後、坂道を上って予約してあるホテルに入った。ここは目下事情があって縮小営業中にて、夕食や大浴場はなく、部屋ではエアコンは使用中止とのことを電話で聞いて、それを承知の上で宿泊をお願いしたいきさつがある。部屋の窓からは、山田湾の夕景が眼下に眺められて素晴らしい見晴らしであった。

⑧五月二十七日（日）陸中山田駅前～釜石駅

夜中に弱い地震が二回あったような気がする。この陸中海岸では過去に大きな津波の被害を受けているので、歩いている途中でいくつもの津波の記念碑を見てきた。

タクシーで山田駅に向かい、七時四十五分に同駅前をスタートし、国道を釜石をめざして南に向かったが、あいにくの雨である。前方の見通しはあまりよくない。道路の電光板には沿岸に濃霧注意報が出ていた。山田湾西岸を一時間ほど歩くと、船越にある道の駅に着いた。まだ開店の時間にはなっていないので軒下で雨宿りをしていると、衣服の濡れた日焼け顔の小柄なおじさんがリュックを背負って到着した。話によると千葉から歩いて来て青森に向かうという。人の通らない林道も歩いて来たというから強者である。歩く方向が逆なので握手をして激励し合い、互いに出発した。ここは本土から突き出た半島が頭とすれば細い首のような所で、半島にはオートキャンプ場や家族旅行村などのレジャー施設が作られているらしい。

船越湾に出て、四十八坂海岸を海には目もくれずにひたすら歩いた。いつのまにか大槌町に入っていた。気温十一度との標示あり。その後、浪板海岸が見下ろせる地点に来た。下の海岸ではサーフィンを楽しむ人達が黒い点となってゴマ粒をばらまいたように眺められた。夏は海水浴客でにぎわう所だと地元の老人が教えてくれた。この海岸を過ぎると船越湾に突き出た半島を横切る道になるが、その手前に集落があり、バス停からそれは吉里吉里という集落と分かった。ここには「吉里吉里」という山田線の駅もある。そういえば以前、井上ひさしの『吉里吉里人』という小説を読んだことを思い出した。この土地が舞台になっているのだろうか。町並みは静かであった。

四㎞ほど歩いてトンネルを二つ通って半島を横断すると大槌港に面する市街地に入った。今日はさほどの坂はなかったが、小さいアップ・ダウンは多くあった。町を抜けて長い古廟坂トンネルに入った。本日五つ目のトンネルで、いずれも一九六〇年代の完成につきその中に歩道はなく、壁際の側溝の蓋の上を歩こうと思えども石・泥・ごみで歩けたものではない。仕方なく道路の中央寄りを歩くことになるので、車が通ると暗い中だけに危険で命懸けのトンネル歩きとなった。トンネル中央で釜石市に入った。

鵜住居《うのすまい》川を渡り、半島を横切る坂を上った。三十分余りで峠に着いた。またしても峠の名前を探すも付近には何の表示もない。手持ちの地図で探すとようやく「恋ノ峠」と出ていた。なんとしゃれた峠の名前であろうか。こんな名前があちこちにあると、旅の疲れも幾分なりとも和らごうというものである。

両石湾を左手に見て、釜石の市街地に入るのにもう一ヶ所トンネルの関所がある。大雨の中、坂道を川のように流れる水の上を歩くと靴の中はびしょびしょになる。間断なく通る車を避けながら傘をさしストックをついて歩いた。やっとのことで鳥谷坂トンネルに入った。電球と電球の間は、光があまり届かず足元が見えぬほど暗い。排煙装置はもちろんないので、トンネル内の壁を指で擦ると、指先に車が出したススが厚くこびりついてくる。二十分ほどで外に出られた。山を下る途中、釜石の煙突の煙と市街地が見えてきた。町中を通って四時十二分に釜石駅に到着した。（二十八・七km）

今回の山あり谷ありの四十五号線の旅で、八日間で歩いた距離の合計は一九九・九kmとなった。今夜は駅近くのホテルに宿泊し、明日釜石線で遠野を経由して新花巻駅に出て、新幹線やまびこで帰る予定である。

第92回　平成十九年六月二十五日〜　十日間

北海道・別海町床丹橋〜広尾町

①六月二十五日（月）別海町床丹橋〜本別海

今回の旅は、昨年の根室付近の残った部分と厚岸から西へ釧路、白糠、浦幌、広尾、そして黄金道路までを十日間かけて歩く予定である。距離は二五〇kmほどになるだろう。

初日は、羽田から中標津空港に飛び、レンタカーを利用して別海町を流れる床丹川河口近くの、国道二四四号線に架かる床丹橋まで走り、ここを二時三十分にスタートした。道路の左手は海であり、この海の先に国後島が横たわっている。長袖シャツで歩くが、一時間も経たぬうちに汗が出てきた。途中で、右手の丘の斜面に鹿を一頭、またキタキツネらしい動物が牧草地を歩いて去って行く姿を見つけた。五時までに予定の地点まで歩こうと、沿岸の道を休憩も取らずに南に向かって歩いた。五時三分に本別海の集落の中心にある郵便局前に到着した。

（十一・二㎞）

ここから、西に十五㎞離れた別海町市街地まで、人家のほとんど見られぬ草原の中の道を車で走った。宿泊は昨年と同じ交流センターで、町が一望できる丘の上にある。夕食には焼きガキ、花咲ガニ、ホタテのステーキ、魚の刺身、酢のもの、茶碗蒸しなどが出てこれだけで満腹になるほどであった。

②六月二十六日（火）本別海～根室市厚床駅前

本別海を八時二十三分にスタートし、風蓮湖に向かって南に歩いた。雑木林が視界を遮っていて、湖はいっこうに目の前に現れて来ない。工事中の路上で自転車のおじさんが後ろから声をかけてきた。「六月に茨城県を出発して北海道に渡り、宗谷岬を回って、これから根室に向かうところだ」とのことであった。六十一歳で名は矢島さんといい、お遍路用の白衣を着ていた。

風蓮湖の西側に出ても道路際は森と原野ばかりである。正午少し前に、別海町市街地に通じる二四三号線に合流した。この地点は奥行臼といい駐車場やベンチ、トイレなどが完備しているパーキングである。昼時にて休憩していく車などが多い。ここで熊谷ナンバーのバイクの青年に会った。青森の大間から函館に渡り、北海道を回っているという。一ヶ月の長期の旅を楽しんでいるとのことであった。ほとんどテント生活だそうである。

おにぎりの昼食をすませてさらに南へ下り、風連川を渡って根室市に入った。ここは湿原のような、または草原のような所である。ここでカントリーサインばかりを探して写真を撮っているカメラマンに行き会った。これは各市町村の境界に立っている市町村の案内のマークのことである。

湿原の次は牧草地が広がる。途中の農園で「アイスクリーム」と書いてある旗がひらめいている新しい出店があった。ストロベリーを選んで注文した。赤白の螺旋状の縞模様のソフトクリームが運ばれてきた。青空の下、外の椅子にかけて食べた後、「おいしかったよ」というと、青年曰く「実は、私は昨日からこの店で働きはじめて、ソフトクリームはお宅が最初のお客様なのです」といってうれしそうな顔をしていた。この人にとっては、新しい人生の始まりなのかもしれない。こちらもうれしくなってしまった。三時二十三分に厚床駅前の四十四号線と交差する十字路に到着した。

（二十四・〇㎞）

妻の車で浜中駅の脇から霧多布湿原を見ながら琵琶瀬の展望台に向かったが、霧が濃くなり、そのまま今日宿泊するペンションに入った。ここは私が昨年お世話になり、今回が二度目である。夕食時に、宿の主人の湿原保護運動のスライドによる紹介と他の五人の客との懇親会があった。

③六月二十七日（水）厚岸駅裏～釧路町深山（昆布森入口）

厚床から厚岸までの間は昨年すでに歩き終えているので、次は厚岸から西に向かうことになる。今朝は、宿から車を厚岸まで走らせて、八時五十七分に厚岸駅北側からスタートした。今日は釧路市の手前の釧路町の太平洋岸にある昆布森への入口までは歩きたいと思う。一時間ほど厚岸湾を左手に見ながら歩くと門静駅に着いた。無人の駅で線路側からの屋根下を吹き抜ける風が涼しくてなんともいえない。ここを過ぎると道は海から北に少しずつ遠ざかり、平坦な原野・牧野に囲まれた緑の中の道になる。尾幌の集落に来ると、左手に酪農ふれあい館と多目的運動広場があって、屋根付きのベンチにて昼食をとった。前の芝生では何組もの近所のグループがミニゴルフを楽しんでいた。

ほとんど日陰のない一本道を歩いていると、遠方に、酪農のカマボコ屋根やサイロの塔が見えてくる。近くに来ると牛や馬が草を食む風景は自然の中にすっかり溶け込んでいる。歩く途中、後から来た車が道端に止まった。声を掛けてきたので見ると、昨夜ペンションの夕食で一緒だったサロベツの夫婦で「やっぱりそうだった。釧路に向かっているところです。頑張ってください。」といって、手を振りながら追い越して行った。

ここから上り坂になった。かなり長い坂で、二時間ほど歩いただろうか。名もない峠に着くと巨大なアンテナの鉄塔が三、四基立っていた。ここで妻が車で追いついた。五時五分に、坂の上の深山という地名の所に出た。少し平坦な場所で、昆布森への道案内の標識があり、左手にそこへの舗装した道があった。

（三十一・〇km）

ここから三十kmほどある厚岸まで戻り、駅前のホテルに宿泊した。ここのカキ料理が旨かった。

④六月二十八日（木）釧路町深山（昆布森入口）～釧路市大楽毛

昨夜できなかった記録や荷物整理を朝の体操の後にすませてから朝食をとった。大根、しいたけ、人参の煮物が出た。こういう煮物が食べたくなっていたので大変うれしかった。妻も同じことをいっていた。

昆布森まで車を走らせ、八時二十七分にここをスタートし、釧路をめざして国道を西に向かった。釧路までは緩い下りの道で楽に歩けた。一時間も経たぬうちに、地名は不明であるが標津に通じる国道二七二号線への分岐に着いた。木陰もあるので腰を下ろして休憩した。天気は曇。気温十八度、風なし。釧路まで十三㎞の地点である。少し歩くと根室本線別保駅前に来た。駅周辺に集落があり、別保神社の祭りがあるらしく、道路沿いに祭りの幟旗が何本も立てられていた。駅前広場は周辺が花壇になっていて、近所の女性方が帽子を被って花植えに精を出している姿が印象的だった。少し歩くと、運動公園の緑の芝生が山裾の森から広がっていて、ウォーキングする人、犬の散歩をする二人の女性の姿など、見ていてのどかで住んでみたくなるような気分にさせてくれる風景であった。

釧路市の北に広がる釧路湿原から流れ出た旧釧路川に架かる雪裡橋を渡ると、釧路の市街地の北方に出た。この道は南の釧路港や釧路駅のある賑やかな国道を通らずに市街地を通り抜ける近道なのである。釧路川を渡って国道三十八号線に合流すると道は直線になり、この歩道をひたすら西に向かって歩いた。大楽毛《おたのしけ》駅には四時十分に到着した。日はまだ高く、明日以降は悪天候になるとの天気予報もあるので、少しでも多く歩いておこうと思い、さらに歩くことにした。阿寒川を渡ると、右折すれば釧路空港に通じる道があった。高専の男女の学生がぞろぞろと下校してくる。四時三十分に三十八号線が突然切れて、高速道路のような土盛り式の高架の道路が目の前を横切っているポイントに着いた。一部工事中の所もあるが、どうも釧路湿原を通って来たバイパスのようで、この先西の白糠方面まで続いているようである。

（二十七・三㎞）

宿泊は釧路駅前のホテルである。夕食は十階のレストランで、釧路の夜景を楽しみながら肉料理を楽しんだ。

⑤六月二十九日（金）　釧路市大楽毛〜音別町馬主来沼西

釧路駅より八㎞西方の新道三十八号線の上り口を八時五分にスタートして盛土の道を西へ向かった。朝から雨となった。最初は歩道があったが、四十分ほどすると歩道はなくなり草むらとなってしまったので、やむなく路肩の凸凹路面を歩いた。傘で前方が見えにくく、前から来る車を避けるのは容易ではない。特にトラックやバスなどの時は、風圧と泥はねなどがあり懸命に逃げることになる。白糠町の恋問にある道の駅の前に来たので、ここに逃げ込むようにして中に入り休憩をとった。

途中、釧白工業団地があったが、造成されたまま草ぼうぼうで、［売出し中］の看板は放置されていた。この道から下りて別の道を歩こうとは思うがなかなか出口が見つからないので困った。庶路の集落を通過した。食堂があったが、白糠の市街地に行けばなんとかなるだろうと思って立ち寄らず。左手の海岸は荒波が打ち寄せていた。正午過ぎに白糠の町並みに入った。石炭岬という名が出て来たので漁港に立ち寄ってみると、白い漁船がびっしり港の中央に舳先を並べて停泊中であった。ここの町中のレストランに入ると中は満員だったが、少し待ってからやっと席に座ることができた。

町外れには高校や養護学校が見えた。坂道を上ると一時間ほどで丘の上に出て、そこにはＭ７・８パネル館なる屋根だけの建物があり、出入り自由の展示場になっていて、地震の写真や解説がパネルになって掲示されていた。平成六年十月四日二十二時二十三分の大地震の被害や様子を示していて、この付近もかなりの被害を受けたらしいことが分かる。

この地域は馬主来《ばしゅくる》といい、坂を下って海岸に近づくと馬主来沼が道路の右手に広がっていた。ほとんど湿原で一部に沼や川が見渡せた。馬主来橋を渡って音別町に入ったが、ここで大雨となってしまった。近くの閉店したドライブインの軒下にてしばらく雨宿りをした。ここの海岸線は太平洋に面していて、釧路からえりも岬まで西にかなり長く続いている。途中で根室本線と並び、音別の市街地の手前の名もない山中で、四時二十分に本日の雨中の旅をここで終了にした。

ここから車で戻って、白糠駅近くの小さなホテルに宿泊した。（二十六・三km）

⑥六月三十日（土）音別町馬主来西～浦幌町駅前通

早朝に雨が上がったので朝方は涼しい。八時十八分に音別の東端の山中から三十八号線を西に向かい、浦幌町をめざして歩いた。左手下には太平洋が迫っている。その海岸すれすれに根室本線が通っていて、時折気動車が通り過ぎる。右手はほとんど原野である。製薬会社の工場を過ぎて音別の町並みに入った。各家とも花木をよく育てていて、土を起こし、花を植え、草をむしっている人達の姿をよく見かけた。道はほとんど平坦、十時半前に尺別駅を通過した。気温は十四度、天気は曇である。

直別駅前を通過してまもなく、直別川を渡ろうとしている時、なんと私とそっくりなウォーキングスタイルの人が前方から歩いて来るのを見て、お互いにびっくりした。この人は、静岡から来て二週間ほどずつ歩いては帰って、また出て来ることを繰り返しているとのことであった。こんなことはめったにないので写真を撮り合うことにした。昨日は浦幌、今夜は白糠に泊まるとのことであった。

この辺りから浦幌町となった。直別の分岐点の三角地が草がきれいに刈り込んであったので、シートを敷いておにぎりの昼食をとったが、どうも食欲があまりない。緩い坂道をゆっくりと歩き、三つの小さなトンネルを抜けるとようやく下りの道になった。一時間ほどで浦幌の市街地に入った。そこは狭い山間の平地で、人家が整然と並び、落ち着いた家並の静かな市街地であった。四時四十五分に、駅前通りの駅から一㎞離れた国道との三叉路、森林公園下になる地点に到着した。（三十二・〇㎞）

今夜の宿は、隣町の豊頃町にあるホテルに決めてある。ここから十八㎞ほど離れた十勝川に近い茂岩山にあり、車で移動するとそこには各種運動施設やキャンプ場などがあった。

⑦七月一日（日）浦幌町駅前通三叉路～豊頃町営牧場

朝、車で浦幌駅に立ち寄ってから駅前通りの昨日の三叉路に向かい、ここから八時五十分に国道を南に向かった。日曜日の朝で静かな町内に人影を見ない。国道と歩道が分離していて、その間に堀があるので安心して歩くことができた。歩道には桜の木が植えてあり、小指の先ほどのさくらんぼが多数路上に落下していた。このさくらんぼ並木が木陰を作っていて歩行者にとっては大変ありがたい。この道を町外れまで歩く間に、鳥の声や風の音が聞こえて来て、大自然と町並みが違和感なく一体化している姿を見たように思う。ここでふと、青空と小高い緑の山を眺めて、思わず深呼吸してみたくなった。吹く風は関東の五月の爽やかな風を感じた。

市街地を離れると、ジヤガイモ、ビート、麦、トウモロコシなどの畑と牧草地が広がり、赤いドームの屋根、白く光る高いサイロの屋根が緑の中に映えていた。十時過ぎに、共栄の十字路に至り、三十八号線は右折して根室本線とともに帯広方面に伸びていたが、私はこの十字路を直進して国道三三六号線を広尾をめざして進むことにした。道幅は狭まり、ますます車などが通らなくなった。浦幌十勝川を渡ると小さな神社があり、広場の木陰がなんとも涼しくて、シートを敷いてここで昼食をとることにした。目の前に青空と緑の田園が広がる。人影はまったくなく、時折車が通るくらいである。カッコーの声が遠方の森の方から聞えてきた。

午後、長さが一㎞近くある十勝河口橋を渡った。橋の中間がやや高くなっているので、中央まで来ると遠くの山並みまでがはっきり見えて来て大変見晴らしがよく、川の上流が帯広方面に伸びて森の中に消えていた。ここを渡ると豊頃町となり、道はここから上り坂になって次第に山地に入って行った。ここを上り切ると牧草地と原生林ばかりで、長節あたりに来ると平坦地はすべて緑の牧草地で、辺りはあまりに静かなので、まるで丘上の別世界にUFOに連れられて突然着地したような不思議な気持ちになった。四時十七分に町営牧場に到着した。

宿泊は、十八㎞西の幕別町のホテルで、そこまで車で移動した。（二十九・三㎞）

⑧七月二日（月）豊頃町営牧場〜大樹町美成

宿泊したホテルの前には、国道二三六号線が南北に走っていて、隣には忠類ナウマン象記念館や道の駅、オートキャンプ場、老人ホームなどの施設があり、緑の芝生で囲まれている。この地区は合併前は忠類村といい村の東方にはナウマン象の発掘地もある。

さて、八時四十五分に豊頃町営牧場陸橋下をスタートして、国道を南に向かった。人はだれも通らない。ところが湧洞川手前の湧洞十字路付近で、後ろから自転車で旅をする男性に声をかけられた。今朝三時に釧路を出て、これからえりも岬に向かうという。自転車は早い。急いでいるらしく、スピードを出して去って行った。その後は再び静寂の世界に入った。時折ウグイスの声が響いた。湧洞川を渡ると上り坂になって、また別の白衣を着たおじさんが自転車で近寄って来た。彼とは六月二十六日に風蓮湖近くで会った。茨城の矢島さんである。日焼けしていた。歩きながらしばらく話した。「今日は浦幌から出て来た。浦幌は人を見かけず静かな町だった」という。同感である。「今日は広尾泊まりだ」とのことであった。あれからどこを回って来たのだろうか。大樹町に入り紀文沼《きもんとう》の湿原から雑木林を通り、坂を下って生花苗川《おいかなまい》に架かる橋を渡っていると、川面から吹いて来る風が涼しかった。橋を渡ると、郵便局と公衆トイレのある生花の十字路に出た。ここで会った人といえば、トイレ清掃のおじさんと赤い車の郵便配達の女性くらいであろうか。

今日は、青い空を見上げながらの山中の旅で、雲がゆっくり風に流されて、柔らかい繊維のように横に伸びたり、熊手の先のようにその先が下や上に曲がったりと、雲の観察ができた。午後になり、晩成温泉の入口に来た。角に自販機とトイレがあって、首のタオルを冷えた水で濡らした。まもなくして幕別町忠類に少し足を踏み入れたが、ここから「ナウマン象発掘の地」は近い。再び大樹町に入ると広大な大地が広がっていた。三時十五分に忠類市街地に通じる道道と合流する美成の三叉路を通り過ぎ、少し歩いて三時五十分にパーキングに着いた。

（二十五・〇㎞）

⑨七月三日（火）　大樹町美成〜広尾町フンベの滝

八時四十五分に美成をスタートし、今日も広尾をめざして南に向かった。天気は曇。風があると少々冷えた。少し歩くと予報通り雨がパラついてきた。九時五十分に歴舟川を渡っても、この直線道路は南へ果てしなく続く。紋別川を渡ると、蛇行する浅い川の中を二頭の鹿が、人に驚いてか逃げ去って行く姿が橋上から見られた。この川を渡ると広尾町である。さて、昼食のできる店があるだろうかと豊似の町並みを眺めながら歩くと、一軒のそば屋が開店していたので、そこで食事中、たまたま妻と一緒になった。

この集落はすぐに町外れとなり豊似川を渡った。この辺りは平地が続き、道路沿いに電柱が並んで立っているが、いつのまにか二羽の鳥が付いて来ては電柱のてっぺんに止まる。少し進むと次の電柱に移動してまた止まる。その移動の際に羽音をたてて私の頭のすぐ上まで接近してから別の電柱のてっぺんに移動する。これは狙われているなと感じたらゾッとして鳥肌が立った。知らん顔をしていたら、そのうちにあきらめて去って行ってしまった。あれは一体何だったのだろうか。

楽古川に来ると、ようやく左手に海が見えてきた。これからえりも岬まで、海とのお付き合いが始まる。橋を渡って広尾の市街地に入った。道路は幅広く設計されていて大都会に入って来たような気になる。一時間ほどで町並みを通り過ぎて広尾橋を渡ると、急に荒々しい波の音が耳に入って来た。激しく岩に打ち寄せる怒濤は怖いくらいだ。ここから約三十kmの間、太平洋に断崖絶壁が落ち込むその海岸線に建設した黄金道路が続いている。三十分ほど歩くと右手の崖から飛沫をたてて落ちる小さな滝が見えた。四時四十五分にこのフンベの滝に到着した。

（二十八・三km）

今日は広尾の市街地に戻って市内にあるホテルに宿泊する。

⑩七月四日（火）広尾町フンベの滝～タニイソトンネル南出口

昨夜は一晩中ボー、ボーと霧笛が近くの港あたりから聞こえてきた。朝になっても止まなかった。

四時に窓から外を覗くと霧で町並みも港もうっすらと霞んで見えるだけであった。
今回の旅も今日で十日目、午後三時過ぎには羽田への機中の人となる。朝食は昨日の昼に残したサンドイッチとバナナですませて、七時に車に乗り込みフンべの滝に向かった。七時八分に滝の前をスタートして、絶壁下の海岸沿いの国道を南に歩いた。この道がよく知られた「黄金道路」である。太平洋の荒波が押し寄せる絶壁を切り開いて造った道路は、文字通り黄金を敷き詰めるほど多額の費用を要した難工事だったのでこのように呼ばれる。辺りは霧に包まれ、すぐ近くの海と崖しか見えない視界の悪さであった。車は通らない。逆巻く海は怒濤となって荒れ狂う。美幌という小さな集落に来ると早起きのおやじさんが足を引きずりながら杖を突いて海辺を歩いていた。声をかけると「五年前に脳梗塞になりリハビリ中だ」という。さらに「黄金道路は昔は砂利道であったが、今は覆道も完備し、歩道も付いていて安心できる」と話してくれた。
道は音調津《おしらべつ》、モエケシと集落が続く。九時二十五分にルベシベツに来ると、旧トンネルは通行禁止になっていて、その隣にタニイソトンネルというトンネルがポッカリと岸壁に口を開けていた。まだ新しいトンネルで二〇〇一年に着工し二〇〇四年に完工したとプレートに書かれていた。立派なトンネルで長さは二〇二〇mある。十時ちょうどに、ほぼ三十分かかって出口に到着した。（十・五㎞）
トンネルを出ると、霧が晴れて辺りは明るくなり、空には晴間が広がり始めていた。今回の十日間の旅で歩いた距離の合計は合計二四四・九㎞になった。これは一回の旅で歩いた中では、今までで最長の距離となった。帰りは、帯広空港から羽田に飛び、群馬に帰る予定である。

第93回　平成十九年七月二十五日〜　七日間

北海道・苫小牧東港〜広尾町南

①七月二十五日（水）苫小牧東港〜日高門別駅

今回の旅は、北海道一周の最終の旅となる。苫小牧から日高の海岸を東に向かってえりも岬まで歩き、その後引き続いて黄金道路を北に進んで広尾のタニイソトンネルまで歩くという計画である。苫小牧までは新潟からのフェリーで自家用車とともに乗船した。二十三日の午後三時に自宅を出発して、関越自動車道を走り、新潟港フェリー乗り場に午後七時に着いた。出港したのは午後十一時三十二分である。それから日本海を北上して津軽海峡を通り、苫小牧東港には翌日の二十四日午後五時五分に入港した。車とともに下船して隣町の鵡川町まで走り、明治四十三年築の古い旅館に宿泊した。よく磨かれた階段を上って女将が食事を二階の部屋まで運んできてくれた。

翌二十五日、朝食は和食で、鮭の切り身が鮮やかであった。苫小牧東港を八時三十分にスタートして、国道二三五号線を太平洋岸に沿って、東に向かって歩いた。原野の中の国道はなにもない。遠方からカッコウの鳴き声が時折聞こえてくる。近くの藪からは野鳥の声も聞こえて賑やかである。右に太平洋、左は日高本線が平行して走る。太平洋はたまに緑色の水平線が顔を現す程度で、背の高い藪に遮られてほとんど見えない。鵡川の市街地は人家が集中していて都市の雰囲気があって元気がよさそうだ。駅に立ち寄り一休みした。乗降する客をほとんど見ない。役場の隣には道の駅、公共温泉、レストランなどの施設が集まっていた。ここで早めの昼食をとった。日高町（旧門別町）に入ると、道の両側は牧場で、緑の牧草地が広がり周囲を柵が囲んでいる。左手に門別競馬場があったが塀に囲まれていて中は見えなかった。

富川の市街地に入る手前の左側に本日の宿が現れたので、背中のリュックを預けて、さらにこの先まで歩き続けることにした。市街地には、駅、高校、郵便局、病院などが集中してある。町中央部からは国道二三七号線が北に伸びていて、富良野に通じている。この十字路の先に沙流川が流れている。鉄橋の橋上で下校中の小学生たちが欄干から身を乗り出して、下の河原にいる一人の男の子になにやら大声を出していた。よく見ると下の子はこの橋を渡り、土手から河原に下りてなにかを探しているようである。聞いてみると靴を橋から落としてしまったらしい。下の子には雑草などがあって靴が見えないので、上の子たちがその位置を大声で教えているところであった。しかし、夢中になって欄干から身を乗り出していて今にも落ちそうなので止めさせてから、今度は私が大声を出して靴の位置を下の子に教えてあげた。その男の子はそれを拾うと、土手を越えて学校の方に戻って行った。ここから一時間ほど歩いて、五時十五分に日高門別駅に辿り着いた。（二十八・六㎞）

車で富川の集落の西外れにあるホテルに八㎞ほど戻って宿泊した。今日は疲れたのか食欲がない。夕食を食べずに寝てしまった。

②七月二十六日（木）日高門別駅前～新冠町道の駅

晴。朝から日射しが強い。八時四十分に日高門別駅前をスタートし、すぐに日高町役場前に来た。

八百屋の店を構えるおじさんが私を見るなり、「昨日、苫小牧に行く途中、歩いている姿を見たよ。これから先は、多少の坂はあるがほとんど平坦だ」と教えてくれた。「店のトマトを途中で食べてほしい」といって、私が選んだトマトを洗ってビニール袋に入れてくれた。おじさんに感謝である。

まもなく道は海岸線に接近した所に出た。日高本線はさらに海岸線の近くを走っている。時折一両編成の気動車がアッというまに通り過ぎて行った。日は頭上に上り、暑さが増すばかりである。町の最東端にある厚賀の旧道の町並みを歩いたが、町中は静まりかえり、小さな店が数軒あるだけの町並みであった。昼食は厚賀生活館の軒下の日陰でサンドイッチを食した。

この後、厚別川に架かる厚賀橋を渡ると、すぐ川下を日高本線の橋が海岸線すれすれに走り、その橋のすぐ下には海面が接近している様子がこちらの橋から見えた。橋を渡って新冠《にいかっぷ》町に入った。あまりの暑さに、橋を渡った切通しの坂の日陰で休憩した。ここは風があって涼しかった。大狩部地区に来て、小さな崖上の小学校の校舎になにやら大きな文字が書いてある。この小学校は、この十一月に開校六十周年を迎えるが、来年三月には閉校になると書いてあった。

節婦から新冠へは、鉄道は海岸線を直線で走っているが、道路は左に急カーブで迂回して、「新冠泥火山」という看板のある小山の右側を通って市街地に下った。だいぶ遠回りをしたが、四時五十分に新冠の市街地の中心にある道の駅に到着した。

（二十七・〇㎞）

この町には緑の大地と数多くの牧場があり、ここの道の駅にはこの地で育った優駿の誉れ高い名馬を顕彰するボードが飾られていた。ここで販売していたバニラのソフトクリームは甘味もほどよく、とろっとしていて実においしかった。今日の宿は、この先にある静内駅近くのホテルで、ここの水は冷たくて、口に含むとさらさらっとして甘味を感じるくらいうまい水であった。

③七月二十七日（金）新冠町道の駅～新ひだか町日高三石駅

新冠の道の駅を八時二十分にスタートした。天気は快晴。国道を海岸に沿ってＪＲ線と平行して、前方からの朝日を浴びながら歩いた。三十分余りで新ひだか町（旧静内町）に入ったが、ほどなく次の静内の市街地に入った。ここには全国的に有名な二十間道路桜並木がある。静内駅内のベンチで休憩した。静かな駅である。ここにも牧場が多数あり、道路からも馬たちが仲よく親子でゆったりと草を食んでいる姿があちこちに見られた。口笛を吹いたところ、柵際まで寄って来て顔を出してくれたので鼻先を撫でてやった。

浦和では、自衛隊の対空射撃訓練場が道路の左右にあり、櫓の上に見張りの隊員や、海上に向かって射撃訓練中の隊員の姿も見られた。櫓の上から海上を双眼鏡で覗いている隊員も見えた。

やがて無人の東静内駅に着いた。ガランとしたコンクリートの箱の中という感じの駅で、窓を開けて昼食にした。昨日、いただいたトマトに、塩を振ってかぶりついて食べた。

捫別川を渡ると、海岸に敷き詰めた石の上に黒く長いコンブが朝から干してある。好天続きでカラカラに乾燥した真っすぐに伸びたコンブを、家族とアルバイトの人達で忙しそうに取り入れる風景を見ることができた。久し振りに大勢の老若男女の姿に接して、浜の活気を見た気がした。この風景が、春立から越海、三石の市街地まで続いていた。明日から天気が悪くなりそうで、どこでも日焼けした人達が休みなく海辺を行き来している姿があった。

日中、直射日光がまぶしく暑い。頭にタオルを置きその上に帽子を被って歩くと、左右と後方からの日光を遮って幾分涼しい気がした。このタオルに水を含ませると一層涼しくなった。三石駅は三石の市街地の東端にあり、駅舎には「ふれあいサテライトみついし」と書いてあるのみで、駅名が見つからなかったので通り過ぎるところであった。かなり遠く感じられたが四時三十九分に到着した。

（二十六・三㎞）

今日は東静内の静内温泉に宿泊する。国道から三㎞ほど北に入った山中の森の中にあって、日帰り温泉やレストランもある施設で地元の人達で賑わっていた。

④七月二十八日（土）新ひだか町日高三石駅前～浦河駅

目が覚めると外は大雨。軒から落ちる雨はザーザーと滝のようであった。九時三十分に宿を出て車で三石駅に向かった。雨具の完全装備をして、十時に三石駅をスタートしたが、まもなくポツリポツリの小雨となった。その後、新ひだか町の東外れにある三石海浜公園に着いた。ここには海水浴場やオートキャンプ場、バンガロー、センターハウス、特産品販売センターなどの施設が集中して設けられていた。少し早いがここのセンターハウスの二階のレストランで昼食をとった。

午後、歩き出してすぐケリ舞川を渡ると、橋上から川の浅瀬で白い鳥が動いて見えた。サギかと思ったがもっと大きい。望遠でカメラに収めたが、後でよく見ると白鳥であることが分かった。引き続き海岸線に沿う道を行くが、雨は降ったり止んだりを繰り返し、その度に傘も開いたり閉じたりした。いつしか道は浦河町に入っていた。荻伏、浜東栄、浦河の市街地を通り過ぎたがいずれも静かな町並みであった。参議院議員の選挙で、明日が投票日にもかかわらず選挙カーには一度も行き合わなかった。候補者はどこにいるのだろうか。磯の波は昨日までと比べて少々荒れているようで、砂浜には人っこ一人見かけなかった。浦河の町並みを通り、向別川を渡ると左から日高本線が接近して来て、道路から線路の先に駅が見えてきた。三時四十六分に浦河駅に到着した。（二十・三㎞）

宿泊は、駅から六㎞ほど先の日高幌別駅を北に入った西舎《にしちゃ》にある、「馬に会える牧場」の中に立つハイカラなホテルである。国道二三六号線のホテルへの道は「天馬街道」と呼ばれ、この町は日本一の優駿のふるさととして広く知られている。

⑤七月二十九日（日）浦河駅前～アポイ岳下様似町日高耶馬渓

早朝の雨で目が覚めたが出発までに雨は止んだ。宿から出発地点の浦河駅へ車で向かう途中、天馬街道沿いにはいくつも牧場があった。その広い緑の牧場で馬たちが草を食む姿を眺めるのは、のどかで気持ちがいい。

八時三十五分に浦河駅前の役場の駐車場からスタートした。町中を通ると、町役場、消防署、文化会館他公共の建物、いわゆる箱物の施設に、周囲の環境に比べて相当予算を注ぎ込んでいることがうかがえる。市街地の二三五号線沿いの歩道は幅が広くタイル張りで整備され、商店はほとんど二階建てで、新しいモダンな設計の店が軒を連ねていた。映画のセットのような新しい町並み風景であった。すぐ裏の通りに回ってみるとこちらは古い家々が立ち並び、その南側には漁船を数多く抱え込んだ漁港が太平洋に口を開いていた。

この町並みを過ぎると国道は二三五号線から二三六号線になり左手に山が迫る。右手には日高本線が走る海岸線がずっと先まで続いている。十時過ぎに日高幌別駅に来た。ここから二三六号線は左折して海から離れて、北の豊似を経て帯広方面に向かう。この途中に昨夜宿泊した牧場のホテルがある。駅前のT字路を直進する国道は三三六号線となり、えりも岬から黄金道路を経て釧路に通じている。日高幌別川を渡り、東幌別を少し歩くと様似町に入った。鵜苫駅は小さな駅である。駅舎とホームの待合所とを兼用にしたようなバスほどの大きさの駅であった。ここを過ぎて、一軒の家からおばさんが出て来て話し出した。私が群馬から来たと話すと、「娘が浦河の測候所の職員と結婚し、埼玉に住んでいて二回ほど埼玉の家に行ったことがある」という。「夫は六十五歳で他界した」と話していた。

様似の市街地に次第に近づきつつある。塩釜トンネルを抜けると、右手の海中からローソク岩が突き出て天に向かって立っていた。この辺りを西町というのだろうか。左手の丘にいくつかのお寺が並ぶ。右手は防波堤や突堤で囲まれた様似漁港である。道はエンルム岬を目の前にして、急に左の海岸に回り込み、様似川を渡って市街地に入った。正午過ぎに日高本線の終着駅である様似駅に着いた。駅には観光案内所が併設してあるので、女性所員に町中で昼食のできる店を尋ねた所、心当たりの店に電話で確認をとって紹介してくれた。町中の国道に沿った小さな食堂で、一組の家族連れと男の客一人で満員になりそうなほどであった。冷しラーメンを注文したがなかなか出て来ない。

ここから先は、電車もなければ店もなくなる。小さな集落の漁村が海に面していくつかあった。この辺りは襟裳岬に近い西側の長い海岸線である。一時間程で本日宿泊する宿舎への入口となる東平宇の三叉路に着いた。海岸に大きな広告塔が海風に晒されて立っていたので宿舎の位置はすぐに分かった。しかし、まだここを左折しないでそのまま国道を直進して歩いた。この道路はアポイ岳の南にあり、山が海岸に直接入り込んでいてその崖は急峻であるから、海岸線を通る道路は左手が垂直に近いほどの絶壁になっていた。

三時四十五分に山中トンネルに入った。右側に旧トンネルがある。新トンネルは五年前に完成したばかりであるので、歩道もゆったり幅になっている。二十分で抜けたが、すぐ次の幌満トンネルが口を開けて待っていた。そこのやや広い空き地で妻が待っていてくれた。そこへ幌満トンネルから細身の背の高い青年が小さなリュックを背負って出てきた。話をしてみると、一年に三日ずつ札幌から野宿をしながら歩いて、二十年ほどで北海道を一周する計画とのことであった。どうやら気の長い人のようである。別れ際に激励の意を込めて、手持ちのカンパンをさしあげて別れた。（二十五・三㎞）

今日はここから少し戻って、アポイ岳の登山口にある山荘に宿泊する。

⑥七月三十日（月）アポイ岳下様似町日高耶馬渓〜えりも岬百人浜

この山荘は、昨年天皇皇后両陛下がえりも訪問の際に宿泊した宿とかで、立派な施設であった。また、職員の応対も洗練されていて大変好感が持てた。

八時三十分に山中トンネルの出口を出発しようとしたところ、崖下の草地で頭だけ出している鹿一頭を発見した。時々こちらを見て警戒している。その先に水場があったのかも知れない。あるいは朝の食事に草を食べに来たのかも知れない。これから入るトンネルは幌満トンネルといい、こちらは十年ほど前に完成している立派なものである。ここを出ると左手には崖がなくなり、平地を利用して小石を敷き詰めたコンブ干場が作られていた。ここに長いコンブが一本ずつ並べて大量に干してあった。波は静かで岸辺近くで小舟を操って棒の先の鉤で海からコンブを引き上げては舟に投げ込んでいた。十時にサイレンが鳴り渡ると、コンブ採りを中止して舟が次々に浜に帰って来て、岸辺に停めてあったトラックにクレーンで舟から積み込んでいた。この後すぐにコンブ干し場に運んで、家族と手伝いの人とで一斉に干すのであった。これが天気と時間との勝負であるから忙しいのである。

コンブ漁を見ながら歩くうちに様似町からえりも町に入っていた。西えりも、本町などの町並みを過ぎて、コンビニに戻って昼食を購入し、近くの公園でバッティング練習をする青年たちを見ながら食事をした。

腰を上げて再びえりも岬をめざして歩くと、北緯四十二度の標識のある緯線を通過した。歌別という地に来て国道三三六号線は左に曲がり、海岸から山中に向かう道になるが、こちらは狭い道になり、海縁の道道三十四号線を直進する坂道を上った。天気は晴なり。ここでもコンブ漁が盛んで、これからその手伝いに出かけるという女性に会った。話を聞くと、妹さんが群馬の沼田市にいるといっていた。「仕事がなければお茶でも出せたのに」といって出かけて行った。やさしそうなおばさんであった。

えりも岬の先端に近づくにつれて、見慣れぬ風景にびっくりした。海面より一段上の地形、坂を上ると起伏のある緑の牧草の絨毯のような広がりは、私にとっては非日常の異風景とでもいうのか。さらにその風景の先の前、左、右の三方は太平洋の雄大な海が広がっていて、これを、目を疑うとか、夢のようだとかいうのだろうか。一転して北の山上には航空自衛隊のレーダーサイトのドームが四基、上方から睨みを利かしている。油駒という地で左折して半島の東側に向かう。まるで雲上の凸凹道を行くような不思議な気分である。ついに岬の東側の百人浜に出た。ここから今度は北をめざす。砂地だったこの地に植林をして造った黒松の人工林を見た。今この付近で人や車の影を見ない。四時二十五分に百人浜オートキャンプ場に到着した。隣に［一石一字塔］があった。（二十八・六㎞）

海からの風が涼しい。宿泊は、岬の東側の太平洋に面したえりも岬漁港にある旅館である。旅館に入ってから近くの海岸に車で記念の石を拾いに出かけた。駐車場に車を止めようとバックしたところ、勢い余って小石の敷いてあるコンブ干し場に入ってしまった。直ぐ出られると思っていたところ、タイヤが空回りして益々のめり込んで脱出できなくなった。コンブ干し場は、ただの石ころをばらまいた場所ではなく、小石が深く敷いてあり、農業で田づくりをするのと同様に、漁業の奥深さと歴史を感じとった次第である。近くに住む干し場の主人の車のワイヤに繋いで引き上げてもらい大助かりしたが、その場で叱られてしまい、こちらの不手際を心からお詫びした。この後、岬の最南端にある襟裳岬灯台や風の館などを見物した。

⑦七月三十一日（火）えりも岬百人浜～広尾町タニイソトンネル南口

八時十分に百人浜をスタートした。朝の風はやや冷えたが上着は着用しない。一直線の道を北に向かうが人影はまったくなく、波の音ばかりである。右も左も荒涼たる原野と牧野が広がり、背後の岬の先端部が次第に遠ざかって行くとともに、前方の緑の山並みが近づいてきた。

千平という地に近づいたところ、道の先方に微かに動く動物がいるらしい。草むらにいてなかなか道に出て来ない。静かにじっとして見ていると、道端をこちらに少しずつ近づいてきた。よく見るとキタキツネで、かなり接近してきたので、そっとカメラのシャッターを切った。

十時を過ぎて庶野の集落に来た。ここで浦河から追分峠を越えて左手から来た国道三三六号線と合流した。この先の美島地区のちょっとした広場に［黄金道路］碑が立ち、そこから見える海と山の織り成す風景をしばし眺めていた。バイクで来ていた男性にカメラのシャッターを押してもらった。聞けば「九州から来て、今日で北海道が終わる」とのことであった。私と同じである。途中は寒かったといっていた。この人が去って行った後に、車の旅をする男性が到着した。奥さんに先立たれて何回か北海道を車で旅しているという。私と同年の栃木県の人であった。群馬の館林や富岡のサファリにいたこともあると話していた。意外に近くの人に会うもので、なんだかそれだけで親近感が沸いて来てしまうのだが、これも旅だからこそなのだろう。旅って本当にいいものだ。

ここから北に向かって、左手からの険しい断崖が海に落ち込んでいる岸辺の道が続く。道路にはトンネルや覆道が造られていて、昔の道に比べればだいぶ不安はなくなったが、それでも荒天時に押し寄せる波の音などには恐ろしさを感じてしまう。トンネルが多数ある中で、宇遠別トンネルは歩いて四十分余りもかかった。長さが三二一五mもある長いトンネルで、完成してまだ三年しか経っていない。中は排煙装置やゆったりした幅の歩道もあり、それに明るくて安心して歩ける。

途中海岸が現れる道路で、防波堤の下の海際に大小の丸石が、打ち寄せる波にさらわれてコロコロ、ガラガラという音を立てて波の音に混じって聞こえてきた。ここを［コロコロ浜］という。そんな中で、防波堤に腰を下ろしての昼食はなんだか落ち着かない。持参の地図には新しいトンネルが記入されていないし、他に目印となるようなものはなく、正確な自分の現在位置が地図上で読めなくなってしまった。歩いた時間から距離を割り出して判断するほかはない。後は勘に頼るのみである。

午後、目黒という小さな集落に来た。続いて日勝橋を渡った。ここは支庁界になっていて日高支庁えりも町から十勝支庁広尾町に入った所である。そんなことでこの橋をこう呼ぶようになったのだろう。ここから一時間も経たぬうちに前方に立ちはだかる崖の下方にぽっかりと暗いトンネルの穴が見えてきた。三時四十五分、前回最終当着地のタニイソトンネルの南口前に到着した。ついにこれで北海道を一周した。このような険しい崖の下で、逆巻く怒濤を聞きながらの一周達成はどことなく劇的に思われた。

（二十四・八km）

今回の北海道の旅で歩いた距離の合計は、七日間で一八〇・九kmになった。今日、この先にある広尾市内に車で移動し、前回宿泊したホテルに宿泊する。明日は車でえりも岬を回り、アポイ岳登山口の山荘に寄って入浴と昼食をとってから、今回歩いて来た道を戻って苫小牧東港に入り、午後七時半のフェリーで新潟港に向かう予定である。

第94回　平成十九年八月二十八日〜　三日間

東北・釜石市内〜気仙沼駅

①八月二十八日（火）釜石市内（岩手県）〜三陸越喜来

北海道の旅が終了したので、東北東岸の釜石以南に挑戦することにした。今回は僅か三日間の歩き旅であるが、遠方につき前後を含めて五日間かかる。前日は、自宅を早めに出発し、大宮から新幹線やまびこに乗り、新花巻で釜石線に乗り換えて遠野で途中下車して、市内をふらりと見物して回った。再び電車に乗り、釜石の市街地のど真ん中のホテルに宿泊した。

朝八時二十八分にホテルをスタートした。小雨が降っていた。市街地を通り国道四十五号線に出て、釜石湾岸から山道を南に向かって進んだ。この国道は三陸鉄道リアス式線に平行するように走っているが、鉄道の方はトンネルの中を直進している。国道には、この日の予定の越喜来湾《おきらい》に面する三陸駅までは六つのトンネルがあって、峠越えこそ少なくなったがやはりアップ・ダウンが繰り返される。トンネルの中では、鍬台トンネルは長さが二三〇五ｍと長く、歩くのに三十分以上もかかってしまった。暗所を歩く時に使う反射板の持参を忘れて来たので、トンネルの中で車がなかなか避けてくれない。仕方がないので白いタオルなど目立つものを振り回しながら歩いた。

八月の末とはいってもやはり暑い。特に今日は蒸し暑いうえに坂が多くて体中から汗が出てくる。途中には釜石湾、唐丹湾、吉浜湾、越喜来湾などの湾があって、入り組んだリアス式の複雑な地形になっている。高所に来るとこれらが眼下に眺められる。また、どっちを見ても緑の山また山である。車がなくなると静寂の世界に戻り、鳥の声さえ聞こえないこともある。羅生峠のトンネルを抜けると下り坂となり、木々の間から越喜来の人家の屋根が見えてきた。国道を左折して、集落に入ると本日宿泊予定の旅館の看板が見つかった。四時十分に旅館に入った。

（二十六・二km）

②八月二十九日（水）三陸町越喜来～陸前高田市街

朝、目を覚ましてから私の寝床体操が始まる。手足を振ったり伸ばしたり曲げたり、全身を少しずつ無理をしないで動かしながら点検も兼ねて体操をする。一日の始まりである。

玄関を出る時宿の女将が、「大峠は国道が二本あり、新道はトンネルが長く大船渡に出るには最短距離ですが自動車専用道路で自転車・歩行者は通行できないと聞いている。旧道の方は坂が多く曲がりくねっていて遠回りで、最近熊が出たとの話も聞いているので注意してください」と教えてくれた。これはありがたい情報である。八時十八分に熊よけの鈴をリュックにつけて出発した。国道に出ると、いきなり上りの坂道になり、日陰もなく、朝から暑い。

越喜来から大船渡を通過して陸前高田までおよそ三十㎞ある。高田へは、大きな二つの峠を越えなければ、いくつかの半島のつけ根を迂回して、相当遠回りをする以外には辿り着けない。二㎞ほど上ると道の駅があり、小休止するも上り坂はまだまだ続く。ここから大峠越えの新旧の道路に分岐する。分岐点に看板が立っていて、やはり新道は車以外は通行できないと書いてあった。やむをえず腰に鈴をつけ直し、ストックを持って山道の方を進む。新道のトンネルは長さが三㎞ほどはありそうだが、旧道のトンネルは短く、中は狭くて暗い。ランプは真上に一列についているだけで歩道のない古いトンネルであった。

旧道のトンネルを抜けて、曲がりくねった下りの道から立根町《たっこん》を通り、盛川を渡って大船渡の市街地に入った。途中では日陰を探して道の左側を選んで歩いた。大船渡の市街地は、盛川と大船渡湾の西岸沿いに、南北に長い町並みが続いていた。昼食は、元気のよい女性店員のいる焼き肉店に入って冷麺を注文して食べた。

丸森という地から本日第二の坂道が始まった。ここもきつい坂でトラックや乗用車がひっきりなしに通る気の抜けない坂道であった。ようやく通岡《かよおか》峠に着いた。このペースならば五時過ぎには高田のホテルに到着できそうだと思い、山道を下った。当初の計画では、この峠にて本日の旅を終わりにする予定であったが、ここからホテルまでの交通手段がないのでさらに歩きを続けることにした。しかし、足が思うように前に出てくれない。身体中の様々な細胞がストライキを起こしているようでどうも動きが鈍くなった。峠を境にして陸前高田市に入った。国道沿いの左側、沼に面している七階だてのホテルに、五時三十分に到着した。

七階の大浴場からは、沼と松原の先に太平洋の水平線を見ることができた。

（三十・四㎞）

③八月三十日（木）陸前高田市街～気仙沼駅前（宮城県）

朝、降雨あり。その後は曇天なり。昨日は七㎞ほど予定以上に歩いたので、今朝の出発はゆっくりにした。九時七分に高田のホテル前をスタートして、広田湾西岸を走る国道を南に向かった。今日は途中にある峠を一つ越えれば気仙沼に入れる。その峠を只越峠といい、この峠を越す唐桑トンネルを抜けると唐桑町から気仙沼市に入ることになる。気仙沼大橋上から高田の市街地を望むと、氷上山の下にいくつかの里山の森があり、その辺りから下に市街地がゆったりと広がって見えた。

ここから広田湾の西岸に沿って緩いアップ・ダウンを繰り返しつつ、農村や漁村の民家を横目に見ながら汗を拭っては南に向かい、県境の切り通しを通過した。眼下に広田湾を望んだ。ここから宮城県に入って最初の県境の町が唐桑町である。しかし、まだまだ湾西岸の道は続いた。昼食にしたいが周辺にはそのような店はなにもない。仕方なくミニ羊羹を取り出して昼食代りとした。休憩中、目の前の杉林に目を奪われた。一本一本人の手がよく入っていて、枝打ちがよくされている。整然と並んで天に真っすぐ伸びる杉の幹の風景が美しい。

緩い上り坂をしばらく行くと唐桑トンネルの前に出た。これは只越峠を抜けるトンネルである。ここを下る途中に小綺麗なカフェ・レストランがあったので、ケーキとコーヒーで休憩をとることにした。流れる音楽が懐かしく大変居心地がよかった。ここにはもう秋が来ているようだった。

鹿折川を渡って気仙沼の市街地に入った。漁港に出て停泊中の漁船群を物珍しく眺めた。ここは日本有数の漁港である。これらの船はなにを獲る船なのであろうか。漁港周辺を回るウォーキングコースの休憩所で海を眺めていた老人の話によると、「漁船には船尾に県名が書いてあるので、どこからきたかが分かる」と教えてくれた。かつお漁船らしく高知とか宮崎とか書いてあった。ずいぶんと遠方から来ていることが分かった。市街地の漁港近くの町並みは、かつては隆盛を極めた商店の面影が今も残る店が軒を連ねていた。市役所前を通って西に向かうと、右手奥に、これも昔の面影を残す気仙沼駅があった。国道から灯台を模した歓迎塔を右折して、四時二十五分に駅に到着した。

（十九・九㎞）

この後、駅前通りの正面に建つホテルに宿泊した。翌日は車で一関駅に向かい、新幹線やまびこで帰る予定である。

第95回　平成十九年九月十四日〜　六日間

東北・気仙沼駅前〜仙台駅

①九月十四日（金）気仙沼駅前（宮城県）〜松岩駅

今回は前回に続く気仙沼から東北のリアス式海岸を脱出しての仙台までの六日間の旅となる。前回と同様に、大宮から新幹線やまびこに乗り、一関で大船渡線に乗り換えた。秋に入ると田園は濃緑色から一斉に黄緑色に塗り変わる。たがその周辺の山々は夏の緑のままである。のどかな田園は秋の日を受けて静かに収穫を待っているようでもある。午後四時二分に気仙沼駅に着いた。

四時五分に駅前をスタートして国道三四六号線に入り、古いセピア色の町並みを通り抜け、大川を渡ると明るい町並みになった。この道は南に真っすぐ延びていて、その先に気仙沼線の気仙沼から三つ目の駅の松岩駅があった。五時十四分に小さな広場を歩いて駅に入った。松岩駅は無人駅で中にはベンチ以外はなにもなかった。（五・〇㎞）

その後、次の電車で気仙沼駅に戻り、今回も駅前正面のホテルに宿泊した。

②九月十五日（土）松岩駅前〜歌津町

タクシーで松岩駅に向かい、八時二十分に同駅前をスタートして、まもなくバイパスの新四十五号線に合流した。湿度が高く最初から汗が背中からも、額からも流れてくる。気仙沼湾岸を南に下って、道の駅の前に来た。入口から中に入るとすぐに情報センターがあり、その奥に待合室、その先に駅のホームがあった。ここは大谷海岸駅にもなっている。ホームから跨線橋を渡って反対側に出ればすぐ下は砂浜で海水浴場になっていて、日本一駅から近い海水浴場なのだそうである。

昼食を本吉の町中で食べようと思い、遠回りをして町並みに入ったが、人の姿はほとんどなく、寿司屋はあったが休業中で、結局食事のできる店が見つからずに通り過ぎてしまった。これなら真っすぐの近道を歩けばよかったと後で思った。いつしか山道となってストックを使って坂道を上下した。途中に赤提灯のぶら下がる食堂兼居酒屋があったので寄ってみた。メニューを見ると丼類、定食、麺類、一品料理のおかずから酒のつまみまで何でもある。飲み物も同様である。ここで食事ができてホッとした。

午後三時五十分、歌津町の信号に着いて、妻の電話を呼び出すが電波の状態が悪くなかなかつかまらない。ようやく歌津駅で待っているとの連絡が入った。

車で上下する狭い坂道を通り、漁村の中を曲がりくねりながらやっと海の見える岬の旅館に着いた。

（二十四・四㎞）

③九月十六日（日）歌津町～道の駅津山

車で長須賀海岸を眺めながら昨日の歌津の信号に出た。八時二十分にこの信号をスタートして山中の国道を西に向かう。アップ・ダウンをしながら平成の森や歌津駅入口を経て、韮の浜入口のある皿貝までの上り坂で大汗をかいた。ここから志津川町に入った。細浦で「仙台まで一〇〇㎞、石巻まで四十八㎞」の標識を見た。清水浜まで下って、再び上りの道を志津川の港に向かって歩いた。

志津川の町並みを抜けて、志津川湾を左手に見下ろしながら、しばらくの間この湾岸を歩いた。広い湾全体に、カキやワカメ、ホヤなどの養殖棚が所狭しと設置されていた。遠方に椿島と突き出た半島とが湾の中で美しい景色を作り出している。ビデオにパノラマ撮影をしていたおじさんと話を交わした。「今日は特に暑いが、海は静かです。ずっと北の方で歩いているあなたの姿を見ましたよ」と話してくれた。これから上り道になる手前に、この湾が展望台のように見下ろせるカフェがあったので寄り道をした。コーヒーを飲みながらベランダから海を眺めた。愛想のよい若いマスターとアルバイト生が応対してくれた。

津山町に入り峠に着いた。そこには狭い水田と畑があり、畑の老人が「ここから柳津《やないづ》までは下りだ。気をつけて」と声をかけてくれた。山中の道に風なく、道路には現在三十度との表示が出ていた。四時五十九分にやっとの思いで道の駅に辿り着いた。そこで妻が待っていてくれた。（二十六・七㎞）

今回の宿は、北上川に沿う柳津の町並みにある。旅館は料亭にもなっていて、奥の方の新しい部屋に案内されたが、なんだか部屋が暑い。なにを間違えたのかエアコンが暖房になっていて参った。ところで今日通って来た歌津町と志津川町は合併して南三陸町となり、柳津があるこの津山町は他の町と合併して登米《とめ》市となっていた。

④九月十七日（月）道の駅津山〜矢本町赤井

日本に接近中であった台風は、朝鮮半島に上陸したらしい。天気予報では今日から明日にかけては大雨になるとのことであった。

八時に津山の道の駅をスタートして、山間の国道をどんどん下ると北上川にぶつかった。ここは北上川の分岐点でもある。ここで西に折れる川は旧北上川で石巻を通って仙台湾に注ぎ、北上川はそのまま滔々と南に流れて、河北町で方向を東に転じて太平洋に注いでいる。「おくのほそ道」の旅に出た松尾芭蕉は曽良とともに石巻を出発して、この辺りの北上川沿いの一関街道を北上する旅をして、一関に向かったらしい。四十五号線は北上川左岸沿いを南に向かっていて、川が東に曲がるポイントにある飯野川橋を渡った。さらにこのまま歩くと旧北上川を渡るが、その手前に道の駅があったので立ち寄ったところ、人と車でごった返していて、座る椅子が見つからぬほどであった。

食事後、橋を渡りさらに南に直進して、コンビニの駐車場で、ヒッチハイクをする若者に会った。今日は松島を出て、これから気仙沼に行きたいといってなにやら紙に書いたものを示してアピールしている。日本一周をめざして出て来たといっていた。互いに写真を撮り合い、健闘を祈って別れた。二時過ぎに石巻市に入った。市内は一般の住宅が多い。市街地の中心部には行かずに、方向を西に転じて松島方面に向かったが、雨になりそうな雲行きになった。三時五十六分に矢本町の赤井地区まで歩いた。今夜は、石巻港に近い旧北上川のリバーサイドにあるホテルに宿泊する。(二十六・三㎞)

⑤九月十八日（火）　矢本町赤井〜東塩釜駅

夕べの雨は上がったが、まだ降りそうな雲が重く垂れ込めていた。八時三十五分に矢本町赤井をスタートした。様々な店や会社などが並ぶ国道に沿う町並みを西に向かい、松島方面をめざして歩いた。定川を渡り矢本駅前を過ぎると航空自衛隊松島基地を発着する戦闘機の爆音が聞こえた。機影は雲間に消えては戻って来て着地を繰り返した。道はやがて鳴瀬町に入り、鳴瀬川を渡った。
橋を渡ってから国道は右折して鳴瀬川沿いを北上してかなり遠回りをして松島に入るので、こちらは橋の袂を左折して、山道から近道をして松島に向かうことにした。山間の道は最初に黄金色に実った稲田の脇を通り抜けた。綺麗に人の手の入った田んぼは見事に実りの秋を迎えていて、これは美田といってもいいだろう。山道に入ると田はなくなり小雨となった。大塚という土地で松島湾に出た。うす暗い山道だったので海岸の道はかなり明るく感じられた。この辺りを奥松島というらしい。松島五大堂付近の駐車場辺りは観光客でごった返していた。瑞巌寺入口前で昼食をとり、また、名物のずんだ餅を一つだけ注文して食べた。甘い味がなんともおいしい。潰した豆の淡い緑色の美しいこと。
仙石線松島海岸駅前を通り、海岸に出ると大小の島々が松島湾にちりばめられて、今も変わらぬ美しい風景が眺められた。湾岸からの眺めもよいが、少し歩いて高台から見下ろす松島湾の風景も絶景である。道は利府町の海岸から塩釜市に入り、四時三十一分に小さな町並みの中の塩釜湾に面する東塩釜駅に到着した。

（二十八・〇㎞）

今日の宿は、松島東部の高城川河岸にある日本旅館に宿泊する。

⑥九月十九日（水）東塩釜駅前～仙台駅

八時三十分に東塩釜駅前をスタートして、多くの船舶の停泊する塩釜港の岸辺を歩き、しばらく南に向かって歩いた。細かい雨がショボショボと降るが、ほとんど曇天に近い。塩釜から多賀城市に入り仙台の市街地までの国道に沿う町並みは、車関係の店やそれらの営業所、修理工場、車検工場ばかりが立ち並んでいた。仙台市に入り、自衛隊駐屯地を過ぎると大きなビルが多くなって来た。午後一時十分にビルの上方に駅の名を見つけて無事仙台駅に到着した。（十七・四㎞）

気仙沼から国道四十五号線を通り、仙台までの一二七・八㎞の旅を、無事に歩き通すことができた。今日は、これから新幹線やまびこに乗って群馬に帰る。

第96回　平成十九年十月二十三日～　七日間

東北・仙台駅前～勿来駅

①十月二十三日（火）仙台駅前（宮城県）～名取駅

東北の旅も残り少なくなってきた。最北端の岬をスタートして、太平洋を眺めながら三陸海岸を南下して仙台まで歩いて来た。後はここから南東北の太平洋岸を歩くだけである。

朝、ゆっくりと家を出て電車に乗り、大宮から新幹線はやてに乗車した。仙台駅には、稲刈りの終わった田園を走り抜けて、十二時三十七分に到着した。一時に仙台駅西口をスタートし、国道四号線を真南に向かう。今回は秋のみちのく路をたっぷり味わおうと思う。広瀬川に沿った道を歩き、広瀬橋を渡って長町に出た。ひんやりした秋の風が快い。途中で、手ぬぐいをショーウインドに飾る店が目にとまり、しばらく眺めていた。この近辺は操車場の再開発でだいぶ変わって来ていると、通りがかりの男性が話していたが、地図にある跨線橋が取り外されていて道に迷ったりした。ＪＲ線の東側に出て名取川を渡ると、まもなく南仙台駅前に出た。ここから一時間と経たぬ三時五十三分に名取駅に到着した。

下校する高校生が次々と駅舎内に吸い込まれてゆく。天気は快晴で、気持ちよく歩くことができた。仙台行きの電車に乗り、夜は仙台駅近くの地下のレストラン街で十三夜の秋を味わった。

（十一・七㎞）

②十月二十四日（水）名取駅前～山本町国立宮城病院前

ホテルの朝食でバイキングの時は妻と違って私は洋食で、食後、コーヒーを飲めるのがうれしい。仙台駅から常磐線で四つ目の名取駅で下車して、八時十五分に同駅前をスタートした。天気は快晴である。着る物は、下着のＴシャツに長袖のシャツ、それにポケットのたくさん付いたベストを着るとこの時期では寒さを感じない。四号線（奥州街道）を南に一直線に進む。見渡す限り平地ながら、西方に僅かに小高い山の連なりが遠望できるくらいで、全天に青空が広がる。町並みには、瓦屋根の門が脇に付いた古い蔵造りの民家が所どころに残っている。岩沼の市街地の外れで道は分岐し、四号線は阿武隈川沿いを遡る方向に右折して行くが、こちらは直進して阿武隈川を渡って六号線（浜街道）を南に向かった。川を渡ると亘理町となる。亘理駅付近で旧道に入り、昼食のできる店を探すが一向に見当たらなかった。

長瀞という地で国道に合流してまもなく、ラーメン店が目に入りここにて昼食をとった。会計の際、店の主人から歩き旅の質問を受け、興味深そうに聞いてくれた。店を出る際に「気をつけて旅してください」と激励された。南に進む道の右手（西）には丘陵が南北に連なり、左手は稲刈り後の田園が広がっているが、その先の太平洋は見えて来ない。山元町に入り、緩いアップ・ダウンのある丘陵際の道を歩くと、町役場前を通過した。日は西に傾きかけて、木々や建物で日陰となった歩道の右側を歩くと、出た汗で冷えた。四時六分に国立宮城病院の門前に到着した。

今日は昨日と同じホテルに宿泊するので、四十㎞あまりの道を仙台市内まで車で戻った。

（二十七・九㎞）

③十月二十五日（木）山元町国立病院前〜南相馬市

九時十三分に国立宮城病院前をスタートした。ここから相馬市をめざし、六号線浜通りを南に向かった。天気は晴。日は左前方から射し込んだ。緩やかな起伏がある里山の東側を通った。旧道がある所に入ると、のどかな農村の家並みの前を歩いて通ることになる。時々、老人が自転車に乗って通り過ぎる姿を見かけた。

県境を越えて福島県に入ると緩い下りの道になった。ここは東京から三〇九㎞の位置になる新地町で、県が変わってもなんの変化もない。変わったのは通る車のナンバーくらいである。稲刈りがすんで農村は一段落らしく、静かな田園には人の姿をほとんど見ない。正午を過ぎて、相馬市に入った。相変わらず右手は丘陵、左手には平坦な田畑が広がるだけである。ただ、ここには火力発電所があり、高い煙突から青空に向かって白い煙が上方にもくもくと上って行く風景が見られた。この発電所からは送電線が西の空に伸びていてそれを支える鉄塔がどこまでも立ち並んでいた。

六号線を歩いて行くと、うっかりすると相馬の市街地を通らずに通過してしまう。分かりやすいこへの入り口になる道が見つからない。この国道沿いには人家の込み合った賑やかな市街地がないので、昼食のできる店もなかなか見つけられない。ようやく一時を過ぎてから牛丼屋が見つかった。

市境を過ぎて南相馬市に入った。この辺りは丘陵地で所々に池が散在する。何の目印になるようなものもないが、突然場外車券売場が目の前に現れたので、四時二十七分にその駐車場入口の信号にて本日の歩き旅を切り上げることにした。

（二十五・〇㎞）

車で十㎞ほど戻って、相馬駅前のホテルに宿泊し、隣の居酒屋で夕食をとった。

④十月二十六日（金）南相馬市～小高町福岡

朝、車で移動して八時十四分に鹿島の車券売場前の信号をスタートし、六号線を南に向かった。多少のアップ・ダウンを繰り返しながら稲刈り後の田園を今日も歩く。コスモスが咲き乱れる田や、雑草が生い茂る畑もあった。原ノ町の丘陵地に入る頃細かい雨が降って来た。新田川を渡ってまもなく道の駅前に来たので、雨宿りをしながら、ここで昼食をとることにした。

外に出ると雨は降ったり止んだりであったが、金曜日のためか車の通行が多い。原ノ町の市街地も相馬市と同じで、この国道は市街地の東の外れを通過して行ってしまう。このことは次の小高の市街地でも同じであった。二時に近づいても雲は厚くなるばかりで、次第に薄暗くなってきた。ライトを点灯して走る車もあるほどである。辺りの木々が霧でぼんやりとしか見えなくなった。小高に入り、小高川を渡る頃、雨は本格的になってきた。しばらく我慢して歩き続けると駐車場が広いラーメン屋があったので、ラーメンを食べながら雨が上がるのを待ったが、雨は益々大降りになってきたので、二時四十五分、ここで本日の歩き旅を切り上げることにした。

（二十二・四㎞）

迎えの車にて、原ノ町駅前のホテルに移動した。台風二十号が太平洋岸に近づいているらしい。明

日の天気が心配になる

⑤十月二十七日（土）小高町福岡〜富岡町小浜

朝から雨である。上下のカッパを着用、リュックにカバーをし、カメラはビニールに包んでポケットに入れた。車で昨日雨宿りしたラーメン屋まで移動し、八時二十分に雨の中を歩き出した。相変わらず浜街道の六号線を南に下る。雨中につき周辺の景色は見えず、秋色の田んぼと雑草の色が濡れて見えるのみであった。

一時間後に浪江町に入った。緩やかな起伏のある丘陵地が続いている。高瀬川を渡り、双葉町に入った。雨は益々ひどくなる一方である。靴の中は水浸しで靴下が靴の中でじゃぶじゃぶして、いつもに比べて靴の重さが倍くらいに感じる。道端に屋根付きの資材置き場があったので休憩した。靴を脱ぎ、中の水を捨てるとともに中敷きを引き出して絞る。また、靴下も雑巾のようにして水を絞り出す。これを今日は二回やってみたが、降った雨が川のように流れる道路では、せっかく水を取り除いた靴も、たちまちまた水浸しになってしまった。

双葉町の町並みの外れにそば屋を見つけたので「チャンスは逃すな」とばかりに、この店にとびこみ、あったかい天ぷらそばを注文して昼食をとった。十二時になると、たちまち店は客で一杯になってしまった。テレビのニュースによると、台風の影響は益々激しくなるので、浜通りは要注意と報じていた。風は強くないのでなんとか歩こうと決めた。

それにしても、台風で大雨にもかかわらず、車の通行がこれほど多いのには驚いた。午後になって大熊町に入った。道の左に「福島第一原子力発電所入口」の表示があった。町内の南部を東西に流れる濁流と化した熊川を渡ると、熊町から富岡町になった。午後の後半には、妻が台風を心配して車で途中何回か待っていて声をかけてくれた。常磐線の線路を過ぎ、富岡川を渡って、三時三十分に富岡警察署とスーパーマーケットのある交差点に到着した。（二十三・七㎞）

宿はこの近くの海辺にあるホテルで、ここの温泉に入り旅の疲れを流した。この後は雨具や靴などの乾燥に奮闘した。

⑥十月二十八日（日）富岡町小浜〜いわき市四倉駅

台風は夜中に太平洋を東に逸れて行ったらしい。早朝から日が出て明るくなった。富岡駅の前を通って八時十八分にスーパーの駐車場をスタートし、今日も引き続き浜街道を南に向かった。台風一過、空は快晴となり清々しい気分で歩いた。道端には台風で吹き飛んできた木の葉やドングリなどが落ちてたまっている。側溝は濁った水が勢いよく流れて行く。道路際の土手からも上から染み込んだ水が沸き出すように道路に溢れてくる。トンボたちが何処へ行くのか空を横切って飛び去って行った。道路は丘陵の切り通しをアップ・ダウンしながら通っているので日陰ができていて涼しい。

九時半頃楢葉町に入った。萩平を流れる井出川に架かる橋を渡ると、深い谷底に木造の橋が架かっているのが上から見えた。地域の人達が大事にしていることがよく分かる。木組みの橋脚のほかにコンクリート製の橋脚で補強されていた。その橋の下に澄んだ谷の川が流れていた。町境の手前に立派なドーム状の道の駅が姿を現した。ここは風呂がメインらしいが、中にレストランもあり、少し早いがここで昼食をとった。

この町の境付近には発電所が二箇所ある。北の富岡町との境には福島第二原子力発電所、また南の広野町との境の南には広野火力発電所がそれぞれ太平洋に面して建てられていた。ようやくいわき市に入った。ここから国道にある五つのトンネルを抜けて久之浜駅前を通り、海の見える浜に出た。海は台風後で穏やかならず、波が白い飛沫を吹き上げて岸に打ち寄せていた。この駅に着く前に、懐かしい手すりも含めて木造の橋を見た。四倉の町並みに入る頃、日は西の小高い山際に落ちて行った。四時五十六分に四倉駅入口の歩道橋下に到着した。　（二十八・〇㎞）

今日の宿は、ここから九㎞ほど南に下がった新舞子浜にあり、松林に囲まれた太平洋の水平線の見える宿泊施設であった。部屋は温泉付きの特別室で窓も広々としていて気分は良好であった。

⑦十月二十九日（月）　いわき市勿来駅～塩屋埼

朝六時前に、部屋の窓から太平洋の水平線上に上る日の出を見た。

九時に勿来《なこそ》駅をスタートして、国道六号線を南から北へ、昨日までとは逆の向きに塩屋埼をめざした。天気は曇。一時間ほど歩いて鮫川を渡った。火力発電所を右に見つつ歩道を歩くが、渋川に架かる狭い橋には歩道がないので、やむなく迂回して上の橋を渡った。この橋も満足のできるものとはいえなかった。小名浜市街に入る手前で六号線を右折して港方面の道路を進み、市街地の中心部にてレストランを見つけて昼食をとった。

高校生の下校する市街地の外れ辺りから道は狭くなり、また分かれ道も多くなったので何度か道に迷った。市街地を抜けて中之作や江名の漁港を右手に見て、塩場の小さな商店の並ぶ路地から人のいない漁港に出ると、崖の上に白い灯台が上部の首だけ見せていた。坂道を上って、小山を越えると灯台下に出て灯台と太平洋が見えた。これが「乱れ髪」の歌にある「塩屋の岬」の灯台である。展望台には「乱れ髪」の碑があり、その前に立つと美空ひばりの歌が聞こえてきた。三時五十分に到着した。

（二十五・四㎞）

今回の仙台から勿来駅までの七日間の旅で歩いた距離の合計は一六四・一㎞になる。この旅で、四倉〜塩屋埼の間はまだ歩いてないが、次回の加藤君との旅に残しておこうと思う。今夜はいわき駅近くのホテルに宿泊し、明日、常磐線で東京に出て群馬に帰る予定である。

第97回　⑴平成十九年十一月十三日　一日間　⑵平成十九年十一月十四日〜四日間

⑴東北・いわき市四倉〜塩屋埼　⑵関東・水戸駅〜小山市

①十一月十三日（火）　いわき市四倉〜塩屋崎

今回はいわき市の残りの一部と北関東を歩くため、自宅から車で出かけることにした。朝六時前に自宅を出て、国道五十号線を東に向かい、水戸からは常磐自動車道に入っていわきＩＣで下り、いわき駅にて加藤君と合流して四倉駅に向かった。

十二時四十分に四倉駅前を二人でスタートして、国道六号線を南に向かって歩いた。草野駅入口付近で国道から一般道に入り海岸方面に向かった。この道は車も少なく世間話などをしながら塩屋埼に向かって歩いた。沼ノ内の海辺にある住宅地を過ぎると、目の前に大きな波の飛沫を上げる海岸に突き当たり、太平洋と対面した。右の海沿いをしばらく歩くと、塩屋の白い灯台が岬の崖の上で夕日に赤く染まって見えてきた。緩い坂を上って、四時二十五分に「乱れ髪」の歌詞と美空ひばりの石碑のある塩屋埼の展望台に到着した。（十五・一㎞）

今日の宿は、小名浜漁港に近いマリンタワーのすぐ前にある国民年金健康センターである。聞くところによると、ここはあと二週間で閉館になるとのことであった。

②十一月十四日（水） 友部入口（茨城県）～水戸駅

いわき市から常磐自動車道を走って水戸ＩＣで下り、五十号線の内原町三軒屋の三叉路で車を下りた。ここから今日は水戸駅まで、加藤君と二人で歩くことになっている。

十一時十五分に友部町の入口になる三叉路をスタートした。この国道は道幅広く、歩道もゆとりがあるので加藤君とゆっくり話しながら安心して歩くことができた。右手には巨大大型店が大型客船が停泊しているかのように田園の中に横たわっていた。途中でそば屋に寄って昼食をとった。

少し歩くと左手に大塚池という池があって、白鳥の群れがゆったりと泳いでいた。その中には黒鳥も混じっていた。水戸駅に近づくにつれて、ビルの谷底にいるような道になった。三時三十五分に水戸黄門と助さん、格さんの立像に迎えられて水戸駅に到着した。（十三・六㎞）

宿は駅前通りのホテルで、駅ビル中のレストランに入って三人で寿司とビールで乾杯した。

③十一月十五日（木）友部町入口～岩瀬駅

加藤君は、朝食後一足先に水戸駅から電車で帰って行った。八時三十分に友部入口の三叉路をスタートし、穏やかな秋一色の中、五十号線を西に向かった。市原という所に来ると、道は緩い起伏が続き、二時間ほどで笠間市内に入った。道端に落ちたどんぐりがたくさんたまっていた。十一時ちょうどに左下の農道から突然花火が大音響とともに二発打ち上がり、びっくりした。昨日、北関東道の笠間西－友部間が開通したため、それに関連した花火らしい。十二時前に水戸線稲田駅に寄って休憩した。静まり返った駅舎の中で掃除をしていた老人に食事のできる店を尋ねて、国道沿いのそば屋にてそばの昼食をとった。

昼食後、桜川市に入った。ここは旧岩瀬町である。この国道の沿道には石を加工したり展示する石屋が多い。石塔や石灯籠などが数多く並んでいた。周囲に小高い山が連なり、稲刈りのすんだ田園が盆地に広がる穏やかな風景は、まるで奈良の大和路を散策しているような気分にさせてくれた。三時四十三分、日が西の山上に傾く頃、岩瀬駅に到着した。（二十三・三km）

四時十五分発の電車にて水戸駅に向かい、昨日と同じホテルに宿泊した。

④十一月十六日（金）岩瀬駅～結城駅南口

水戸から車で移動して、八時五十五分に岩瀬駅前をスタートし、五十号線を西に向かった。風が冷たかったので、ジャンパーを着て歩き始めた。一時間あまりして、右手に上野沼が姿を現した。静かな丘陵地にある沼で、鴨たちが水面を遊泳しているのどかな風景があった。再び歩き始めると、すぐに桜川市から筑西市（旧協和町）に入った。右手の斜面の上に平らな畑があったので上ってみると、大木の脇に石碑が建っていた。ここは新治廃寺跡であることが分かった。金堂の礎石が土の中から顔を覗かせていた。裏手には畑が広がり寺の広さを想像させてくれる。国道の反対側には新治郡衙跡もあるという。

小貝川を渡ると旧下館市に入るが、ここも今は筑西市になっている。この辺りから南西方向に筑波山が霞んで見えた。市街地に入る手前の五行川の橋の上から川面を覗くと、透き通る水面を下手から次々に溯上してくる鮭の群れが見られ、しばらく見物していた。食事のできる店を探しているうちに市街地を通過してしまい、郊外の牛丼の店に入ったのは午後一時を過ぎていた。鬼怒川に架かる川島橋を渡っている時も鮭が上って行く姿を多数見かけた。また、すぐ西を流れる田川でも多数の鮭を見た。橋を渡って結城市に入り、四時十五分に結城駅南口のホテル前に到着した。（二十三・七㎞）

ホテルの大浴場で思い切り足を伸ばしてみた。今までの疲れが消えていくようであった。

⑤十一月十七日（土）結城駅南口～小山市西道の駅（栃木県）

ホテルから一歩外に出ると、冷えた世界になる。上着を着用して九時にスタートし、国道に出て西方の小山に向かった。土曜日の朝は静かである。五十分ほどで青森に通じている国道四号線バイパスに直交し、その下をくぐって直進すると西仁連川という小さな川が流れていた。ここが県境でこの川を渡って栃木県の小山市に入った。すぐ市街地となり国道沿線には飲食店や車の営業所、ホテル、パチンコ店などが並んでいた。

県境から一時間ほどで東北本線と東北新幹線を通り過ぎて、十一時過ぎに思川に架かる小山大橋を渡った。小山駅は右手の一・五㎞ほど先にある。この思川の橋の上から、川岸で白い腹を出して一生を終えた鮭の姿を見つけた。心痛む鮭の最期の姿であった。この先の分岐を左手の国道に進む。二㎞ほど歩いて、十一時五十五分に道の駅に到着した。

この後食事をしてから、五十号線を一路西に向かい、群馬の自宅への帰路に就いた。

（十・七㎞）

第98回　平成十九年十二月十九日～　三日間

九州・鹿児島港～桜島垂水

①十二月十九日（水）鹿児島港（鹿児島県）～加治木駅
日本地図を広げると、私の日本一周の旅も後僅かになったということが読み取れる。よくここまで来られたとわれながら思う。今回の旅は、九州の錦江湾（鹿児島湾）の湾岸を歩くのが目的である。以前二回鹿児島市側から対岸の垂水に渡っているが、いずれもフェリーで渡った。最初は平成十一年に鴨池港から垂水港に渡って大隅半島西岸を歩いたが、二回目は平成十二年に鹿児島港から桜島の袴腰に渡り、島の南岸を通って垂水港まで歩いた。だがここは地図を見る度に、そして何度見ても納得がいかない。やはり日本一周であればフェリーを使わずに、歩いて繋げなければいけない。

そこで十二月十八日高崎線に乗り、熊谷から新幹線Ｍａｘたにがわ、東京から新幹線のぞみ、博多から特急つばめと乗り継いで、三時二十九分に鹿児島中央駅に到着した。この日はこのまま駅前のホテルに直行し、宿泊した。翌日から錦江湾岸をぐるっと回って桜島の裏側まで歩く予定である。ホテルの窓からは、市街地の屋根の上に桜島の上部が見えた。

十九日八時二十五分に防寒衣を着て中央駅をスタートし、電車通りから天文館通り、鹿児島港桜島行きフェリー乗り場へと歩いた。桜島がうすく霞んで目の前に現れた。ドルフィンポートで「篤姫館」が正月六日に開館するという広告をあちらこちらで見かけた。篤姫が来年のNHKテレビの大河ドラマの主人公になるからである。

九時五分にこのフェリー乗り場を出発し、錦江湾の岸辺の道を、右手の海上先に桜島を見ながら右回りに歩き始めた。道は片側一車線の狭い国道十号線で、歩道もなく、それに暮れにつき大型のトラックを初めとしてやたらに車が多いので、歩きにくく気が抜けない。島津藩の日本初の紡績工場跡や旧集古館の仙巌園などの前を通り、竜ヶ水に至った。海は波なく静かである。正午を過ぎて姶良町に来た。重富駅の手前にラーメン店が一軒あったのでここに入った。

午前中は国道を北に向かっていたが、午後は向きを変えて次第に東に向かいつつある。思川、姶良駅前、別府川などを通過した。小学一年生が下校の途中で、ボランティアの老人に守られて集団下校する風景に遭遇した。「旅人が行く」とか声をかける子どもや大声で挨拶する子どももいた。四時五分に国道から左折して正面にある日豊本線加治木駅に到着した。

（二十三・二㎞）

宿は近くのシングルオンリーのビジネスホテルである。

②十二月二十日（木）加治木駅前～垂水市牛根境

天気は快晴。朝はやはり冷えた。車のフロントガラスが凍っていた。昨日は西方から海上の桜島を見たが、今朝は北側からのやや小さくなった桜島を海上に見ている。

八時、吐く息が白い。しばらくの間手袋をして、加治木駅前から十号線に出て東に向かって歩いた。まもなく霧島市（旧国分市・隼人町）に入ってきた。湾岸の国道沿いには焼酎や酢の醸造所が目に入って来る。酢の方は黒いたくさんの甕が野天一面に並べられ、上向きの口に一枚の和紙を乗せて陶製の蓋が被せてある。風が冷たくて鼻水が出る。十時過ぎに天降川に架かる新川橋を渡った。国分の下井地区に来て十一時半に、少し早いがレストランに入り、そばを食べた。

午後、検校橋を渡り敷根という静かな町並みを通った。昼時にて人影を見ない。ちょうど畑から戻った老夫婦に会った。軒下に大きな竹の子のような細長い根っこが並べられている。「京芋という里芋の一種で、山から掘ってきた」とのことであった。この辺でこれを作っているのはこの人だけになってしまったといって大変残念がっていた。「他の畑は、今は市が誘致した工場になってしまっている」と話していた。この人は現在八十一歳、息子たちは工場のサラリーマンになっているそうである。この街道は、昔は人で賑わい、商店が並んでいたが、今は住宅地に変わっている。さらに、前の二軒の家は定年退職して新築したが、毎日散歩するだけの寂しい暮らしだという。もっと生きがいのある生活はないものだろうか。

検校橋の橋の袂近くで、十号線は北に分岐して宮崎県から大分県方面に通じている。一方湾岸を直進する国道は二二〇号線となって鹿屋を通り、志布志湾から宮崎市に至っている。この後、湾岸を直進し、午後一時に亀割峠を越えた。眼下に波のない海が静かに横たわっている。午後の日が海面に反射して眩しく光る。福山地区に入るとみかんを道端で売る無人スタンドがあちこちに見られた。三時五十分、桜島が西の海上に見える位置、牛根境という集落に着いた。（二十五・五㎞）

今日の宿は、国分駅の近くで、二十㎞ほど車で戻った。温泉の大浴場でのびのびと入浴した。

③十二月二十一日（金）垂水市牛根境～桜島戸柱鼻

今日は、午後から雨になるらしい。八時二十分に牛根境をスタートし国道を南に向かった。今朝は、七時になっても窓外はうす暗かった。曇っているためでもあるが、関東に比べて緯度がかなり西になるために、三十分位は日の出が遅いのである。ハマチやタイの養魚場が右手に見え、その先に桜島の勇姿が構えていた。

二川という地に来ると工場があり、その前に枯れた太い木の根のようなものをリフトで運んでいる人に会った。尋ねてみると、これは葛の根で、砕いてその粉末を絞って葛粉をつくるのだという。京都に出荷しているとのことである。毎日、葛の根を掘る人達から現金で買い取っているが、それを掘る人の人数は百人ほどになるとのことであった。そこに置いてあった根は、百kgと八十kgの二本が展示されていた。その根の太さとそれを掘る人がいるということに驚いた。

道は桜島の裏側に近づき、今度は西に向かって歩いている。十一時過ぎに、道の駅に到着して少し早めの昼食をとった。また、ここでは湧き出る温泉を利用しての足湯に入ることもできた。十二時五十分に桜島口洞門に到着した。ここは鹿児島港から桜島を見た時のちょうどその裏側になり、大隅半島と桜島が大正溶岩で繋がっているポイントに当たる所である。午後一時に桜島方面と垂水方面との分岐点に到着した。雨にも降られずに無事に目標地点に到着し、念願の目的を果たすことができた。

（十三・三㎞）

この後、桜島の袴腰港からフェリーで鹿児島港に戻った。本日は、三日前の宿と同じホテルに宿泊する。

第99回　平成十九年十二月二十三日〜　三日間

九州・久留米駅前〜佐世保駅

①十二月二十三日（日）久留米駅前（福岡県）〜嘉瀬橋（佐賀県）

昨日、鹿児島中央駅から新幹線つばめにて八代経由で久留米に移動した。駅前のホテルに入り、近くの料理店で昼食をとった。「がばいランチ」を注文したところ、刺身、揚げ物（カキフライ、オカラコロッケ）、煮物、切り干し大根煮、けんちん汁などが出てきた。午後は市役所周辺を散歩したが、台風並みの強風となったのでホテルに戻って休養した。

今朝の天気は曇。八時に鹿児島本線久留米駅前をスタートし、線路を渡って国道二六四号線を西に向かって歩いた。今回は以前熊本、鹿児島への旅の途中で通った久留米から、佐賀県を横断して本土の西端にある長崎県の佐世保までの道を歩く計画である。筑後川を渡ると佐賀県である。豆津橋を渡って、しばらくその右岸の土手の道を歩いた。休日にもかかわらず車の通行が多い。佐賀平野の小さな集落をいくつも通り過ぎた。その間、縦横に走る人工の小規模な運河のような堀を見た。これはクリークというもので、有明海に近接する平地なので水はけをよくするために設けられた掘り割りである。

昼近くになっても、食事のできそうな店が見つからない。途中、料亭と名のつく店を何軒かまとまって見かけたので、その内の一軒に寄ってみると、和服の女将らしき人が出て来て「今日はお休みです」といわれた。ウォーキング姿でリュックでは、ここは似合わないのかも知れぬ。

正午ちょうどに、そば屋が見えた。小綺麗な気に入った店であった。出されたざるそばもよく冷えていて舌触りもよくうまかった。一時半、佐賀の市街地に入る手前で、西風が冷たく吹き過ぎた。この道は、県庁前から二〇七号線になった。なおも西に向かって歩いた。市内の交差点で信号待ちしていると、通り過ぎた父子が戻って来て、「どこから来たのですか」、「どこへ行くのですか」などと問いかけてきて、何か関心があるらしかった。小学五、六年生くらいの男の子がポケットから銀紙にくるんだアメを一つ出して「どうぞ」とくれた。この子どもに感心してしまった。別れてからアメを握ると、あたたかく柔らかかった。勿体なくて、その場ではすぐに口にもっていけなかった。

佐賀市の西外れを嘉瀬川が流れている。ここに架かる嘉瀬橋を渡ると久保田町である。橋の上を渡る風が冷たかった。三時五十分にこの橋を渡りきった。

（二十七・五㎞）

これから佐賀駅まで車で戻って、その近くのホテルに宿泊する。

②十二月二十四日（月）嘉瀬橋～武雄市永尾駅

八時二十分に嘉瀬橋袂からスタートして、二〇七号線をひたすら西に向かった。曇天にて冷えるので手袋、コートを着用した。まもなく、道前方の上空をいくつかの気球が右から左（南）に向かってゆっくり横切って行った。江北町に入って肥前山口駅の先で二〇七号線は左折して南に向かい、長崎街道となって長崎に向かう。三十四号線は直進して、武雄市街の外れから左折して大村湾岸を通り諫早からやはり長崎方面に通じている。

昼食は大町町のファミリーレストランでとり、二時三十五分に長崎自動車道のガードをくぐって、国道の旧道を直進した。武雄温泉駅前を通ると、駅舎と線路の高架化工事が進行中のためプレハブの駅舎が使われていた。この駅の道路側には［はだしのゲン］と［佐賀のがばいばあちゃんのロケ地］の看板が横に立てられている。この駅の南側から三十四号線は右（南）に折れていく。直進する道路はここから三十五号線となって佐世保市に向かう。この道をそのまま直進して旧山内町に入ると、四時三十八分に佐世保線の永尾駅に到着した。（二十八・七㎞）

ここから車で東に走って武雄の永島地区に行き、池の内の池の端にある厚生年金の保養施設に宿泊する。静かな山の中の温泉である。

③十二月二十五日（火）武雄市永尾駅～佐世保駅（長崎県）

曇天の朝、八時五分に永尾駅前を走る国道三十五号線を佐世保に向けてスタートした。もう年の暮れである。吐く息が白い。連休明けで通勤の車の通行が多い。三間坂ではバイパスを通らず旧道を歩いた。山間の道ながらほとんど平坦路であった。一時間ほどで再び両道は合流して緩いアップ・ダウンとなり、焼き物で有名な有田町に入った。国道はバイパスのように有田の町並みよりも上の山の中を通って行くが、旧道に入って上有田駅近くから、道の両側に焼き物の店が並ぶ町並みを歩いた。有田焼や伊万里焼を陳列する店をゆっくり眺めながら西に進んだ。一つ二つ選んで買い求めたい所だが、残念ながら佐世保までまだ長い道中につき、寄り道もせずに歩いて覗くだけにした。有田の道は、石畳みでできているので気持ちよく歩けた。十一時前に有田駅に着き、ここで小休止してから町並みを離れることにした。

正午を過ぎて、知らぬうちに長崎県に入り、佐世保市を歩いていた。とはいっても市街地はまだまだで、三川内を通り、佐世保の十字路に出て、ここを右に曲がって佐世保駅をめざした。これが三十五号線である。直進すれば早岐駅、大村湾、諫早、長崎方面に通じる。道路は急に幅が広がり車線も増えた。しかし、右側の歩道は少し歩くと途中でなくなって行き止まりになってしまった。横断歩道も通行指示もなく立ち往生である。これでは後戻りする外はない。駅に近づくと高層のビルとホテルが立ち並び、冷たい風が吹いてきた。四時三十五分、遂に佐世保駅に到着である。（二十九・四㎞）

今日はクリスマスでもあり、駅は多くの人で賑わっていた。今日宿泊するホテルはこの駅前にあり、夜は、ホテル内のレストランで食事をして、今回の目標達成を祝し、日本酒で妻と乾杯した。この翌日は、ここから特急みどりで博多に出て、新幹線のぞみと新幹線たにがわを乗り継いで、帰る予定である。

第100回　平成二十年三月七日～　三日間
関東・小山市西道の駅～群馬県玉村町

①三月七日（金）小山市道の駅（栃木県）～足利市下渋垂

昨日は車で国道五十号線を走って、小山のホテルに四時に到着した。

今回の旅は、私の日本一周の旅の最終のコースになる。十六年前の四月に自宅を散歩のつもりで出かけて以来、ちょうど一〇〇回目の旅である。小山から三日間、のんびりと地元までの勝手知った道中を、旅の気分を味わいながら自宅に向かおうと思う。

朝八時十分、このホテルから西五㎞ほどの国道沿線にある道の駅からスタートし、五十号線を西に向かって歩いた。天気はずっと快晴であった。九時に永野川を渡った。この川はここから十㎞足らず下を流れる渡良瀬川に合流する。その地点の周辺には渡良瀬遊水池が広がっている。この川を渡って大平町に入った。道路の左右には自動車メーカーの工場の広大な敷地が広がっていた。これは隣の岩船町にも及んでいた。田園は、麦の緑と空いている土地とがモザイク模様を形成していた。昼近くに藤岡町の道の駅まで来たので、ここのレストランで昼食をとった。すぐ北にあるみかも山はまだ枯れた冬色の木々で覆われていた。

午後、東北自動車道のガードをくぐって佐野市に入った。国道五十号線は関東平野の北部、すなわち北関東三県（茨城、栃木、群馬）を東西に結ぶ道路で、平坦な道で安全であるが、風景は変化に乏しい。北方に日光男体山らしい山が微かに白く霞んで見え、その手前には近くの低山が連なっていた。渡良瀬川大橋を渡って足利市に入った。ここから二㎞ほど下流に県境があり、その対岸は群馬県の館林市である。二ヶ月以上の歩き旅のブランクがあったためか、三時を過ぎたら歩行に勢いがなくなり、疲れを感じるようになった。四時十二分に足利市下渋垂の国道五十号線と旧例幣使道とが交差する十字路に到着した。

（二十八・二㎞）

この近くのホテルに入ると、友人の加藤君が船橋から駆けつけて待っていてくれた。

②三月八日（土）足利市下渋垂～伊勢崎市武士橋西詰（群馬県）

今朝も快晴なり。加藤君も加わって、八時十分に足利市の下渋垂の十字路から南に向かって歩いた。東武伊勢崎線の踏切を渡ると八木という地名の町並みになる。ここでは「例幣使」とか「八木節」という冠をつけた店名や商品名で今でもその伝統が引き継がれている。堀込という地名もある。八木節で有名な所で、ここがその発祥の地らしい。

いつのまにか太田市に入り狭い道を行く。これが例幣使道の旧道で、古い町並みを通って太田の市街地に至った。大通りとの三叉路には追分の地蔵と石碑が立っていた。右手の大きな自動車工場前を通った。市街地を通り、東武線の高架をくぐると休憩所があり、ベンチに腰掛けて休んだ。ここから左に折れて例幣使道は木崎宿に向かうことになる。正午過ぎに太田市の宝団地入口に着いた。この近くにある妻の知人の店に寄り、三人で昼食をとった。

午後は再び一人歩きとなり、木崎宿を通って、例幣使道の旧道らしき細い道をくねくねと歩いて境宿の国道三五四号線に出た。境の街道沿いの町並みには静かな旧道風景があった。三五四号線は境町の西の外れで左右に分岐するが、右は伊勢崎方面へ、左は五料橋を渡って玉村町方面に通じている。私は左に折れて下武士の旧道を歩くと、道は狭いが道沿いに残っている木々に昔の面影が感じられた。広瀬川に架かる武士《たけし》橋を渡ると、橋上では北に見える赤城山から下りてきた冷たい風が吹いていた。四時五分に橋を渡って西の袂に着いた。（二十三・四㎞）

この後七㎞程西にある伊勢崎市内のホテルに宿泊し、近くの居酒屋にて三人で夕食を楽しんだ。

③三月九日（日）伊勢崎市武士橋西袂～玉村町自宅

昨日は隣の栃木県からわが群馬県に入り、江戸時代の例幣使道を辿って歩いて来た。今朝の新聞を開くと、昨日は北関東自動車道の太田桐生ＩＣと伊勢崎ＩＣ間が開通し、太田藪塚ＩＣで開通式があったという記事が載っていた。同日の私は、この区間よりやや南側の古くからの道を西に向かってテクテクと歩いて通っていたのである。

八時五十分に武士橋西の袂から三五四号線を今日も西に向かう。十六年間の日本一周の歩き旅の最終の日、三七九日目のスタートである。下蓮の十字路を右折し、十時頃除ヶ《よげ》大正寺交差点を通過した。堀口の交差点を過ぎると、右手の大学前で、車を運転する原君と同乗している加藤君の車からの激励の声を聞いた。続いて高校の後輩で同じ町内に住む須永君が、早朝から探してやっと追いついて、声援してくれた。例幣使道の利根川河畔近くにある柴宿の本陣跡の前で小休止した。この後、十一時十分に利根川に架かる五料橋を渡った。この橋上から眺める上州の山々の大パノラマは利根の流れと相まって、その眺望はナンバーワンである。青い空が広がり、絶好のウォーキング日和と思えるほどの穏やかな日となった。橋の向こう岸はわが玉村町である。

対岸の集落を五料といい、例幣使道の関所と河岸があった所である。利根川の土手に着いた時、ようやくここまで来たとの感慨が沸いてきた。橋を渡って国道から右折して、土手上のサイクリングロードを上流に向かって歩いた。林を抜けて河川敷を利用した運動公園前に出た。手頃な河原の石を見つけて腰を下ろし利根川を眺めた。川の音に耳を澄ました。ここで、途中で原・加藤両君が差し入れてくれた弁当を広げて昼食をとった。休んでいると、子どもを含めた何組かの家族が河原に下りて来て、水際までなにやら話しながら歩いて行く。それぞれ水槽やバケツを下げている。子どもに尋ねると、家で卵から育てた鮭の稚魚を放流しに来たとのことであった。

正午のサイレンを聞いて、再び土手の道を歩き出した。ここまで来ればもうわが家もすぐそこである。土手の先の方から孫たちや近所の子ども達が走って来る。斎田の休憩所で家族も知人も土手に出て待っている。高校卒業以来の同級生の横田君も駆けつけて盛んにカメラのシャッターを切っていた。

土手を下ってわが家に向かう。家の周囲で大勢の人達が待っていてくれた。中学時代の友人たち、高校の教え子たち、妻の友人や近所の人たちの笑顔が迎えてくれた。ちょうど二時に、門前で孫たちが持つテープを切って、拍手のうちにわが家に到着した。（十六・四㎞）

目の前に伸びてきた手に握手する。［ありがとう］の垂れ幕の紐を引く。［日本一周達成］の達磨に目を入れる。挨拶の言葉を求められて思わず「今日は三月九日、サンキューの日、みなさんにサンキュー、家族にサンキュー、女房にサンキュー」と力を込めて挨拶した。ようやく三七九日、八五三八・九㎞のわが日本一周の歩き旅を無事に達成することができた。旅の途中でご声援をいただいた全国の大勢の方々にもお礼を申し上げたい。また、サポートしてくれた友人たちと妻に心から感謝したい。そして自分ながらよく歩いた、よく歩けた、と思う。

1.　歩き旅　日本一周　データ(地方別)

記号	地　　方	日数	距離(km)	旅の回数(回数No.(1～100)等	
○A	本　　州 (日本海側)	70	1673.4	29	No.8(H5.5.2)～9, 10, 11, 12, 13, 14, 15, 16, 17, 18, 19, 20, 21, 22, 23, 24, 25, 26, 27, 28, 29, 30, 31, 32, 33, 34, 35　～36(H105.15)
◎B	本　　州 (太平洋側)	130	2727.2	31	No.42(H11.5.0)～48, 49, 51, 52, 53, 54, 55, 56, 57, 59, 60, 61, 62, 63, 65, 66, 67, 68, 70, 71, 74, 81, 82, 83, 85, 86, 91, 94, 95, 96 ～H19.11.13
◇C	四　　国	34	771.9	7	No.69(H15.3.15)～72, 75, 76, 77, 78　～79(H17.6.8)
♤D	九　　州	50	1113.6	11	No.40(H10.12.25)～41, 44, 45, 47, 84, 88, 89, 90, 98～99(H19.12.25)
♡E	北海道	72	1742.1	11	No.37(H10.6.15)～38, 39, 43, 50, 73, 80, 87, 92　93(H19.7.31)
☆F	その他	23	510.7	11	No.1(H4.4.29)～100(本州横断―水戸～玉村～直江津)、46(瀬戸内海しまなみ海道)、59(淡路島)、63(津軽海峡海底トンネル)
合　　計		379日	8538.9km	100回	

2.　歩き旅　日本一周　データ(年目順)

年　　目			旅回数	旅日数	距離(km)	その他
前半	1年目	H4('92)4.29～ H5('93)4.28	7回	10日	206.0km	群馬県玉村町の自宅を西に向かってスタート～長野県～新潟県～直江津海岸(上越市)
	2年目	H5('93)4.29～	6	13	327.8	～新潟県～山形県から秋田県～仁賀保
	3年目	H6('94)4.29～	6	15	350.4	～秋田県～青森県～竜飛崎、直江津～新潟県～青梅駅
	4年目	H7('95)4.29～	6	13	296.2	～親不知～富山県～石川県～福井県～三方
	5年目	H8('96)4.29～	4	10	241.9	～福井県～京都府～兵庫県～鳥取県～湖山
	6年目	H9('97)4.29～	6	14	322.0	～鳥取県～島根県～山口県から須佐
	7年目	H10('98)4.29～	6	32	800.0	～山口県～下関、松前白神岬～北海道～深川、下関～門司～福岡県～熊本県～八代

	8年目	H11('99)4.29～	6	24	533.4	～熊本県～鹿児島県～佐多岬、日本橋～東京都～千葉県、～佐倉、深川～北海道～美深、瀬戸内しまなみ海道
	9年目	H12('00)4.29～	3	9	243.1	佐倉～千葉県～銚子犬吠崎、美深～北海道～宗谷岬
	計　9年		50回	140日	3320.8km	
後半	10年目	H13('01)4.29～	6	25	529.4	東海道＝日本橋～東京都～神奈川県～静岡県～愛知県～三重県～滋賀県～京都府～京都駅
	11年目	H14('02)4.29～	7	27	577.4	～京都～大阪府～兵庫県～淡路島～明石、尾道～広島県～山口県～下関、津軽海峡吉岡～竜飛海底トンネル
	12年目	H15('03)4.29～	7	33	641.4	紀伊半島＝鈴鹿～三重県～和歌山県～大阪府～大阪駅、鳴門～徳島県～宍喰、銚子～千葉県～茨城県～鉾田
	13年目	H16('04)4.29～	8	40	891.4	～茨城県～水戸、四国＝宍喰～高知県～愛媛県～香川県～高松、宗谷岬～北海道～紋別、竜飛崎～青森駅
	14年目	H17('05)4.29～	8	41	882.4	高松～鳴門、紋別～標津、青森～下北～大間～野辺地～八戸、明石～尾道、宮崎～鹿屋高須、大洗～勿来
	15年目	H18('06)4.29～	4	18	400.0	北海道＝標津～厚岸、九州＝宮崎～宮崎県～大分県～福岡県～小倉
	16年目	H19('07)4.29～ H20('08)4.28	10	55	1296.1	東北＝八戸～青森県～岩手県～宮城県～福島県～勿来、北海道＝厚岸～広尾～苫小牧、九州＝鹿児島県湾岸、久留米～佐賀県～長崎県～佐世保、関東＝水戸～茨城県～栃木県～群馬県玉村町の自宅
	計　7年		50回	239日	5218.1km	
	総計16年	H4('92)4.29～ H20('08)4.28	100回	379日	8538.9 km	平均　22.5 km/日

3. データ　平均・最高・最低値

	年　間　当			1　回　当		1　日　当
項目	旅回数(回)	旅日数(日)	距離(km)	旅日数(日)	距離(km)	距離(km)
平均	6.25	23.7	533.7	3.79	85.39	22.5
最高	10('07)	55('07)	1296.1('07)	10('07)	244.9(北海道 '07.6)	36.0(鳥取　'97.6)
最低	3('00)	9('00)	206.0('92)	1('92)	17.5('92)	1.0(鈴鹿　'03.6)

※　「日数」は1日わずかの歩行でも1日としてカウントしてある。

4. 歩き旅　日本一周　〔年表〕（年目順・回数・日数）

※「一年目」とは４月29日～翌年４月28日の期間をいう。

番号		日目	日数	期間	地区	・区間	距離(km)	経由地等	その他	年齢
一年目	1	1	1	H4('92) 4.29	関東	自宅(横浜・玉村)～安中駅	17.5	高崎Ｒ18　好天、祝日にて西に向かって歩き出す。	県立前橋女子高校教諭	54
	2	2	1	5. 3	〃	安中駅～横川駅	18.2	松井田		
	3	3	1	5. 4	信越	横川駅～信越追分	23.3	碓氷峠　群馬―長野県境　Ｒ18　軽井沢		55
	4	4～5	2	9.12～13	〃	信濃追分～坂城	44.5	小諸　大屋　上田　Ｒ18		
	5	6～7	2	10.10～11	〃	坂城～牟礼	43.2	更埴　長野善光寺　豊野　この区間は北から逆向き歩く。		
	6	8	1	11. 1	〃	牟礼～妙高高原駅	21.8	柏原―茶旧宅　野尻湖　長野―新潟県境		
	7	9～10	2	11. 3～4	〃	妙高高原駅～直江津海岸	37.5	北国街道　関山　新井　高田	日本を歩こう会を立ち上げる。	
7回		計	10日				206.0 km			
二年目	8	11～13	3	H4('93) 5.2～4	東北(日本海)	直江津～寺泊	76.6	Ｒ8　柿崎　青梅川駅　柏崎　椎谷　Ｒ402　出雲崎	県立桐生西高校教頭	
	9	14～15	2	6.12～13	〃	寺泊～新潟駅	48.0	越後七浦　角田浜　新潟大学　信濃川		56
	10	16～17	2	9. 11～12	〃	新潟駅～村上	57.6	阿賀野川　Ｒ345　紫雲寺町　瀬波温泉	7月北海道南西沖地震　冷夏	
	11	18～19	2	10. 9～10	〃	村上～温海	52.2	三面川　早川　笹川流　今川　山北町　鼠ヶ関　新潟―山形　県境		
	12	20～21	2	11.13～14	〃	温海温泉駅～酒田駅	44.3	由良温泉　加茂港　湯の浜　赤川　最上川		
	13	22～23	13日	H6('94) 4. 9～10	〃	酒田駅～仁賀保	49.1	遊佐　吹浦　山形―秋田県境　小砂川　象潟　金浦　Ｒ7	県立桐生西高校教頭	
6回		計					327.8 km			
三年目	14	24～26	3	H6('94) 5. 3～5	東北(日本海)	仁賀保～秋田駅	58.1	西目　本荘　酒田街道　道川　Ｒ7　雄物川		
	15	27～28	2	7. 9～10	〃	秋田駅～能代駅	64.0	八郎潟　八竜　Ｒ7　羽州街道　能代から南へ逆に歩く。		57
	16	29～32	4	8.12～15	〃	能代駅～鯵ヶ沢駅	102.8	米代川　Ｒ101　大間越街道　八森　秋田―青森県境　深浦		
	17	33～34	2	9.10～11	〃	鯵ヶ沢駅～磯松三叉路	42.4	筒木坂　津軽へ　車力　十三湖		
	18	35～36	2	10. 8～9	〃	磯松三叉路～竜飛崎	33.8	小泊　竜泊ライン		
	19	37～38	2	H7('95) 4.22～23	北陸	直江津駅～青梅駅	49.3	鳥が首岬　能生　糸魚川　姫川　Ｒ8	県立桐生西高校教頭	
6回		計	15日				350.4 km			

番号		日目	日数	期間	地区	区間	距離(km)	経由地等	その他	年齢
四年目	20	39〜41	3	H７('95) 5. 3〜5	北陸	青梅駅〜富山駅	72.2	親不知　市振　新潟―富山県境　泊　入善　黒部　魚津　滑川	１月阪神大震災	
	21	42〜43	2	6.24〜25	〃	富山駅〜倶利伽羅駅	43.0	高岡　小矢部　R８　富山―石川県境		58
	22	44〜45	2	7.25〜26	〃	倶利伽羅駅〜小松駅	47.6	津幡　金沢　松任		
	23	46〜47	2	9.15〜16	〃	小松駅〜福井駅	52.2	加賀　大聖寺　石川―福井県境　蘆原		
	24	48〜49	2	10.28〜29	〃	福井駅〜敦賀杉津	42.9	鯖江　武生　敦賀街道　R８　杉津から北へ逆に歩く。		
	25	50〜51	2	11.25〜26	〃	敦賀杉津〜三方駅	38.3	敦賀　関峠　美浜　R27		
6回		計	13日				296.2 km			
五年目	26	52〜54	3	H8('96)5. 3〜5	北陸 山陰	三方駅〜西舞鶴	70.5	R162　R27　小浜　高浜　福井―京都県境　松尾寺　舞鶴	県立西毛養護学校校長	
	27	55〜56	2	7.28〜29	〃	西舞鶴〜丹後網野駅	55.1	宮津　天の橋立　丹後半島		59
	28	57〜59	3	8.23〜25	〃	城崎〜鳥取湯山	72.7	竹野　香住　余部鉄橋　浜坂　R178　兵庫―鳥取県境　浦富		
	29	60〜61	2	10.26〜27	〃	網野駅〜城崎　湯山〜鳥取湖山	43.6	木津　R178　京都―兵庫県境　久美浜　鳥取砂丘　R９		
4回		計	10日				241.9 km			
六年目	30	62〜63	2	H9('97) 6.14〜15	山陰	鳥取湖山〜倉吉	41.7	白兎・夏泊海岸　羽合	県立赤城養護学校校長	60
	31	64〜66	3	7.26〜28	〃	倉吉〜安来荒島駅	71.3	北条　東伯　赤崎　米子　鳥取―島根県境　安来　R９		
	32	67〜68	2	8.24〜25	〃	荒島駅〜湖陵町	55.3	松江　宍道湖　R９　出雲		
	33	69〜71	3	9.13〜15	〃	湖陵町〜浅利駅	58.8	大田　仁摩　温泉津　R９		
	34	72〜74	3	11.22〜24	〃	浅利駅〜石見空港	71.7	江津　浜田　石見津田　R９　益田		
	35	75	1	12.27	〃	石見空港〜須佐	23.2	R191　島根―山口県境　須佐より北へ逆に歩く。		
6回		計	14日				322.0 km		平成10年3月末県立校定年退職	
七年目	36	76〜80	5	H10('98) 5.11〜15	山陰 九州	須佐〜下関駅	135.1	越ヶ浜　萩　長門　黄波戸　R191　粟野　滝部　二見　豊浦　川棚		61
	37	81〜85	5	6.15〜19	北海道	松前白神崎〜八雲駅	140.9	福島　知内温泉　R228　大野　ト磯　小沼　森　R５		
	38	86〜91	6	7.6〜11	〃	八雲駅〜札幌市藤野	156.3	長万部　礼文華　R37　虻田　洞爺湖　留寿都　中山峠　定山渓		
	39	92〜86	5	8.21〜25	〃	札幌市藤野〜深川駅	122.9	札幌　R230　江別　岩見沢　美唄　砂川　瀧川　R12		
	40	97〜101	5	12.25〜29	九州	下関駅〜二日市	100.0	関門トンネル　北九州　宗像　福間　福岡　博多　大野城　R３	10/1より私立明和県央高校校長	

番号		日目	日数	期間	地区	・区間	距離(km)	経由地等	その他	年齢
	41	102～107	6	H11('99) 3.27～4.1	〃	太宰府二日市～八代駅	144.8	鳥栖　久留米　福岡・佐賀—福岡県境　柳川　大牟田　R208　熊本　R3		
6回		計	32日				800.0 km			
八年目	42	108～109	2	H11('99) 5.2～3	関東	東京日本橋～京成佐倉駅	48.9	新大橋　墨田区緑町　錦糸町　東京—千葉県境　市川　舟橋　成田街道		
	43	110～115	6	7.26～31	北海道	深川駅～美深駅	129.7	旭川　塩狩峠　比布　士別　R40　名寄		62
	44	116～119	4	8.25～28	九州	水俣～串木野駅	72.7	R3　熊本—鹿児島県境　米ノ津　阿久根　牛之浜　川内		
	45	120～126	7	H12('00) 12.26～1.1	〃	八代駅～水俣 串木野駅～鹿児島～佐多岬	51.5 113.0	日奈久温泉　湯浦温泉　津奈木　伊集院　R3　垂水　大根占　R269		
	46	127～129	3	4.14～16	瀬戸内海(しまなみ海道)	今治～尾道	90.0	大嶋　伯方島　大三島　生口島　因島　向島をつなぐ橋を渡る。		
	47	130～131	2	4.17～18	九州	鹿児島市田上町～鹿児島港　桜島　袴腰～垂水	4.2 23.4	西鹿児島　フェリーのりば　赤木　持木　古里温泉　海潟		
6回		計	24日				533.4 km		3月末日私立明和県央高校退職	
九年目	48	132～133	2	H12(2000) 5.29～30	関東	京成佐倉～旭駅	48.3	八街　山武　成東　八日市場　R126		63
	49	134	1	7.14	〃	旭駅～銚子市犬吠崎	23.0	飯岡		
	50	135～140	6	8.30～9.4	北海道	美深駅～宗谷岬	171.8	音威子府　中川　天塩　幌延　豊富　R40　稚内　大沼北　R238	日本縦断達成	
3回		計	9日				243.1 km		10月　鳥取県西部地震	
十年目	51	後半 141～144	4	H13('01) 4.30～5.3	東海道	東京日本橋～小田原駅	84.5	品川　川崎　横浜戸塚　大磯　小田原　R1	4月より群馬高専非常勤講師	
	52	145～147	3	6.26～28	〃	小田原駅～沼津	43.1	元箱根　蘆ノ湖　箱根峠　三島		64
	53	148～150	3	10.23～25	〃	沼津～静岡駅	58.6	田子浦　富士　薩埵峠　由比　清水		
	54	151～153	3	11.20～22	〃	静岡駅～袋井駅	64.7	丸子　宇津ノ谷峠　岡部　藤枝　島田　金谷　掛川		
	55	154～159	6	12.18～23	〃	袋井駅～熱田神宮	126.3	磐田　浜松　舞阪　浜名湖　新居　豊橋　赤坂　岡崎　有松		
	56	160～165	6	H14('02) 3.29～4.3	〃	熱田神宮～京都駅	152.2	桑名　四日市　鈴鹿　亀山　関宿　鈴鹿峠　水口　大津　山科		
6回		計	25日				529.4 km			

番号		日目	日数	期間	地区	・　区間	距離(km)	経由地等	その他	年齢
十一年目	57	166〜168	3	H14('02) 6.26〜28	山陽道	京都駅〜蘆屋駅	65.4	R1　枚方　寝屋川　大阪梅田　尼崎　西宮	群馬高専非常勤講師	65
	58	169〜173	5	8.25〜29	北海道	虻田〜苫小牧東港	123.9	伊達　室蘭　登別　虎杖浜　苫小牧　R37　R36		
	59	174〜177	4	10.29〜11. 1	山陽道 淡路島	蘆屋駅〜淡路島福良	86.4	神戸山手道　長田・須磨　舞子　岩屋港　津名　洲本　南淡　R28		
	60	178〜183	6	12.17〜22	山陽道	尾道駅〜岩国駅	127.7	三原　本郷　東広島　八本松　広島　宮島口　大野浦　R2		
	61	184〜188	5	H15('03) 2.24〜28	〃	岩国駅〜小郡駅	92.8	錦帯橋　勝間　下松　徳山　R2　新南陽　椿峠　防府　四辻		
	62	189〜191	3	3.11〜13	〃	小郡駅〜下関関門トンネル	57.7	嘉川　厚狭　山陽町　長府		
	63	192	1	3.15	北海道	吉岡海底トンネル〜竜飛海底トンネル	23.5	津軽海峡下の海底トンネルのコンクリートの壁を見ながら歩く。		
7回		計	27日				577.4 km			
十二年目	64	193〜197	5	H15('03) 6. 6〜10	紀伊半島	鈴鹿駅〜紀伊長島駅	102.0	R23　津　松坂　阿曽　荷坂峠	群馬高専非常勤講師	65
	65	198〜202	5	9.22〜26	〃	紀伊長島駅〜紀伊浦神駅	107.9	三浦　尾鷲　R42　小坂峠　熊野　新宮　勝浦　太地	7月宮城県北部地震 9月十勝沖地震	
	66	203〜207	5	10.13〜17	〃	浦神駅〜紀伊田辺駅	87.9	熊野街道（大辺路）　古座　串本　周参見　日置　椿温泉　白浜		
	67	208〜212	5	11.24, 26〜29	〃	田辺駅〜和歌山駅	97.1	南部　御坊　由良　湯浅　有田　海南　紀三井寺　R42		
	68	213〜217	5	12.23〜27	〃	和歌山駅〜大阪駅	71.9	孝子峠　深日　紀州街道　R26　泉佐野　岸和田　高石　堺		
	69	218〜222	5	H16('04) 3.15〜19	四国	鳴門公園〜宍喰町古目	108.3	徳島　桑野　日和佐　海部　R55　土佐浜街道		
	70	223〜225	3	4. 5〜7	関東	千葉県犬吠崎〜鉾田町大竹	66.3	銚子　銚子大橋　茨城県波崎町　鹿嶋　大洋村　鹿島灘　R124, R51		
7回		計	33日				641.4 km			
十三年目	71	226〜227	2	H16('04) 5. 6〜7	関東	大竹〜水戸駅	29.6	松井田　旭村　大洗　R51　大串　六反田	群馬高専非常勤講師	
	72	228〜232	5	6. 4〜8	四国	宍喰町〜高知駅	124.6	高知県佐喜浜　室戸岬　奈半利　R55　安芸　夜須町手結　南国		67
	73	233〜240	8	8. 2〜9	北海道	宗谷岬〜紋別市	184.6	R238　猿払　浜頓別　枝幸　雄武　日ノ出岬　興部　沙流		
	74	241〜244	4	8.30〜9.2	東北	竜飛崎〜青森駅	77.9	三厩　今別　奥平部　平館　R339　蟹田　蓬田　R280		
	75	245〜251	7	9.24〜30	四国	高知駅〜宿毛駅	135.4	朝倉　土佐　須崎　七子峠　R56　窪川　佐倉　中村　四万十川	10月新潟県中越地震	
	76	252〜256	5	11.28〜12.2	〃	宿毛駅〜伊予中山	126.9	一本松　後荘　岩松　宇和島　吉田　宇和　大洲　内子　R56		
	77	257〜259	3	12.24〜26	〃	伊予中山〜今治	68.6	伊予　松山　北条　菊間　大西　R196		
	78	260〜265	6	H17('05) 3.10〜15	〃	今治〜高松市	143.8	湯の浦　東予　伊予三島　観音寺　R11　宇多津　坂出	3月能登半島地震	
8回		計	40日				891.4 km		妻：四国88寺巡礼達成	

番号		日目	日数	期間	地区・区間		距離(km)	経由地等	その他	年齢
十四年目	79	266〜268	3	H17('05) 6.6〜8	四国	高松駅〜鳴門撫養	64.3	牟礼　志度　津田　白鳥　R11	四国一周達成	68
	80	269〜277	9	7.20〜28	北海道	紋別〜標津伊茶仁	201.0	湧別　サロマ湖　常呂　熊取湖　網走　浜小清水　斜里　根北峠	群馬高専非常勤講師	
	81	278〜283	6	8.28〜9.2	東北	青森駅〜大間崎	142.4	浅虫　馬門　野辺地　横浜　R279　むつ　大畑　下風呂		
	82	284〜289	6	12. 4〜9	山陽道	明石〜岡山駅	122.4	土山　加古川　姫路　相生　R2　高取峠　R250　赤穂　日生　備前		
	83	290〜292	3	12.23〜25	〃	岡山〜尾道駅	80.7	倉敷　玉島　笠岡　福山　R2		
	84	293〜298	6	H18('06) 3.16〜21	九州	宮崎〜鹿屋高須	130.8	青島　日南海岸　鵜戸神宮　R220　油津　串間　志布志　串良		
	85	299 300〜303	1　4	4. 4 4.5〜8	北海道 東北	上磯町清川口〜函館駅 野辺地〜本八戸駅	10.8 61.1	R228　函館港　乙供　小川原湖　三沢　下田　陸奥市川　R45	群馬高専非常勤講師	
	86	304〜309	3	4.26〜28	関東	大洗から福島県勿来駅	68.9	R245　常陸海浜公園　東海村　日立　R6　高萩　五浦		
8回		計	41日				882.4 km			
十五年目	87	307〜310	4	H18('06) 7.17.18.20.21	北海道	伊茶仁〜別海床丹橋　根室厚床〜厚岸	74.4	標津　野村半島　尾岱沼　R244　姉別・茶内原野　霧多布湿原　R44		69
	88	311〜314	4	11.29〜12.2	九州	宮崎駅〜延岡駅	90.0	日向住吉　高鍋　川南　都農　日向　R10		
	89	315〜318	4	12.21〜24	〃	延岡駅〜大分駅	108.5	宗太郎峠　重岡　弥生　中ノ谷峠　R10　野津　犬飼		
	90	319〜324	6	H19('07) 3.21〜26	〃	大分駅〜小倉駅	127.1	別府　山香　宇佐神宮　中津　椎田　行橋　R10　苅田	3月能登半島地震	
4回		計	18日				400.0 km		九州一周達成	
十六年目	91	325〜332	8	H19('07) 5.20〜27	東北	本八戸〜釜石駅	199.9	県境　種市　久慈　野田十府浦　普代　田野畑　宮古　山田　R45		70
	92	333〜342	10	6.25〜7. 4	北海道	別海町床丹橋〜厚床　厚岸〜広尾南	244.9	本別海　昆布森　R44　釧路　白糠　R38　浦幌　R338　湧洞　広尾	7月新潟県中越沖地震	
	93	343〜349	7	7.25〜31	〃	苫小牧東港〜広尾南	180.9	鵡川　門別　新冠　R235　静内　三石　浦河　襟裳岬　黄金道路	北海道一周達成	
	94	350〜352	3	8.28〜30	東北	釜石駅〜気仙沼駅	76.5	三陸　大船渡　高田　県境　R45		
	95	353〜358	6	9.14〜19	〃	気仙沼駅〜仙台駅	127.8	本吉　歌津　志津川　柳津　R45　石巻　松島　塩竈　多賀城		
	96	359〜365	7	10.23〜29	〃	仙台駅〜四倉　塩屋崎〜勿来	164.1	名取　岩沼　亘理　山元　県境　新地　相馬　鹿島　原町　浪江　双葉　富岡　いわき		

	97	366～ 370	5	11.13～17	東北 関東	四倉～塩屋崎 水戸駅～小山	86.4	新舞子　内原　友部　笠間 岩瀬　下館　結城　県境　恩川		
	98	371～ 373	3	12.19～21	九州	鹿児島港～ 垂水	62.0	R10　始良　加治木　隼人 国分　R220　福山		
	99	374～ 376	3	12.23～25	〃	久留米駅～ 佐世保駅	85.6	R264　みやき　佐賀　R207, 34 牛津　大町　武雄　R35　有田		
	100	377～ 379	3	H20('08) 3. 7～9	関東	小山(道の 駅思川)～ 自宅(玉村 町)	68.0	大平　R50　岩船　佐野　足 利　太田　木崎　境　R354 伊勢崎	日本横断達成 日本一周達成	
10回		計	55日				1296.1 km			

5. 年表まとめ

前半	50回	140日	1年目(1992.4.29) ～9年目(2001.4.28)	9年	3320.8km	日本縦断達成
後半	50回	239日	10年目(2001.4.29) ～16年目(2008.4.28)	7年	5218.1km	日本一周達成
総計	100回	379日	歩いて日本を一周した期間・距離等 16年		8538.9km	

あとがき

一九九二年四月に群馬の自宅をスタートし、日本本土を毎年少しずつ歩き継いで、二〇〇八年三月わが家への到着をもって、日本一周の旅を無事終えることができました。現役時代に仕事の合間を縫って始めた旅でしたが、いつしか定年を迎え、一周を終えた時は一六年の歳月が経ち、古稀を迎える年齢になっていました。この間、歩き旅に出た回数はちょうど百回、三百七十九日、距離は八千五百三十九㎞となりました。思わぬ長旅となってしまいましたが、いま振り返ってみると感慨無量であります。

さて、井の中の蛙が大海に出でて旅をするに当たり、どのように準備し、何を見聞きしてきたのでしょうか。それは、私が水槽の中で今も飼っている鮒がほとんどすべてを見たり聞いたりして知っているはずです。なにしろ、旅のスタートのころからずっと同じ屋根の下に同居しているのですから。しかしながら、鮒はそれらのことを人間には黙して語らずですので、これらの内容は、本書のページを繰っていただければ読み取れることと思います。

本書を書き始めた動機は、最近孫たちから「じいちゃん、本当に日本を歩いて一周したの？」などという質問が出るので、幼い孫たちが成長して私の歩き旅の詳細について知りたいと思った時のために、忘れぬうちに記録に残しておこうと思ったからです。旅先での一日一日のメモや持ち歩いてその

都度書き込みを入れた地図などを整理して記述したものです。そのうちに、周囲から「本にして出版したら」などという声もありましたので、この際、上梓してみようと思い立った次第です。

旅の道すがら、今までに会ったこともないような心に残る多くの人達に出会いました。それぞれから多くのパワーをもらったように思います。それから、大自然の中に身を置く機会にめぐまれて、その美しさとともに豊かさや偉大さに心打たれました。「人は大自然に生かされている。だから自然の恩恵と自然との共存の精神を片時も忘れてはならない」ということを自覚しました。また、汗をかいて坂道を上っている時、吹いてきた一瞬の風にこの上もない「幸せ」を感じ、人の「幸せ」とは何だろうか、ということを歩きながら、考えさせられたりしたこともありました。

歩き旅では、時々同行して一緒に歩いて下さった藍原秀雄、加藤正雄、原佑典の三氏や、道中、親切にしてくれた全国の名も知らぬ人々に心から感謝の意を表したいと思います。

また、本書の刊行に当たり、校正から出版にいたるまでご心配いただいた一莖書房の斎藤草子氏および組版、印刷、製本を担当して下さった方々に心からお礼を申し上げます。

二〇一〇年三月

早川吉夫

〈著者紹介〉
早川　吉夫（はやかわ　よしお）
1937 年東京都に生まれ、群馬県の小中高校および群馬大学卒業後、群馬県立の四つの高校の教諭・教頭を歴任。
1998 年県立赤城養護学校校長を最後に定年退職。
その後、明和県央高校校長・明和学園短大非常勤講師（併任）、国立群馬高専非常勤講師。
1992 年から毎年少しずつ歩いて、2000 年 9 月に佐多岬から宗谷岬までの日本縦断を達成。引き続き太平洋側を歩いて、2008 年 3 月 9 日群馬県佐波郡玉村町の自宅到着をもって日本横断および、日本一周を達成した。

日本一周歩いて 16 年

2010年 4 月28日　初版第一刷発行

著　者　早 川 吉 夫
発行者　斎 藤 草 子
発行所　一 莖 書 房
〒 173-0001　東京都板橋区本町 37-1
電話 03-3962-1354
FAX 03-3962-4310
組版／四月社　印刷／モリモト印刷　製本／新里製本
ISBN978-4-87074-163-8　C3037